Neue
# Kleine Bibliothek 210

Jörg Goldberg

# Die Emanzipation des Südens

## Die Neuerfindung des Kapitalismus aus Tradition und Weltmarkt

PapyRossa Verlag

© 2015 by PapyRossa Verlags GmbH & Co. KG, Köln
Luxemburger Str. 202, 50937 Köln
Tel.:          +49 (0) 221 – 44 85 45
Fax:          +49 (0) 221 – 44 43 05
E-Mail:       mail@papyrossa.de
Internet:     www.papyrossa.de

Umschlag: Joachim Kubowitz, luxsiebenzwoplus
Druck: Interpress

Die Deutsche Nationalbibliothek verzeichnet diese Publikation in
der Deutschen Nationalbibliografie; detaillierte bibliografische
Daten sind im Internet über http://dnb.d-nb.de abrufbar

ISBN 978-3-89438-579-8

# Inhalt

Vorwort      7

## I.
## GLOBALER KAPITALISMUS
## UND DIE INSTITUTIONEN EUROPAS      11

1. Neue Wachstumspole im Süden      13

     Aufstieg oder Wiederaufstieg?      14

     Der Aufstieg des Südens:
     Ein ungleichzeitiger und aufhaltsamer Prozess      21

     Der Süden und der Weltmarkt      34

2. Kapitalismus – eine europäische Erfindung      46

     Eigentumsrechte und die Institutionen
     der europäischen Moderne      47

     Kapitalismus und historisches Milieu      58

     Spielarten des Kapitalismus und Artikulation
     von Produktionsweisen      74

3. Methodische Ansätze: Zusammenfassung      90

## II.
## WIRTSCHAFTSMÄCHTE DES SÜDENS      101

4. China: Kapitalismus ohne Bourgeoisie      106

     Agrarische Produktionsverhältnisse,
     Lohnarbeit und Bourgeoisie      107

     Institutionen und Organisationen:
     Die chinesische Gesellschaft      130

     Der Einbruch des Westens      140

     Überakkumulation und Landnahme      150

5.  **Afrika: Rohstoffe und Informalität**    **155**
    Afrika vor dem großen Sprung?    156
    Exkurs: Fakten und Statistik    161
    Ist der afrikanische Aufschwung nachhaltig?    169
    Afrikanischer Kapitalismus – Kapitalismus in Afrika    173
    Exkurs: Südafrika    177
    Kapital und Lohnarbeit    180
    Kleinbäuerliche Landwirtschaft
    zwischen Subsistenz und Weltmarkt    202
    Perspektiven eines afrikanischen Kapitalismus    208

6.  **Lateinamerika: Klassen und Hautfarbe**    **217**
    Die Wirtschaft Lateinamerikas von 1870 bis heute    218
    Merkmale des Kapitalismus in Lateinamerika    230
    Vorkolumbianische Kulturen, iberischer Kolonialismus
    und Weltmarkt    238
    Staaten- und Nationenbildung    255
    Vorkapitalistische Produktionsweisen und
    lateinamerikanischer Kapitalismus    268

**III.**
**EINHEITLICHER WELTMARKT**
**UND GESELLSCHAFTLICHE VIELFALT**    **275**

7.  **Kapitalistische Produktionsweise**
    **und die Gesellschaften des Südens**    **278**

8.  **Der Aufstieg des Südens**
    **und die Krisen des Kapitalismus**    **302**

    Literatur    315
    Tabellenverzeichnis    326

*Die Milliarden Menschen, die gegen Ende des
20. Jahrhunderts jählings dem globalen Kapitalismus
ausgesetzt wurden, hatten sich nie auf diese Weise mit
ihm arrangiert. ... Es war klar, dass sie ganz andere
Wege finden mussten, den Kapitalismus in ihre Sozialstruktur aufzunehmen, und dass sie dadurch das Wesen
des kapitalistischen Systems selbst verändern würden.*

Rana Dasgupta, Dehli. Im Rausch des Geldes,
Berlin 2014, S. 453 f

# Vorwort

Die heute lebenden Generationen sind Beobachter und Teilnehmer
eines in der menschlichen Geschichte einmaligen Experiments, das
auf dem begrenzten Raum Westeuropas und Nordamerikas in der ersten Hälfte des 19. Jahrhunderts, vor weniger als 200 Jahren, begann.
Erst seit diesem Zeitpunkt, mit der industriellen Revolution und dem
Industriekapitalismus, ist es der Menschheit möglich, die Steigerung
von Produktion, Produktivität und materiellem Lebensstandard über
längere Zeiträume hinweg von den natürlichen Grundlagen, der Erde
und den Menschen, zu lösen. Über Jahrtausende hinweg hatten Bevölkerung, Produktion, Produktivität und Pro-Kopf-Einkommen nur
langsam zugenommen, wobei es immer wieder zu Rückschlägen gekommen war. Die Produktion nahm fast im Gleichschritt mit der Zahl
der Menschen zu. Die Steigerung des Lebensstandards und die davon
abhängige Zunahme der Bevölkerung wurden durch die Verfügbarkeit von Agrarland und Lebensmitteln sowie durch klimatische Bedingungen, also durch ökologische Faktoren, begrenzt.

Diese malthusianisch / ökologische Schranke der Produktion wurde erstmals im Europa des 19. Jahrhunderts nachhaltig überwunden, angetrieben von der Ausbreitung der kapitalistischen Produktionsweise. Mit der Unterordnung der materiellen Produktion unter das Kapital als sich selbst verwertendem Wert wurden Erde und Menschen zu Objekten einer wirtschaftlichen Dynamik, die mit der ständigen Erweiterung der Produktion und der permanenten Umwälzung der Technik die Tendenz zur immer effizienteren Nutzung der menschlichen Arbeitskraft verband. Das Zwangsgesetz der Akkumulation des Kapitals macht die Steigerung von Produktion und Ressourcenverbrauch zum unentrinnbaren Schicksal. Damit verbunden ist das Streben nach ständiger Intensivierung der Arbeit und der relativen Senkung der Arbeitskosten, was nur am Widerstand der Betroffenen gewisse Schranken findet. Es waren Karl Marx und Friedrich Engels, die die immanenten Triebkräfte der kapitalistischen Produktionsweise, die Akkumulation des Kapitals und den Klassenkampf, und damit zugleich deren innere Widersprüchlichkeit, aufdeckten. Bei allen Irrtümern, die Marx und Engels im Einzelnen unterliefen, ist heute keine Beschäftigung mit wirtschaftlichen Fragen möglich, die nicht diese von ihnen auf den Begriff gebrachten ökonomischen und sozialen Kernprozesse zum Ausgangspunkt nimmt.

Aber erst die heute lebenden Generationen erleben die Einbeziehung des ganzen Planeten und der gesamten Menschheit in dieses Experiment. Während bis noch vor wenigen Jahrzehnten nur etwa ein Fünftel der Weltbevölkerung in Gesellschaften lebte, die von der kapitalistischen Produktionsweise geprägt waren, ist es heute die große Mehrheit. Seit etwa 30 Jahren hat die kapitalistische Produktionsweise auf fast allen Kontinenten Fuß gefasst. Sie ist dort nicht mehr nur ein westlicher Import, sondern entwickelt sich dynamisch nach eigenen Gesetzen, verbindet sich mit endogenen, historisch gewachsenen Institutionen und Kulturen, so wie im Europa des 19. Jahrhunderts. Die meisten Länder des Südens haben sich heute von der Dominanz westlicher Institutionen emanzipiert, wie es Rosa Luxemburg vorhergesehen hatte. Heute prägen die Zwangsgesetze und Widersprüche der kapitalistischen Produktionsweise unmittelbar die Lebensverhältnisse der übergroßen Mehrheit der Menschen und die Veränderung ihrer natürlichen Lebensgrundlagen, dies aber unter Einbeziehung jeweils unterschiedlicher historischer Milieus.

Damit werden überall die Grenzen der Produktionsweise und damit der menschlichen Existenz sichtbar: einerseits in Form der ins Ungeheure gesteigerten Ausbeutung und Zerstörung natürlicher Ressourcen; andererseits in Gestalt von globalen Produktionsketten, an deren Anfang Menschen stehen, die unter elenden Bedingungen zu Löhnen schuften, die kaum mehr als das nackte Überleben ermöglichen, und an deren Ende Güter entstehen, die in Edelgeschäften oder Discountläden mit hohen Profiten verkauft werden.

Das Experiment, in welches heute die gesamte Menschheit als Beobachter und Teilnehmer involviert ist, hat zwei Ebenen: Auf der ersten sehen wir, ob es, wie Langfristprognosen skizzieren, möglich ist, den heute schon die Kapazität des Planeten überbeanspruchenden Verbrauch von Land, Wasser und Luft nochmals zu vervielfachen. Setzt sich das globale wirtschaftliche Wachstum von heute in den nächsten 50 Jahren fort, dann wäre die weltweite Produktion 2060 um mehr als den Faktor vier größer als gegenwärtig. Auf der zweiten Ebene erleben wir, ob die infolge der Umwälzung der Kommunikationsmittel immer dichter zusammenrückende Menschheit die unsere Lebensweise prägenden krassen Unterschiede in den Lebensbedingungen ohne eine weitere Zuspitzung von unbeherrschbaren Konflikten weiter aushalten kann. Denn beides, zunehmender Naturverbrauch und scharfe soziale Gegensätze, sind integraler Bestandteil der kapitalistischen Produktionsweise und innerhalb derselben nur begrenzt regulierbar.

Der Ausgang des Experiments ist ungewiss. Beunruhigend ist, dass es nicht gelingt, die systemischen Zwänge zur Akkumulation – und das heißt zur ständigen Steigerung von Produktion und Ressourcenverbrauch – einerseits und zur Verschärfung der sozialen Gegensätze andererseits, zu begrenzen. Beides hängt zusammen: Wachstum im Kapitalismus heißt immer Wachstum von Profit. Die Zunahme der materiellen Produktion (und damit der Ressourcenverbrauch) kann verlangsamt werden, aber nur durch Herabsetzung der relativen Arbeitskosten, d.h. um den Preis verschärfter Verteilungskonflikte, und umgekehrt: Eine beschleunigte Zunahme der materiellen Produktion (Wachstum) entschärft die sozialen Auseinandersetzungen, aber um den Preis eines beschleunigten Ressourcenverbrauchs.

Dies ist ein Widerspruch, der systembedingt ist: Erstmals in der Geschichte der Menschheit wäre es technisch und wirtschaftlich möglich, allen Menschen eine auskömmliche Existenz zu sichern, ohne die Kapazität des Planeten zu überfordern.

Die Zusammenhänge sind bekannt und ebenso die technischen und sozialen Mechanismen, um ihnen Rechnung zu tragen: Stopp des wirtschaftlichen Wachstums, gerechte Teilhabe aller an den globalen Produktionszusammenhängen beteiligten Menschen, Steigerung des Wohlstands durch Umverteilung und qualitativ bessere Arbeits- und Lebensbedingungen. Doch während die Grenzen der Produktionsweise schon heute erfahrbar sind in Form von mehr Naturkatastrophen, von Klimawandel und ansteigendem Meeresspiegel, in Form von lokalen Kriegen und globalem Terrorismus, von Migrationsbewegungen und Auseinandersetzungen, die immer öfter die unberechenbare Form von religiösen, ethnischen und nationalen Konflikten annehmen, preisen Politik und wirtschaftswissenschaftlicher Mainstream Sozialabbau und Wirtschaftswachstum als alternativlose Lösungen an und bezeichnen dies als Reformen. Jede Regierung, der es gelingt, das Wachstum zu steigern, die Arbeitszeiten zu verlängern und die jeweilige Konkurrenzfähigkeit durch niedrigere Arbeitskosten und Sozialstandards zu steigern, gilt als erfolgreich; und jede Gruppierung, die dies kritisiert, wird im besten Fall als traumtänzerisch, im schlimmsten Fall als populistisch denunziert. Dabei ist offensichtlich, dass jene politischen Kräfte, die ewiges Wachstum und Aufrüstung im globalen Konkurrenzkampf predigen, nur nicht den Mut haben, das Katastrophen produzierende Experiment abzubrechen, indem sie die auf der Verwertung des Kapitals als Zwangsgesetz beruhende Produktionsweise bewusster gesellschaftlicher Kontrolle unterwerfen. Sie wagen es nicht, aus dem »stahlharten Gehäuse ... des siegreichen Kapitalismus« (Max Weber) auszubrechen, obwohl das Verhängnis einer nicht nachhaltigen Produktionsweise in dem Maße unübersehbar geworden ist, wie sich diese weltweit ausbreitet.

# TEIL I
# GLOBALER KAPITALISMUS UND DIE INSTITUTIONEN EUROPAS

Die Machtverschiebungen im kapitalistischen Weltsystem, der Verlust der ökonomischen Hegemonie der USA, der relative Rückfall der »Triade« aus Nordamerika, Japan und Westeuropa und der Aufstieg neuer Wirtschaftsmächte im Süden[1] im Zeichen des Kapitalismus, die mit dem zusammenfassenden Kürzel BRICS (Brasilien, Russland, Indien, China, Südafrika) verbunden werden, sind die bedeutendsten Veränderungen der letzten 30 Jahre. Verflochten sind diese Umwälzungen mit dem Zusammenbruch des sozialistischen Blocks 1989/90, der alle nicht-kapitalistischen Entwicklungswege desavouiert zu haben scheint. Diese Prozesse wurden anfangs als weltweiter und endgültiger Triumph des Kapitalismus gedeutet. Der erste Satz des in den 1990er Jahren populären Buchs von Michel Albert, Kapitalismus contra Kapitalismus, lautete: »Zum ersten Mal in der Geschichte hat der

---

[1]  Die geografischen Begriffe ›Süden‹ (Entwicklungsländer, Dritte Welt, Peripherie, Trikont, usw.) und ›Westen‹ (entwickelte Länder, Industrieländer, Triade, Zentrum, usw.) werden im Folgenden abkürzend benutzt, obwohl sie offensichtlich nur teilweise zutreffen. Andere Bezeichnungen sind aber mit Bedeutungen geladen, die hier nicht geteilt werden. Den geografischen Bezeichnungen wird, im Sinne Saids, keinerlei »ontologische Eigenständigkeit« zugemessen (S. 406).

Kapitalismus wirklich den Sieg davongetragen. Und zwar auf der ganzen Linie.« Auch wenn das 1992 erschienene Buch den Aufstieg des Südens noch nicht auf dem Bildschirm hatte, wurde das Siegesgefühl später auch auf diesen Vorgang bezogen: Der wirtschaftliche Erfolg des Südens ist dem allgemeinen Verständnis nach dem Kapitalismus zu verdanken. Da beide Kernprozesse (Zusammenbruch des Sozialismus / Aufstieg des Südens) zeitlich dem Durchbruch des Neoliberalismus in Theorie und Praxis der Wirtschaftspolitik (»Washington Consensus«) folgten, neigten viele Beobachter dazu, beides zusammen zu denken: Erst die Befreiung der Unternehmen von staatlichen Eingriffen, die umfassende Verwirklichung der Marktwirtschaft, habe diesen Erfolg ermöglicht: Endlich kam der liberale Kapitalismus, nach Überwindung des leistungsfeindlichen, wohlfahrtsstaatlichen Interventionismus und der Domestizierung marktfeindlicher Gewerkschaften, zu sich selbst.

Die Periode einer im Westen (eigentlich nur in Westeuropa und Nordamerika) relativ krisenarmen Entwicklung, der »Great Moderation« der 1990er und beginnenden 2000er Jahre, schien dies zu bestätigen.[2] Man war allen Ernstes der Ansicht, dass Liberalisierung, Deregulierung und marktfreundliche Wirtschaftspolitik eine stetige, ausgeglichene und krisenfreie Wirtschaftsentwicklung gewährleisten würden – was für ein Irrtum!

---

2    Ben Bernanke, US-Notenbankgouverneur, in dessen Amtszeit 2006 bis 2013 eine der schwersten Wirtschaftskrisen der Neuzeit fiel, sagte im Februar 2004: »Einer der auffallendsten Züge der ökonomischen Landschaft etwa der letzten 20 Jahre ist der Rückgang der makroökonomischen Volatilität. … Wenige würden widersprechen, dass die Geldpolitik erfolgreich war bei der Begrenzung der Inflation, und so auch zu großen Teilen verantwortlich ist für die Verminderung von Produktionsschwankungen …«. Demnach war es die Antiinflationspolitik der Notenbanken, die Krisen und Produktionsschwankungen verhindert hat. (Governor Ben S. Bernanke at the meeting of the Eastern Economic Association, Washington D.C.) www.federalreserve. gov/BOARDDOCS/SPEECHES/20042004 0220/default.htm) Der IWF-Chefökonom Olivier Blanchard kritisierte: »Die Great Moderation führte bei vielen (darunter wirtschaftspolitische Entscheidungsträger und Aufsichtsbehörden) zur Unterschätzung makroökonomischer Risiken …«. (2010, S. 10)

# Kapitel 1

# Neue Wachstumspole im Süden

Die auch nach sieben Jahren (2015) noch nicht vollständig überwundene Finanzmarkt- und Wirtschaftskrise von 2008 markiert einen tiefen Einschnitt der Weltwirtschaft und ist zugleich treibendes Moment des Aufstiegs des Südens: Hatten die vorangegangenen »großen« Krisen des 20. Jahrhunderts – die von 1929/32 und von 1973/75 – schwere Folgewirkungen in den Kolonien bzw. Entwicklungsländern gehabt, so gingen diese Weltteile diesmal relativ unbeschadet aus der Krise der Länder des Westens hervor. Deren Wirtschaftspolitiker setzen heute umgekehrt große Hoffnungen auf ein Anhalten des Booms im Süden, insbesondere in China. Die Weltbank stellte in ihrem Konjunkturausblick von Anfang 2013 fest: »Entwicklungsländer sind immer noch die wichtigsten Motoren des globalen Wachstums ...« (World Bank 2013). Während die Krise von 2008 eine Periode von Stagnation bzw. niedrigem Wachstum in den alten kapitalistischen Ländern einleitete, setzte der Süden seine Expansion nur wenig gebremst fort. Seither registrieren die Wirtschaftspolitiker des Westens mit Besorgnis jedes Schwächezeichen im Süden, weil sie negative Wirkungen in ihren Ländern befürchten. Das Wachstum insbesondere in China trägt dazu bei, westliche Krisentendenzen, vor allem seit 2008, via Außenhandel zu entschärfen. »Ich bin sicher, dass ohne China der Einbruch von 2008 weit ernster gewesen wäre«, unterstreicht Hobsbawm die Funktion des expandierenden Südens für den Westen (2010, S. 136). »Mitten in der Weltrezession war China so etwas wie eine kleine Konjunktur-Lok geworden«, beschreibt Schmid die Wirkung des Ende 2008 aufgelegten chinesischen Konjunkturprogramms (S. 6).

Die Krise von 2008 ff. leitet eine neue Periode im internationalen Kapitalismus ein: »Der Westen kam geschwächt aus der Krise hervor, nicht nur wirtschaftlich, sondern auch politisch und ideologisch«, konstatiert Grätz (S. 21).

## Aufstieg oder Wiederaufstieg?

Vielfach wird darauf hingewiesen[3], dass der wirtschaftliche Aufstieg des Südens (bzw. Asiens) in einigen Fällen eigentlich nur ein Wiederaufstieg ist – wobei mit Recht geltend gemacht wird, dass z.B. China bis in die Neuzeit hinein der wirtschaftlich bedeutendste Staat der Erde gewesen ist. Ob China allerdings dabei ist, »seinen weltweiten wirtschaftlichen Rang und Status von der Mitte des 18. Jahrhunderts wiederzuerlangen«, wie z.B. Arrighi formuliert (S. 425 f), darf bezweifelt werden, einfach weil es vorher so etwas wie eine mit der gegenwärtigen Situation vergleichbare integrierte Weltwirtschaft nicht gegeben hat. Die Frage von globalem »Rang« oder »Status« war damals kaum von praktischer Bedeutung: Auch wenn China die größte Wirtschaftsmacht während des europäischen Mittelalters und der frühen Neuzeit gewesen ist, so konnte sie dieses Gewicht kaum nutzen, um sich Vorteile jenseits ihres direkten Einflussgebiets zu verschaffen. Dass China bis zu dieser Zeit wirtschaftlich größer und teilweise auch entwickelter (gemessen am Stand der Produktivkräfte) gewesen ist als jede europäische Macht, war damals wenig relevant und interessierte vor dem 19. Jahrhundert kaum einen der betroffenen Akteure. Osterhammel ist zuzustimmen, wenn er formuliert: »Im 18. Jahrhundert bestand die Welt noch – und zum letzten Mal – aus mehreren Zivilisationszonen, die sich zwar an ihren Rändern immer häufiger berührten und die in einen immer engeren Kontakt miteinander traten, die aber noch nicht durch eine erdumspannende Weltwirtschaft, durch eine Weltpolitik im Sinne globaler Interventionsfähigkeit und Interventionswilligkeit einiger Großmächte und durch die Universalisierung okziden-

---

3    Zuletzt in Mishra 2013

taler Kulturwerte[4] dauerhaft miteinander verklammert waren.« (1989, S. 41). Wirtschaftliche Stärke war nicht gleichbedeutend mit globaler wirtschaftlicher Vormacht. Angus Maddison, eine wissenschaftliche Autorität in Sachen Wirtschaftsdaten der ›langen Frist‹, formuliert: »Bis zum 19. Jahrhundert war China ein größerer und mächtigerer Staat als jeder andere in Europa oder Asien. Seine technische Reife und seine meritokratische Bürokratie produzierten im Zeitraum vom 5. zum 14. Jahrhundert höhere Durchschnittseinkommen als Europa … Danach gewann Europa allmählich einen Vorsprung gemessen an den Durchschnittseinkommen, die Bevölkerung Chinas aber wuchs rascher. 1820 war das chinesische Inlandsprodukt fast 30 Prozent höher als das von Westeuropa einschließlich der westlichen Able-ger[5] zusammengefasst.« (S. 119) Solche Unterschiede wurden aber weltwirtschaftlich erst dann relevant, als die Mächte in engen und regelmäßigen Kontakt miteinander kamen, also im 19. Jahrhundert. Obwohl es auch vor dem 19. Jahrhundert bedeutende Handelsbezie-hungen gegeben hatte – im 17. und 18. Jahrhundert exportierte China vor allem Porzellan, Seide und Tee nach Europa im Austausch gegen amerikanisches Silber –, so kann daraus nicht abgeleitet werden, dass »die Weltwirtschaft weiterhin für mindestens weitere drei Jahrhunder-te bis 1800 durch Asiaten dominiert worden ist, während Europa welt-wirtschaftlich weiterhin relativ und absolut marginal gewesen ist …«, wie z. B. Frank behauptet (1998, S. 53).[6]

Obwohl es verführerisch sein mag, sich die Welt als ein geschlos-senes, Jahrtausende altes »Weltsystem«[7] vorzustellen und eine »Ge-

---

4  Es wird später gezeigt werden, dass die »Universalisierung« sich nicht auf westliche »Kulturwerte« bezog.

5  »western offshots« sind die USA, Kanada, Australien und Neuseeland (Mad-dison, S. 128).

6  Franks Formulierung unterstellt, dass es auch in der Zeit vor 1500 nicht nur eine integrierte Weltwirtschaft gegeben habe, sondern dass diese asiatisch dominiert gewesen sei – wofür er keinen Beleg liefert. Der Zufluss amerika-nischen Silbers via Europa, auf den Frank abhebt, begann erst im 16. Jahr-hundert.

7  Einen guten Überblick über die verschiedenen Varianten der »Weltsystem-theorie« und die Kritik daran gibt Knöbl (S. 118-133).

schichte von Ebbe und Flut bei der Schaffung der Weltwirtschaft« zu
erzählen (Pomeranz / Topic 2006, S. xii), d. h. vom ewigen Auf und
Ab von Hegemonieverhältnissen, von »Hegemoniezyklen« (Komlosy 2013), so wird diesem Ansatz hier nicht gefolgt. Wirtschaftliche
Stärke bedeutet in der eng verflochtenen Weltwirtschaft des 21. Jahrhunderts etwas grundlegend anderes als z. B. in der lose durch Fernhandel verbundenen Welt des 16. Jahrhunderts. Sicherlich gibt es
schon seit mehreren tausend Jahren wirtschaftliche Kontakte zwischen Regionen und Kontinenten. Tatsächlich aber wurden vor 1500
und auch noch Jahrhunderte später ganz überwiegend Luxuswa-
ren, »Flitter und Tand« (Adam Smith) gehandelt, die die Konsum-
bedürfnisse der Oberschichten befriedigten, aber weder die Pro-
duktionssysteme noch die Verbrauchsgewohnheiten der Masse der
Produzenten direkt und zielgerichtet veränderten.[8] Die Grundlage
der wirtschaftlichen Stärke Asiens, insbesondere Chinas, waren die
hohen Bevölkerungszahlen. Dies zeigen Maddisons Daten: Während
um das Jahr 1000 herum die durchschnittlichen Pro-Kopf-Einkommen weltweit auf 435 Dollar im Jahr (internationale Dollar in Werten von 1990) geschätzt werden, sind die Unterschiede zwischen den
Weltteilen geringfügig: Am höchsten war die Produktion pro Kopf
demnach in Asien (ohne Japan) mit 450 Dollar, am niedrigsten in Lateinamerika und Osteuropa / Russland mit 400 Dollar. Diese Unterschiede besagen angesichts der wenig gesicherten Datenlage nicht
viel. Daher sind einige Autoren der Ansicht, dass sich die »größeren agrarischen Flächenstaaten in Abend- und Morgenland in einer
Reihe von Merkmalen« ökonomisch sehr ähnlich waren, trotz der
Unterschiede in den »Sitten und Gebräuchen« der Völker (Allonge-
Perücke und Mandschu-Zopf) (Osterhammel, S. 42). Entscheidend

---

8   Dass die Oberschichten zunehmend – oft aus Prestigegründen – exotische
    Produkte konsumierten, blieb nicht ohne Folgen. Adam Smith meint, dass
    die Oberschichten wegen der höheren Ausgaben für Luxusprodukte die für
    Dienstpersonal einschränkten, mit entsprechenden Folgen für den Arbeits-
    markt. Auch brachte der Fernhandel oft kulturelle Veränderungen mit sich,
    »gute Gründe, dem Fernhandel ein weit höheres Gewicht zuzumessen, als
    sein Anteil am gesamten Güteraustausch eigentlich rechtfertigen würde.«
    (Pomeranz 2012, S. 163)

ist, dass im Jahre 1000 in Asien (ohne Japan) gut zwei Drittel der Weltbevölkerung von insgesamt 117 Millionen Menschen lebten, in Westeuropa dagegen nur 10 Millionen. Das änderte sich allmählich bis 1500: Die Bevölkerung Westeuropas vervierfachte sich in diesem Zeitraum, während sich jene Asiens ›nur‹ verdoppelte. Geht man davon aus, dass die Bevölkerungszahlen bis in die Neuzeit hinein eher »malthusianisch / ökologischen Zwängen« (Maddison, S. 629) folgten, d. h. durch landwirtschaftliche Produktion und Produktivität bestimmt wurden, so gibt es zwischen China einerseits und Westeuropa andererseits bis ins 18. Jahrhundert hinein kaum Verschiebungen. Ab dem 15. Jahrhundert steigt die Produktivität, gemessen an den durchschnittlichen Pro-Kopf-Einkommen, in Westeuropa tendenziell etwas an, während sie in China bis ins 20. Jahrhundert hinein stagniert. Das herausragende weltwirtschaftliche Ereignis ist der sprunghafte Anstieg der Produktivität in Westeuropa im Gefolge der Industrialisierung ab der ersten Hälfte des 19. Jahrhunderts. Der chinesische Rückfall nach 1820 war die Folge des durch ausländische Interventionen ausgelösten Zerfalls der Zentralmacht zwischen 1840 und 1949.

*Tab. 1: Langfristvergleich China / Westeuropa*

| Jahr (u.Z.) | China | | | Westeuropa | | |
|---|---|---|---|---|---|---|
| | *Bevölkerung in Mio.* | *BIP in Mrd.* | *BIP pro Kopf* | *Bevölkerung in Mio.* | *BIP in Mrd.* | *BIP pro Kopf* |
| 1 | 59,6 | 26,8 | 450 | 24,7 | 11,1 | 450 |
| 1000 | 59,0 | 26,6 | 450 | 25,4 | 10,2 | 400 |
| 1300 | 100,0 | 60,0 | 600 | 58,4 | 34,6 | 593 |
| 1400 | 72,0 | 43,2 | 600 | 41,5 | 28,1 | 676 |
| 1500 | 103,0 | 61,8 | 600 | 57,3 | 44,2 | 771 |
| 1820 | 381,0 | 228,6 | 600 | 133,0 | 160,1 | 1.204 |
| 1913 | 437,1 | 241,3 | 552 | 261,0 | 902,3 | 3.458 |
| 1950 | 546,8 | 239,9 | 439 | 304,9 | 1.396,2 | 4.579 |
| 2001 | 1.275,4 | 4.569,8 | 3.583 | 392,1 | 7.550,3 | 19.256 |

BIP (Bruttoinlandsprodukt) und BIP pro Kopf: Internationale Dollar, Werte v. 1990, Quelle: Maddison, S. 629

Was Quellen und Qualität von Maddisons Zahlen angeht so
kann dies hier nicht im Detail diskutiert werden. Die chinesischen
historischen Zahlen sind verlässlicher als die europäischen, weil die
seit 2.000 Jahren (mit Unterbrechungen) regierenden Zentralmächte
schon früh an exakten Daten über Bevölkerung, Anbauflächen und
Produktion interessiert waren – diese waren Grundlagen der Besteuerung (Maddison, S. 622). Allerdings sind Maddisons Statistiken keinesfalls ›objektiv‹. Was das hier interessierende Verhältnis zwischen
China und Westeuropa angeht, so ist er durchaus ›Partei‹ und weist
die Annahme eines bis ins 18. Jahrhundert bestehenden chinesischen
Vorsprungs, wie von Pomeranz, Arrighi, Frank und anderen behauptet, (m. E. mit guten Gründen) zurück (S. 631).

Den Zahlen zufolge machte China zwischen 1000 und 1300 einen
technologischen Sprung, was mit Elvins Beschreibung der Sung-
Dynastie (960 – 1280) übereinstimmt (Elvin 1973, S. 113ff.). Ab dem
15. Jahrhundert verzeichnet Westeuropa einen allmählich zunehmenden Produktivitätsvorsprung, während die Produktivkräfte in China
Stagnationstendenzen aufzuweisen beginnen. Als weiterer Indikator
wählt Maddison den Urbanisierungsprozess als Ausdruck der Fähigkeit einer Gesellschaft, ein Mehrprodukt über die agrarische Subsistenz hinaus zu erwirtschaften. Forscher haben den Anteil der in Städten mit mehr als 10.000 Einwohnern lebenden Teile der Bevölkerung
ermittelt: Dieser Anteil war annähernd Null im Westeuropa des Jahres
1000 – damals gab es dort überhaupt nur vier entsprechende Städte.
In China lag dieser Anteil gleichzeitig bei drei Prozent. Um 1800 war
der Anteil der Stadtbevölkerung in Westeuropa auf 10,6 Prozent gestiegen, während er sich in China mit 3,8 Prozent kaum verändert
hatte (Maddison, S. 622). Für das Römische Reich wird ein Urbani-
sierungsgrad von 5 Prozent angenommen. War also bis ins Jahr 300
das Römische Reich mächtiger als China, der Aufstieg Europas ab
dem 19. Jahrhundert also in Wirklichkeit ein Wiederaufstieg, so dass
Frank sein Buch auch ReEuropa hätte nennen können? Zu solch mü-
ßigen Überlegungen führt eine Betrachtungsweise, die ein Jahrtausende altes »Weltsystem« und 500-jährige ökonomische Zyklen (»lange
Wellen von 1700 B. C. bis 1700 A. D.«) unterstellt (Frank 1998, S. XX).

Aber unabhängig von der Frage, ob es China produktivitätsmäßig nur bis 1400 oder – wie z. B. Pomeranz meint – bis 1750 mit Westeuropa aufnehmen konnte: Angesichts des geringen Grads der Integration zwischen beiden Ökonomien vor 1800 erscheint ein Vergleich mit der gegenwärtigen Situation wenig sinnvoll. Dass China z. B. um 1200 ökonomisch fortgeschrittener war als Westeuropa hatte insofern wenig Bedeutung, als es sowohl wirtschaftlich als auch militärisch bzw. politisch kaum Berührungspunkte gab. Die Berichte des Venezianers Marco Polo und des aus Tanger in Nordafrika stammenden Ibn Battuta (beide in der zweiten Hälfte des 13. Jahrhunderts lebend) über das ferne China / Katai wurden zu ihrer Zeit vielfach als exotisch betrachtet, wenn nicht gar angezweifelt, obwohl es durchaus indirekte Handelskontakte zwischen diesen Weltteilen gab: Diese verliefen über mehrere Etappen, tatsächlich wussten die Weltteile selbst wenig voneinander (Ptak). Es ist bekannt, dass Columbus auf seiner Reise Marco Polos »Beschreibung der Welt« mit sich führte und Zeit seines Lebens der Meinung war, er habe die Küste Japans erreicht, China (Katai) sei in Reichweite (Polo, S. 13). Umfassende und den hohen Entwicklungsstand Chinas reflektierende Berichte, erstellt im Rahmen der in China ab dem 17. Jahrhundert tätigen Jesuitenmissionen, verbreiteten sich in Europa zwar im 17. und 18. Jahrhundert, dienten aber vor allem dazu, indirekt die (rückständigen) europäischen Verhältnisse zu kritisieren.[9] Letzten Endes ergibt es wenig Sinn, die Periode eines sehr geringen indirekten Warenverkehrs vor 1500 zusammen mit der Zeit sich intensivierender, aber auf Luxusprodukte beschränkter direkter Handelskontakte etwa ab 1600 und der durch globale Produktionsketten gekennzeichneten integrierten Ökonomie von heute unter dem Label »Weltsystem« über einen Kamm zu scheren. Vom chinesischen Vorsprung, geschweige denn von chinesischer »Dominanz«, wusste das Europa des 13. oder 14. Jahrhunderts wenig, während die Chinesen des 19. Jahrhunderts den westeuropäischen Vorsprung buchstäblich am eigenen Leibe erfuhren.

---

9    Jürgen Osterhammel gibt einen Überblick über die sich ab dem 17. Jahrhundert mehrenden Chinaberichte und den Wandel ihres Tenors – je enger die Kontakte werden, desto mehr bemühen sich die Berichterstatter, ein negatives Bild des ›heidnischen‹ China zu zeichnen (S. 23 ff).

Trotzdem haben solche Betrachtungen einen politischen Sinn: Die Tatsache, dass es in einer Zeit hoch entwickelte außereuropäische Länder und Kulturen gab, als Westeuropa – bildlich gesprochen – noch im tiefen Schlamm der Ackerböden steckte, belegt die Haltlosigkeit von nationalistisch / rassistisch / kulturalistischen Vorstellungen, wie sie z. B. Hegel in seinen »Vorlesungen über die Philosophie der Geschichte« verbreitet hat. Er folgte dabei einem vulgär-materialistischen Vorurteil: »In den äußersten Zonen kann der Mensch zu keiner freien Bewegung kommen, Kälte und Hitze sind hier zu mächtige Gewalten, als dass sie dem Geist erlaubten, für sich eine Welt zu erbauen. … Der wahre Schauplatz für die Weltgeschichte ist daher die gemäßigte Zone, und zwar ist es der nördliche Teil derselben, weil die Erde sich hier kontinental verhält und eine breite Brust hat … Im Süden dagegen verteilt sie sich und läuft in mannigfache Spitzen auseinander.« (Hegel, S. 106 f) Solche Aussagen kann man auch nicht mit dem Hinweis auf den ›Zeitgeist‹ entschuldigen – als er diese Vorlesungen in den 1820er Jahren hielt, war das europäische Wissen über die Welt bereits recht fortgeschritten. Es ist kein Zufall, dass in dem Maße, wie sich die Europäer die Welt unterwarfen, das Bild von Gegenwart und Vergangenheit der fremden Völker immer düsterer und das der eigenen Vergangenheit immer glänzender wurde: Nur so konnte man die Ausbeutung fremder Länder und Kontinente als Kulturleistung legitimieren, man brachte den finsteren Barbaren das Licht. Wieder Hegel: »China und Indien liegen gleichsam noch außer der Weltgeschichte … Wir können uns freilich in die Einzelheiten dieser Geschichte weiter nicht einlassen, die, da sie selbst nicht entwickelt, uns in unserer Entwicklung hemmen würde.« (Hegel, S. 147 ff)

Der Bezug auf ruhmreiche Vergangenheiten und rassisch / kulturelle Überlegenheiten ist aber keine ausschließlich europäische Angelegenheit. Heute finden sich solche Untertöne auch in der chinesischen Selbstdarstellung, die Reisen und die Flotte des Admirals Zeng He im ersten Viertel des 15. Jahrhunderts (Menzies, S. 89 ff) sollen die Leistungsfähigkeit und Überlegenheit der Han-Chinesen belegen. Ob dies zur Wiederbelebung einer »Middle Kingdom Mentality« als Ausdruck von rassisch-kultureller Überlegenheit der Han-Chinesen führen wird, wie z. B. Martin Jacques[10] meint, kann hier nicht diskutiert werden. Jedenfalls ist nicht zu bestreiten, dass nationalistische Töne auch eine Begleiterscheinung der neuen weltwirtschaftlichen Rolle Chinas sind[11], Töne allerdings, die keinen Vergleich mit dem heute noch in Europa / Nordamerika verbreiteten Überlegenheitsgefühl und politisch-kulturellen Sendungsbewusstsein des »Westens« aushalten.

In Abgrenzung zu Vorstellungen, die die aktuell zu beobachtenden Machtverschiebungen als zyklisch, als einem im Kern unveränderten »Weltsystem« quasi eingeschrieben, betrachten, wird hier davon ausgegangen, dass diese angesichts der engen weltwirtschaftlichen Integration – oft als ›Globalisierung‹ apostrophiert – eine völlig neue Qualität besitzen. Inzwischen gibt es kaum noch ein Produkt, das im Zuge seiner Herstellung nicht mehrere Kontinente durchmessen hat; selbst die Bewohner scheinbar abgelegener Weltteile sind in der Lage, die Vor- und Nachteile des jüngsten iPhone zu diskutieren, kennen den Sieger der Champions League und wissen, via Facebook oder anderer sozialer Netzwerke, welche Musikgruppe gerade ›in‹ ist. Segelschiffe, Dampfschiffe, Flugzeuge und digitale Kommunikationsmittel bewirken ebenso wie das jeweilige Tempo beim Austausch von Waren, Dienstleistungen, Kapital und Informationen nicht nur quantitative, sondern auch qualitative Veränderungen.

## Der Aufstieg des Südens:
## Ein ungleichzeitiger und aufhaltsamer Prozess

Der Aufholprozess des Südens, der in Europa / Nordamerika medial erst ab Ende der 1990er Jahre stärker zur Kenntnis genommen wurde, ist tatsächlich kaum älter, auch wenn Warnungen vor der ›gelben

---

10    »China sah sich als über, jenseits, getrennt und überlegen im Verhältnis zum Rest der Welt.« (Jacques, S. 570)

11    Helmut Peters meint, dass es beim »Sozialismus chinesischer Prägung« vor allem darum geht, an die »traditionelle« Größe Chinas anzuknüpfen (Peters 2013, S. 120).

Gefahr‹ eine lange Geschichte haben.[12] Er setzte wesentlich erst Ende
der 1980er Jahre ein. Das Jahrhundert davor war die Hochzeit der
klassischen Industrieländer des Westens.

*Tab. 2: Verteilung des Weltinlandsprodukts nach Regionen (Anteile in Prozent)*

| Regionen | 1870 | 1913 | 1950 | 1973 | 1998 |
|---|---|---|---|---|---|
| Westeuropa | 33,6 | 33,5 | 26,3 | 25,7 | 20,6 |
| Westliche Ableger | 10,2 | 21,7 | 30,6 | 25,3 | 25,1 |
| Japan | 2,3 | 2,6 | 3,0 | 7,7 | 7,7 |
| Asien (ohne Japan) | 36,0 | 21,9 | 15,5 | 16,4 | 29,5 |
| Lateinamerika | 2,5 | 4,5 | 7,9 | 8,7 | 8,7 |
| Osteuropa/UdSSR | 11,7 | 13,1 | 13,1 | 12,9 | 5,3 |
| Afrika | 3,7 | 2,7 | 3,6 | 3,3 | 3,1 |
| *Welt* | *100* | *100* | *100* | *100* | *100* |

Quelle: Maddison, S. 127

Im Kern vollzogen sich die Verschiebungen der wirtschaftlichen
Größenverhältnisse im Zeitraum bis 1973, dem Beginn der zweiten
»Großen Krise« des Kapitalismus im 20. Jahrhundert, zwischen den
großen Industrieländern des Westens: Erst kam der Aufstieg der
»western offshots«, der ehemaligen Siedlerkolonien USA, Kanada,
Australien und Neuseeland, der die Dominanz Westeuropas, vor allem Großbritanniens, beendete; es folgte nach 1950 der Aufstieg Japans. Ein bemerkenswerter Fall ist Lateinamerika, das in der ersten
Hälfte des 20. Jahrhunderts seine Produktion überdurchschnittlich
stark ausdehnen konnte, dann aber einen Rückfall erlebte. Dies alles
vollzog sich vor dem Hintergrund einer wirtschaftlichen Dynamik,
die im 19. Jahrhundert an Fahrt gewann[13], aber erst ab 1870 – im Kern
also im 20. Jahrhundert – historisch ungewöhnlich wurde.

---

12   Damit war zunächst Japan gemeint, das 1905 einen militärischen Sieg gegen
     Russland errang (Mishra, S. 15).

13   Eric Hobsbawm betrachtet die »Massenproduktion von Maschinen« als
     Kern des Industrialisierungsprozesses, ein Durchbruch, der zuerst in der
     zweiten Hälfte des 19. Jahrhunderts in den USA erfolgte (1975, S. 60).

*Tab. 3: Weltweites Wachstum (jahresdurchschnittliche Veränderung in Prozent)*

|            | 1000<br>-1500 | 1500<br>-1820 | 1820<br>-1870 | 1870<br>-1913 | 1913<br>-1950 | 1950<br>-1973 | 1973<br>-1998 |
|------------|------|------|------|------|------|------|------|
| BIP        | 0,15 | 0,32 | 0,93 | 2,11 | 1,85 | 4,91 | 3,01 |
| Bevölkerung| 0,10 | 0,27 | 0,40 | 0,80 | 0,93 | 1,92 | 1,66 |
| BIP pro Kopf | 0,05 | 0,05 | 0,53 | 1,30 | 0,91 | 2,93 | 1,33 |

Quelle: Maddison, S. 126

Das ab dem Beginn des 19. Jahrhunderts beschleunigte Wachstum verlief ungleichzeitig, auch wenn man die großen Regionen des Südens betrachtet, wie die Entwicklung des Bruttoinlandsprodukts (BIP) und der Pro-Kopf-Einkommen (BIP pro Kopf) deutlich machen.

*Tab. 4: Jahresdurchschnittliche Veränderung des BIP bzw. BIP pro Kopf in %*

|               | 1500<br>-1820 | 1820<br>-1870 | 1870<br>-1913 | 1913<br>-1950 | 1950<br>-1973 | 1973<br>-1998 |
|---------------|-----------|-----------|-----------|-----------|-----------|-----------|
| Asien*        | 0,29/0,00 | 0,03/-0,11 | 0,94/0,38 | 0,90/-0,02 | 5,18/2,92 | 5,46/3,54 |
| Lateinamerika | 0,21/0,15 | 1,37/0,10 | 3,48/1,81 | 3,43/1,42 | 5,33/2,52 | 3,02/0,99 |
| Afrika        | 0,16/0,01 | 0,52/0,12 | 1,40/0,64 | 2,69/1,02 | 4,45/2,07 | 2,74/0,01 |
| Westeuropa    | 0,41/0,15 | 1,65/0,95 | 2,10/1,32 | 1,19/0,76 | 4,81/4,08 | 2,11/1,78 |
| West. Ableger | 0,78/0,34 | 4,33/1,42 | 3,92/1,81 | 2,81/1,55 | 4,03/2,44 | 2,98/1,94 |
| Japan         | 0,31//0,09 | 0,41/0,19 | 2,44/1,48 | 2,21/0,89 | 9,29/8,05 | 2,97/2,34 |
| Welt          | 0,32/0,05 | 0,93/0,53 | 2,11/1,30 | 1,85/0,91 | 4,91/2,93 | 3,01/1,33 |

* Ohne Japan; Quelle: Maddison, S. 126

In den meisten Regionen des Südens beginnt sich erst im Zeitraum nach 1870 das Wachstum der Produktion vom Wachstum der Bevölkerung zu lösen, sichtbar in der Veränderung des BIP pro Kopf. Westeuropa und Nordamerika haben einen deutlichen Vorsprung, der ab 1870 von Lateinamerika und Japan eingeholt wird. Asien fällt dagegen schon ab 1820 zurück, ein Rückstand gegenüber allen anderen Regionen, der erst nach 1950 wieder reduziert werden kann. Auch Afrika kann die Pro-Kopf-Einkommen nach 1870 steigern; im Zeitraum

zwischen 1913 und 1950 liegt der Kontinent sogar an dritter Stelle des
›Rankings‹ der globalen Wachstumsraten.

Die von Maddison gewählten Vergleichszeiträume mögen die Realität teilweise schlecht ausdrücken – denn auch in den Jahrhunderten
vor 1820 gab es Perioden stärkeren Wachstums, die von Perioden
des wirtschaftlichen Rückgangs abgelöst wurden. Es wird aber deutlich, dass es erst dank der im Zuge der Industrialisierung (ab Mitte des
19. Jahrhunderts) möglichen sprunghaften Steigerung der Produktivität gelang, Bevölkerungswachstum und Wirtschaftswachstum nachhaltig zu entkoppeln, obwohl die oben erwähnten »malthusianisch / ökologischen« Zusammenhänge nicht völlig außer Kraft gesetzt wurden.
Vergleicht man die ersten 300 Jahre des ›Protokapitalismus‹[14], in denen
die Grundlagen für den modernen europäischen Kapitalismus gelegt
wurden, mit den folgenden 200 Jahren des Industriekapitalismus, so
wird der Unterschied augenfällig: Erst dem Industriekapitalismus gelang es, Produktivität und Durchschnittseinkommen nachhaltig zu
steigern. Eine besonders dynamische Periode war die zwischen 1950
und 1973, deren Basis eine heute als ›Fordismus‹ bezeichnete Form
des Zusammenwirkens zwischen industrieller Massenproduktion und
sozialer Einbindung der Arbeiterklasse in einem durch die Hegemonie
der USA charakterisierten internationalen Milieu war. Dem folgte eine
Periode verlangsamten Wachstums (1973 bis 1993), die Robert Bren-
ner als »anhaltende Stagnation« bezeichnet (Arrighi, S. 130).

Interessanterweise spielte der internationale Handel quantitativ
zunächst noch eine relativ begrenzte Rolle. Nimmt man den Anteil
der Warenausfuhren am BIP als Maßstab, so stieg dieser von 4,6 Prozent 1870 auf 7,9 Prozent 1913 an, fiel dann aber bis 1950 wieder auf
5,5 Prozent zurück. Seither steigt er aber kontinuierlich, über 10,5 Prozent 1973 auf 17,2 Prozent 1998 (Maddison, S. 127). 2014 lag diese
Kennziffer bei 25,7 Prozent.[15] Langfristprognosen gehen davon aus,

---

14   Fülberth bezeichnet dies als »vorindustriellen Kapitalismus« oder »Handels-
     kapitalismus« (1500 – 1780), in dem Kapital nur in der Zirkulationssphäre als
     Kaufmannskapital oder als Geldhandelskapital existierte (S. 133 ff).

15   Für 2014 werden das globale BIP auf 76,8 Billionen US-Dollar (International
     Monetary Fund, IMF), die Warenexporte auf 19,7 Billionen (WTO) beziffert.

dass die Zunahme des Welthandels auch weiter rascher sein wird als das BIP-Wachstum (OECD 2014, S. 4). Auch andere Indikatoren für die Internationalisierung der Wirtschaft wie grenzüberschreitende Kapitalströme, internationale Direktinvestitionen, die Transnationalisierung von Eigentumsverhältnissen, die Entstehung integrierter internationaler Produktionsketten, usw. zeigen: Der in den 1980er Jahren einsetzende Aufholprozess des Südens erfolgte in einem Milieu forcierter wirtschaftlicher Internationalisierung. In gewissem Sinne – und das ist ein bedeutungsvoller Zusammenhang – scheinen die Internationalisierung der Produktion und die verstärkte internationale Arbeitsteilung ein wichtiger Anstoß für die Emanzipation vieler ehemals abhängiger Länder gewesen zu sein. Insofern ist es notwendig, die inneren Strukturen dieser Länder in ihrer Wechselwirkung mit dem wirtschaftlichen Globalisierungsprozess zu betrachten.

Die wirtschaftlichen Verschiebungen zwischen den ›alten‹ Industrieländern des Westens, den »Fortgeschrittenen Ländern« in der Abgrenzung der Statistiken des Internationalen Währungsfonds, einerseits und den »Schwellen- und Entwicklungsländern« des Südens andererseits, sind eine vergleichsweise neue Erscheinung. In den 37 ›fortgeschrittenen‹ Ländern lebt allerdings nur ein Fünftel der Weltbevölkerung, d. h. der Aufholprozess der 159 Schwellen- und Entwicklungsländer steckt immer noch in den Anfängen – und es ist keineswegs ausgemacht, dass er im Tempo der letzten 25 Jahre weitergeht. Extrapolationen der bisherigen Entwicklung, die z. B. China schon in wenigen Jahren als wirtschaftliche Führungsmacht der Welt sehen, sind voreilig. Denn auch die Länder des Südens sind vor Krisen und Rückschlägen nicht gefeit.[16] Außerdem werden sich mit zunehmendem Entwicklungsstand die Wachstumsraten abflachen.

Die Verschiebung der globalen ökonomischen Architektur wird schlaglichtartig durch die Entwicklung der Produktion in den beiden

---

16    Die Wirtschaftspresse bezeichnet Brasilien, Indien, Indonesien, Südafrika und die Türkei derzeit als »fragile fünf« (Neue Zürcher Zeitung, NZZ, v. 4.11.2014).

großen Weltregionen beleuchtet. Dabei wird das Bruttoinlandsprodukt (BIP) jeweils zu Kaufkraftparitäten, nicht zu offiziellen Wechselkursen, bewertet. Dies trägt der Tatsache Rechnung, dass die Produktion zunächst nur zu den jeweiligen einheimischen Währungen
bewertet wird. Um z. B. das BIP der USA und Chinas vergleichbar
zu machen, muss ein gemeinsamer Wertmaßstab gefunden werden.
Dieser ist immer noch der US-Dollar, die internationale Leitwährung:
Der Wert des chinesischen BIP muss also in US-Dollar ausgedrückt
werden. Wie viele chinesische Yuan aber sind ein US-Dollar?[17] Man
kann es sich einfach machen und den offiziellen Wechselkurs benutzen – was bei internationalen Vergleichen oft getan wird. Da aber die
Kaufkraft eines US-Dollars bzw. dessen zum offiziellen Wechselkurs
umgetauschter Gegenwert in Yuan in China höher ist als in den USA
– viele Konsumgüter sind nicht international handelbar und haben
daher keinen einheitlichen Weltmarktpreis –, muss dies durch die
Einführung eines gemeinsamen Wertmaßstabs berücksichtigt werden,
der nicht auf den jeweiligen Wechselkursen, sondern auf den Kauf-
kraftverhältnissen beruht: Dies ist der Kaufkraftparitätendollar (KKP-
Dollar).

Um das zu illustrieren soll zunächst ein – hoch ideologisierter –
Indikator vorgestellt werden, der die unterschiedliche Kaufkraft der
jeweiligen Währung bezogen auf ein einziges Produkt misst: Es ist
der vom Londoner »Economist« berechnete »Big-Mac-Index«, d. h.
ein Vergleich der Preise des »Big-Mac« der in 40 Ländern präsenten Fast-Food-Kette McDonald's. In den USA kostet ein »Big Mac«
durchschnittlich 3,73 US-Dollar (2010). In den Euroländern kostet
er durchschnittlich 3,38 Euro, was aber – bewertet zum offiziellen
Wechselkurs Dollar / Euro von 1,30[18] – 4,39 US-Dollar wären. Für
den Big-Mac-Käufer in Euroland ist die Kaufkraft eines Euro nur
geringfügig höher als die eines US-Dollars. Gemessen an der Kaufkraft im jeweiligen McDonald's-Restaurant ist der Euro offiziell

---

17    Man spricht von Renminbi (»Volkswährung«), wenn die Währung gemeint
      ist, Beträge werden in Yuan ausgedrückt.

18    Wechselkurs im September 2014

überbewertet, die Kaufkraftparität liegt nur bei knapp 1,10 Dollar je Euro. In China kostet der Big Mac durchschnittlich 13,20 Yuan, was zum aktuellen Wechselkurs nur 1,90 US-Dollar entspricht; der Yuan wäre, gemessen an der Big-Mac-Kaufkraft, also unterbewertet. Um die Kaufkraft des chinesischen BIP in Dollar auszudrücken würde man daher nicht den offiziellen Wechselkurs (1 US-Dollar = 7 Yuan) benutzen, sondern den Big-Mac-Index (1 US-Dollar = 3,55 Yuan). Dementsprechend wäre das chinesische BIP, ausgedrückt in Big-Mac-Kaufkraft-Dollar, fast doppelt so hoch wie ausgedrückt in US-Dollar, d. h. zum offiziellen Wechselkurs. Natürlich wird zur Berechnung der Kaufkraftparitäten in der internationalen Statistik nicht der Preis des »Big Mac«, sondern der eines vergleichbaren ›Warenkorbs‹ benutzt. Da es hier um den Vergleich von realen Größen geht, ist die Wahl des KKP-Dollars angebracht, welcher – anders als der Dollar zu jeweiligen Wechselkursen – besser die realwirtschaftlichen Gegebenheiten widerspiegelt.

*Tab. 5: Globales Bruttoinlandsprodukt zu Kaufkraftparitäten (Anteile in %)*

|                                        | 1980 | 1990 | 2000 | 2010 | 2014 |
|----------------------------------------|------|------|------|------|------|
| Fortgeschrittene Länder                | 63,8 | 64,0 | 57,2 | 46,3 | 42,4 |
| Schwellen- und Entwicklungsländer      | 36,2 | 36,0 | 42,8 | 53,7 | 57,6 |

Quelle: IMF, World Economic Outlook Database, October 2014[19]

Auch wenn die Abgrenzung der Regionen in den Statistiken Maddisons mit jener in den IMF-Tabellen nicht voll vergleichbar ist, so zeigen die Zahlen doch, dass sich der Westen bis in die 1980er Jahre hinein – gemessen an den Produktionsvolumina – im Aufstieg befand, d. h. seine Produktion rascher steigern konnte als der Süden. Es sei daran erinnert, dass 1982 in Mexiko die Schuldenkrise der Drit-

---

19    Im Rahmen des International Comparison Program von 2011 wurden die Kaufkraftparitäten 2014 neu berechnet, wodurch der Vorsprung der Schwellen- und Entwicklungsländer noch größer wurde als in älteren Statistiken.

ten Welt einsetzte, die – zusammen mit den Folgen der neoliberalen
Strukturanpassungsprogrammen – vor allem für Lateinamerika und
Afrika zum ›verlorenen Jahrzehnt‹ führte. Dass es den (bis heute)
von den USA dominierten Internationalen Finanzinstitutionen (IFI)
noch in den 1980er Jahren gelang, den verschuldeten Ländern des
Südens ihre Agenda aufzuzwingen, zeigt, in wie kurzer Zeit sich die
Machtverhältnisse geändert haben. Heute verfügen viele der ehemaligen ›Kunden‹ der IFIs über große Devisenreserven (weltweit etwa
zwei Drittel) und können über die neoliberalen Rezepte von IWF und
Weltbank (anders als einige Euro-Länder) mehrheitlich die Achseln
zucken. Andererseits allerdings ist es den Ländern des Südens trotz
einiger Ansätze bis heute (2015) weder gelungen, die Politik der IFIs
wesentlich zu ändern, noch eigene internationale Organisationen zu
errichten (siehe weiter unten).

Erst in den 1990er Jahren änderten sich die Verhältnisse nachhaltig und das Zentrum der globalen Wachstumsdynamik verlagerte sich
in den Süden, vor allem, wie weiter unten deutlich wird, nach Asien.
Dies führte zu einer erneuten weltweiten Wachstumsbeschleunigung.
Die erlahmende Wachstumsdynamik der alten Industrieländer wurde – verstärkt nach der Krise 2008 ff. – überkompensiert durch das
beschleunigte Wachstum in den ehemals abhängigen Ländern des
Südens.

*Tab. 6: Wachstum der Weltwirtschaft (BIP)*

|                                         | 1980–89 | 1990–99 | 2000–09 | 2010–15 |
|-----------------------------------------|:-------:|:-------:|:-------:|:-------:|
| Jahresdurchschnittliche Wachstumsrate in% | 3,3     | 3,1     | 3,9     | 3,9     |

Quelle: IMF, World Economic Outlook Database, October 2014

Betrachtet man die einzelnen Weltregionen genauer, so verschiebt
sich das Bild. Vor allem zeigt sich, dass das, was als »Schwellen- und
Entwicklungsländer« (›Süden‹) zusammengefasst wird, sehr differenziert zu betrachten ist. Die Rede vom »Aufstieg des Südens« ist nicht
falsch, wäre aber ohne weitere Differenzierungen irreführend.

*Tab. 7: Wachstum in den Regionen der Südens*
*(BIP, jahresdurchschnittliche Veränderung)*

|  | 1980–89 | 1990–99 | 2000–09 | 2010–15 |
|---|---|---|---|---|
| Schwellen- und Entwicklungs- länder, darunter: | 3,5 | 3,7 | 6,1 | 5,5 |
| *Asien (ohne Japan)* | *6,9* | *7,2* | *8,1* | *7,3* |
| *Lateinamerika* | *2,1* | *3,0* | *3,2* | *3,3* |
| *Afrika südlich der Sahara* | *2,6* | *2,5* | *6,4* | *5,4* |

Quelle: IMF, World Economic Outlook Database, October 2014

Herausragend ist die Entwicklung in Asien, die früher eingesetzt hat als in den anderen Regionen des Südens. Zu berücksichtigen ist, dass in der Abgrenzung des IMF, der die Gruppe »Entwicklungs-Asien« (Developing Asia) nennt, nicht nur Japan, sondern auch die vier »Tigerstaaten«, d. h. Hongkong, Südkorea, Singapur und Taiwan ausgeklammert sind, die seit einigen Jahren statistisch zu den »fortge-schrittenen Ländern« gerechnet werden. Dieser Ländergruppe gelang es schon in den 1960er und 1970er Jahren, gestützt durch US-Militär-hilfe, einen nachholenden Industrialisierungsprozess einzuleiten.

Im Vergleich dazu hinkt die Entwicklung in Lateinamerika und vor allem in Afrika deutlich hinterher. Hier waren die 1980er und 1990er Jahre – anders als in Asien – durch Krisen und teilweise sogar Rück-entwicklungen gekennzeichnet. Wie Tabelle 2 deutlich macht, gilt dies vor allem für Lateinamerika, wo die Produktivität im Zeitraum 1820 bis 1970 überdurchschnittlich stark angestiegen war. Verglichen mit Asien (ohne Japan) war das durchschnittliche BIP pro Kopf in Latein-amerika 1870 nur wenig höher (Relation 1,3:1). 1913 war es bereits mehr als doppelt (2,4:1) und 1950 viermal so hoch (4:1). Bis 1973 sank die Relation allmählich auf knapp das dreifache (2,7:1) und lag 1998 bei weniger als dem Doppelten (1,97:1) (berechnet nach Maddison, S. 126). Würde man die Entwicklung in der regionalen Abgrenzung und der Methodik von Maddison weiterführen, so wäre wohl gegen-wärtig (2015) in etwa (wieder) ein Gleichstand erreicht. Vor allem nach 1973 fiel Lateinamerika bis Ende der 1990er Jahre stark zurück. Dies gilt verstärkt für Subsahara-Afrika, mit dem Unterschied, dass der Aufschwung in der ersten Hälfte des 20. Jahrhunderts (bis etwa Mitte der 1970er Jahre) nicht sehr ausgeprägt war (immerhin gelang es, die Pro-Kopf-Einkommen zwischen 1913 und 1973 zu verdoppeln). In den 1980er und 1990er Jahren dagegen stagnierten Produktivität und Pro-Kopf-Einkommen, eine Folge der von der ›Gebergemeinschaft‹ verordneten Strukturanpassungsprogramme.

Die erneute Beschleunigung der Entwicklung Lateinamerikas und Afrikas in den 2000er Jahren, die den Eindruck eines allgemeinen Aufstiegs der ehemaligen Peripherie begründet und dazu führt, dass heute Asien, Lateinamerika und Afrika in einem Atemzug als aufsteigender Süden bezeichnet werden können, hat jedoch unterschiedliche Ursachen. Verlauf und Triebkräfte der Entwicklungen in den Regionen des Südens sind unterschiedlich. Der bemerkenswerte Aufstieg Asiens, insbesondere Ostasiens und Chinas, ist nur im Kontext der gesamtasiatischen Entwicklung zu verstehen, wobei der Nachkriegsaufschwung Japans eine wichtige Rolle spielt. Zum Verständnis der besonderen ostasiatischen Entwicklung ist das vom japanischen Entwicklungsökonomen Akamatsu Kaname aufgestellte »Gänseflug-Modell« (Korhonen) hilfreich. Es geht davon aus, dass auslaufende Industrien eines führenden Landes von weniger entwickelten ›Nachahmern‹ übernommen werden, die sich nun ihrerseits – auf der Basis zunächst älterer Technologien – industrialisieren. In dieser Logik stünde Japan an der Spitze, gefolgt zunächst von den ›Tigerstaaten‹ und heute von China. Möglich ist in diesem Konzept, dass die den Zug anführende ›Gans‹ ermüdet, so dass die Spitzenrolle wechselt.

Auch wenn die wirtschaftliche Entwicklung in Ostasien nicht im Detail den Vorstellungen des »Gänseflug-Modells« folgte – insbesondere war die Rolle des Binnenmarktes (Kaname orientierte sich an den Ideen von Friedrich List) weniger bedeutsam als die Exportorientierung –, so spielten doch der relativ hohe Integrationsgrad des ostasiatischen Raums sowohl auf dem Gebiet des Handels wie auch der Direktinvestitionen eine wichtige Rolle bei der Übertragung von Wachstumsmustern. Untersuchungen zufolge war der handelspolitische Integrationsgrad in Ostasien, gemessen an der Bedeutung des intraregionalen Handels zwischen Japan, Südkorea, Taiwan, China und den Ländern der ASEAN-Gruppe (Indonesien, Malaysia, Philippinen, Singapur, Thailand, Brunei), schon seit längerer Zeit sehr hoch, und zwar ohne dass spezifische handelspolitische Abkommen existierten (Zilterner). Ähnliches gilt für den Kapitalverkehr. Beobachter verweisen darauf, dass das »makroregionale Umfeld« Chinas, d. h. »der Kontext miteinander verbundener ›Wirtschaftswunder‹ in Ostasien« und die dort ansässigen »Auslandschinesen« anfangs eine zentrale Rolle beim Aufstieg Chinas spielten. Nicht die westlichen bzw. US-amerikanischen Direktinvestitionen, sondern die Kapitalimporte der »Überseechinesen« standen bis Mitte der 1990er Jahre im Vordergrund: Zwischen 1980 und 1994 waren 70 Prozent der Direktinvestitionen überseechinesischen Ursprungs (ten Brink 2013, S. 181f). Die Nähe Japans und der »Tigerstaaten«, deren Aufschwung (neben endogenen Momenten) zu einem erheblichen Teil durch die im Zuge des Kalten Kriegs nach dem Koreakrieg verteilte US-amerikanische Auslandshilfe gestützt worden war, spielt also eine wichtige Rolle zum Verständnis des chinesischen ›take off‹, kann dieses allerdings nicht erklären. Wenn auf die wichtige Rolle der Weltmarktintegration als Antriebskraft des chinesischen Aufstiegs nach 1978 verwiesen wird, so handelt es sich dabei vor allem um die Region Ostasien.

Betrachtet man die übrigen Regionen des globalen Südens, so erfolgte der Aufschwung später und in anderer Form als in Asien. Der Anstoß kam vor allem aus dem Rohstoffbereich, Haupttriebkraft war der deutliche und nachhaltige Anstieg der globalen Nachfrage nach Rohstoffen, angetrieben vom ressourcenintensiven industriellen Wachstum in Asien. Tatsächlich sind die meisten aufstrebenden Schwellen- und Entwicklungsländer sowohl stark in den Welthandel eingebunden als auch von Rohstoffexporten[20] abhängig. Dies zeigt die Tabelle 8, die die 13 nach BIP/KKP größten Wirtschaftsmächte (plus Nigeria) aus der Gruppe der Schwellen- und Entwicklungsländer auflistet.

---

20  Folgend der Abgrenzung der WTO werden landwirtschaftliche Produkte und Treibstoffe/Bergbauprodukte zusammengefasst als Rohstoffe bezeichnet.

*Tab. 8: Außenhandelskennziffern*
*ausgewählter Schwellen- und Entwicklungsländer*

| Länder | Außenhandel* in % des BIP | Rohstoffe in % der Warenexporte | Anteil am Welthandel in % |
|---|---|---|---|
| China | 53,1 | 6,5 | 10,38 |
| Indien | 48,1 | 35,0 | 1,66 |
| Russland | 51,4 | 77,5 | 2,85 |
| Brasilien | 22,7 | 67,2 | 1,40 |
| Mexiko | 61,3 | 26,4 | 1,91 |
| Indonesien | 47,2 | 66,2 | 1,10 |
| Türkei | 50,8 | 20,0 | 0,74 |
| Iran | 57,8 | 88,2 | 0.71 |
| Saudi-Arabien | 92,3 | 82,1 | 1,99 |
| Argentinien | 40,0 | 63,6 | 0,46 |
| Thailand | 138,1 | 27,8 | 1,22 |
| Südafrika | 56,4 | 50,3 | 0,54 |
| Ägypten | 48,8 | 52,8 | 0,17 |
| Nigeria | 67,0 | 93,5 | 0,63 |

\* Exporte + Importe; Quelle: WTO, Database, Werte der Jahre 2009 bis 2011

Wie erwartet fallen die beiden großen asiatischen Wirtschaftsmächte China und Indien aus dem Raster: China ist das größte Industrieland der Welt, es ist stark in den Welthandel integriert (vor allem wenn man die Größe seines Binnenmarktes in Rechnung stellt)[21]. Bei beiden ist der Anteil der Rohstoffe an den Warenexporten relativ niedrig – bei Indien, dessen Welthandelseinbindung geringer ist, ist als Besonderheit in Rechnung zu stellen, dass das Land stark in den Handel mit unternehmensnahen Dienstleistungen involviert ist (der Anteil am Weltexport von Dienstleistungen ist mit 4,3 Prozent deutlich höher als jener mit Waren). Ein ähnliches Profil, also starke Welthandelsin-

---

21  Es gibt einen Zusammenhang zwischen Größe und Außenhandelsintegration: Je größer das Land, desto niedriger die Kennziffer »Außenhandel in % des BIP«. Die USA als zweitgrößte Handelsmacht haben einen Außenhandelsanteil von 28,5 %, die drittgrößte Handelsmacht Deutschland hat einen solchen von 88,4 % (2011).

tegration bei niedrigen Rohstoffexporten, weisen sonst nur noch die Türkei und Mexiko auf. Umgekehrt ist das Verhältnis in Brasilien: Das Land ist eher binnenmarktorientiert, aber im Außenhandel auf Rohstoffe spezialisiert. Für acht der vierzehn großen Länder des Südens trifft beides gleichzeitig zu: Starke Einbindung in den Welthandel und überproportional starke Abhängigkeit von Rohstoffen (der Anteil der Rohstoffe am Welthandel liegt etwa bei einem Drittel).

Vor allem in Ländern Afrikas und Lateinamerikas ist das Gewicht der Rohstoffe bei Exporten und in der Gesamtwirtschaft seit 2000 noch größer geworden. Die Zahl der Länder, die als »ressourcen-getrieben« gelten, hat zwischen 1995 und 2011 von 58 auf 81 zugenommen, ihr Anteil am globalen BIP ist von 18 auf 26 Prozent gewachsen (WTO 2014, S. 10). Für beide Großregionen gilt, dass das Wachstum rohstoffabhängig ist; für Lateinamerika wird geschätzt, dass zwischen einem Drittel und der Hälfte des Wachstums 2000/2010 auf Ressourcenausbeutung basiert. Für die betroffenen Länder birgt dies große Risiken: Problematisch ist u. a. die damit verbundene Preisvolatilität (die in den letzten fünf Jahren deutlich zugenommen hat) und die Gefahr, dass ressourcenorientierte Direktinvestitionen (DI) die Diversifizierung der Wirtschaft behindern (ebd., S. 7 f).

Der Aufschwung des Südens ist also zweigeteilt: Der ressourcenintensive nachholende Industrialisierungsprozess in Ostasien, insbesondere in China, aber auch in einigen anderen asiatischen Ländern wie Thailand und Malaysia, die handelspolitisch mit China stark verbunden sind, und Indien, hat weltweit die Nachfrage nach Rohstoffen und deren Preise angetrieben; von der Umkehr in den Austauschverhältnissen zwischen Rohstoffen und Industriewaren und der Produktionssteigerung von Rohstoffen profitieren die übrigen rohstoffabhängigen Schwellen- und Entwicklungsländer Asiens, Afrikas und Lateinamerikas. Das ist keine Überraschung und passt zumindest teilweise zu jenen Erklärungsmustern von Unterentwicklung, die die Ursachen im ungleichen Austausch gesehen hatten: Die Prebisch-Singer-These, der zufolge es eine säkulare Verschlechterung der Austauschverhältnisse zwischen rohstoffexportierenden Entwicklungsländern und Industrieländern gäbe, war ein wichtiger Bestandteil der meisten Dependenztheorien, denen zufolge die weltwirtschaftliche Einbindung den Entwicklungsländern zum Nachteil gereichen muss. Da sich diese Tendenz inzwischen für die rohstoffexportierenden Regionen Afrikas und Lateinamerikas (seit dem Ende der 1990er Jahre) umgekehrt hat (UNCTAD 2005, S. 93), entfällt dieser strukturelle Nachteil für die Rohstoffexporteure. In einem Langfristüberblick des Hamburger Weltwirtschaftsinstituts wird festgehalten, »dass mit dem Preisauftrieb in diesem Jahrzehnt (2000–2010, JG) eine lange Phase real fallender Rohstoffpreise zu Ende ging. Die tendenzielle Verbilligung (bis etwa 2000, JG) der meisten Industrierohstoffe und Grundnahrungsmittel, die schon lange vor 1960 … einsetzte, war unter anderem die Folge von Produktivitätssteigerungen und sinkenden Transportkosten.« (Matthies, S. 5) Die zentrale Rolle der chinesischen Rohstoffnachfrage macht eine Untersuchung des IWF (Internationaler Währungsfonds, engl. International Monetary Fund, IMF) deutlich, die zeigt, dass mit einem nachlassenden Wachstum in China die Rohstoffexportländer überproportionale Wachstumsverluste zu verzeichnen hätten (IMF 2013, S. 5).

Das heißt nicht, dass der Aufschwung in Lateinamerika und Afrika auch in Zukunft notwendig nur am Rohstoffexport hängen wird. Die wachsenden Rohstoffeinnahmen und die zunehmenden Süd-Süd-Verflechtungen könnten in Verbindung mit einer gezielten nationalen Industriepolitik den für einen nachhaltigen Entwicklungsprozess notwendigen Strukturwandel in Richtung auf werthaltigere und arbeitsplatzschaffende Verarbeitungsstufen in Gang bringen. Letzten Endes ist entscheidend, ob es (wie in China und anderen ostasiatischen Ländern) gelingt, exogene Anstöße entwicklungspolitisch nutzbar zu machen. Das allerdings hängt – und darum soll es in diesem Buch gehen – vor allem von endogenen Faktoren ab.

## Der Süden und der Weltmarkt

Die noch bis vor kurzem einseitig vom Westen dominierte Struktur des Weltmarkts hat, anders als bestimmte Varianten der Dependenztheorie erwartet hatten, den Aufstieg der Länder des Südens nicht verhindert. Es ist im Gegenteil so, wie in Teil II gezeigt werden wird, dass einige Staaten in der Lage waren, die Vorteile der Liberalisierung und Deregulierung des Handels mit Waren und Dienstleistungen und des Kapitalverkehrs für sich zu nutzen. Inzwischen ist jedoch unübersehbar, dass die Institutionen und Organisationen, die den Weltmarkt bestimmen, den veränderten Kräfteverhältnissen nicht mehr entsprechen. Das zeigen sowohl die Verschiebungen der globalen Waren- und Kapitalströme als auch die zunehmende Funktionsunfähigkeit globaler Einrichtungen und die Fähigkeit der Länder des Südens, bestimmte vom Westen vorangetriebene Vorhaben zu blockieren. Noch heute spiegeln die Regeln und Organisationen des Weltmarkts formell die Kräfteverhältnisse nach dem 2. Weltkrieg wider, d.h. die nordamerikanisch / europäische Dominanz. »Viele der Institutionen und Grundsätze, die derzeit die internationale Governance prägen, wurden für eine Welt konzipiert, die ganz anders war als die heutige«, kritisieren die Vereinten Nationen (UNDP, S. 9). Die Bilanz des westlich dominierten internationalen Regelungssystems ist katastrophal, insbesondere seit dem Ende des Ost-West-Konflikts: Lokale und regionale Kriege erschüttern alle Kontinente (bis auf Australien), die globale Ungleichheit der Lebenschancen ist unvermindert groß und wächst teilweise noch, Lösungswege für die globalen ökologischen Probleme werden, obwohl bekannt, nicht eingeschlagen. Selbst bescheidene Reformen wie z.B. die Verringerung der westlichen Übermacht in den Internationalen Finanzierungsinstitutionen kommen nicht voran.[22] Dass Mächte, die vielleicht ein Zehntel der Weltbevölkerung und bald weniger als ein Drittel der Weltproduktion repräsentieren, nach wie vor beanspruchen, die globalen Regeln zu bestimmen, ist ein Anachronismus, d.h. eine »durch die Zeit überholte Einrichtung« (Fremdwörterbuch Duden). Das wird unübersehbar durch die Gewichtsverschiebungen im Welthandel belegt, d.h. die zunehmende Weltmarktrolle der Länder des Südens.

---

22  Die schon 2006 eingeleitete Stimmrechtsreform im IWF, die die Stellung des Südens stärken soll, wird nach wie vor durch den US-Kongress blockiert.

*Tab. 9: Warenexporte nach Regionen (Anteile in %)*

|                     | 1973 | 1983 | 1993 | 2003 | 2012 |
|---------------------|------|------|------|------|------|
| »Westen«, darunter: | 76,3 | 68,3 | 73,0 | 67,1 | 52,8 |
| *Nordamerika\**     | *16,9* | *15,4* | *16,4* | *13,6* | *12,1* |
| *Europa*            | *50,9* | *43,5* | *45,3* | *45,9* | *35,6* |
| *Japan*             | *6,4* | *8,0* | *9,9* | *6,4* | *4,5* |
| »Süden«, darunter:  | 23,7 | 31,7 | 27,0 | 32,9 | 47,2 |
| Asien\*\*, darunter: | 6,4 | 9,7 | 14,8 | 18,5 | 25,4 |
| *China*             | *1,0* | *1,2* | *2,5* | *5,9* | *11,4* |
| Afrika              | 4,8  | 4,5  | 2,5  | 2,4  | 3,5  |
| Lateinamerika       | 4,7  | 5,8  | 4,4  | 5,2  | 6,3  |

\* ohne Mexiko, \*\* ohne Japan
Quelle: WTO, International Trade Statistics 2013, Appendix Table 1.5

Der Warenaustausch innerhalb des Südens erreicht inzwischen mehr als ein Viertel des Welthandels (1990: 7,8 %). Heute gehen etwa 60 Prozent der Exporte der Schwellen- und Entwicklungsländer in andere Länder des Südens (UNCTAD 2013, S. 1). Weniger als die Hälfte des Welthandels wird noch innerhalb der entwickelten OECD-Staaten abgewickelt (OECD 2014, S. 5).

Die rasche Expansion des Welthandels wird getrieben von der wachsenden Rolle globaler Wertschöpfungsketten (Global Value Chains – GVC). Inzwischen entfällt fast die Hälfte der Warenexporte auf Produktkomponenten. GVC – als Teil der ›Neuen Internationalen Arbeitsteilung‹ – waren zunächst gleichbedeutend mit der Arbeitsteilung zwischen den ›fortgeschrittenen Ländern‹ des Westens (in denen die GVC gesteuert und die Profite angeeignet wurden) einerseits und Entwicklungsländern des Südens (wo einfache, wenig werthaltige Fertigungsstufen angesiedelt waren) andererseits. Inzwischen entfällt immerhin ein Viertel des globalen Komponentenhandels auf Länder des Südens, einige von ihnen (Südkorea, Taiwan, China, Indien, die Philippinen) haben es inzwischen geschafft, in werthaltigere Teile der GVC vorzudringen (WTO 2014, S. 6 f). Damit das gelingt, sind zwei Voraussetzungen notwendig: Die Integration in globale GVC muss politisch gesteuert werden und die niedrigeren Verarbeitungsstufen müssen sich der Kontrolle der transnationalen ›Muttergesellschaften‹ entziehen können.

Auch auf der Ebene der Direktinvestitionen (DI) haben sich einschneidende Veränderungen vollzogen: Seit 2011 geht mehr als die Hälfte (53 % im Jahre 2013) der globalen DI in Schwellen- und Entwicklungsländer. Der Anteil der aktiven DI dieser Ländergruppe erreicht 39 Prozent (UNCTAD 2014, S. xiv), wobei etwa drei Viertel aus Asien stammen. Anders als die Handelsverflechtungen mit dem Westen schaffen intensivierte Wirtschaftsbeziehungen mit den aufsteigenden Ländern Asiens für Rohstoffexporteure bessere Bedingungen zur Diversifizierung ihrer Wirtschaft. Zwar ist unbestritten, dass die verstärkten wirtschaftlichen Süd-Süd-Beziehungen – genauer gesagt: der Austausch zwischen den Schwellenländern Asiens, insbesondere China einerseits und den Rohstoffexporteuren Lateinamerikas und Afrikas andererseits – teilweise dem klassischen neokolonialen Muster (Rohstoffe gegen Industriewaren) folgen. Im Falle Chinas kommt hinzu, dass es sich bei den Exporten in den Süden meist um einfache Industriegüter handelt, die mit den fragilen Industriekapazitäten der Importländer konkurrieren, d. h. diese teilweise verdrängen. In diesem Sinne würden die intensivierten Süd-Süd-Beziehungen also eher dazu beitragen, die bestehende einseitige Wirtschaftsstruktur der Rohstoffländer zu verfestigen, auch wenn sie ihnen dauerhaft zusätzliche Einnahmen bescheren. Hinzu kommt, dass sowohl im Falle Afrikas wie Lateinamerikas China als ökonomischer Gigant mit jeweils zahlreichen wirtschaftlich schwächeren Ländern verhandelt, diese somit eine vergleichsweise ungünstige Position haben. Allerdings ist diese Art der Asymmetrie in den Handelsbeziehungen für die betroffenen Staaten Afrikas und Lateinamerikas nicht neu, sie galt auch für die Wirtschaftsbeziehungen mit Europa und den USA. In diesen Fällen war das Ungleichgewicht durch politische Abhängigkeiten und Konditionalitäten seitens der westlich dominierten IFI noch verstärkt worden, die es in den Beziehungen zu China nicht gibt. Das Erscheinen neuer Handelspartner vergrößert die Spielräume der Rohstoffexporteure und erlaubt eine regionale Diversifizierung der Handelspartner.

Außerdem muss das Bild mit Bezug auf die verstärkten DI und die Form der chinesischen Bezahlung der Rohstoffe differenziert werden: Bei den Handelsabkommen geht es oft um den Tausch ›Rohstoffe gegen Infrastrukturen‹, der Umweg über die Finanzmärkte wird gespart. So sind viele der zwischen China und lateinamerikanischen Ländern in der zweiten Jahreshälfte von 2014 abgeschlossenen Verträge nach diesem Muster konzipiert: Kredite werden direkt durch Warenlieferungen getilgt (NZZ v. 25.7.2014). Zwar ist zu konstatieren, dass sich die staatlichen chinesischen DI im Ressourcenbereich konzentrieren; andererseits aber ist sowohl in Lateinamerika als auch in Afrika festzustellen, dass Chinesen im Verarbeitungsbereich zunehmend private Unternehmen gründen. Dabei geht es oft sowohl um die Versorgung lokaler Märkte als auch um – wie in Lateinamerika – die Belieferung von Drittländern, z. B. der USA (Boris 2013). Für Afrika zeigte schon 2005 eine Untersuchung, dass die Hälfte der chinesischen Unternehmensgründungen in Afrika den Verarbeitungsbereich betreffen (Goldberg 2010, S. 594). Es ist also durchaus möglich, dass es den rohstoffexportierenden Ländern im Kontext der verstärkten Süd-Süd-Beziehungen gelingt, den erweiterten Spielraum zur wirtschaftlichen Diversifizierung zu nutzen. Gerade weil die Entwicklungsniveaus der südlichen Handelspartner nicht so weit auseinander liegen, ist ein Anknüpfen der industriell schwächeren Länder an Erfahrungen der voranschreitenden Staaten des Südens leichter möglich als die Orientierung an den hochentwickelten Ländern des Westens. Produktionsmethoden, Produkte und Geschäftsmodelle der Schwellenländer entsprechen den Bedürfnissen der Entwicklungsländer oft besser als die des fortgeschrittenen Westens: »Technologietransfer aus dem Süden (ist) für eine direkte Übernahme besser geeignet«, weil diese an die Bedingungen der Empfängerländer besser angepasst sind (UNDP, S. 22).

In diesem Kontext ist auf einen weiteren Tatbestand hinzuweisen: Dass insbesondere Asien seinen Anteil an der weltweiten industriellen Produktion so rasch ausweiten konnte, ist auch Folge der Strategie der Produktionsverlagerung westlicher Konzerne, die einen großen Teil der eigentlichen Produktion im Zuge des Aufbaus von Wertschöpfungsketten in die Peripherie verlagert hatten. Die veränderte internationale Arbeitsteilung wurde durch die Liberalisierung des Welthandels gefördert. Am bekanntesten sind die Verhältnisse im Textilbereich: Die weltweit größten Textilproduzenten sind heute China und Bangladesch. Trotzdem sind die großen Unternehmen und bekannten ›Marken‹ der Textil- und Bekleidungsindustrie fast ausschließlich ›westliche‹ Konzerne, die Forschung, Entwicklung, Design, Marketing und Management, also das, was wirklich Geld bringt, in ihren europäischen bzw. nordamerikanischen Zentralen konzentrieren. Ähnliches gilt für große Teile der Elektronik: Einer der größten Konzerne der Welt, Apple, hat die Herstellung seiner Kult-Produkte nach Asien ausgelagert, gilt aber trotzdem als US-amerikanisches Unternehmen. Entsprechend verbleibt der Löwenanteil der Wertschöpfung beim Leitunternehmen (Fischer / Reiner, S. 40). In der jüngeren Vergangenheit hat die Diversifizierung der Standorte den Dienstleistungsbereich erreicht: Im Rahmen eines »Industrialisierung« genannten Sparprogramms durchleuchten Großbanken ihr Leistungsprofil und verlagern ›einfache‹ Funktionen systematisch an ›billigere‹ Standorte. Die Schweizer Großbank UBS hat im Rahmen eines »Dragon« genannten Outsourcing-Konzepts zahlreiche IT-Applikationen an eine indische Firma übertragen (NZZ v. 22.10.13).

Ob die Schwellen- und Entwicklungsländer von diesen Produktionsverlagerungen nachhaltig profitieren, hängt wesentlich von ihrer Fähigkeit ab, wertschöpfungsintensivere Teile der Produktionsketten ausführen zu können, d. h. letzten Endes auch die oben genannten Leitfunktionen zu übernehmen. Ob dies gelingt, wird auch durch internationale Regeln, d. h. die Institutionen des Weltmarkts, bestimmt: Daher ist es für die Industrieländer so wichtig, den Handel mit Dienstleistungen zu liberalisieren und vor allem das, was als »geistiges Eigentum« bezeichnet wird, vor dem Zugriff der Länder zu schützen, die bislang nur relativ einfache Funktionen ausführen. Genau an diesen Problemen krankt die laufende Doha-Runde der Welthandelsorganisation (Wahl, S. 16). Die Versuche der Industrieländer, »Barrieren für den Handel mit Dienstleistungen einzureißen und das intellektuelle Eigentum besser zu schützen, scheiterten am Widerstand der Schwellen- und Entwicklungsländer. Diese sind nicht daran interessiert, dass westliche Konzerne ihr technisches Wissen und die daraus resultierenden Erträge bewahren können.«[23] Viele Beobachter aus den reichen Ländern stellen mit Besorgnis fest, dass »der Westen die Fähigkeit verliert, die Regeln der globalen Ökonomie zu bestimmen« (Grätz, S. 16).

Im Ergebnis des Funktionsverlustes der anachronistisch gewordenen westlich dominierten Weltwirtschaftsordnung ist eine Situation entstanden, in der globale Regeln zu einem Kampffeld von Interessengruppen werden, wobei die Fronten nicht immer klar sind. Zu unterschiedlich sind die Ziele der jeweiligen Akteure, sowohl im Westen wie im Süden. Da es keine Kraft mehr gibt, die stark genug wäre, ihre Interessen als die dominierenden allgemein durchzusetzen, kommt es immer mehr zu bilateralen bzw. partiellen Vereinbarungen. Es wird immer schwieriger, globale Lösungen für globale Probleme zu finden. Der Verlust westlicher Hegemonie ist aktuell mit einem Machtverlust multilateraler Organisationen und Regeln verbunden. »Kein Zweifel: Der Multilateralismus ist in der Krise«, leiten Adams / Luchsinger ihre Analyse der internationalen Handelsregime ein. Der Niedergang des Multilateralismus und dessen Ersatz durch bilaterale Vereinbarungen sind die Folge der Tatsache, dass bisher »leistungsstarke Staaten ... den Zweck des Multilateralismus in erster Linie in der Sicherung kurzfristiger nationaler Interessen in einer kompetitiven Welt« sahen (ebd.). »Leistungsstarke Staaten« waren bis noch vor kurzem die USA und jene Länder, deren Eliten sich (mehr oder weniger freiwillig) in die US-amerikanische Hegemonialstruktur eingeordnet haben (= »internationale Gemeinschaft«). Vom internationalen Rechnungslegungsstandard bis zur Dollar-Leitwährung atmet die internationale Ordnung die Dominanz dieser Hegemonialverhältnisse. Ein Überblick über die wichtigsten Abkommen der »Uruguay-Runde« von 1986 bis 1994, die noch im Rahmen des Vorläufers der Welthandelsorganisation (WTO), dem »General Agreement on Tariffs and Trade« (GATT)

---

23    Jonas Grätz, Verliert der Westen die Kontrolle über die Globalisierung?, NZZ
       v. 4.10.13

unter der Hegemonie der USA abgelaufen war, kommt zum Schluss, dass »diese für eine systematische Schieflage zuungunsten der Entwicklungsländer sorgen.« (Wade, S. 239). Die Abkommen waren das TRIPS, welches Patente und Copyrights schützen soll, das TRIMS gegen die nationale Bevorzugung lokaler Produzenten und das GATS zur Regelung des Dienstleistungshandels.[24] Ziel der Abkommen war die Festlegung von Regeln, um »Regierungen der Entwicklungsländer (in Wirklichkeit aller Länder, JG) ... daran zu hindern, die Möglichkeiten von Firmen einzuschränken, die auf deren Terrain operieren wollen.« (Wade, S. 237) Jede nationale Maßnahme zur Beschränkung der Aktivitäten internationaler Konzerne – und dazu gehört auch die gezielte Förderung nationaler Unternehmen – sollte im Rahmen von supranationalen Schlichtungsverfahren sanktioniert werden können. Damit wäre auch die nationale Rechtsprechung ausgehebelt.

Dies ist mit dem Aufstieg der großen Wirtschaftsmächte des Südens anders geworden: Auf vielen Feldern haben diese die bestehende multilaterale Ordnung in Frage gestellt, ihren Ausbau blockiert, Spielregeln partiell außer Kraft gesetzt. Die Regeln sollten auf der 2001 gestarteten Doha-Runde der WTO vertieft bzw. modifiziert werden.

Dazu aber kam es nicht: Auch nach 13 Jahren (der Abschluss der Runde war für 2005 geplant) gab es noch keine fassbaren Ergebnisse.[25] Die Industrieländer waren von Anfang an bestrebt, die WTO über die klassischen Handelsthemen hinaus als Hebel zur Zementierung neoliberaler wirtschaftlicher Rahmenbedingungen auf globaler Ebene zu nutzen, die die Handlungsfähigkeit der nationalen Regierungen auf wichtigen Feldern nicht nur außenwirtschaftlich, sondern auch innenpolitisch weiter beschränkt hätten. Neben dem Agrarhandel waren es die so genannten ›weichen‹ ›Singapurthemen‹, die eine Einigung

---

24    TRIPS: Trade-related Aspects of Intellectual Property Rights; TRIMS: Trade-related Investment Measures; GATS: General Agreement on Trade in Services

25    Die im Rahmen der Doha-Runde Ende 2013 in Bali getroffenen Vereinbarungen wurden von Indien und einigen anderen Ländern zunächst nicht umgesetzt, weil diese befürchteten, dass dadurch eine nationale Politik der Ernährungssicherung unmöglich würde. Ende 2014 kam es zu einem Kompromiss, mit dem erst einmal ein definitives Scheitern verhindert wurde.

verhindert haben: Dabei geht es (wie in der Uruguay-Runde) um Investitionsregeln, Wettbewerbsrecht, öffentliches Beschaffungswesen, Dienstleistungshandel und – last but not least – das Patentrecht, die Regeln zum Schutz ›geistigen Eigentums‹. Der Westen wollte im Interesse ›seiner‹ Transnationalen Konzerne weltweit die institutionellen Rahmenbedingungen bestimmen, das europäisch / nordamerikanische ›Kapitalismusmodell‹ auch im Süden verankern, »überall die Ausbreitung der westlichen Werte vorantreiben.« (Grätz, S. 16) Ziel ist die weltweite Durchsetzung der neoliberalen Vorstellungen von Marktwirtschaft und Eigentumsrechten, dem Leitbegriff der westlichen ›Moderne‹: Jede politisch motivierte Beschränkung von Profitabilität und Bewegungsfreiheit privater Unternehmen, selbst die indirekte Förderung ›nationaler‹ Kapitalgruppen, soll als Wettbewerbsverzerrung und als verbotener Eingriff in Eigentumsrechte qualifiziert werden. Die Durchsetzung dieser Regeln würde eine gezielte staatliche Förderung nationaler Entwicklungswege, die Begünstigung nationalen Kapitals und Beschränkungen der Bewegungsfähigkeit Transnationaler Konzerne, geschweige denn deren Nationalisierung, faktisch unmöglich machen. Damit würde eine der Stärken wichtiger Länder des Südens, die politische Steuerungsfähigkeit der Wirtschaft, ausgehebelt. Dass dies keine blasse Theorie ist, zeigen praktische Beispiele: 2007 verklagte ein italienisches Unternehmen Südafrika, weil es die positive Diskriminierung der schwarzen Bevölkerung im Rahmen der Strategie des »Black Economic Empowerment« als Eingriff in Eigentumsrechte empfand. Für Südafrika aber ist BEE (wie man es auch immer beurteilen mag) ein zentrales gesellschaftspolitisches Vorhaben. Inzwischen ist die südafrikanische Regierung dabei, alle bilateralen Investitionsschutzabkommen neu zu verhandeln (NZZ v. 29.10.13). Ein geografisch näher liegendes Beispiel sind Klagen von Energiekonzernen gegen den deutschen Atomausstieg. Versuche, über Investitionsschutzabkommen die nationale wirtschaftspolitische Souveränität auszuhebeln, treffen inzwischen auf immer größeren Widerstand: »Vor allem im globalen Süden regt sich massiver Widerstand gegen die neoliberale Supra-Verfassung internationalen Investitionsrechts«, fasst Pia Eberhardt die internationale Debatte zusammen

(S. 36). Grätz beklagt: »In dem Maße, wie die Schwellenländer florieren, orientieren sich diese an nationalen Zielen, statt sich westlichen
Einflüssen und Ideen zu öffnen.« (S. 17)

Trotzdem ist die Position des Westens, insbesondere der USA,
immer noch stark und wird rücksichtslos ausgenutzt. Die überlegene
militärische Macht des Westens soll genutzt werden, um ökonomische Schwächen zu kompensieren (Grätz, S. 30). Das von den USA
vorangetriebene transatlantische Freihandelsabkommen mit der EU
ist auch ein Versuch, den westlichen Wirtschaftsblock mit dem Mi-
litärbündnis NATO zu verklammern. Wie wenig der Westen bereit
ist, seine Vormachtstellung zu modifizieren, zeigen jüngere Ereignisse, die die starke Stellung des Dollar als internationale Leitwährung
zur Grundlage haben. US-amerikanische Behörden haben im ersten
Halbjahr 2014 europäische und andere Banken mit Milliardenstrafen
überzogen, weil diese legale, aber gegen US-Sanktionen verstoßen-
de Geschäfte getätigt haben. Ein US-amerikanischer Richter war in
der Lage, die argentinische Regierung an der Bedienung ihrer Aus-
landsschulden zu hindern, um die Forderungen einiger »Geierfonds«
(Regierung Argentiniens) zu befriedigen, die Papiere jener Gläubiger
billig aufgekauft hatten, die sich nicht an der Umschuldung von 2001
beteiligt hatten. Dies war möglich, weil die argentinische Regierung
die umgeschuldeten Kredite – um ein besseres ›Rating‹ zu erhalten –
nach US-amerikanischem Recht aufgelegt hatte. In der Folge dieser
Vorkommnisse hat der französische Notenbankpräsident Noyer darauf hingewiesen, dass die weltweite Anwendung von US-Gesetzen
auf Dollargeschäfte den Prozess der ›Entdollarisierung‹ beschleunigen
könnte: Derzeit wird intensiv versucht, den chinesischen Außenhandel verstärkt in Renminbi abzuwickeln; und der französische Ölkon-
zern Total wies darauf hin, dass es keinen zwingenden Grund gäbe,
Erdölgeschäfte nur in US-Dollars abzuwickeln (NZZ v. 8.7.14).

Selbst wenn diesen Worten Taten folgen sollten und es tatsächlich
zu einer schrittweisen ›Entdollarisierung‹ der Weltwirtschaft käme,
wäre das nicht mehr als ein weiterer Nagel im Sarg der ökonomischen
US-Hegemonie. Notwendig ist aber nicht nur eine Schwächung der
einseitig vom Westen dominierten Weltwirtschaftsordnung, sondern

eine neue, gerechtere und mehr auf Partizipation der Völker basierende multilaterale Alternative. Die derzeit zu beobachtende Tendenz zur
Renationalisierung von Entscheidungen mit globalen Auswirkungen
ist zwar eine verständliche Reaktion auf die einseitige Dominanz des
Westens und dessen Versuche, ihre ›Ordnung‹ der ganzen Welt aufzuzwingen. Angesichts des hohen Grads der ökonomischen, politischen
und ökologischen Verflechtung ist es aber doch ein Weg, der in die
Sackgasse führt.

Abschließend ist auf einen Tatbestand zu verweisen, der die Bedeutung der Weltmarktintegration und der dort herrschenden Regeln
für die globale Wirtschaftsentwicklung und vor allem für die inneren Strukturen der beteiligten Länder relativiert und gleichzeitig die
Grenzen multilateraler Regeln aufzeigt. Obwohl die Institutionen und
Organisationen, welche die weltwirtschaftliche Integration bis heute prägen, letzten Endes immer noch die des Westens sind, ist die
enge wirtschaftliche und informationelle Integration keineswegs mit
einer allgemeinen Angleichung der Systeme und Kulturen verbunden, wobei unter Angleichung bis heute eine Übernahme westlicher
Wertvorstellungen, Institutionen und Verhaltensweisen verstanden
wird. Trotz aller Anstrengungen der vom Westen dominierten internationalen Organisationen, die den Weltmarkt prägenden westlichen
Institutionen auch in die verbundenen Ökonomien zu ›exportieren‹,
funktionieren diese weiter nach ihren eigenen Regeln. Es gibt kaum
eine internationale Wirtschaftskonferenz, in der nicht von Transnationalen Unternehmen beklagt wird, dass ihre Aktivitäten in den
Ländern des Südens durch ein anderes Verständnis von Eigentumsrechten, Marktbeziehungen, Beziehungen zur Politik usw. behindert
würden. Die den Weltmarkt bestimmenden ›westlichen‹ Regeln und
Organisationen hatten und haben nur eine begrenzte Reichweite. Die
Länder des Südens verstehen es inzwischen, die existierenden globalen Governance-Regeln für sich zu nutzen und dort zu blockieren, wo
sie ihre Interessen bedroht sehen. Im Ergebnis kommt es zu einem
weiteren Verlust an globaler Steuerungskapazität: »Der Multilateralismus ist in der Krise. Den überkommenen internationalen Institutionen, wie IWF, Weltbank, WTO, aber auch die Vereinten Nationen,

von den exklusiven Klubs G 7 bis G 20 gar nicht zu reden, mangelt
es nicht nur an Effektivität bei der Lösung globaler Probleme wie der
Klimakrise oder bei der Bereitstellung globaler öffentlicher Güter wie
Finanzstabilität oder menschenwürdiger Arbeit (von Sicherheit vor
Kriegen ganz zu schweigen, JG).« (Adams/Luchsinger). Den Ländern
des Südens gelingt es inzwischen, für sie negative Regelungen zu blockieren, ohne dass aber die Konturen einer neuen Weltwirtschaftsordnung sichtbar würden. Sollte es dazu kommen, so müssten dabei alle
Betroffenen eingebunden sein, ohne zu versuchen, nationale Prozesse
der Entscheidungsfindung zu vereinheitlichen (vgl. unten, Kap. 8).
Wade meinte in seinem Aufsatz über Strategien der Entwicklungsländer in den globalen Verhandlungen, der noch vor der Krise von 2008
verfasst worden war, dass nur eine Wirtschaftskrise einen »Wandel im
Denken« auslösen könnte, »bis wir endlich den Schluss ziehen, dass
das Projekt der Konstruktion eines einzigen integrierten Weltmarkts
mit universellen Standards – der Kulmination der Ideale der europäischen Aufklärung – ein Irrweg ist.« (S. 265) Dies ist kein Plädoyer
gegen globale Regeln. Deren Grundlage aber muss die Anerkennung
der Vielfalt und der Gleichwertigkeit von Institutionen und Kulturen
sein. Angesichts der Abwesenheit von Hegemonialmächten und der
Multipolarität der Kräfteverhältnisse muss jeder Versuch, globale und
einheitliche gesellschaftliche Normen durchzusetzen, in die Sackgasse einer weiteren Fragmentierung der Entscheidungsprozesse führen.
Diese müssen losgelöst werden von der wechselnden Dominanz weniger starker Akteure und Gegenstand von weltweiten Partizipations-
prozessen staatlicher und nichtstaatlicher, aber demokratisch legiti-
mierter Organisationen werden.

## Kapitel 2

# Kapitalismus – eine europäische Erfindung

Der weltweite Sieg der Kapitalismus in den 1990er Jahren förderte Betrachtungsweisen, die Francis Fukuyamas These vom »Ende der Geschichte« eine zeitweilige Hochkonjunktur bescherten. Er ging – unter explizitem Bezug auf Marx – davon aus, dass die »Entfaltung der modernen Naturwissenschaft ... zwangsläufig eine Homogenisierung aller menschlichen Gesellschaften zur Folge« haben müsse: »Alle Länder, die einen wirtschaftlichen Modernisierungsprozess durchlaufen, werden einander zwangsläufig immer ähnlicher: Sie brauchen nationale Einigung und eine zentralisierte Verwaltung, sie brauchen Städte, sie müssen traditionelle soziale Organisationen wie Stämme, Religionsgemeinschaften oder Familien durch wirtschaftlich rationale Organisationen ersetzen, die auf den Prinzipien der Funktionalität und Effizienz beruhen ...«. (Fukuyama, S. 15 f) Und dieser Zustand sei Anfang der 1990er Jahre annähernd erreicht. Fukuyama zufolge gibt es einen zwangsläufigen, universalgeschichtlichen Determinismus, der vom Erkenntnisfortschritt der Naturwissenschaften ausgeht, d. h. nach Regeln verläuft, die »nicht von Menschen gesetzt wurden, sondern Gesetze der Natur sind.« (ebd.) Dieser technologisch begründete Determinismus gesellschaftlicher Verhältnisse ist – in vermittelter Weise – auch in der marxistischen Diskussion nicht unbekannt: als universalgeschichtliche Interpretation des Verhältnisses von Produktivkräften und Produktionsverhältnissen einerseits und des Verhältnisses von ökonomischer Basis und gesellschaftlichem Überbau andererseits.

Die Analyse der im Zeichen des Kapitalismus aufstrebenden Wirtschaftsmächte des Südens macht deutlich, dass es diese technologisch-ökonomische Determiniertheit nicht gibt.

## Eigentumsrechte und die Institutionen der europäischen Moderne

Der marktwirtschaftliche Triumphalismus ist nach dem Ausbruch der Wirtschafts- und Finanzmarktkrise 2008 zunehmender Ernüchterung gewichen. Ausgerechnet jene Staaten, die sich als Modellländer der liberalen Marktwirtschaft verstanden – die USA und andere Länder der angelsächsischen Welt – waren Ausgangspunkt einer tiefen Wirtschaftskrise, die in den »fortgeschrittenen Ländern« nun (2015) schon sieben Jahre anhält und die Wirtschaftspolitik bestimmt. Und ausgerechnet jener Bereich, auf dessen Funktionsfähigkeit die Marktradikalen so stolz waren, nämlich die deregulierte und globalisierte Finanzwirtschaft, der Inbegriff freier Märkte,[26] war der Auslöser. Aber es kam noch schlimmer: Die ehemals abhängigen Länder, denen man schlechte Regierungsführung, Bürokratie, Korruption, Staatseinmischung, unsichere Eigentumsverhältnisse usw., kurz: marktwirtschaftliche Ineffizienz und das Fehlen »wirtschaftlich rationaler Organisationen« (Fukuyama) vorwirft, konnten sich den Auswirkungen der globalen Wirtschafts- und Finanzmarktkrise nicht nur am besten entziehen, sie legen seither wieder ein Entwicklungstempo vor, das die kriselnden Wirtschaften des Westens in den Schatten stellt. Sie blieben von den Auswirkungen der Finanzmarktkrise genau deswegen zumindest teilweise verschont, weil sie den marktradikalen Deregulierungsunfug nicht mitgemacht hatten. Während bis vor kurzem noch Bücher mit Titeln wie: »Warum Europa?« oder »The rise of the West« zu erklären suchten, »warum ... Europa (»der Westen«) in der

---

26  Der Hypothese effizienter Märkte zufolge, der theoretischen Grundlage des Neoliberalismus, »sind es gerade die Finanzmärkte, die das Marktgeschehen schlechthin und in größter Reinheit vertreten.« (Vogl, S. 21)

sich wandelnden Welt eine führende Rolle (übernahm)?« (Landes, S. 16), müsste heute erklärt werden, warum sich diese Verhältnisse seit den 1990er Jahren so drastisch geändert haben. Wie kommt es, dass Länder, die noch vor einer Generation hoffnungslose Sozialfälle zu sein schienen, so rasch aufholen konnten? Haben die aufstrebenden Länder so schnell von Europa[27] gelernt, beruht ihr Erfolg »auf dem Ehrgeiz der Nacheifernden«, wie Landes (S. 515) meint, oder haben sie eigene Erfolgsrezepte?

### Kernpunkt Eigentumsrechte

Die Schwierigkeiten der modernisierungstheoretisch inspirierten Ansätze, denen zufolge nachhaltiger wirtschaftlicher Fortschritt nur durch Übernahme der marktwirtschaftlichen Institutionen des Westens und den Abbau staatlicher Regulierung erreicht werden könne, zeigt exemplarisch ein erst 2012 erschienenes populäres Buch der prominenten US-Ökonomen Acemoglu und Robinson, deren Position hier deshalb skizziert wird, weil sie geradezu entwaffnend einfach ist: Sie beanspruchen nichts weniger als eine Erklärung für die Entwicklung der Welt »seit der Neolithischen Revolution« zu liefern (S. 504). Kernpunkt seien die Eigentumsrechte, denn nur der individuelle Eigentümer (wozu die Autoren auch das Eigentum an Arbeitskraft zählen[28]), der über sein Eigentum frei verfügen kann, habe auch ein Interesse an dessen ständiger Verbesserung. Zugute halten muss man den Autoren, dass ihr Buch »das Ergebnis fünfzehnjähriger gemeinsamer Forschungen« (S. 544) ist und sie von der realen Entwicklung wohl überrascht wurden. Ihrer Ansicht nach –»eine einfache Theorie«, wie sie selbst einräumen (S. 504) – erklärt sich der Erfolg bzw. Misserfolg von »Nationen« aus der Unterscheidung zwischen »inklusiven« und »extraktiven« Institutionen: »Länder erzielen wegen ihrer uneinheitlichen Institutionen, wegen der Regeln, welche die Funk-

---

27    ›Europa‹ schließt die »western offshots« ein.

28    Auf diese Bestimmung der ›freien‹ Lohnarbeit wird noch zurückzukommen sein – denn tatsächlich ist diese selbst in formalem Sinne weniger ›frei‹ und gleich als es den Anschein hat.

tionsweise der Wirtschaft beeinflussen, und wegen der Anreize zur Motivierung der Menschen unterschiedliche wirtschaftliche Erfolge.« (S. 104) Menschen werden nach Ansicht der Autoren zu allen Zeiten und in allen Weltteilen durch die gleichen (»inklusiven«) Faktoren motiviert: Sichere Eigentumsrechte, unabhängige Gesetze, freie Märkte, öffentliche Dienstleistungen und die Freiheit, Verträge abzuschließen und Waren auszutauschen. Eigentum – und zwar im Sinne des unbeschränkten privaten Eigentums – steht dabei im Zentrum.

Dies vertritt auch ein anderer prominenter Autor, Niall Ferguson, der zwar im Gegensatz zu Acemoglu / Robinson den »Niedergang des Westens« zu erklären sucht, dies aber mit der gleichen Argumentation wie jene und unter positiver Bezugnahme auf sie tut. Er versteigt sich dabei zu folgender Behauptung: »Noch vor den Menschenrechten sind die Eigentumsrechte von grundlegender Bedeutung« – sprich: Sicherung des Eigentums ist wichtiger als Schutz des Lebens. Der Staat spielt dabei insofern eine zentrale Rolle, als er für Ordnung sorgt, Diebstahl und Betrug verhindert und den Verträgen zwischen Privatpersonen Geltung verschafft. Seine Hauptaufgabe ist, »seine Zwangsmittel so einzusetzen, dass die privaten Eigentumsrechte gewahrt bleiben.« (Ferguson, S. 100). Das ist die Quintessenz der angloamerikanischen Institutionenlehre: Privateigentum und ein starker Staat, der sich darauf beschränkt, dieses Eigentum zu schützen.

Was dagegen »extraktive« Institutionen sind, wird von Acemoglu / Robinson nicht genau definiert, aber es ist klar, dass sie schlicht das Gegenteil der inklusiven sind – vor allem sind sie durch fehlendes (sicheres) Privateigentum definiert (S. 106). Um die Wachstumsdynamik Chinas zu erklären, die ganz offensichtlich dieser simplen Logik widerspricht, benutzen die Autoren zwei sich tendenziell widersprechende Argumente: Einmal behaupten sie, die bisherigen Wachstumserfolge seien auf Fortschritte hin zu »inklusiven« Institutionen zurückzuführen, »China ist inklusiver geworden.« Trotzdem seien die Eigentumsrechte in China aber »nicht wirklich abgesichert« (S. 516). China bleibe also extraktiv. »Mithin hat China sein Wirtschaftswachstum nicht dank, sondern trotz seiner extraktiven politischen Institutionen erzielt.« (S. 520) Daher – nach dem Motto, dass nicht sein kann,

was nicht sein darf – werde der Wachstumsprozess »wahrscheinlich
enden, sobald China den Lebensstandard eines Landes mit mittlerem
Einkommen erreicht hat.« (S. 519) China hat Weltbankdaten zufolge
derzeit (Daten von 2013) ein jährliches Durchschnittseinkommen von
6.560 US-Dollar; die Gruppe der Länder mittleren Einkommens wird
durch Durchschnittseinkommen zwischen 1.049 und 12.746 US-Dollar
definiert – China hätte demnach also noch einige Jahre Wachstum vor
sich.[29] Eine nähere Beschäftigung mit den chinesischen Institutionen,
z. B. die Erklärung der oben dargestellten chinesischen Erfolge vor
dem 18. Jahrhundert, halten die Autoren nicht für notwendig. Unter
Bezug auf Acemoglu / Robinson hat Ferguson in seinem Bestseller – er
unterscheidet zwischen »offenen« und »geschlossenen« Institutionen –
die Zeichen der Zeit besser erkannt: Obwohl er genauso argumentiert
wie die o. g. Autoren, dreht er die Fakten schlicht um: Seiner Ansicht
nach betreiben die »einst diktatorischen Regime Asiens und der Dritten
Welt unter dem Druck der Globalisierung den Ausbau rechtsstaatli-
cher Strukturen, öffnen ihre Märkte und bewegen sich auf eine Zivilge-
sellschaft nach westlichem Muster zu« (Ferguson 2013, Klappentext),
während »die westliche Welt« unter Überregulierung und einer »großen institutionellen Degeneration« leidet. Diese Art der Institutionenlehre eignet sich auch zu beliebiger Politlyrik: Reden des Ferguson
verhassten US-Präsidenten Obama lassen den Nostalgiker westlicher
Macht »wehmütig auf den frohen, zuversichtlichen Morgen von 1989
zurückblicken – als der Westen wirklich gesiegt zu haben schien und
eine große Regeneration ihren Anfang nahm.« (ebd., S. 171)

Dass die wirtschaftlichen Erfolge des Südens nicht, wie Ferguson,
Acemoglu / Robinson und zahlreiche andere Autoren behaupten, der
institutionellen und wirtschaftspolitischen Imitation des (angelsächsischen) Westens zu verdanken ist, liegt auf der Hand: So lagen die
stagnierenden Länder des Westens 2013 in der Rangfolge (1 bis 185)
des neoliberal inspirierten »Doing Business«-Indikators der Weltbank,

---

29   Die OECD sagt China dagegen schon für 2030 ein BIP pro Kopf voraus,
     das etwa das Dreifache des gegenwärtigen Werts betragen soll (OECD 2012,
     S. 11).

der im wesentlichen Freiheit und Eigentumssicherheit von privaten Unternehmen nach marktradikalen Maßstäben misst, meist auf den vorderen Plätzen, während die expandierenden Ökonomien z. B. der BRICS-Länder sich mit mittleren bzw. unteren Plätzen begnügen müssen.[30] Gemessen an institutionellen Gegebenheiten wie individuellen Eigentumsrechten, Vertragsfreiheit, Freiheit von staatlichen Eingriffen, Freihandel usw., Institutionen, die nach vorherrschender Ansicht unabdingbar sind, um wirtschaftlichen Erfolg zu haben, liegt der kriselnde Westen weit vor dem boomenden Süden.

Natürlich greifen solche simplen, die ganze Welt über einen institutionellen Kamm scherenden Indikatoren zu kurz – und das ist nicht erst seit dem Aufstieg des Südens offensichtlich geworden. Will man die – durchaus unterschiedlichen – Erfolge der Länder der ehemaligen Peripherie verstehen, so ist ein historischer Ansatz unabdingbar. Die wirtschaftlichen und gesellschaftlichen Konstellationen, die eine solche Entwicklung ermöglichen bzw. fördern, sind nicht von heute auf morgen entstanden. Das gilt für alle Weltteile. So weist z. B. Abelshauser (S. 17) darauf hin, dass »jede deutsche Wirtschaftsgeschichte unverständlich bleiben (müsste), die nicht die Grundzüge ihrer Formierung seit dem späten 19. Jahrhundert mit einbezöge.« Die Wurzeln des »heute noch geltenden sozialen Systems der Produktion« (S. 28) Deutschlands werden von ihm auf die Periode zwischen der »Gründerkrise« von 1873 und dem Ende der »Großen Depression« 1896 zurückgeführt. Diese Periode aber ist durch das »Bündnis von Roggen und Eisen« charakterisiert, welches auf dem nach der 1848er Revolution entstandenen Kompromiss zwischen ostelbischem Großgrundbesitz und rheinischer Bourgeoisie basierte (Mottek, Bd. 2, S. 14).[31] Das

---

30  www.doingbusiness.org/rankings: Rangfolge nach Qualität der »regulatorischen Umwelt« für Unternehmen, Juni 2013: USA: 4; Großbritannien: 10; Deutschland: 21; Portugal: 31: Griechenland: 72; Russland: 92; China: 96; Brasilien: 116; Indien: 134.

31  Kiran Klaus Patel bezieht sich u. a. auf dieses »Bündnis von Roggen und Eisen« zur Erklärung der europäischen Agrarpolitik (Europäisierung wider Willen. Die Bundesrepublik Deutschland in der Agrarintegration der EWG 1955–1975, München 2009, S. 30).

soll hier nicht weiter diskutiert werden – festzuhalten bleibt aber, dass historische Kontinuitäten eine große Prägekraft besitzen, nicht nur in den Ländern des Südens. Dies schließt aber die einfache Übernahme der Institutionen anderer Länder und Kulturen aus.

Der ›Aufstieg des Südens‹ wird von zwei eng zusammenhängenden Faktoren charakterisiert:

- Er erfolgt im Zeichen kapitalistischer Produktionsverhältnisse, die auch global dominieren, aber
- in einem jeweils unterschiedlichen, national / regional geprägten institutionellen und kulturellen Umfeld, das oft weit von den liberalen Idealen des Westens entfernt ist.

In diesem Kontext sind zwei Fragen zu beantworten:

- In welchem Verhältnis stehen die sich durchsetzenden kapitalistischen Produktionsverhältnisse zu nicht-kapitalistischen Produktionsweisen, die dort noch bis vor kurzem dominierten?
- Inwieweit beeinflussen die kapitalistischen Produktionsverhältnisse (›die ökonomische Basis‹) die staatlichen, rechtlichen, politischen und kulturellen Institutionen (den ›gesellschaftlichen Überbau‹), und welche Rolle spielt dabei der westlich dominierte Weltmarkt?

## Kapitalismus und Moderne

Der langjährige Asienkorrespondent der Neuen Zürcher Zeitung und Wirtschaftsliberale Urs Schoettli beklagte im August 2014, in einer Zeit besonders dramatischer internationaler Konflikte, in einem Leitartikel: »Es hätte nach dem Zusammenbruch des Sowjetimperiums und dem Ende des Kalten Kriegs alles ganz anders kommen sollen. Ein neues Zeitalter der Globalisierung unter den wirtschaftlichen und politischen Vorzeichen des industrialisierten Westens hätte der ganzen Welt die Benefizien einer auf Rationalität und Pragmatismus beruhenden Ordnung bescheren sollen. Das Ende der Geschichte war nahe, und wer nun noch geisteswissenschaftliche Studien betrieb und nicht auf Management, Rechts- und Wirtschaftswissenschaften setzte, dem war nicht mehr zu helfen.« Es ist ganz anders gekommen: Während sich die kapitalistische Produktionsweise rasant ausbreitet, wird die Welt zunehmend »von religiösen und nationalistischen Fanatismen« heimgesucht, »müssen wir uns mit schwerwiegenden geopolitischen, sozialen und kulturellen Verwerfungen herumschlagen.« Der Autor konstatiert eine »offensichtlich sich rasch über alle Kontinente ausbreitende reaktionäre Abkehr von der Moderne«. (NZZ v. 4.8.2014)

Was die Ursache dieser Entwicklung sein könnte, wird nicht angesprochen. Der Leitartikel, vor allem der Verweis auf die zentrale Bedeutung der Wirtschaft, atmet den naiven Glauben, mit der wirtschaftlichen Globalisierung im Zeichen des Kapitalismus würde automatisch auch die europäische Moderne[32] Einzug halten. Was aber ist hier mit »Moderne« gemeint? Es wird darunter die europäische Dreieinigkeit aus »kapitalistischer Marktwirtschaft, politischer Demokratie und Rechtsstaat« begriffen, als Gegenbild zu »traditionellen« gewohnheitsrechtlichen, persönlichen bzw. familiären Loyalitäten und Normensystemen. »Gesellschaftlicher Fortschritt war … nur als Modernisierung denkbar, die Übernahme des westlichen Entwicklungsmodells wurde zur weltweiten Voraussetzung für Wohlstand und Freiheit erklärt.« (Scheuzger / Fleer, S. 16) Natürlich wurde dabei übersehen, dass diese Dreieinigkeit auch im Westen eher die Ausnahme als die Regel war: »Marktwirtschaft« war und ist sowohl mit Monopolen als auch mit umfassenden staatlichen Interventionen vereinbar, ja – wie zuletzt die Krise 2008 und die folgende Wirtschaftspolitik zeigte – nur allzu oft konnte die Marktwirtschaft nur durch den Staat gerettet werden. Politische Demokratie war über die längsten Perioden hinweg eine Veranstaltung der besitzenden Schichten, klammerte fast immer die Unterschichten aus. Und der Rechtsstaat zeigt Tendenzen, zu einem ›Rechtsanwaltsstaat‹ zu degenerieren, wie Ferguson (S. 124) für die USA beklagt. Die wirtschaftlichen Grundlagen der europäischen Moderne sind individuelle Eigentumsrechte, Marktfreiheit, Trennung zwischen Ökonomie und Politik, Vertragsfreiheit

---

32  Anders als Reinhart Kößler setze ich den Begriff der ›Moderne‹ hier – wie üblich – mit dem europäischen Kapitalismus gleich, ohne zu unterstellen, dass es nicht auch andere Formen der gesellschaftlichen Moderne geben könnte (Kößler 2013, S. 174).

und -sicherheit, Rechtsstaatlichkeit. Auch wenn gegen diese Regeln immer wieder verstoßen wurde und wird, so stellen sie doch ein gewisses Idealbild des europäischen Kapitalismus dar.

Anders verhält es sich mit der Demokratie: Es ist oft üblich, die liberale Demokratie als eine der institutionellen Voraussetzungen und Errungenschaften der kapitalistischen Moderne zu betrachten, in Abgrenzung zum ›orientalischen‹ Despotismus. Dies wird hier nicht getan, weil Demokratie im bürgerlichen Sinne, mit ihren Kernelementen des allgemeinen und gleichen (aktiven und passiven) Wahlrechts, der Vereinigungsfreiheit, der Meinungs- / Pressefreiheit und der Gewaltenteilung tatsächlich eine sehr späte und zudem immer wieder gefährdete Errungenschaft der westlichen kapitalistischen Gesellschaften ist. Sie ist, wie Frank Deppe herausarbeitet, untrennbar mit der »Entstehung des modernen, industriellen Proletariats« verbunden (S. 69). Der europäische Kapitalismus kam und kommt sehr gut ohne Demokratie aus: Aktives und noch mehr passives Wahlrecht waren im 19. Jahrhundert, teilweise bis ins 20. Jahrhundert hinein, gebunden zunächst an den Besitz, später an die Beherrschung von Kulturtechniken wie Lesen und Schreiben. In den USA hatten die Klienten der Armenfürsorge noch 1934 in vielen Staaten kein Stimmrecht (Chua, S. 193; Chibber, S. 74). Vereinigungsfreiheit (zumindest bezogen auf Gewerkschaften) ist bis heute heftig umkämpft. Demokratie war unter kapitalistischen Verhältnissen historisch fast immer beschränkt auf die besitzenden Oberschichten bzw. – folgend der feinsinnigen Sprachregelung von heute – die »bildungsnahen« Teile der Bevölkerung. Die subalternen Klassen blieben bis ins 20. Jahrhundert mehrheitlich ausgeschlossen. Und wer glaubt, das allgemeine Wahlrecht sei heute zumindest im Westen eine unumstrittene Einrichtung, der wird durch Einlassungen keineswegs unwichtiger Politiker und Wissenschaftler eines Besseren belehrt: Vorstandsmitglieder der Partei »Alternative für Deutschland« diskutieren die von Wirtschaftsnobelpreisträger August von Hayek in den 1970er Jahren aufgestellte Forderung eines Wahlrechtsentzugs für »Unproduktive«; Wirtschaftsprofessor Roland Vaubel, u. a. Mitglied des wissenschaftlichen Beirats beim Bundesministerium für Wirtschaft und Technologie, erwägt die Idee, Mitgliedern der unteren Klassen das passive Wahlrecht zu entziehen, um die »Leistungseliten« vor der »Tyrannei der Mehrheit« zu schützen.[33] Dies scheint aber auch ohne formelle Änderungen des Wahlrechts zu gelingen, wie die Ergebnisse aktueller Wahlanalysen zeigen: Eine repräsentative Untersuchung zu den Nichtwählern der Bundestagswahl von 2013 kommt zu folgendem Ergebnis: »Deutschland ist längst zu einer sozial gespaltenen Demokratie der oberen zwei Drittel unserer Gesellschaft geworden. Die Demokratie wird zu einer immer exklusiveren Veranstaltung für Menschen aus den mittleren und oberen Sozialmilieus der Gesellschaft.« (Bertelsmann-Stiftung) Man kann das als Chorweiler-Hahnwald-Phänomen bezeichnen: Im Kölner Oberschicht-Stadtteil Hahnwald beteiligten sich 89 Prozent der Wahlberechtigten an der Bundestagswahl 2013; im Kölner sozialen Gegenbild Chorweiler war die Wahlbeteiligung 42 Prozent. Faktisch ist das relative Stimmgewicht der Angehörigen der Oberschicht doppelt so groß wie das der Angehörigen der Unterschicht. Und wie stimmen diese Gruppen ab? Überraschung – Überraschung: Im oberen Einkommensfünftel haben die »eigentumsnahen« Parteien (hier: CDU, FDP, AfD) eine solide Mehrheit von gut 53 Prozent, während die als eher »eigentumsfern« betrachteten Gruppierungen (SPD, Linke) dort auf knapp 27 Prozent kommen. Anders beim unteren Einkommensfünftel: Dort sind die Kräfteverhältnisse der ›Blöcke‹ umgekehrt. Knapp 35 Prozent für die Eigentumsparteien stehen knapp 47 Prozent für die eigentumsferneren Gruppierungen gegenüber. Die Grünen nehmen eine Mittelstellung ein, allerdings bei klarem Übergewicht der eigentumsnahen Gruppen (Goldberg / Leisewitz / Reusch, S. 148 ff). Die Stimmen im oberen Einkommensfünftel wiegen – wegen der unterschiedlichen Wahlbeteiligung – etwa doppelt so viel wie die des unteren Einkommensfünftels. Nur in außergewöhnlich zugespitzten politischen Situationen, in denen die unteren Einkommensgruppen sich mobilisieren, kann es gelingen, parlamentarische Mehrheiten für eigentumsferne Gruppierungen zu gewinnen. Insgesamt wird von vie-

---

33    Vgl. Andreas Kemper, AfD: Wahlrecht für Arbeitslose abschaffen?, 15.4.2013, http://andreaskemper.wordpress.com

len Beobachtern – vor allem seit dem Beginn der Krise ab 2008 – im Westen eine zunehmende Tendenz zu autoritären Herrschaftsformen registriert. In dem Maße, wie staatliche Politik wichtiger wird für das ökonomische Überleben und die internationale Konkurrenzfähigkeit von Nationalstaaten, werden Regierungsentscheidungen dem demokratischen Prozess entzogen, kommt es zur »Aufwertung des autoritären Etatismus« (Deppe, S. 154). Kapitalismus und Demokratie sind keine ›ziemlich besten‹ Freunde.

Nun beschreibt der oben zitierte Leitartikel von Schoettli die aktuelle Situation weitgehend richtig. Es fragt sich nur, warum die wirtschaftlich erfolgreiche Ausbreitung der kapitalistischen Produktionsweise – unbestreitbar eine europäische Erfindung – nicht zu den erwarteten globalen gesellschaftlichen Veränderungen führt, sondern eher zur Ausbreitung von Nationalismus, Rassismus, religiösem Fanatismus und Unterdrückung. Ohne dies im Einzelnen diskutieren zu können, seien zwei Bemerkungen erlaubt:

• Was der Westen weltweit im Kampf um hegemoniale Positionen angestellt hat und noch weiter anstellt, ist kaum mit den gerühmten Einrichtungen der Moderne vereinbar: Rassismus und Nationalismus waren und sind Instrumente zur Schwächung konkurrierender Mächte, wie z. B. die Methoden zur Sicherung bzw. Erweiterung des osteuropäischen Einflussgebiets von USA und EU deutlich machen. Religiöser Fanatismus, ideologischer Glaubenskampf und gewalttätige Diskurse wie der legendäre Aufruf George W. Bushs zum »Kreuzzug« gegen den Terrorismus spielen eine zentrale innenpolitische Rolle im vermeintlichen Heimatland von »Rationalität und Pragmatismus«, den USA. Da wirkt es wenig glaubwürdig, wenn ähnliche Entwicklungen in anderen Ländern kritisiert werden. Der Westen hat sich im Kampf um die Dominanz immer Mitteln bedient, die in krassem Gegensatz zu seiner angeblichen zivilisatorischen Mission standen. Das hat sich bis heute – trotz Beschwörung von Humanität und Menschenrechten – nicht geändert.

• Wichtiger aber scheint, dass der von seiner zivilisatorischen Mission überzeugte Westen bis heute keinen Respekt für andersartige kulturelle Traditionen entwickelt hat, dass er diese oft noch nicht einmal wahrnimmt. Er geht noch immer von der Überlegenheit der europäischen Institutionen (»Werte«) aus. Wer nur die eigenen Institutionen und Kulturen als ›modern‹ qualifiziert, der desavouiert gleichzeitig die der Anderen als rückständig. Die Annahme eines notwendigen Zusammenhangs zwischen Technik – Kapitalismus – Moderne, die auch Schöttli, unter Bezug auf Fukuyama und andere, im Kopf hat, ist fatal. Selbst wenn man einmal unterstellt, dass die indirekten und direkten ›humanitären‹ Interventionen der jüngeren Vergangenheit (Afghanistan, Irak, Libyen, Mali, Palästina, Syrien, Ukraine, Zentralafrika, usw.), die oft katastrophische Entwicklungen, wenn nicht ausgelöst, so doch gefördert haben, tatsächlich zur Ausbreitung demokratischer Verhältnisse führen sollten, so waren diese von tiefer Unkenntnis und Missachtung der Funktionsweise und Wertvorstellungen außereuropäischer Gesellschaften gekennzeichnet. Ziel war und ist letzten Endes der Export der europäischen Moderne in die ganze Welt, wie es Schöttlis Vision unterstellt. Hintergrund der Katastrophen ist die naive Annahme, mit der Ausbreitung westlicher Technologie und der vermeintlich dazugehörenden kapitalistischen Marktwirtschaft würden quasi automatisch westliche gesellschaftliche Institutionen entstehen und ›traditionelle‹, ›rückständige‹ Verhältnisse ablösen.

Diese Annahme aber ist offensichtlich falsch. Westliche Technologien können sich ebenso gut wie kapitalistische Produktionsverhältnisse mit nicht-westlichen gesellschaftlichen Institutionen verbinden, welche wiederum keineswegs von vorneherein schlechter bzw. dem wirtschaftlichen Fortschritt hinderlicher sein müssen als die europäische ›Moderne‹. Dies schließt die Herrschaftsformen ein. Das Vorurteil, asiatische oder afrikanische Herrschaftsformen seien per se undemokratisch, d. h. »despotisch«, prägte und prägt die europäischen Vorstellungen von außereuropäischen Herrschaftsverhältnissen bis heute. Die Figur der »orientalischen Despotie«, mit der automatisch asiatische und afrikanische politische Strukturen belegt werden, dient »der Trennung des Fremden vom Eigenen, der Bestätigung einer Identi-

tät des Selbst und der Identifikation mit seiner Gruppe durch ein be-
sonderes Stereotyp des Fremden.« (Sonderegger, S. 205) Es ist daher
wichtig, den unterstellten Zwangszusammenhang zwischen Technologie, Produktionsweise und gesellschaftlichen Institutionen in Frage
zu stellen. Ein genauer Blick auf die im Zeichen des Kapitalismus
aufstrebenden neuen Wirtschaftsmächte wird zeigen, dass die Ablehnung der europäischen Moderne nicht notwendig mit Unterdrückung und Stagnation verbunden ist; es wird sich vielmehr zeigen,
dass nicht wenige der außereuropäischen Institutionen unter bestimmten Bedingungen dem wirtschaftlichen, sozialen und politischen
Fortschritt förderlicher sein können als die entsprechenden europäischen Einrichtungen.

## Kapitalismus und historisches Milieu

Um die sich im Süden herausbildenden kapitalistischen Gesellschaftsformationen in ihren Eigenarten bestimmen zu können, muss
unterschieden werden zwischen den Kernmerkmalen der kapitalistischen Produktionsweise einerseits und dem jeweils unterschiedlichen
konkreten historischen Milieu, in dem diese sich entfalten. Es muss
unterschieden werden zwischen den universal wirkenden Gesetzen
der Produktionsweise und den gesellschaftlichen Formen, in denen
sie sich ausdrücken. Diese gesellschaftlichen Formen sind zwar nicht
starr, sie sind aber historisch verankerte Gegebenheiten, an die sich
der Kapitalismus anpasst, die er nutzt und dabei modifiziert. Das
›westliche‹ Missverständnis liegt in der Gewohnheit, beides zusammen zu denken. Die im Westen herrschenden gesellschaftlichen Institutionen werden – wie gezeigt – mit der kapitalistischen Produktionsweise gleichgesetzt, als deren einzig möglicher Ausdruck begriffen.
Das kann nicht weiter überraschen, weil der Kapitalismus sich nun
mal im historischen Milieu Europas entwickelt hat. Zwar zeigt die
Geschichte des europäischen Kapitalismus sowohl in seinen Heimat-
ländern wie in den unterworfenen Gebieten, dass dieser sich nicht
nur mit brutalen Unterdrückungsmethoden, sondern auch mit umfas-

sender staatlicher Regulierung und Monopolwirtschaft hervorragend vertragen kann. Dies wurde allerdings erfolgreich verdrängt: Heute wird die Ansicht vertreten, beim westlichen Kapitalismus – zumal der angelsächsischen Version – handele es sich um so etwas wie einen ›Idealzustand‹, von dem die übrigen Länder und Regionen einfach nur zu lernen hätten. Diesem Irrtum unterliegen auch Vertreter der postkolonialen Theorie, wie Vivek Chibber zeigt, wenn sie die »Universalisierung des Kapitals mit dem Aufstieg liberaler politischer und kultureller Institutionen identifizieren.« (S. 52) Tatsächlich hat der in Europa entstandene Kapitalismus aber ebenso die spezifischen europäischen ›Traditionen‹ überformt und integriert, wie das derzeit in den aufstrebenden Regionen des Südens mit den dortigen geschieht. Der europäisch / nordamerikanische Kapitalismus ist in gewissem Sinne nicht weniger ›traditionell‹ oder ›modern‹ als z. B. der ostasiatische: Wir sind einfach nur gewohnt, die europäischen Formen als ›modern‹, die nicht-europäischen Formen als ›traditionell‹ zu verstehen. Es spricht sogar einiges dafür, dass das institutionelle Umfeld einiger Regionen des Südens dem Kapitalismus von heute förderlicher sein könnte als dasjenige des ›alten‹ Europa. Der europäische Kapitalismus mit seinen spezifischen staatlichen, rechtlichen, politischen und kulturellen Institutionen ist nicht das ›Idealmodell‹ des Kapitalismus, sondern eine spezifisch-historische Form, die keinen allgemeinen Vorbildcharakter für andere Weltteile besitzen kann, was gegenseitige Lernprozesse aber nicht ausschließt.

Es sei daher die These aufgestellt, dass die gegenwärtigen, unter kapitalistischen Vorzeichen erreichten wirtschaftlichen Erfolge der Schwellen- und Entwicklungsländer nicht trotz, sondern wegen ihrer historisch gewachsenen, vermeintlich ›vormodernen‹, nicht-liberalen Institutionen und Organisationen erreicht werden, die allerdings ihrerseits nicht statisch sind. Dass der Anstoß zu dieser Entwicklung von ›außen‹, d. h. von der oft gewaltsamen Integration in den europäisch geprägten Internationalisierungsprozess, kam, ist unbestritten. Die inneren Verhältnisse sind aber bestimmend geblieben. Die europäische Dominanz hat via ungleichen Warenaustausch, Kolonialismus und Neokolonialismus endogene Entwicklungsprozesse behindert. Inzwi-

schen ist der Kapitalismus aber in weiten Teilen der Welt heimisch geworden und entfaltet sich im Rahmen bestehender Gesellschaften, die
ihrerseits natürlich viel älter sind. Die besonderen Ausformungen der
sich dort entwickelnden wirtschaftlichen und sozialen Verhältnisse,
welche die aktuelle wirtschaftliche und soziale Dynamik ermöglichen,
sind nur vor dem Hintergrund historisch gewachsener Strukturen zu
verstehen. Der europäisch geprägte Kapitalismus expandierte in stabi-
le gesellschaftliche, historisch gewachsene Milieus hinein, die ihn auf-
nahmen und gleichzeitig umformten. Heute wird deutlich, dass viele
Institutionen, die wir in Europa als Ausdruck kapitalistischer Modernität angesehen haben, in Wirklichkeit viel älter sind als der Kapitalismus. Sie wurden – wie z. B. die Eigentumsverhältnisse oder die
Familienstrukturen – durch den europäischen Feudalismus geprägt
und durch den Kapitalismus lediglich überformt. Der europäische
Kapitalismus ist nicht modern, sondern europäisch.

Um die Bedeutung des historischen Blickwinkels für das Verständnis der aktuellen Entwicklungstendenzen und ihrer Triebkräfte
und Widersprüche zu erklären, soll auf den berühmten Artikel von
Fernand Braudel über »Die lange Dauer« verwiesen werden. Braudel macht darauf aufmerksam, dass erst der ›fremde‹ Blick auf das
eigene Land dessen Besonderheiten hervortreten lässt: »Man braucht
(als Franzose, JG) nur einmal ein Jahr in London zu leben, um zu
begreifen, dass man von England zwar sehr wenig weiß, durch den
Vergleich aber, immer wieder ausgelöst durch das Erstaunen über das
Fremde, plötzlich einige der tiefsten und eigenständigsten Züge des
eigenen Vaterlandes erkennt …«. Und er fährt fort: »Und einen ganz
ähnlichen Dienst erweist uns die Vergangenheit bei der Betrachtung
der Gegenwart. … Gegenwart und Vergangenheit erhellen sich gegenseitig.« (Braudel 1992, S. 65 f) Marx' Formulierung, dass »in der Anatomie des Menschen … ein Schlüssel zur Anatomie des Affen (ist)«,
d. h. dass die bürgerliche Gesellschaft als die entwickelteste »historische
Organisation der Produktion« gleichzeitig Einsicht gewährt in die
»Gliederung und die Produktionsverhältnisse aller der untergegangenen Gesellschaftsformen, mit deren Trümmern und Elementen sie
sich aufgebaut, von denen teils noch unüberwundene Reste sich in ihr

fortschleppen, ...« (Grundrisse, S. 25 f) kann auch entsprechend umgekehrt angewandt werden. Merkmale der untergegangenen Produktionsweisen Indiens, Chinas usw. reproduzieren sich in den aktuellen
gesellschaftlichen Strukturen – und zwar nicht nur als »Trümmer«
oder »unüberwundene Reste«: Die sich entfaltende kapitalistische
Produktionsweise ordnet sich diese vielmehr unter, nutzt sie produktiv und passt sie ihren Bedürfnissen an, ohne sie zu beseitigen.

Ein solcher historischer Ansatz bei der Analyse der Gegenwart,
ihrer Triebkräfte und Widersprüche ist im Fall der aufstrebenden
Schwellen- und Entwicklungsländer besonders unabdingbar, in denen
sich die Veränderungen in einem atemberaubenden Tempo vollziehen, sich die von Braudel unterschiedene »kurze Zeit der Individuen«
also in einem besonders spannungsreichen Verhältnis mit »der langen, der sehr langen Dauer« (S. 52 f) befindet. Gerade in Zeiten rascher Veränderungen, in der Diskontinuitäten über Kontinuitäten zu
siegen scheinen, ist es wichtig, beide Elemente in ihrer Wechselwirkung zu betrachten, d. h. zu berücksichtigen, wie sich »Kulturen – das
heißt alte, fest verwurzelte Denkgewohnheiten und Verhaltensmuster,
Rahmen, die sich, manchmal entgegen jeder Logik, zäh behaupten«
(S. 60), unter dem Druck rascher wirtschaftlicher Veränderungen aus-
wirken.

Zunächst aber muss überhaupt zur Kenntnis genommen werden,
dass es solche historisch gewachsenen Unterschiede gibt, dass diese
wirkungsmächtig sind, sich in Form unterschiedlicher Entwicklungs-
varianten ausprägen und – vor allem – dass sie im Zuge der weltweiten Ausbreitung des Kapitalismus nicht verschwinden.[34] Dazu muss
man sich von der eurozentristischen Vorstellung befreien, als seien
die europäischen gesellschaftlichen Institutionen jene, die dem modernen Kapitalismus allein angemessen sind. Man muss verstehen,
»dass die geschichtlichen Erfahrungen Westeuropas oder Nordamerikas weder normativ noch empirisch die selbstverständliche Interpre-

---

34  Dass das nicht selbstverständlich ist zeigt das Gemeinschaftswerk von Welt-
    bank und chinesischer Regierung »China 2030«, das die typischen neolibe-
    ralen Empfehlungen formuliert (World Bank 2012).

tationsfolie für historisch-soziologische Analysen darstellen.« (Knöbl,
S. 111) Wissenschaftlich-Technischer Fortschritt führt eben nicht zur
»Homogenisierung aller menschlichen Gesellschaften« wie Fukuyama meint (S. 16). Dazu ist wichtig festzuhalten, dass die Herausbildung des Kapitalismus historisch unterschiedliche Pfade eingeschlagen hat und dies weiter tut. Marx hat sich im ›Kapital‹ – vor allem
im 24. Kapitel des ersten Bandes über die »ursprüngliche Akkumulation« – am englischen Beispiel orientiert: »Die Expropriation des
ländlichen Produzenten, des Bauern, von Grund und Boden bildet
die Grundlage des ganzen Prozesses.« Zwar räumt er ein: »Ihre Geschichte nimmt in verschiedenen Ländern verschiedene Färbung
an und durchläuft die verschiedenen Phasen in verschiedener Reihenfolge und in verschiedenen Geschichtsepochen. Nur in England,
das wir daher als Beispiel nehmen, besitzt sie die klassische Form.«
(MEW 23, S. 744) Allerdings gilt diese Einschränkung explizit nur
für die Form, nicht für den Inhalt, die Expropriation der ländlichen
Produzenten. Damit erhält die Bodenfrage für die Genese des Kapitalismus eine zentrale Stellung – was die Analyse der sich in vielen
Schwellen- und Entwicklungsländern herausbildenden Kapitalismen
erheblich verkompliziert. Der europäische Kapitalismus basiert auf
der im Feudalismus entstandenen Form des unbeschränkten privaten Eigentums an Grund und Boden. Diese war aber in Afrika,
Teilen Asiens und Lateinamerikas entweder unbekannt oder wenig
verbreitet. Auch ist die massenweise Verwandlung der Bauern in
›freie‹ Lohnarbeiter (vom Standpunkt des Kapitals) weder überall
erwünscht noch notwendig. Im Gegenteil: Selbst in vielen ›Fortgeschrittenen Ländern‹ wäre die Kapitalseite heute glücklich, wenn
Teile der zunehmend überschüssig werdenden arbeitslosen Massen
wieder zurück aufs Land ziehen würden, was allerdings Veränderungen beim Landbesitz voraussetzen würde. Sie müssten dann nicht
mehr vom ›Sozialstaat‹ unterhalten werden. Ist also die von Marx
skizzierte »ursprüngliche Akkumulation«, d. h. die Trennung der
Produzenten von ihren Produktionsmitteln, die dem europäischen
Kapitalismus vorausging, wirklich überall eine Voraussetzung für die
Herausbildung der kapitalistischen Produktionsweise?

## Grundstrukturen und lokale Besonderheiten, Logisches und Historisches

Um diese Frage Schritt für Schritt zu klären soll hier zunächst auf ein Problem eingegangen werden, das unter Marxisten ebenso umstritten wie ungelöst ist: Die Frage, ob Marx bei der Analyse der kapitalistischen Produktionsweise einem ›logischen‹ oder einem ›historischen‹ Ansatz gefolgt ist, und wie sich diese Ansätze unterscheiden. Diese Debatte kann hier zwar nicht aufgenommen werden, trotzdem ist sie für den konkreten Untersuchungsgegenstand – also die Frage, um was es sich bei den Gesellschaftsformationen der aufstrebenden »Schwellen- und Entwicklungsländer« eigentlich handelt – relevant. Denn ganz offensichtlich ist mit der Feststellung, dass diese kapitalistisch seien (oder auch nicht) angesichts der gewaltigen Unterschiede zwischen den konkreten Ökonomien noch nicht alles gesagt. Wie Friedrich Engels in seiner Besprechung von Marx' »Zur Kritik der Politischen Ökonomie« feststellt, ist bei der Analyse der kapitalistischen Produktionsweise »die logische Behandlungsweise ... allein am Platz. Diese aber ist in der Tat nichts anderes als die historische, nur entkleidet der historischen Form und der störenden Zufälligkeiten.« (MEW 13, S. 475). Die logische Methode ist geeignet, die Grundstrukturen einer Produktionsweise zu bestimmen, unabhängig von den konkreten Erscheinungsformen dieser oder jener Gesellschaft oder ihrem historischem Entwicklungsstand. Die Grundstrukturen werden aber bestimmt auf der Grundlage des vorhandenen historischen Materials, die Erkenntnis der Kernelemente der kapitalistischen Produktionsweise setzt, wie Engels schreibt, »entwickelte bürgerliche Zustände voraus« (ebd., S. 468). Iljenkow beschreibt Marx' Vorgehensweise im ›Kapital‹ folgenderweise: »Die logische Methode zur Kritik und Entwicklung der Theorie liefert Marx das objektive Kriterium zur Unterscheidung der Kategorien, welche sich auf die innere Struktur des kapitalistischen Warenorganismus beziehen, von all den Momenten, die mit den Produktionsformen, welche durch die Entwicklung des Kapitalismus verdrängt und zerstört werden, mit den rein lokalen Besonderheiten der kapitalistischen Entwicklung in dem Land, wo die zu analysierende Theorie unmittelbar entstand, usw. verbunden sind.«

(S. 204) Es geht also im ›Kapital‹, einfach gesagt, um die grundlegenden Strukturen und Bewegungsgesetze der kapitalistischen Produktionsweise, nicht um die Tatsache, dass ihre jeweiligen historischen
Erscheinungsformen sowohl durch Überreste vergangener Produktionsweisen als auch durch »lokale Besonderheiten« geprägt sind. Im
Vorwort zur ersten Auflage des ›Kapital‹ weist Marx darauf hin, dass
es ihm um die »kapitalistische Produktionsweise und die ihr entsprechenden Produktions- und Verkehrsverhältnisse« geht, und zwar (im
Sinne naturwissenschaftlicher Methoden) um den »reinen Vorgang
des Prozesses«. (MEW 23, S. 12) Der Bezug auf Großbritannien dient
lediglich der »Hauptillustration (der) theoretischen Entwicklung.«
Die anfängliche (1848) Auffassung von Marx und Engels, dass lokale
Besonderheiten und historische Überreste mit der Ausbreitung des
Kapitalismus verschwinden würden, dass »alle feudalen, patriarcha-
lischen, idyllischen Verhältnisse« zerstört würden (Kommunistisches
Manifest, MEW 4, S. 464 ff), wurde von ihnen später korrigiert bzw.
differenziert. Dies zeigen u. a. die Briefe bzw. Briefentwürfe an Vera
Sassulitsch, in denen Marx – über die eigentliche Frage hinaus (ob die
russische Bauerngemeinde überleben kann) – deutlich macht, dass die
westeuropäische, genauer: englische, Form des Kapitalismus nicht die
einzig mögliche ist. Er diskutiert in den Briefentwürfen sehr genau die
russischen und auch die internationalen Bedingungen des Kapitalismus und kommt zu dem Schluss, dass die russische Dorfgemeinde
sich »auf Grund ihrer Gleichzeitigkeit mit der kapitalistischen Produktion … deren positive Eigenschaften aneignen« kann. (MEW 19,
S. 385) Dieses Moment des ›Lernens‹ »rückständiger« von »fortgeschrittenen« Ökonomien beinhaltet im Übrigen auch jene viel zitierte
Formulierung aus dem oben erwähnten Vorwort zum ersten Band des
›Kapital‹, wo es heißt: »Das industriell entwickeltere Land zeigt dem
minder entwickelten nur das Bild der eigenen Zukunft.« Das aber ist
keine schicksalhafte Entwicklung. Denn »eine Nation soll und kann
von der anderen lernen«, der von Marx als unvermeidlich angese-
hene Umwälzungsprozess kann sich »in brutaleren oder humaneren
Formen bewegen …«. (MEW 23, S. 15) Es ist daher Gerschenkron zuzustimmen, wenn er in seinem Buch über nachholende kapitalistische

Entwicklung unter Bezug auf besagtes Marx-Zitat hervorhebt, dass »in verschiedenen sehr wichtigen Aspekten die Entwicklung eines rückständigen Landes, gerade wegen dieses Rückstands, sich grundlegend von der eines fortgeschrittenen Landes unterscheiden kann.« (S. 7) Dafür sind u. a. auch Unterschiede in der Anwendung »institutioneller Bedingungen« (institutional instruments) und des »intellektuellen Klimas«, also des »Geistes« oder der »Ideologie« des Industrialisierungsprozesses verantwortlich – ein Punkt, der angesichts des historisch bislang beispiellosen Tempos, in dem sich der Nachholprozess in einigen Ländern derzeit vollzieht, von besonderem Gewicht sein dürfte. Es geht also nicht bloß um historische ›Relikte‹. Ob die russische Ackerbaugemeinde, die Marx zufolge eine besondere Funktion im russischen Kapitalismus besitzt, sich anpassen und überleben kann, hängt auch mit dem Tempo zusammen, in dem der russische Kapitalismus sich entwickelt. Die Ackerbaugemeinde könne, auch weil sie »Zeitgenossin der kapitalistischen Produktionsweise des Westens ist«, nicht nur überleben, sondern sich auch »deren Ergebnisse aneignen, ohne sich ihrem modus operandi unterwerfen zu müssen.« (MEW 19, S. 390) Marx entwickelt hier zwei Gedanken, die abweichende Formen und Entwicklungswege nachholender kapitalistischer Gesellschaften begründen können: Die besondere Form bzw. Widerstandsfähigkeit »archaischer« Wirtschaftsformen zum einen, wobei hier schon der Gedanke auftaucht, dass diese »archaischen« Elemente auch dem modernen Kapitalismus nützlich sein könnten; und zum anderen die Tatsache, dass nachholende Kapitalismen ganze Etappen überspringen können, indem sie sich die Ergebnisse der fortgeschrittenen Länder aneignen und von diesen lernen.[35] Es sind zwei Typen

---

35 Es gibt in den Sassulitsch-Briefentwürfen auch Bemerkungen über die indischen Dorfgemeinden. Marx widerspricht hier explizit Positionen, denen zufolge diese als ökonomisch rückständig untergegangen seien. »... die gewaltsame Aufhebung des Gemeineigentums an Grund und Boden (war) nur ein Akt des englischen Vandalismus ..., der die Eingeborenen nicht nach vorn, sondern nach rückwärts stieß.« (MEW 19, S. 402) Dies steht in Widerspruch zu Aussagen in seinen Zeitungsartikeln aus den 1850er Jahren zum indischen »Dorfsystem«: »Diese kleinen stereotypen Formen des gesellschaftlichen Organismus haben sich zum größten Teil aufgelöst und stehen

von Faktoren, die Unterschiede zwischen historisch konkreten ›Kapitalismen‹ erklären könnten:

- Die Art und Weise, in der »archaische« (MEW 19, S. 386) gesellschaftliche Elemente überleben, d. h. in welcher Weise vorkapitalistische Produktionsweisen in den Kapitalismus integriert werden;
- Die »lokalen Besonderheiten«, oder, wie es Marx in den Briefentwürfen an Vera Sassulitsch formuliert: das jeweilige »historische Milieu« (milieu historique), d. h. die Tatsache, dass sich die Ausbreitung des Kapitalismus unter unterschiedlichen historischen Bedingungen durchaus unterschiedlich vollziehen kann (ebd.)

Marx weist in den Briefentwürfen und im kurzen, an Sassulitsch schließlich abgeschickten Brief darauf hin, dass er die im ›Kapital‹ geschilderte »Expropriation der Ackerbauern« als Grundlage der Genesis der kapitalistischen Produktion »ausdrücklich auf die Länder Westeuropas beschränkt« (MEW 35, S. 166), eine Bemerkung, die wohl für das gesamte Kapitel über die ursprüngliche Akkumulation gilt: Marx Darstellung der ursprünglichen Akkumulation (bzw., wie er noch in den »Grundrissen« formuliert: des Prozesses, der »der ursprünglichen Akkumulation vorausgeht« (S. 375), bezieht sich auf den historischen Fall der Herausbildung des europäischen Kapitalismus aus dem europäischen Feudalismus und gehört nicht zu den Strukturmerkmalen der kapitalistischen Produktionsweise. Noch deutlicher wird Marx in seinem Brief an die Redaktion einer russischen Zeitung von 1877, in dem es ebenso um die russische Dorfgemeinde geht. Gewendet gegen Kritiker, die ihm vorwerfen, dass seine Analyse die russische Dorfgemeinde zum Untergang verurteile, schreibt er: »Er (der Kritiker, JG) muß durchaus meine historische Skizze von der Entstehung des

---

im Begriff zu verschwinden, nicht so sehr infolge des brutalen Eingreifens des britischen Steuereintreibers und des britischen Soldaten als vermöge der Wirkung des englischen Dampfers und des englischen Freihandels.« (MEW 9, S. 132). Marx hat die Briefentwürfe in einer Zeit verfasst, in der er sich intensiv mit ethnologischen Fragen befasste, wie u. a. die ethnologischen Exzerpthefte zeigen (Krader). Er plante wohl eine längere Abhandlung zu den in den Briefentwürfen behandelten Themen, zu der es aber nicht kam (MEGA I/25, S. 825).

Kapitalismus in Westeuropa in eine geschichtsphilosophische Theorie des allgemeinen Entwicklungsganges verwandeln, der allen Völkern schicksalsmäßig vorgeschrieben ist, was immer die geschichtlichen Umstände sein mögen, in denen sie sich befinden, um schließlich zu jener ökonomischen Formation zu gelangen, die mit dem größten Aufschwung der Produktivkräfte der gesellschaftlichen Arbeit die allseitigste Entwicklung des Menschen sichert.« Und er fährt fort: »Das heißt mir zugleich zu viel Ehre und zu viel Schimpf antun.« (MEW 19, S. 111). Insofern ist es erstaunlich[36], dass Marx lange Zeit unterstellt wurde, eine »allgemeine geschichtsphilosophische Theorie« aufgestellt zu haben, »deren größter Vorzug darin besteht, übergeschichtlich zu sein.« (S. 112). So behauptete das »Lehrbuch Politische Ökonomie. Vorsozialistische Produktionsweisen« noch 1972: »Die Geschichte kennt fünf Produktionsweisen: die Urgesellschaft, die Sklavenhalterordnung, die Feudalgesellschaft, die kapitalistische und die kommunistische Produktionsweise … Die Reihenfolge, in der sich die Typen der Produktionsverhältnisse in der Geschichte abgewechselt haben, ist nicht zufällig. Sie war vom objektiven Entwicklungsprozeß der gesellschaftlichen Produktivkräfte diktiert.« (S. 36)

Aus diesen Debatten folgt, dass Marx selbst weder meinte, er habe allgemeine Gesetze des Übergangs von einer Produktionsweise in eine andere formuliert, noch, dass sein ›Modell‹ des englischen oder westeuropäischen Kapitalismus Allgemeingültigkeit habe. Er hat dagegen zwei Dinge getan:

- Er hat die Grundstrukturen der kapitalistischen Produktionsweise (die überall gelten, unabhängig vom lokalen / historischen Milieu) herausgearbeitet und
- hat, zusammen mit Engels, zum Zweck der Illustration und auch im Kontext seines Eingreifens in die sozialen Auseinandersetzungen seiner Zeit, die Entstehung und Entwicklung der britisch / westeuropäischen Form des Kapitalismus beschrieben.

---

36 ›Erstaunlich‹ deshalb, weil es schon in den 1960er Jahren, spätestens aber in den 1970er Jahren auch in den sozialistischen Ländern eine lebhafte Debatte über das ›Fünf-Stufen-Schema‹ gegeben hatte (IMSF, S. 6).

Diese beiden Dinge trennscharf auseinander zu halten, war allerdings leichter gesagt als getan. Denn das historische Material zur Analyse auch der Grundstrukturen basierte natürlich auf westeuropäischen (englischen) Beispielen, bei denen, um mit Engels zu sprechen, lediglich von der historischen Form und störenden Zufälligkeiten zu abstrahieren war. Was aber genau waren ›historische Zufälligkeiten‹ und was waren die Grundstrukturen? Das klar unterscheiden zu können, würde, um mit Braudel zu sprechen, einen ›fremden‹ Blick erfordern, der zu Marx' Zeiten natürlich nicht möglich war. Marx und Engels kannten nur die westeuropäische Form. Angesichts der weltweiten Durchsetzung der kapitalistischen Produktionsweise in völlig unterschiedlichen historischen und kulturellen Milieus, wie wir sie heute erleben, muss die Unterscheidung zwischen ›Grundstrukturen‹ und ›lokalen Besonderheiten‹ wesentlich leichter fallen als im 19. Jahrhundert. So gesehen ist die Ausbreitung des Kapitalismus in unterschiedlichen Gesellschaften eine Herausforderung für eine erneute Analyse der Grundstrukturen der kapitalistischen Produktionsweise, d. h. auch für die ›logische‹ Ebene der Kapitalismusanalyse.

## Produktionsweise und Gesellschaftsformation

Weder ist die Herausbildung der kapitalistischen Produktionsweise also eine in der Entwicklung der Menschheit notwendige, »geschichtsphilosophische« Etappe, noch ist die westliche Form des Kapitalismus die einzig mögliche. Marx ging es, wie gesagt, in seinem Hauptwerk allein darum, die kapitalistische Produktionsweise und die dort enthaltenen Triebkräfte und Widersprüche zu analysieren. Vorkapitalistische Produktionsweisen, auch der westeuropäische Feudalismus, interessierten ihn zunächst nur insofern, als dies jene Produktionsweise war, aus der heraus der Kapitalismus (»wie er ihn kannte«)[37] entstanden ist. Über die Frage, ob sein späteres Interesse an anderen vorkapitalistischen Produktionsweisen, die Erwähnung der »asiatischen Pro-

---

37   Die von Elmar Altvater geprägte Formel vom »Kapitalismus, wie wir ihn kennen« erscheint vor diesem Hintergrund von großer theoretischer Reichweite, über die Frage der energetischen Basis hinaus (Altvater 2006).

duktionsweise« und seine Beschäftigung mit ethnologischen Themen darauf verweisen, dass er die Verbindung ›Feudalismus-Kapitalismus‹ nicht als einzigen Weg zur Herausbildung kapitalistischer Gesellschaften betrachtete, könnte nur spekuliert werden.

Natürlich wäre es ebenso falsch, den westeuropäischen Kapitalismus bloß als einen historischen Sonderweg bzw. eine nur für Europa relevante Produktionsweise zu betrachten. Denn die Herstellung des Weltmarktes und die Durchdringung der Welt ist ein Element der kapitalistischen Produktionsweise selbst. Auch wenn es sich beim Kapitalismus zunächst um eine europäischen ›Sonderentwicklung‹ gehandelt hat, so ist das nicht lange so geblieben. Es ist eine historische Tatsache, dass die Entwicklungsprozesse in allen anderen Weltteilen (und zwar von Anfang an, d. h. etwa ab dem 16. Jahrhundert) beeinflusst wurden von eben diesem sich herausbildenden westeuropäischen Kapitalismus, dessen konkrete Ausgestaltung sich ebenfalls von Anfang an mit den Wirkungen der kolonialen Expansion verband.[38] Zwar ist es heute müßig zu fragen, ob sich ohne diese äußeren Einflüsse nicht auch in anderen Weltteilen vergleichbare Prozesse vollzogen hätten; selbst in China, das vom westeuropäischen Kapitalismus niemals wirklich kolonial durchdrungen worden ist, wurde die Entwicklung seit der Mitte des 19. Jahrhunderts indirekt vom westeuropäischen Einfluss mitbestimmt. Das gilt auch mehr oder weniger für Japan, obwohl die Umwälzung der Produktionsverhältnisse dort weniger durch äußeren Druck (den es gab) als vielmehr durch die aktive Übernahme westeuropäischer Vorbilder seitens der herrschenden Schicht erfolgte. Das heißt nicht unbedingt, dass die in Lateinamerika, Afrika und Asien vor dem Eindringen des westeuropäischen Kapitalismus bzw. seiner Vorformen dominierenden Produktionsweisen bloß durch Stagnation gekennzeichnet waren, wie Marx und Engels anfangs unterstellt hatten. Hier ist man inzwischen zu weit vorsichtigeren Urteilen gekommen. Aber auch wenn man die

---

38 Ob die koloniale Expansion, wie Pomeranz meint, der einzige oder doch wichtigste Grund war, warum der Kapitalismus nicht in China, sondern in Europa Fuß fasste, ist fraglich (Pomeranz 2000, S. 27).

dort herrschenden Produktionsweisen nicht als stagnativ bezeichnen kann – sie hatten der durch den westeuropäischen Kapitalismus ausgelösten ungeheuren Dynamik der Produktivkraftentwicklung wenig entgegenzusetzen.

Dies beschreibt die bekannte Formulierung im Kommunistischen Manifest: »Die Bourgeoisie (und damit ist die westeuropäisch / nordamerikanische gemeint, JG) reißt durch die rasche Verbesserung aller Produktionsinstrumente, durch die unendlich erleichterten Kommunikationen alle, auch die barbarischsten Nationen in die Zivilisation. Die wohlfeilen Preise ihrer Waren sind die schwere Artillerie, mit der sie alle chinesischen Mauern in den Grund schießt, mit der sie den hartnäckigsten Fremdenhaß der Barbaren zur Kapitulation zwingt. Sie zwingt alle Nationen, die Produktionsweise der Bourgeoisie sich anzueignen, wenn sie nicht zugrunde gehen wollen; sie zwingt sie, die sogenannte Zivilisation bei sich selbst einzuführen, d. h. Bourgeois zu werden. Mit einem Wort, sie schafft sich eine Welt nach ihrem eigenen Bilde.« (MEW 4, S. 466) Dass diese Expansion sich nicht nur der »wohlfeilen Preise« als »schwerer Artillerie« bediente, sondern dass diese Artillerie auch ganz real war, wussten auch die Verfasser des Manifests, die im übrigen einen historischen Prozess beschrieben und explizit keine Urteile über den Wert oder Unwert der »sogenannten Zivilisation« abgeben wollten. Aber natürlich wird hier unterstellt, dass die (westeuropäische) Bourgeoisie die Welt nach dem Bild des westeuropäischen Kapitalismus gestalten würde, mit »Zivilisation« sind mehr als nur die Grundstrukturen der Produktionsweise gemeint. Marx und Engels haben – wenn sie mit einer konkreten Frage, wie im Fall Russlands, konfrontiert wurden – diese Annahme, wie oben gezeigt, später stark modifiziert. Allerdings haben weder die Klassiker noch spätere Marxisten sich mit dieser Frage gründlicher auseinandergesetzt: »Tatsächlich haben insbesondere Hilferding ..., Lenin, Luxemburg und Bucharin nie einen Zweifel daran gelassen, dass der Imperialismus ... zur Ausbreitung des Kapitalismus führen würde ...«. (Goldberg 2012, S. 92) Und unter Ausbreitung des Kapitalismus wurde auch die Übernahme der europäischen Institutionen (des ›gesellschaftlichen Überbaus‹) des Kapitalismus verstanden – andere Formen kannte man nicht.

Bei Marx und Engels findet sich die Bezeichnung ›Kapitalismus‹ bekanntlich kaum – meist sprechen die beiden präziser von ›kapitalistischer Produktionsweise‹. Ihnen ging es, daran sei nochmals erinnert, um die Beschreibung von ›logischen‹ Grundstrukturen der Produktionsweise, nicht einer bestimmten kapitalistischen Gesellschaft. Im zweiten Band des Kapital findet sich an einer Stelle das Wort »Kapitalismus«, allerdings ebenfalls im Sinne von Produktionsweise, nicht zur Beschreibung einer bestimmten Gesellschaft (MEW 24, S. 123) Daher ist – vor dem Hintergrund der oben diskutierten Methodenfrage »logisch« oder »historisch« – festzuhalten, dass es nicht ganz klar ist, nach welchen Kriterien Marx entschieden hätte, ob ein ganz bestimmtes Land kapitalistisch ist oder nicht. Denn die Durchsetzung der »kapitalistischen Produktionsweise« in einem bestimmten Land und in einer bestimmten historischen Epoche ist immer ein Prozess, dessen Verlauf – wie oben gezeigt – durch viele historisch / geografische Unterschiede, durch das »historische Milieu«, gekennzeichnet ist. Die Marxsche Formulierung aus der Einleitung der ›Grundrisse‹: »In allen Gesellschaftsformen ist es eine bestimmte Produktion, die allen übrigen, und deren Verhältnisse daher auch allen übrigen, Rang und Einfluß anweist. Sie ist eine allgemeine Beleuchtung, worein alle übrigen Farben getaucht sind und (welche) sie in ihrer Besonderheit modifiziert« (S. 27), hilft nicht weiter – Marx bewegt sich hier auf der ›logischen‹ Ebene der Analyse der Produktionsweise und hebt auf die Einheitlichkeit von bestimmten Gesellschaftsformationen ab (Wood, S. 65). Die Frage, wann eine konkrete Gesellschaft als ›kapitalistisch‹ zu bezeichnen ist, wird an dieser Stelle nicht behandelt, man kann aber doch – wie im Kapitel über Afrika (S. 155 ff.) gezeigt werden soll – daraus einiges ableiten.

Um hier weiter zu kommen, werde ich im Folgenden – wie andere Autoren – unterscheiden zwischen der auf bestimmte Grundstrukturen abhebenden Kategorie der »Produktionsweise« einerseits und dem ebenfalls bei Marx vorkommenden Begriff der »ökonomischen Gesellschaftsformation« – oft auch einfach als »Form« oder

als »Gesellschaftsform« bezeichnet – andererseits.[39] Der kategoriale
Unterschied zwischen dem Begriff der »Produktionsweise« und der
»Gesellschaftsformation« ist zunächst einer der Abstraktionsebenen:
Die Produktionsweise ist eine – wie oben gezeigt – »logische« Katego-
rie, in der die strukturellen Merkmale, nicht die jeweiligen konkreten
Erscheinungen, die Formen, in denen diese sich äußern, im Vorder-
grund stehen: »Der Ausdruck ›Produktionsweise‹ ist eine *wissenschaft-
liche Abstraktion*, Hervorhebung und Summierung der entscheidenden
Merkmale der gesellschaftlichen Produktion. In reiner Form hat es
diese Merkmale in der Wirklichkeit nie gegeben«, definiert Eugen
Varga in seinem Beitrag zur Diskussion des Begriffs der »asiatischen
Produktionsweise« diese Kategorie (Varga, S. 349).[40] Dagegen ist die
»Gesellschaftsformation« eine real-historische Erscheinung, d. h. hier
geht es um wirkliche historische Prozesse, wie die Marxsche Formulierung im Vorwort von »Zur Kritik der Politischen Ökonomie« von
1859 erkennen lässt: »In großen Umrissen können asiatische, antike,
feudale und modern bürgerliche Produktionsweisen als progressive
Epochen der ökonomischen Gesellschaftsformation bezeichnet werden.« (MEW 13, S. 9) Die Kategorie der Produktionsweise beschreibt
die Grundstrukturen der gesellschaftlichen Produktion, während die
Gesellschaftsformation die Totalität aller eine konkrete Gesellschaft
ausmachenden Momente meint. Daher wird hier Sereni zugestimmt,
der den Begriff der »ökonomischen Gesellschaftsformation« »als
Ausdruck der Totalität und der Einheit aller Sphären (der Basis, des
Überbaus und anderer) des gesellschaftlichen Lebens, in der Kontinuität und zugleich Diskontinuität seiner historischen Entwicklung«

---

39   Unter der Überschrift »Formen, die der kapitalistischen Produktion vorher-
     gehen« (Grundrisse, S. 375 ff) diskutiert Marx den Auflösungsprozess von
     durch gemeinschaftliches Eigentum an Grund und Boden gekennzeichneten
     »Formen«.

40   Ich folge hier nicht der von Althusser / Balibar oder Poulantzas verwendeten
     Interpretation, bei der die Kategorie der Produktionsweise eine »vollständi-
     ge Gesellschaftsstruktur« als Totalität meint (Wood, S. 61 ff). Wood beschreibt
     in ihrer ansonsten anregenden Arbeit die Unterscheidung zwischen Produk-
     tionsweise und Gesellschaftsformation als althusserische Erfindung – was
     nicht der Fall ist.

beschreibt (IMSF, S. 94). Die historische Entwicklung, in deren Verlauf bestimmte Produktionsweisen mehr oder weniger bestimmend werden, ist ein meist langsam verlaufender Prozess: »Letzten Endes bestehen nicht nur im gesamten Weltmaßstab, sondern auch innerhalb der einzelnen Länder neben der herrschenden Produktionsweise Überreste der früheren und Keime der folgenden, später herrschenden Produktionsweise.« (Varga, S. 349) Für Rosa Luxemburg war das (zeitweilige) Nebeneinander von Produktionsweisen sogar eine Lebensbedingung des Kapitalismus (verstanden als Gesellschaftsformation). Aber auch ohne die Luxemburgsche Ableitung zu übernehmen, ist klar, dass es in jeder konkreten Gesellschaft unterschiedliche Formen der gesellschaftlichen Produktion gibt, wobei es durchaus längere Perioden geben kann, in denen mehrere Produktionsweisen starkes Gewicht haben, es also nicht bloß um »Überreste« oder »Keime« geht. Bezogen auf ältere Debatten über China weist Hobsbawm darauf hin, dass es in diesem Kontext oft Abgrenzungsprobleme gegeben hat, dass dadurch aber »die Mischung und die Koexistenz unterschiedlicher ›Formen‹ von sozialen Beziehungen in der Produktion« als Problem erkannt wurde. Die Koexistenz unterschiedlicher Produktionsweisen kann über längere historische Perioden hinweg bestehen, ohne dass eine von ihnen notwendigerweise dominierend werden muss – wie die Schwierigkeit zeigt, den Charakter der europäische Periode zwischen »dem vierzehnten und dem achtzehnten Jahrhundert« eindeutig zu bestimmen (Hobsbawm 1964, S. 64). Für Godelier, der ebenfalls zwischen der Produktionsweise »als zur Selbstreproduktion fähigen Verbindung der Produktivkräfte und der spezifischen gesellschaftlichen Produktionsverhältnisse« einerseits (Godelier 1973, S. 26) und der »ökonomischen Gesellschaftsformation« andererseits unterscheidet, ist nur letzterer »ein angemessener Begriff für die Analyse besonderer, *konkreter* historischer Realitäten …«. Um eine bestimmte ökonomische Gesellschaftsformation zu bestimmen, ist es u. a. notwendig, »die Anzahl und Eigenart der verschiedenen Produktionsweisen (festzustellen), die in besonderer Weise innerhalb einer bestimmten Gesellschaft kombiniert sind und die in einer bestimmten Epoche deren ökono-

mische Basis darstellen.« (ebd., S. 92) Wenn im Folgenden abkürzend
von ›Kapitalismus‹ gesprochen wird, dann geht es also immer um Gesellschaftsformationen – d. h. konkrete Gesellschaften, in denen die
kapitalistische Produktionsweise dominiert.

## Spielarten des Kapitalismus und Artikulation von Produktionsweisen

Dass es sowohl im historischen Verlauf (›Phasen‹) als auch in verschiedenen Ländern und Kontinenten Unterschiede zwischen kapitalistischen Gesellschaftsformationen gab und gibt und dass es keine Tendenz zur Einebnung dieser Unterschiede und zur Vereinheitlichung
geben muss, resultiert schon aus der Beschreibung der kapitalistischen
Entwicklungsdynamik im »Manifest«. Zwar weist Wolfgang Streeck,
der Marx als ersten »Konvergenztheoretiker« bezeichnet (Streeck
2012, S. 6), richtig auf die Formulierung des Manifests hin, derzufolge
»die nationalen Absonderungen und Gegensätze der Völker ... mit
der Entwicklung der Bourgeoisie, mit der Handelsfreiheit, dem Weltmarkt, der Gleichförmigkeit der industriellen Produktion und der Lebensverhältnisse (mehr und mehr verschwinden).« (MEW 4, S. 479).
Andererseits aber zeichnet die »fortwährende Umwälzung der Produktion, die ununterbrochene Erschütterung aller gesellschaftlichen
Zustände, die ewige Unsicherheit und Bewegung ... die Bourgeois-
epoche vor allen anderen aus.« (ebd., S. 465) Da die Konkurrenz,
die »Exploitation einer Nation durch die andere« (ebd., S. 479) zur
Existenzbedingung dieser dynamischen Entwicklung gehört, impliziert der Gedanke der fortwährenden Umwälzung »aller gesellschaftlichen Zustände« auch die Ungleichzeitigkeit dieses Prozesses, was
Unterschiede zwischen den Ländern und Kontinenten erneut erzeugt.
Wichtiger aber ist die Tatsache, dass Marx seine Position in der Frage
der Stabilität der »eingerosteten Verhältnisse« (ebd., S. 465), in dem
Maße, wie er sich damit befasst hat, geändert hat. Dies zeigt nicht
zuletzt seine oben erwähnte Position zur Frage der russischen Dorfgemeinde (Kalmring / Nowak, S. 132). Aber schon 1859 hatte er in

einem Artikel über den britischen Handel mit China für die »New York Daily Tribune« Unterschiede zwischen Indien und China herausgearbeitet, die u. a. aus der britischen Kolonisierung Indiens (im Gegensatz zu China) resultieren: Nachdem er gezeigt hat, dass und warum die britische Fabrikware gegenüber der bäuerlichen Bekleidungsproduktion des ländlichen China nicht konkurrenzfähig sein kann, während die Briten in Indien die Basis dieser Hausindustrie durch die Zerstörung der traditionellen Grundbesitzverhältnisse unterminiert haben, fährt er fort: »In China haben die Engländer diese Macht noch nicht ausüben können, und es wird ihnen wahrscheinlich auch niemals gelingen.« (MEW 13, S. 544), woraus man die Überlebensfähigkeit der chinesischen Hausindustrie ableiten könnte. Es handelt sich bei Marx' Artikeln um journalistische Arbeiten, denen man nicht den gleichen theoretischen Stellenwert wie z. B. dem ›Kapital‹ zumessen kann. Gleichwohl zeigt sich, dass Marx die empirische Realität unvoreingenommen zur Kenntnis nimmt – und hier sieht er, wie stabil und wie produktiv überkommene, »eingerostete« Verhältnisse sein können.

Es gibt heute im Wesentlichen zwei analytische Ansätze, in deren Rahmen derzeit Unterschiede zwischen kapitalistischen Gesellschaften begrifflich gefasst und diskutiert werden. Diese liegen auf unterschiedlichen Analyseebenen, die sich allerdings im konkreten Fall miteinander verflechten. Es geht dabei zum einen um die komplizierten Beziehungen zwischen den Grundstrukturen der kapitalistischen Produktionsweise und den gesellschaftlichen Institutionen in einer konkreten Ökonomie, die auch als Beziehung zwischen ›ökonomischer Basis‹ und ›gesellschaftlichem Überbau‹ gesehen werden können.[41] Zum anderen handelt es sich um das Nebeneinander von verschiedenen Produktionsweisen innerhalb einer bestimmten Gesellschaftsformation.

Der erste Ansatz wurde im Rahmen der »vergleichenden Kapitalismusforschung« entwickelt, die zwar ältere Wurzeln hat, aber erst

---

41    Weiter unten wird gezeigt werden, dass die Trennung der beiden Kategorien nur begrenzt nützlich ist.

nach 1990 einen Aufschwung nahm. Anknüpfend an Elemente der
›Neuen Institutionenökonomik‹[42] begann sie, weltweit diverse »Spielarten« bzw. »Varieties of Capitalism« (VoC) zu identifizieren, wobei
die Unterschiede zwischen ihnen mit der Existenz unterschiedlicher
Institutionen, verstanden als gesellschaftliche Regeln, erklärt werden.
Wichtig bleibt festzuhalten, dass diese Regeln (Institutionen), welche
allein den Akteuren Sicherheit verschaffen, historisch relativ stabil
sein müssen und meist auch sind. North: »Geschichte ist wichtig. Sie ist
wichtig, nicht nur weil wir aus der Vergangenheit lernen können, sondern weil Vergangenheit und Zukunft durch die Kontinuität der Institutionen einer Gesellschaft verbunden werden.« (North 1992, S. VII)
Die populärste Unterscheidung von ›Spielarten‹ ist die im oben erwähnten Buch von Michel Albert, der zwei kapitalistische »Modelle«
unterscheidet: Den »neo-amerikanischen« (liberalen) und den »rheini-
schen« (koordinierten) Kapitalismus. Eine der Schwächen dieses Ansatzes ist die Tatsache, dass die Forscher sich fast ausschließlich mit
den entwickelten Ländern befassen und sich zudem – trotz Beschwörung der Geschichte – kaum mit den konkreten historischen Ursachen
der konstatierten Unterschiede auseinandersetzen. Eine andere ist die
Tatsache, dass zwar viel von Kapitalismus gesprochen wird, man sich
aber nur selten die Mühe macht, diese Kategorie begrifflich zu bestimmen, obwohl dies doch eigentlich im Zentrum der Analyse stehen müsste. Denn wenn man Unterschiede in der Funktionsweise von
Gesellschaften ausmachen möchte, dann müsste man doch zunächst
wissen, worauf diese Funktionsweisen eigentlich basieren. Wenn sich

---

42   Die »Neue Institutionenökonomik« befasst sich mit dem Einfluss von Regeln
     auf die wirtschaftliche Entwicklung. Vor allem der Träger des »Preises für
     Wirtschaftswissenschaften der Schwedischen Nationalbank in Gedenken an
     Alfred Nobel« von 1993, Douglass C. North, hat wichtige Beiträge geleistet.
     Ihm zufolge handelt es sich bei Institutionen um (formelle und informelle)
     Regeln, die den gesellschaftlichen Verkehr bestimmen. Um die im deutschen
     Sprachgebrauch nahe liegende Vermischung der Begriffe ›Institution‹ und
     ›Organisation‹ zu vermeiden, eignet sich North' Definition: Institutionen
     sind wie die »Spielregeln im Mannschaftssport« (rules of the game), Orga-
     nisationen sind die »Spieler« (player of the game) (S. 4 f). Tatsächlich durch-
     dringen sich beide, der übergreifende Begriff sind die Institutionen, Regeln,
     die das menschliche Zusammenleben regulieren.

die Autoren überhaupt die Mühe machen, Kapitalismus zu definieren, dann gelten als Bestimmungsmomente meistens der Markt und das Privateigentum an Produktionsmitteln, oder, in der Formulierung von Michel Albert: »die freie Preisbildung auf dem Markt und der freie Besitz von Produktionsgütern.« (S. 11) Das aber sind Elemente, die mehr oder weniger in den meisten Epochen der Menschheitsgeschichte existiert haben. Eine der wichtigsten Bestimmungen des Kapitalismus und damit jener Triebkraft, die entscheidend ist für dessen Dynamik, nämlich die Verallgemeinerung von Lohnarbeit, also der Gegensatz von Lohnarbeit und Kapital, fehlt merkwürdigerweise bei den meisten Autoren. Selbst Wolfgang Streeck, der einräumt: »Man kann nicht über Kapitalismus schreiben, ohne sich auf Marx zu beziehen (»without recalling Marx«)« (2012, S. 6), hält es nicht für nötig, sich mit dieser Frage auseinanderzusetzen und beschränkt sich auf die Auflistung einiger Merkmale, wobei die Lohnarbeit immerhin erwähnt wird. Damit aber gerät das dynamische Moment des Kapitalismus aus dem Blickfeld, was erklärt, warum sich die VoC-Analytiker mit Veränderungen so schwer tun und warum der Theorie ein statisches Moment anhaftet.

Der zweite Ansatz ist älteren Datums und ist speziell auf Probleme der Entwicklungsländer abgestellt: Er schildert die geographische Ausbreitung des Kapitalismus als Prozess der »Artikulation«, d. h. der Verbindung und gegenseitigen Beeinflussung verschiedener Produktionsweisen. Vor allem die französische marxistische ethnologische und entwicklungspolitische Diskussion erkannte, dass die Ausbreitung des Kapitalismus in die Dritte Welt dort nicht – wie Marx, Engels, Lenin und Rosa Luxemburg, aber auch die entwicklungspolitischen Modernisierungstheorien zunächst annahmen – mit der raschen Beseitigung vorkapitalistischer Strukturen und der allgemeinen Durchsetzung der kapitalistischen Produktionsweise verbunden war. Die nicht-kapitalistischen Wirtschaftsformen verschwanden nicht etwa mehr oder weniger rasch. Sie blieben bestehen, verbanden sich mit dem modernen Kapitalismus und änderten dabei ihre Funktion. Als historisches Beispiel für eine solche ökonomisch außerordentlich erfolgreiche »Artikulation« können Sklaverei und andere Formen der

Zwangsarbeit dienen, die mit der Ausbreitung des Kapitalismus keineswegs verschwanden, sondern im Gegenteil zunächst an Bedeutung
zunahmen; ein anderes Beispiel ist die enge Verknüpfung von kapitalistische Lohnarbeit anwendender Plantagen- und Bergbauökonomie
einerseits mit ›informeller‹ Subsistenzproduktion andererseits, wobei
die familienförmig organisierte Hauswirtschaft die Reproduktionskosten der kapitalistisch eingesetzten Lohnarbeiter ganz oder teilweise
abdeckt.[43] Diese Verbindung nimmt heute oft die Form der Wanderarbeit an, die in vielen der aufstrebenden Wirtschaftsmächte große
Bedeutung besitzt, sich aber inzwischen auch in den Ländern des Westens ausbreitet.

Die Aufrechterhaltung vorkapitalistischer Produktionsweisen im
Kapitalismus hat aber nicht nur eine ökonomische, sondern auch eine
politische Funktion, da sie ›traditionelle‹ Zugehörigkeitsgefühle bestätigt und ethnische und andere Identitäten und Herrschaftsmechanismen stabilisieren kann. Zum jeweiligen ›historischen Milieu‹ gehören
– neben den gesellschaftlichen Institutionen (›Überbau‹) – auch die
Art und Weise, wie nicht-kapitalistische Sektoren integriert und angepasst wurden.

Gegenwärtig scheint, dass die Bedeutung der ›Artikulation‹ mit
nichtkapitalistischen Sektoren in den aufstrebenden Ländern eher zunimmt: Diese haben, wie Gerschenkron in seinem klassischen Werk
herausgearbeitet hat, den Vorteil, dass sie (wenn der Industrialisierungsprozess eingeleitet werden kann) »die modernsten und effizientesten Techniken anwenden konnten ... Die den überlegenen Technologien inhärenten Vorteile werden nicht konterkariert, sondern
verstärkt durch deren arbeitssparende Wirkung.« (S. 9). Hier aber liegt
ein aktuelles Kernproblem: Ein erheblicher Teil der Arbeitskräfte, die
durch die Verdrängung vorkapitalistischer Produktionsweisen ›frei‹
würden, kann nicht in den modernen kapitalistischen Produktionsprozess integriert werden – der vor allem in Afrika und Lateinamerika, aber auch in Indien vorherrschende Wachstumstyp ist »jobless«.

---

43  Exemplarisch für diese Debatte: Meillassoux. Aktuell wird daran in Heft
    130/131 der »Peripherie« angeknüpft.

Dadurch wächst die Bedeutung (alter und moderner) nichtkapitalistischer Sektoren, heute vielfach als »informell« bezeichnet. Die »Artikulation« zwischen den Sektoren bekommt vor diesem Hintergrund eine neue Funktion nicht bloß als Raum der (familiären) Reproduktion der Lohnarbeiter, sondern als dauerhafter sozialer Rückzugsraum und Krisenpuffer.

In diesem Zusammenhang ist ein Hinweis Coopers wichtig, der darauf aufmerksam macht, dass die ›Artikulation‹ von kleinbäuerlicher Subsistenzwirtschaft und kapitalistischer Produktionsweise nicht nur im Interesse des Kapitals ist: »Entgegen manchen marxistischen Interpretationen brachte das System der Wanderarbeit die Gefahr, dass die Afrikaner Lohnarbeit ebenso oft zur Reproduktion und Stärkung ihrer dörflichen Ökonomie einsetzten wie die Subsistenzarbeit zur Stützung der Lohnarbeits-Ökonomie.« (Cooper 2009, S. 56) Dies trifft nicht nur für Afrika zu. Lässt man die historischen Beispiele Revue passieren, so zeigt sich, dass der »Sieg des Kapitals über die kleine Bauernwirtschaft« (Luxemburg 1975, S. 363) kein rein ›ökonomischer‹ Prozess (vermittelt über die freie Konkurrenz) war und ist, sondern von der Bodenfrage abhängt. Ausgangspunkt ist die – in unterschiedlichen Formen – ablaufende Enteignung der Bodenbesitzer, die sowohl gewaltsam erfolgen kann als auch vermittelt über Änderungen des Bodenrechts. Überall dort, wo sich Formen von Gemeinschaftseigentum an Grund und Boden halten konnten, beobachten wir eine außerordentliche Widerstandsfähigkeit der kleinbäuerlichen Produktionsweise, auch wenn diese ökonomisch nur noch wenig zur gesellschaftlichen Reproduktion beitragen kann.

### Kapitalistische ›Landnahme‹ und Prosperität

Die Durchsetzung der kapitalistischen Produktionsweise in einer konkreten Gesellschaft kann unterschiedliche Auswirkungen auf die bestehenden vorkapitalistischen Produktionsweisen haben. In vielen historischen Fällen wurden diese nicht zerstört, sondern in die sich ausbreitende kapitalistische Produktionsweise integriert, d. h. im Sinne des ›Artikulationsansatzes‹ genutzt. Heute sehen wir in vielen Ländern, dass diese – angesichts der Marginalisierung von Teilen der

Bevölkerung, die im Prozess der Intensivierung der Produktionsver-
fahren und der chronischen Überakkumulation von Kapital als Lohnarbeiter nicht benötigt werden – auch wieder revitalisiert werden können.

Der Normalfall aber war (und ist teilweise noch) die Verdrängung,
die Aufsaugung nicht-kapitalistischer Produktionsweisen durch die
expandierenden kapitalistischen Sektoren: durch überlegene Wettbewerbsfähigkeit, durch die Integration der Arbeitskräfte in den kapitalistischen Arbeitsmarkt, durch Enteignung der kleinen Warenprodu-
zenten, durch infrastrukturelle Durchdringung vormals abgelegener
Räume. Darauf hatte sich Rosa Luxemburg bezogen, als sie die Existenz eines nicht-kapitalistischen Milieus zur Existenzbedingung der
kapitalistischen Produktionsweise erklärte.[44] »Historisch aufgefasst, ist
die Kapitalakkumulation ein Prozess des Stoffwechsels, der sich zwischen der kapitalistischen und den vorkapitalistischen Produktionsweisen vollzieht … Die Kapitalakkumulation kann … sowenig ohne
die nichtkapitalistischen Formationen existieren, wie jene neben ihr
zu existieren vermögen.« (Luxemburg 1913/1975, S. 364) Die Beseitigung nicht-kapitalistischer Produktionsweisen wird zum Lebenselixier
des Kapitalismus. Dieser Ansatz ist in Westdeutschland in den 1980er
Jahren noch einmal von Burkhard Lutz fruchtbar gemacht worden.
Seiner Ansicht nach erklärte sich die Prosperität der Nachkriegszeit
durch die Absorption der traditionellen, nichtkapitalistischen Sektoren durch den modernen, kapitalistischen Sektor. Wolfgang Streeck
behauptete 2005 in Würdigung von Lutz, dass die beiden oben genannten Prozesse, der Zusammenbruch des sozialistischen Blocks und
die Integration der Peripherie, der kapitalistischen Produktionsweise
neue Expansionsspielräume eröffneten: »Wenn man so will, waren
es Michael Gorbatschow und die Testamentsvollstrecker Deng Hsiao
Pings, die dem kapitalistischen Expansionsdrang Ende der achtziger

---

44  »Der Kapitalismus bedarf zu seiner Existenz und Fortentwicklung nichtkapi-
     talistischer Produktionsformen als seiner Umgebung.« Auch wenn Luxem-
     burgs Begründung aus den Marxschen Reproduktionsschemata als widerlegt
     angesehen werden kann, so ist sie doch realhistorisch zutreffend (Luxem-
     burg, S. 316).

Jahre freien Zugang zu nicht nur praktisch unbegrenzten, sondern auch begierig auf Erschließung wartenden Landreserven verschafften. Zusammen mit den fortgeschrittenen Informations- und Transporttechnologien der neunziger Jahre, ... haben sie es dem westlichen Kapitalismus ermöglicht, den ohnehin nahezu aufgebrauchten traditionellen Sektor in seinem Inneren durch einen *externen traditionellen Sektor* zu ersetzen, dessen weltweite Dimensionen ausreichen dürften, mindestens eine weitere »lange Welle« kapitalistischer Expansion mit sozialem Brennstoff zu versorgen.« (Streeck 2005) Diese im Rahmen des Luxemburgschen Ansatzes plausible Annahme hat sich – sieht man vom kurzen Boom ab, den die ›kapitalistische Landnahme‹ der ehemaligen DDR in Westdeutschland ausgelöst hatte – allerdings nicht bewahrheitet. Im Gegenteil: Während die entwickelten kapitalistischen Länder dahindümpeln, erfreuen sich die »externen traditionellen Sektoren« bester ökonomischer Gesundheit. Heute hofft man umgekehrt, dass das Wirtschaftswachstum im Süden den stagnierenden Norden stabilisiert. Eine weitere »lange Welle« kapitalistischer Expansion ist im »westlichen Kapitalismus« jedenfalls nicht in Sicht. Damit ist allerdings nicht gesagt, dass die mit der Verdrängung vorkapitalistischer Produktionsweisen verbundene Wirkung nicht existiert. Dass der Westen davon kaum (bzw. nur indirekt, via Importnachfrage der Schwellenländer) profitiert, kann verschiedene Ursachen haben, wobei an dieser Stelle nur ein Aspekt behandelt wird: Vieles spricht dafür, dass das Bild der dependenten, von Kolonialismus und Neokolonialismus zu bloßen Anhängseln des kapitalistischen »Weltsystems« gemachten Kontinenten und Ländern der Peripherie niemals gestimmt hat, dass diese Länder – wenn auch in unterschiedlichem Ausmaß – über die Fähigkeit verfügten und verfügen, sich die zunehmende internationale Arbeitsteilung aktiv zunutze zu machen, d. h. eigenständige Entwicklungspotentiale besitzen. Diese Potentiale hängen mit historisch gewachsenen Strukturen und Institutionen zusammen, die die Durchsetzung eigener Interessen gegen die westliche Dominanz möglich machen, dank der erfolgreichen »kapitalistischen Emanzipation der früheren Hinterländer des Kapitals«, die Rosa Luxemburg als Folge des Imperialismus kommen sah. (Luxemburg,

S. 365) Luxemburgs Überlegungen sind insofern von großer Aktualität, als sie nicht nur die Widersprüchlichkeit des Prozesses der kapitalistischen Expansion sah, sondern auch die zentrale Bedeutung der
Staatlichkeit erkannte. Die »Emanzipation der jungen kapitalistischen
Staaten« setzt ihrer Ansicht nach Revolutionen[45] voraus, »um die aus
Zeiten der Naturalwirtschaft und der einfachen Warenproduktion
übernommene, deshalb veraltete Staatsform zu sprengen und einen
für die Zwecke der kapitalistischen Produktion zugeschnittenen modernen Staatsapparat zu schaffen. Dahin gehören die russische, die
türkische, die chinesische Revolution. ... Der Krieg ist gewöhnlich die
Methode eines jungen kapitalistischen Staates, um die Vorherrschaft
der alten abzustreifen, die Feuertaufe und Probe der kapitalistischen
Selbständigkeit eines modernen Staates ...«. (S. 365f) Luxemburg
wird hier ausführlich zitiert, weil sie mit dieser Perspektive weitsichti-
ger war, als es die Anhänger der Dependenztheorien der 1960er und
1970er Jahre waren: Ihr war klar, dass trotz aller – von ihr detailliert
geschilderten – imperialistischen Unterdrückungs- und Ausbeutungsbeziehungen die Expansion des Kapitalismus neue kapitalistische
Mächte hervorbringen würde, die in Konflikt mit den »alten« geraten
mussten, dass die Vorstellung einer Welt, in der die neuen, aufstrebenden Mächte dauerhaft in Abhängigkeit und Unterordnung verharren
würden, irreal war.

Damit verschwindet der Mechanismus der als kapitalistisches Lebenselixier wirkenden Verdrängung nichtkapitalistischer Produktionsweisen aber nicht, die ›externe Landnahme‹ durch die entwickelten
kapitalistischen Länder des Westens wird durch die ›innere Landnahme‹ seitens des expandierenden ›nationalen‹ Kapitalismus ersetzt.
Dies funktioniert umso besser, je effizienter es den neuen Staaten gelingt, diesen Prozess zu steuern und vor allem die wirtschaftlichen
Außenbeziehungen zu regulieren. Dieser Effekt wird in den folgenden
Kapiteln vor allem am Beispiel der chinesischen Entwicklung deutlich
werden.

---

45    Sie hatte dabei bürgerliche Revolutionen im Auge, die eine – nicht näher
      bezeichnete – nationale Bourgeoisie zur Macht bringen würden.

## Kapitalismus, Tradition und Moderne

Beiden Erklärungsansätzen, die nicht alternativ sind, sondern sich ergänzen, ist gemeinsam, dass sie sich auf den Kapitalismus als ökonomische Gesellschaftsformation beziehen, also konkrete Gesellschaften analysieren. Die kapitalistische Produktionsweise kann dabei mehr oder weniger dominant sein, so dass man von Kapitalismus im Sinne einer Gesellschaftsformation sprechen würde, sie muss es aber nicht.

Die kapitalistische Produktionsweise wird charakterisiert durch die drei verbundenen Kategorien ›Kapital‹, ›Lohnarbeit‹ und ›Markt‹, wobei diese im Kern zwei regulierende Prinzipien konstituieren: Das Kapital als ›sich selbst verwertender Wert‹ zwingt die Gesellschaft zur stetigen Ausdehnung der Produktion und zur Umwälzung der Produktivkräfte. Produktion und technischer Fortschritt werden zur Funktion der Kapitalverwertung, ein prinzipiell schrankenloser expansiver Prozess. Das zweite Regulativ ist der Klassenkampf, d.h. die Tendenz des Kapitals, die Lohnarbeit so vollkommen wie möglich zu subsumieren und zu verbilligen, was entsprechenden Widerstand seitens der Lohnarbeiter hervorruft. Beides vollzieht sich im Milieu des Marktes, d.h. die beiden Regulative – Akkumulation und Klassenkampf – werden angetrieben durch den Wettbewerb, der natürlich keineswegs ›frei‹ sein muss. Dies sind der Produktionsweise eingeschriebene, universale Triebkräfte, denen jede Gesellschaft unterliegt, die durch die kapitalistische Produktionsweise dominiert wird. Diese Triebkräfte stellen – in Form des Profitmotivs – gleichzeitig Entwicklungsschranken dar, die jeweils nur mehr oder weniger krisenhaft überwunden werden können. Die Formen, die diese regulierenden Prinzipien annehmen, also die gesellschaftlichen Institutionen und Organisationen, durch welche sie wirken, sind historisch bzw. regional bestimmt und unterscheiden sich daher in Abhängigkeit vom »historischen Milieu« (Marx), in dem sie wirken.

Notwendig ist es also, methodisch scharf zu unterscheiden zwischen den regulierenden Prinzipien der kapitalistischen Produktionsweise (die universal sind) einerseits und den historisch gewachsenen Institutionen, dem gesellschaftlichen Milieu andererseits, in dessen Rahmen die kapitalistische Produktionsweise ihre Dynamik von

Akkumulation und Klassenkampf entfaltet. Natürlich ist dieses Milieu nicht ein für allemal gegeben, es wird durch die vom Kapitalismus angetriebene Dynamik beeinflusst und umgestaltet, allerdings keineswegs überall auf die gleiche Weise. Man kann sich das am einfachsten am Prinzip des Klassenkampfes klarmachen: Die Formen, in denen dieser ausgetragen wird, ist in hohem Maße historisch und lokal bestimmt. Existierende gesellschaftliche Organisationsformen, religiöse und andere Wertvorstellungen, Gliederungen der Gesellschaft nach ethnischen oder anderen Prinzipien, Familienverhältnisse, die Akzeptanz hierarchischer Strukturen, historische Erfahrungen usw. beeinflussen Formen, Verlauf und Ergebnisse sozialer Auseinandersetzungen. Vivek Chibber beschreibt die globalen kapitalistischen Gemeinsamkeiten – gegen postkoloniale Ansätze – folgendermaßen: »Festzuhalten ist, dass die moderne Epoche angetrieben wird durch die beiden zusammengehörenden Triebkräfte des Kapitals und seinen unablässigen Drang zu expandieren, neue Märkte zu erobern und die arbeitenden Klassen zu beherrschen, auf der einen Seite, und, auf der anderen Seite, den nicht endenden Verteidigungskampf dieser Klassen um ein besseres Leben. Dieser doppelte Prozess betrifft den Osten wie den Westen ….«. (S. 208) In welchen gesellschaftlichen Formen dieser doppelte Prozess abläuft und wie diese ihrerseits durch »Triebkräfte des Kapitals« verändert werden, ist abhängig von den unterschiedlichen historischen Milieus.

Das Missverständnis der vergleichenden Kapitalismusforschung rührt u. a. auch aus der Vermengung dieser beiden unterschiedlichen Ebenen, d. h. den kapitalistischen Grundprozessen einerseits, von denen diese keinen klaren Begriff hat, und den gesellschaftlichen Formen andererseits, in deren Rahmen jene wirken. Solange sich der VoC-Ansatz auf die kapitalistischen Kernländer beschränkt, mag dies noch angehen, weil sich die historischen Formen ähneln. Werden aber außereuropäische Kulturen einbezogen, dann erweist sich die fehlende Vorstellung von dem, was Kapitalismus im Kern ausmacht (und was nicht), als fatal. Denn vom Westen aus gesehen war und ist man gewohnt, ›vormoderne‹ soziale Institutionen und Organisationen, die man wesentlich im Süden verortet, pauschal als Hemmnis kapitalistischer Entwicklung zu begreifen. Bezugspunkt ist immer der in Europa entstandene Kapitalismus mit seinen spezifischen, historisch hervorgebrachten und kapitalistisch überformten Institutionen, er liefert die Messlatte zur Beurteilung von außereuropäischen Verhältnissen. Diese eurozentristische Sichtweise − die man nicht ganz zu Unrecht auch Marx und Engels vorgeworfen hat − ist insofern verständlich, als der Kapitalismus nun einmal in Europa entstanden ist, sich von dort aus in die Welt ausgebreitet hat und dabei bemüht war und ist, zusammen mit der Produktionsweise auch europäische Institutionen und Organisationen zu exportieren.[46] Dabei wird übersehen, dass der europäische Kapitalismus selbst ›traditionelle‹ Verhältnisse aufgenommen hat, dass seine Institutionen ebenso geprägt sind vom »historischen Milieu«, in dem er entstanden ist, wie die neuen Kapitalismen des Südens. Die selbst in postkolonialen Kreisen verbreitete Ansicht, beim westeuropäischen Kapitalismus handele es sich sozusagen um eine ›Reinform‹, übersieht diese Tatsache der historischen Geprägtheit auch des europäischen Kapitalismus. Traditionelle Institutionen und Organisationen, nur eben andere, findet der expandierende Kapitalismus auch in den Ländern des Südens vor. Diese sind aber prinzipiell ebenso sehr oder ebenso wenig dem Kapitalismus förderlich oder hinderlich wie die europäischen Traditionen. Es wird weiter unten gezeigt werden, dass Erscheinungen, die auch in der marxistischen Debatte als Grundmerkmale der kapitalistischen Produktionsweise bezeichnet werden (individuelles Privateigentum, freie Lohnarbeit, Trennung von Ökonomie und Politik usw.) lediglich Erscheinungsformen des europäischen Kapitalismus sind, deren Grundlage nicht spezifisch kapitalistisch, sondern spezifisch europäisch ist, wenn auch inzwischen kapitalistisch überformt.

In der marxistischen Diskussion werden diese Zusammenhänge oft als Verhältnis zwischen der ›ökonomischen Basis‹ und dem ›ge-

---

46   Überflüssig zu betonen, dass dies nur insoweit gilt, wie diese Institutionen den europäischen Profit- und Herrschaftsinteressen dienlich sind. Der ›liberale‹ Kapitalismus hatte keine Probleme, die Ausbeutung der Kolonien Monopolorganisationen zu übertragen und die Konkurrenz einheimischer Händler mit Waffengewalt auszuschalten.

sellschaftlichen Überbau‹ diskutiert. Die von der Neuen Institutionenökonomik und im Gefolge auch von den VoC-Anhängern diskutierten
Institutionen und Organisationen sind letzten Endes nicht anderes als
der ›gesellschaftliche Überbau‹ – jedenfalls solange man die Trennung
zwischen Basis und Überbau überhaupt als sinnvoll erachtet. Marx
(und vor allem Engels) haben die Gegenübersetzung von Basis und
Überbau nur selten verwendet und später – darauf angesprochen –
eher defensiv reagiert. Ausgangspunkt der im Marxismus oft überstra-
pazierten Formel ist eine Passage in Marx' ›Zur Kritik der Politischen
Ökonomie‹, in der er sich mit Hegels Rechtsphilosophie auseinan-
dersetzt und argumentiert, dass »Rechtsverhältnisse und Staatsformen« nicht aus sich heraus oder aus der Entwicklung des menschlichen Geistes zu begreifen seien. Zur Erläuterung dieser Aussage
formuliert er: »Die Gesamtheit dieser Produktionsverhältnisse (»die
einer bestimmten Entwicklungsstufe ihrer materiellen Produktivkräfte entsprechen«) bildet die ökonomische Struktur der Gesellschaft,
die reale Basis, worauf sich ein juristischer und politischer Überbau
erhebt und welcher bestimmte gesellschaftliche Bewußtseinsformen
entsprechen.« (MEW 13, S. 8) Später waren Marx und Engels bemüht, die zahlreichen Fehlinterpretationen, die daraus einen historischen Determinismus ableiten wollten (wie das u. a. auch Fukuyama
macht) zu entkräften, indem sie auf die »Wechselwirkung« zwischen
Rechts- und Bewusstseinsformen einerseits und den Produktionsverhältnissen andererseits verwiesen. Zitiert wird in diesem Kontext
Engels' Formulierung, dass »in der Geschichte die Produktion und
Reproduktion des wirklichen Lebens« nur das »in letzter Instanz« bestimmende Moment sei (MEW 37, S. 463) – womit große Spielräume
für kontingente Entwicklungen gelassen werden.[47] Das Problem der
Basis/Überbau-Debatte ist aber nicht nur die Frage des ökonomischen
Determinismus, sondern mehr noch die Vorstellung, es handele sich
dabei um getrennte gesellschaftliche Sphären. Denn wenn man die
Produktionsverhältnisse – wie es Marx tut – als Beziehungen zwischen
Menschen begreift, dann ist klar, dass diese Beziehungen sich immer

---

47    Die Quellen der einschlägigen Zitate finden sich in Lotter, S. 60ff.

in bestimmten Rechtsverhältnissen, in kulturellen Formen usw. ausdrücken müssen. Ellen Meiksins Wood, die sich mit der Basis/Überbau-Problematik ausführlich befasst, schreibt zu Recht: »Mehr noch ist die ›Basis‹ – der Produktionsprozess und die Produktionsverhältnisse – nicht einfach nur ›ökonomisch‹. Sie bedingt und beinhaltet auch politisch-rechtliche und ideologische Formen und Beziehungen, die in keinen räumlichen Überbau verbannt werden können.« (ebd., S. 69).

Im Folgenden wird deutlich werden, dass die kapitalistische Produktionsweise (im Sinne der beiden oben skizzierten regulierenden Prinzipien Akkumulationszwang und Klassenkampf) zwischen Arbeit und Kapital mit ganz unterschiedlichen Rechtsverhältnissen, Staatsformen, Bewusstseinsformen, kurz: Regeln, die das menschliche Miteinander bestimmen, kompatibel sind. Die Vorstellung, dass kapitalistische Produktionsverhältnisse ganz bestimmte Institutionen (individuelle Eigentumsrechte, Rechtssicherheit, Individualismus, usw.), kurz: die ›Moderne‹ hervorbringen, ist aus der europäischen Form des Kapitalismus abgeleitet. Dabei wurde übersehen, dass diese spezifischen, dem Kapitalismus zugeschriebenen Institutionen[48] viel älter sind als der Kapitalismus, dass sie sich bereits im europäischen Feudalismus ausgebildet hatten.

Insgesamt bleibt festzuhalten, dass die Figur ›Basis / Überbau‹ in unserem Kontext letztlich wenig hilfreich ist, jedenfalls wenn wir diese in einem Sinne interpretieren, in dem einer bestimmten ›Basis‹ immer ein bestimmter ›Überbau‹ entsprechen muss. Tatsächlich zeigt die Entwicklung des Kapitalismus in vielen Ländern des Südens, dass deren – jeweils unterschiedliche – historisch gewachsene Institutionen (= ›gesellschaftlicher Überbau‹) zumeist ausreichend flexibel und anpassungsfähig sind, um die Triebkräfte der kapitalistischen Produktionsweise zur Entfaltung zu bringen. »Gesellschaft«, meint Hobsbawm, »ist ein System von Beziehungen zwischen Menschen, oder,

---

48  Diese Zuschreibung ist zu großen Teilen auf Max Weber zurückzuführen, für den die europäische Vorstellung von Rationalität mit modernem Kapitalismus identisch ist.

um genauer zu sein, zwischen Gruppen von Menschen. Das Konzept der Produktionsweisen … hilft, jene Kräfte zu identifizieren, welche diese Beziehungen und deren Veränderung bestimmen – diese Kräfte aber wirken unterschiedlich in unterschiedlichen Gesellschaften, innerhalb gewisser Spielräume.« (1984, S. 46)

Zusammenfassend bleiben folgende Elemente festzuhalten:

- Die kapitalistische Produktionsweise ist in ihren Grundstrukturen durch zwei universal gültige Prinzipien, den Zwang zur Akkumulation einerseits und den Klassenkampf andererseits, gekennzeichnet.
- Der Kapitalismus hat sich als konkrete historische Gesellschaftsformation in Europa aus dem europäischen Feudalismus heraus entwickelt und dabei dessen Institutionen übernommen und umgeformt. Insofern ist er hier geprägt durch spezifisch europäische Traditionen, die wir gewohnt sind, als kapitalistische Moderne schlechthin zu begreifen.
- Der europäische Kapitalismus ist von Anfang an expansiv gewesen, d.h. er hat durch die Konstitution des Weltmarkts tendenziell die ganze Welt beeinflusst, nicht aber nach seinem Bild gestaltet, wie das Kommunistische Manifest angenommen hatte.
- Diese Expansion hat in fast allen Teilen der Welt den Anstoß zur Durchsetzung der kapitalistischen Produktionsweise gegeben, wobei die europäisch-kapitalistische Durchdringung der außereuropäischen Welt unterschiedlich tief gewesen ist, niemals aber total.
- Inzwischen haben sich, angestoßen durch den Weltmarkt, in fast allen Teilen der Welt eigenständige kapitalistische Gesellschaften entwickelt, die sich – ähnlich wie im Europa des 19. Jahrhunderts – die historisch gewachsenen vorkapitalistischen Produktionsweisen und Institutionen zu Nutze gemacht und sie integriert haben.
- Es zeigt sich, dass die Durchsetzung der kapitalistischen Produktionsweise nicht mit der globalen Ausbreitung der europäischen ›Moderne‹, d.h. mit der Homogenisierung der gesellschaftlichen Institutionen nach dem Bild Europas, verbunden ist. Sie hat sich

vielmehr auf eine sehr flexible Art mit vorkapitalistisch geprägten Produktionsweisen und Institutionen (dem jeweiligen »historischen Milieu«) verbunden und sich diese zunutze gemacht. Sie hat historisch gewachsene gesellschaftliche Institutionen, politische Strukturen, Eigentumsverhältnisse, Rechtsverhältnisse, Familienstrukturen, ethnische Beziehungen usw. integriert und überformt.

- Im Ergebnis sind unterschiedliche kapitalistische Gesellschaftsformationen entstanden, die sich – im Rahmen weltwirtschaftlicher Zusammenhänge – nach eigenen Regeln entwickeln und auf dem Weltmarkt interagieren.

- Bei allen Unterschieden aber bleiben das Kapitalverhältnis und die ihm immanenten Widersprüche in Form von Akkumulationszwang und Klassenkampf die entscheidenden Entwicklungsschranken. Auch wenn die Mechanismen zur Verarbeitung und zeitweiligen Überwindung dieser Widersprüche sehr unterschiedlich sind, wobei die europäischen Formen keineswegs immer Vorteile haben, so treten diese – in Form von ökonomischen Krisen, von sozial begründeten Konflikten und von ökologischen Entwicklungsschranken – immer wieder in den Vordergrund.

## Kapitel 3

# Methodische Ansätze: Zusammenfassung

Im zweiten Teil des Buches wird gezeigt werden, wie sich im Gefolge der globalen Durchsetzung kapitalistischer Produktionsverhältnisse Gesellschaftsformationen herausbilden, die zwar meist (nicht alle) als kapitalistisch bezeichnet werden müssen, aber gleichwohl relativ wenig Ähnlichkeit mit dem europäisch/nordamerikanischen ›Modell‹ haben. Entsprechend der zentralen These des Buches sind diese Unterschiede nicht bloß Relikte der von der kapitalistischen Produktionsweise verdrängten ›traditionellen‹, vorkapitalistischen Gesellschaftsformationen, die früher oder später europäischen Verhältnissen (der ›Moderne‹) Platz machen werden, sondern eigenständige Formen eines Kapitalismus, der sich von der europäischen Form emanzipiert hat und jeweils neu ›erfunden‹ wird. Die ›traditionellen‹ gesellschaftlichen Formen werden dabei verändert und den kapitalistischen Produktionsverhältnissen subsumiert, aber eben innerhalb ihrer eigenen Logik, ohne das europäischen Vorbild zu kopieren. Dies schließt das ›Lernen‹ der ›Nachzügler‹ von den ›Fortgeschrittenen‹ nicht aus. Die Durchsetzung der beiden oben erwähnten zentralen regulierenden Prinzipien des Kapitalismus prägt die unterschiedlichen Gesellschaften in jeweils unterschiedlicher Weise und bringt Gesellschaftsformationen hervor, die trotz ihres kapitalistischen Charakters jeweils eigene Züge aufweisen, in Abhängigkeit vom jeweiligen historischen/lokalen Milieu, in dem sich die kapitalistische Produktionsweise durchsetzt, aber auch in Abhängigkeit von der unterschiedlichen Intensität der europäischen (kolonialen und neokolonialen) Einflüsse. Für die folgende Analyse der drei gewählten Länder/Großregionen sollen vier unterschiedliche Komplexe von Einflussfaktoren betrachtet werden, die jeweils unterschiedliche Bedeutung für die gesellschaftliche Entwicklung in den betrachteten Beispielen besitzen. Zwar wurde die kapitalistische Entwicklung im Süden in unterschiedlicher Weise von ›außen‹, d.h. durch den Expansionsdrang des europäischen Kapitalismus, beeinflusst, prägender aber sind die endogenen Faktoren. Diese haben sich aber teilweise auch erst aus der spezifischen Verbindung zwischen äußeren Einflüssen (kapitalistisch, proto-kapitalistisch oder spätfeudal) und den endogenen Institutionen neu formiert.

*Erstens* – In den meisten Fällen traf der expandierende europäische Kapitalismus auf historisch gewachsene, eigenständige Gesellschaften, die zudem oft schon in einem mehr oder weniger intensiven Austausch untereinander und / oder mit Ländern des Westens gestanden hatten. Die europäisch-kapitalistische Expansion berührte diese Gesellschaften in der Regel zunächst nur partiell[49], sie funktionierten meist weiter im Rahmen ihrer eigenen Produktionsweisen und gesellschaftlichen Verhältnisse. Teilweise waren die jeweils herrschenden Gruppen bemüht, die sich aus dem intensivierten Kontakt mit den kapitalistischen oder proto-kapitalistischen Ländern ergebenden wirtschaftlichen und politischen Möglichkeiten aktiv zu nutzen, was teilweise eine Anpassung der endogenen Institutionen erforderlich machte. Dieser Mechanismus wirkte auch dort, wo der eindringende Westen bemüht war, lokale Strukturen zu zerschlagen. In den meisten Fällen aber war das expandierende westliche Kapital daran interessiert, die Funktionsfähigkeit der angetroffenen Gesellschaften aufrecht zu erhalten. Auch war die Überlegenheit der europäischen Eroberer keinesfalls überall eine von Anfang an ausgemachte Sache.[50] Es wird in den folgenden Kapi-

---

49    Dies trifft nicht für die ›Neue Welt‹ zu.

50    Literarisch hat T.C. Boyle dieser Situation im Roman »Wassermusik« ein Denkmal gesetzt, wo er den britisch-schottischen ›Entdecker‹ des Nigerbogens, Mungo Park, abgerissen, verarmt und kaum beachtet in eine von Handel und Wandel brodelnde Stadt am Niger versetzt: Der auf die Mildtätigkeit der Einheimischen angewiesene Park befindet sich in einer durchaus bemitleidenswerten Lage.

teln zu zeigen sein, dass die endogenen Institutionen der kolonial oder
halbkolonial durchdrungenen Länder in den meisten Fällen stabil und
anpassungsfähig blieben, dass die heutigen Gesellschaften oft (nicht
immer) stärker von den historisch geprägten Institutionen beeinflusst
sind als von der europäischen Expansion. Die Länder des Südens waren niemals – wie sowohl Modernisierungs- wie Dependenztheorien
unterstellen – lediglich passive, abhängige Empfänger westlicher Einflüsse (ob man diese nun als modernisierungspolitisch-segensreich oder
als dependenztheoretisch- zerstörerisch beschreibt). Prägender als die
Übernahme bzw. Nachahmung europäischer Institutionen einerseits
und der antikoloniale Widerstand andererseits waren die Versuche, die
Weltmarkteinflüsse in die lokalen Produktionsverhältnisse zu integrieren und im eigenen Interesse zu nutzen. Dazu wurden die endogenen
Institutionen und Organisationen meist flexibel angepasst, aber selten
ganz aufgegeben. Es geht also in diesem Punkt vor allem darum, die
Wechselwirkung zwischen kapitalistischer Dynamik und den historisch
gewachsenen gesellschaftlichen Institutionen zu untersuchen.[51]

*Zweitens* – Das durch den spezifisch kapitalistischen Akkumulations-
und Expansionszwang, dem ersten regulierenden Prinzip der kapitalistischen Produktionsweise, angetriebene Eindringen in die Länder
des Südens hatte zunächst drei relativ begrenzte ökonomische Ziele,
bei jeweils unterschiedlicher Priorität: Erschließung neuer Absatzmärkte, Beschaffung von Rohstoffen und Finanzierung der Expansion
selbst, d. h. die Gewährleistung von Sicherheit. Die völlige Unterwerfung und Umgestaltung bzw. Vernichtung der betreffenden Gesellschaften war zunächst selten beabsichtigt. Es ist daher kein Zufall, dass
die europäische Expansion anfangs fast überall eine Angelegenheit
von privaten Unternehmen oder Einzelpersonen war[52] – die Figur der
privaten »Chartered Company« oder auch des auf eigene Rechnung

---

51   Zum Verständnis kann man sich an der oben (Kapitel 2) geführten Debatte
     über die Basis-Überbau Problematik orientieren.

52   Der moderne europäische Kolonialismus als privatwirtschaftlich motivierter
     Prozess ist daher von anderen imperialen Expansionsvorhaben zu unter-
     scheiden.

arbeitenden Abenteurers stand fast überall am Beginn.[53] Diese Rechnung ging aber selten auf, vor allem musste die ausländische Konkurrenz ausgeschaltet werden (sowohl die einheimischer Geschäftsleute wie die anderer Europäer), lokale Herrscher, die die europäischen Geschäftsleute behinderten, mussten gekauft oder beseitigt werden, unliebsame lokale Gesetze, Zölle und Abgaben usw. mussten durch militärische Gewalt beseitigt werden. Dies kostete Geld, das durch die Besteuerung der ›erschlossenen‹ Länder erwirtschaftet werden sollte. Die Eintreibung von Steuern erforderte den Aufbau von rudimentären Verwaltungen, die ihrerseits finanziert werden mussten. Nach dem Motto »Die Flagge folgt dem Handel« war die Errichtung von politischen Herrschaftsstrukturen ein anfangs oft nicht beabsichtigtes Ziel – und es war auch nicht überall möglich.

Später zeigte sich in vielen Fällen, dass die neu erschlossenen Länder nicht ausreichend liefer- bzw. aufnahmefähig waren, dass ihre Verkehrsinfrastruktur nicht ausreichte, dass ihre Zahlungsfähigkeit zu wünschen übrig ließ. So strömte Kapital ein, welches über den Handel hinaus begann, die benötigten Rohstoffe zu produzieren oder zu fördern (oft im Rahmen von Sklaven- und Zwangsarbeit), zu transportieren und für den Export zu verarbeiten; dabei erwiesen sich die vorgefundenen Produktionsverhältnisse (einschließlich des Eigentums an Grund und Boden) nicht selten insofern als Hemmnis, als sie die Mobilisierung der benötigten Arbeitskräfte verteuerten. Also mussten Zwangsapparate installiert werden, die ebenfalls nicht zum Nulltarif zu haben waren. Allerdings ging es selten darum, die vorgefundenen

---

53    »Chartered Companies« waren aus Kaufmannsgilden hervorgegangene Zusammenschlüsse von Kaufleuten mit dem Ziel der »overseas exploration« (Encyclopaedia Britannica). Sie waren staatlicherseits mit bestimmten quasi-hoheitlichen Rechten ausgestattet, z. B. dem, Polizeieinheiten aufzustellen. Außerdem erhielten sie Handelsmonopole für bestimmte Gebiete. Zwischen dem 16. und dem 19. Jahrhundert gab es mehrere hundert (mehr oder weniger erfolgreiche) solcher Gesellschaften. Manche Autoren halten dies für die erste bedeutende Form von joint stock companies (Aktiengesellschaften). Pomeranz meint, dass sich diese »westliche Unternehmensform erst aus den Bedürfnissen des mit hohen Zwangsanteilen durchgeführten Kolonialhandels entwickelte.« (Pomeranz 2000, S. 193)

Produktionsweisen völlig zu beseitigen. Diese wurden vielmehr aktiv
genutzt, um die Produktionskosten niedrig zu halten bzw. die Auf-
nahmefähigkeit für europäische Waren zu steigern. In den sich unter
dem Einfluss der (direkten oder indirekten) europäischen Invasion herausbildenden Gesellschaften gab es zunächst immer ein Miteinander
unterschiedlicher Produktionsweisen, die oft in einem produktiven
Verhältnis zueinander standen. Die meisten kolonialen und nachkolonialen Gesellschaften waren (und sind) durch eine solche »Artikulation der Produktionsweisen« gekennzeichnet. Der Begriff der
»Artikulation« impliziert die Tatsache, dass sich sowohl die integrierte
›traditionelle‹ als auch die importierte ›moderne‹ (kapitalistische) Produktionsweise veränderten.

*Drittens* – Der begrenzte Zweck der kapitalistischen Expansion in den
Süden war die Aufrechterhaltung bzw. die Steigerung der Verwertung
des Kapitals. Dieser Aspekt stand – wie oben gezeigt – im Mittelpunkt der Analyse von Rosa Luxemburg, die das Wesen der kapitalistischen Akkumulation als Eindringen in nicht-kapitalistische Milieus,
als ›Landnahme‹[54] beschreibt, wobei es um die Verbesserung der Verwertungsbedingungen des westlichen Kapitals ging. Dieser Prozess
ist allerdings widersprüchlich, worauf wie oben gezeigt, Luxemburg
ebenfalls aufmerksam gemacht hatte: Denn es kann den ›jungen‹
Staaten gelingen, sowohl durch Übernahme europäischer Verfahren
und Technologien als auch durch die Anpassung ihrer Institutionen
und Organisationen an die Bedingungen des Weltmarkts, sich vom
europäischen Kapital teilweise oder ganz zu emanzipieren und als
neue Konkurrenten aufzutreten. Dieser Prozess der »kapitalistischen
Verselbständigung« (Luxemburg 1913/1975, S. 365) wurde durch Ausübung ökonomischer und politischer Macht seitens der europäischen
Mächte behindert, aber nicht verhindert. Die Entkolonialisierung und
die Erringung der staatlichen Unabhängigkeit schufen hierfür wichti-

---

54   Das Wort ›Landnahme‹, mit dem Luxemburgs Ansatz von vielen Autoren
     beschrieben und abgewandelt wird, findet sich bei ihr selbst nicht (Dörre,
     S. 113).

ge Voraussetzungen. Die »kapitalistisch emanzipierten« Staaten treten
als neue Konkurrenten auf den Weltmärkten auf und bedrohen die
Dominanz der alten Wirtschaftsmächte des Westens. In dieser Phase
befinden sich heute viele Länder des Südens. In dem Maße, wie es
ihnen gelungen ist, »einen für die Zwecke der kapitalistischen Produktion zugeschnittenen modernen Staatsapparat zu schaffen« (ebd.),
profitiert vor allem das lokale Kapital vom Effekt der kapitalistischen
›Landnahme‹, d.h. der raschen Aufsaugung und Umformung inne-
rer und äußerer nicht-kapitalistischer Milieus. Die Erschließung von
neuen Rohstoffquellen und Absatzmärkten im Süden, die Nutzung
von bislang relativ unproduktiven Arbeitskräften, die infrastrukturelle
Durchdringung von ehemals marginalen Räumen kann heute in zunehmendem Maße von den Ländern des Südens selbst genutzt werden und erklärt zu einem erheblichen Maße – wie Burkhart Lutz dies
für Nachkriegsdeutschland gezeigt hat – den aktuellen Aufstieg des
Südens. Es sind heute vorwiegend die »kapitalistisch emanzipierten
früheren Hinterländer des Kapitals« (Luxemburg) und nicht die Länder des Westens, die von den Wachstumseffekten der kapitalistischen
›Landnahme‹ profitieren.

*Viertens* – Die sich in den neuen Wirtschaftsmächten des Südens herausbildenden Gesellschaftsformationen wurden und werden – in
unterschiedlichem Ausmaß – beeinflusst vom Weltmarkt, d.h. von
der Expansion des europäischen Kapitalismus. Auch der aktuelle
wirtschaftliche Aufstieg des Südens erhielt und erhält mächtige Anstöße vom Weltmarkt, der allerdings heute keine ausschließlich europäische Angelegenheit mehr ist. Regionalisierungsprozesse (vor allem
in Asien) und regionale Kräfteverhältnisse spielen eine zunehmende
Rolle. Die Länder des Westens sind weiter bemüht, ihre Institutionen
und Organisationen im Rahmen des Globalisierungsprozesses in die
Länder des Südens zu übertragen, jedenfalls in dem Maße, wie dies
ihren ökonomischen Zwecken dienlich ist. Da die treibende Kraft der
aktuellen Veränderungen unzweifelhaft der europäische Kapitalismus
war und teilweise noch ist, wird die ›Geschichte‹ der ökonomischen
Entwicklung des Südens vielfach als Geschichte der Eroberung und

der Umstrukturierung der betroffenen Gesellschaften durch Europa
beschrieben. Diese Geschichte kann man – je nach Standpunkt – auf
zwei Arten erzählen. Die erste ist die klassische koloniale Erzählung,
nämlich wie der aufgeklärte, liberale, d. h. ›moderne‹ Westen den
Völkern des Südens Bildung, Frieden und Fortschritt brachte, pro-
duktivere Wirtschaftsformen einführte, abergläubische Praktiken be-
seitigte, Stammeskriege beendete und die Sklaverei ausrottete. Diese
Erzählung hat zahlreiche Varianten, Fehler und Irrtümer des Westens
werden für die Vergangenheit durchaus eingeräumt. Heute stehen
›humanitäre Interventionen‹ und der Export von ›good governance‹
im Mittelpunkt dieser Erzählung.[55] Kernpunkt ist die Ansicht, dass
erst die Übernahme der westlichen Moderne (›Zivilisation‹) und die
Beseitigung traditioneller, Entwicklung blockierender Institutionen
den Weg frei machen würde für wirtschaftlichen Fortschritt. Die verschiedenen Fassungen der entwicklungspolitischen Modernisierungstheorien gehen im Kern auf diesen Blickwinkel zurück. Aber auch die
zweite große entwicklungspolitische Theoriefamilie, die Dependenztheorien, hält die europäische Expansion für das entscheidende Element: Hier steht aber die Zerstörung existierender Verhältnisse und
Wirtschaftsformen und der Widerstand dagegen im Vordergrund, an
deren Stelle das europäische Kapital Wirtschaftsformen setzte, die allein an den Interessen der Mutterländer orientiert waren (und sind).
Ergebnis sind ökonomische Strukturen, die von sich aus nicht lebens-
fähig seien (André Gunder Frank: »Entwicklung der Unterentwicklung«) und die die betroffenen Länder in dauerhafter Abhängigkeit
von den Mutterländern hielten.[56] Obwohl beide ›Erzählungen‹ sich

---

55   Schon Anfang der 1990er Jahre hielt Menzel »Interventionen in den Krisen-
     gebieten der Welt von Seiten der führenden Industrieländer des Westens«,
     eine Art »Treuhandschaft der Länder des Nordens« für nötig (Menzel 1992,
     S. 209 ff). Ob er das – nach den durch solche Interventionen verursachten
     Katastrophen – heute noch aufrecht erhalten würde, wäre eine Frage.

56   Wie diese beiden ›Erzählungen‹ an einem Ort und zu einer Stunde, Don-
     nerstag, dem 30. Juni 1960, 10.00 Uhr, dem Tag der Unabhängigkeitsze-
     remonie für den belgischen Kongo, zusammentrafen, schildert David van
     Reybrouck: Während König Baudouin das »Genie König Leopold II.« be-
     schwor, erinnerte Lumumba an achtzig Jahre »der erniedrigenden Sklave-

insgesamt als unzutreffend erwiesen haben, verweisen sie auf den mehr oder weniger prägenden Einfluss der europäischen Expansion, der allerdings nur in Wechselwirkung mit endogenen Kräften richtig bewertet werden kann.

Entsprechend diesen vier Gruppen von Einflussfaktoren, die in der Realität eng miteinander verflochten sind, sind vier Untersuchungsebenen zu unterscheiden. Zu analysieren ist *erstens* die Wechselwirkung zwischen den regulierenden Prinzipien der kapitalistischen Produktionsweise (Akkumulation und Klassenkampf) einerseits und dem jeweiligen historischen/lokalen gesellschaftlichen Milieu andererseits. Es muss untersucht werden, welche Funktionen die historisch gewachsenen Institutionen und Organisationen im Prozess der Durchsetzung der kapitalistischen Produktionsweise haben, wie sie sich dabei verändern und wie sie ihrerseits die kapitalistischen Produktionsverhältnisse prägen. Diese Frage dürfte vor allem dort von zentraler Bedeutung sein, wo sich der ökonomische Wandel besonders rasch, teilweise innerhalb von ein oder zwei Generationen, vollzieht. Bezogen auf China formulieren Aglietta/Bai: »Institutionen, verwurzelt in der Vergangenheit und verankert in der Kultur des Volkes, werden über die Generationen hinweg überliefert.« (S. 11) Wie insbesondere das afrikanische Beispiel zeigen wird, können ›traditionelle‹ Institutionen und Organisationen zudem in dem Maße an Bedeutung gewinnen, sich ›modernisieren‹, wie der ›Einbruch der Moderne‹ dauerhaft mit Krisen und Unsicherheiten verbunden ist: In einem durch rasche Veränderungen und entsprechende Unsicherheiten geprägten Milieu vermitteln die ›traditionellen‹ Regeln und Organisationen Sicherheit. »Da aber gerade die primitiven sozialen Verhältnisse der Eingeborenen der stärkste Schutzwall der Gesellschaft wie ihrer materiellen Existenzbasis sind …« (Luxemburg 1913/1975, S. 318), müssen sie heute nicht mehr, wie Luxemburg annahm, vom Kapital zerstört wer-

---

rei«. Es ist bezeichnend, dass Reybrouck Lumumba für dessen ›undiplomatische‹ Reaktion heftig kritisiert, während die Auslassungen König Baudouins milde als ›paternalistisch‹ belächelt werden (Kongo. Eine Geschichte, Berlin 2012, S. 322 ff).

den. In einer Entwicklungsphase, in der kapitalintensive Formen der
kapitalistischen Akkumulation überwiegen, liegt die Erhaltung der
»nichtkapitalistischen sozialen Verbände« (ebd.) oft auch im Interesse
des Kapitals: Sie können politische Stabilität fördern und als soziale
Sicherungsnetze fungieren. *Zweitens* wäre zu untersuchen, wie sich die
rasch expandierende kapitalistische Produktionsweise mit den ›traditionellen‹ vorkapitalistischen Produktionsweisen verbindet, diese verändert und dabei selbst beeinflusst wird. Es wird zu zeigen sein, dass
die nicht-kapitalistischen Produktionsweisen oft überraschend wider-
standsfähig sind, wichtige wirtschaftliche und politische Funktionen
haben, deren ›Artikulation‹ also ein relativ stabiler Zug der neuen
Wirtschaftsmächte sein kann. Dabei spielt deren erwähnte Funktion
als soziales Rückzugsgebiet in Zeiten der Krisen ebenfalls eine Rolle.
*Drittens* geht es um die Frage, welche ökonomischen Wirkungen die
kapitalistische Durchdringung der nicht-kapitalistischen Räume hat,
wer genau davon profitiert und wo die Grenzen dieses Prozesses liegen. Schließlich sind *viertens* jene Einflüsse zu untersuchen, die direkt
mit der Integration in den globalisierten Weltmarkt verbunden sind.
Dabei ist in Rechnung zu stellen, dass der Internationalisierungsprozess heute nicht mehr nur das Verhältnis zwischen ›Zentrum‹ und ›Peripherie‹ betrifft, sondern auch ein regionaler Prozess ist – die viel diskutierte Globalisierung ist mindestens ebenso eine Regionalisierung,
wie das europäische Beispiel schon lange zeigt. Nach Europa ist diese
Form der Globalisierung – wie in Teil I gezeigt – am weitesten in
Asien fortgeschritten. Es überwiegt zwar nach wie vor der europäisch / nordamerikanische Einfluss, zunehmendes Gewicht gewinnen
aber auch die Beziehungen zwischen den neuen Wirtschaftsmächten
des Südens, wie die Debatte über das Verhältnis China / Afrika deutlich macht. Dies bringt qualitativ neue Momente in den Internationalisierungsprozess und damit auch in den Charakter der ›äußeren‹
Faktoren, die sich mit endogenen Prozessen in den Schwellen- und
Entwicklungsländern verbinden. Bei der Untersuchung der Wirkungen der europäisch geprägten Internationalisierung ist gleichzeitig der
vor allem von Gerschenkron diskutierte Vorteil von entwicklungspolitischen Nachzüglern einzubeziehen, der darin besteht, dass diese gan-

ze Entwicklungsetappen überspringen und die am weitesten entwickelten Technologien und institutionell / organisatorischen Strukturen übernehmen können.

Es ist im Kontext dieser Darstellung nicht möglich, diese vier Prozesse in ihrer Wirkung in allen relevanten Schwellen- und Entwicklungsländern umfassend zu analysieren, sie können nur punktuell und exemplarisch dargestellt werden. Es ist ja gerade eine der zentralen Thesen dieses Buches, dass summarische entwicklungspolitische Aussagen, die mehr oder weniger Allgemeingültigkeit besitzen, wegen der Unterschiedlichkeit der erfassten Länder und Kontinente nicht möglich sind. Notwendig sind historisch vorgehende Einzelanalysen, die die Besonderheiten der Länder bzw. Regionen in Rechnung stellen. Das folgende Schema versucht, die wichtigsten Einflussfaktoren, deren Gewicht jeweils sehr unterschiedlich sein kann, in einem schematischen Überblick zusammenzufassen.

| Traditionelle Institutionen und Organisationen | Artikulation von Produktionsweisen | Landnahme | Globalisierung und Regionalisierung |
|---|---|---|---|
| Wirtschaftliche Steuerungsfähigkeit des Staates | Stabilität von Subsistenzwirtschaft | Infrastruktur-Investitionen | Weltmarkteinbindung und Regionaler Wirtschaftsaustausch |
| Netzwerkbeziehungen und Familienstrukturen | Wanderarbeit und Beziehungen zum ›Dorf‹ | Inwertsetzung überschüssiger Arbeitskraft | Internationale Direktinvestitionen |
| Gleichgewicht Zentral – Dezentral | Landrechte und Soziale Sicherheit | Niedrige Arbeitskosten | Lohnveredelung, Exporte und Wirtschaftszonen |
| Harmonie und Soziale Konflikte | Integration Landwirtschaft / Verarbeitung | Ausschaltung von Konkurrenz | Nachahmung und Einstieg in moderne Technologien |
| Privateigentum, insbesondere Grund und Boden | | Expandierende Binnennachfrage | Einfluss globaler Institutionen und Organisationen |

Diese schematische Übersicht legt keine Prioritäten fest und entspricht auch nicht der Reihenfolge bei der folgenden Analyse der untersuchten drei ›Fälle‹. Ausgehend von einem historischen Ansatz folgt die Darstellung jeweils einer eigenen Logik, welche sich aus dem vorhandenen Material ergibt. Das Schema soll dabei helfen, die Komplexität der Einflussfaktoren zu verdeutlichen.

# TEIL II
# WIRTSCHAFTSMÄCHTE DES SÜDENS

In den Kapiteln vier, fünf und sechs soll an drei regionalen ›Fällen‹ gezeigt werden, wie sich die (fast) weltweit siegreiche kapitalistische Produktionsweise mit jeweils unterschiedlichen, historisch gewachsenen Produktionsweisen und Institutionen verbindet und wie die konkreten ökonomischen Gesellschaftsformationen zu beschreiben sind, die sich im Zuge dieser Verbindung herausbilden. Die drei gewählten Beispiele sind zum einen die Volksrepublik China als geschlossener, nationaler Wirtschaftsraum und zum anderen das subsaharische Afrika und Lateinamerika. Die beiden letzteren sind Großregionen mit vielen ökonomisch nur wenig miteinander verbundenen Ländern, die teilweise große Unterschiede untereinander aufweisen. Auf der anderen Seite haben diese Regionen / Kontinente aber – bezogen auf die hier untersuchte Fragestellung – so große historische und institutionelle Ähnlichkeiten, dass eine gemeinsame Behandlung gerechtfertigt erscheint.

Es wurde in Teil I begründet, warum die Analyseebene des Weltmarkts oder gar eines »Weltsystems« als Ausgangspunkt zur Erklärung des gegenwärtig zu beobachtenden Aufstiegs des Südens nicht sinnvoll ist, obwohl die beschleunigte weltwirtschaftliche Integration eine wichtige Triebkraft darstellt. Dementsprechend gibt es m. E. auch ebenso wenig eine einheitliche ›Theorie‹, die Entwicklung und Unterentwicklung unterschiedlich verfasster Länder und Regionen erklären kann. Auf dem Weltmarkt treffen ökonomisch und politisch unterschiedlich strukturierte nationale bzw. regionale Ökonomien aufeinander. In diesem Punkt ist Ulrich Menzel teilweise zuzustimmen, der schon Anfang der 1990er Jahre konstatiert hatte: »Überfällig ist ... eine theoretisch reflektierte Typologie der »Dritten Welt«, die die jeweiligen historischen, politischen und kulturellen Besonderheiten zum Ausgangspunkt nimmt, und erst dann fragt, welche Blockaden, aber auch welche Chancen der Weltmarkt ebenso wie politische Abhängigkeiten jeweils geboten haben.« (Menzel 1992, S. 38) Dagegen wird die Frage, ob ›Typologien‹ gebildet werden können, ob Theorien ›mittlerer Reichweite‹ entwickelt werden sollten, wie Menzel fordert, negativ beantwortet: Es geht nicht um die Erarbeitung von Entwicklungstheorien, sondern um methodische Ansätze zur Untersuchung unterschiedlicher Gesellschaften, die auf eine jeweils eigene Geschichte zurückblicken. Die Tatsache, dass auf dem Weltmarkt unterschiedlich verfasste (meist kapitalistische) Gesellschaftsformationen agieren und sich mit einheitlichen Preisen und einheitlichen Regeln auseinandersetzen müssen, begründet u. a. die Unterschiede. Ob und in welcher Weise es den Akteuren (als Territorialstaaten organisiert) gelingt, sich auf dem Weltmarkt zu behaupten bzw. ihn für interne Entwicklungsprozesse zu nutzen, hängt ganz entscheidend von der inneren Verfasstheit dieser Länder und Regionen ab. Dazu gehört ganz prominent die Fähigkeit, die Weltmarkteinflüsse zu beherrschen, also die wirtschaftspolitische Steuerungskapazität der Nationalstaaten. Ausgangspunkt zur Erklärung von ökonomischen Erfolgen oder Misserfolgen von Ländern in einem immer stärker durch ›Globalisierung‹ geprägten Milieu sind endogene Faktoren. Das heißt nicht, dass externe, vom Weltmarkt ausgehende Einflüsse sekundär seien – wie diese aber im Kontext der nationalen Ökonomien wirken, was ihre jeweiligen wirtschaftlichen Folgen sind, hängt entscheidend von der Wechselwirkung mit den regionalen / lokalen Produktionsverhältnissen und gesellschaftlichen Institutionen ab. Diese aber sind unterschiedlich und geprägt von der Art und Weise, wie die Produzenten ihren Lebensunterhalt gewinnen, von der »Produktionsweise des materiellen Lebens«, wie es Marx in der ›Kritik der Politischen Ökonomie‹ (MEW 13, S. 8) formulierte. Diese bestand und besteht teilweise noch heute überwiegend aus lokaler Produktion. Braudel, der in seinen genauen empirischen Untersuchungen immer die herausragende Rolle des Fernhandels für lokale Entwicklungen hervorhob und der von vielen ›Weltsystemtheoretikern‹, an der Spitze Immanuel Wallerstein, die den Weltmarkt als wichtigste Analyseebene betrachten, als »eine Art Vorbild« angesehen wird (Knöbl, S. 123), wies selbst darauf hin, dass historisch lange Zeit »die Marktwirtschaft … nur ein Teil des ökonomischen Lebens (gewesen ist): Elementare Wirtschaftsformen – Tausch und Selbstversorgung – überfluten sie von allen Seiten.« (Braudel 2001, 2. Bd., S. 134) Im für die Herausbildung des Kapitalismus in Europa zentralen Mittelmeerraum seien im 16. Jahrhundert »im äußersten Fall« drei Millionen Landbewohner und drei Millionen arme Stadtbewohner« (von 60 bis 70 Millionen Menschen) an die Marktwirtschaft angeschlossen gewesen, die ihrerseits nur teilweise mit dem Weltmarkt verbunden war (S. 121 f).

Das Primat der endogenen Faktoren und deren Unterschiedlichkeit wird noch offensichtlicher, wenn man den Klassenkampf (neben dem Akkumulationszwang) als eines der zentralen regulierenden Prinzipien der kapitalistischen Produktionsweise akzeptiert: Denn dass soziale Auseinandersetzungen bis heute vom jeweiligen ›nationalen‹ politischen und kulturellen Milieu geprägt sind, zeigen selbst die Erfahrungen im Europa der Gegenwart, das doch ökonomisch und politisch so eng verflochten ist.

Die gewählten Beispiele stehen jeweils für sich, es geht nicht um die Bildung von »Typologien«. Es wird deutlich werden, dass die entstehenden neuen Gesellschaftsformationen und deren ökonomische Entwicklung und Perspektiven nur im Rahmen einer detaillierten historischen Analyse verstanden werden können. Es wird sich zeigen, dass sich der Kapitalismus hervorragend mit unterschiedlichen ›traditionellen‹ Institutionen und Organisationen versteht, diese nutzt und an sich anpasst, sie aber keineswegs beseitigt oder durch ›moderne‹, d. h. europäische, Institutionen und Organisationen ersetzt. Der Prozess der Verwandlung von Ländern und Regionen in kapitalistische

Gesellschaftsformationen bedeutet, dass die kapitalistische Produktionsweise mehr oder weniger rasch zur dominierenden wird, die gesamte Gesellschaft kapitalistisch überformt, ohne dass dies zu einer
globalen Einebnung von Institutionen und Kulturen führt. Zwar bleiben die jeweiligen sozialen Beziehungen, die die Menschen bei der
»Produktion des materiellen Lebens« eingehen (MEW 3, S. 28), das
bestimmende Moment. Die Regelung dieser Beziehungen aber erfolgt
im Rahmen historisch gewachsener Institutionen. Kapitalistische soziale Beziehungen von Ausbeutung und Konkurrenz sind kompatibel
mit unterschiedlichen juristischen, politischen und geistigen Verhältnissen. Jedes große Land, jede Region muss in gewissem Sinne einen
eigenen Kapitalismus neu ›erfinden‹, indem es die Zwänge des Weltmarkts und der sich durchsetzenden kapitalistischen Produktionsweise in die bestehenden gesellschaftlichen Verhältnisse integriert. Diese
verändern sich dabei, die Veränderungen aber bleiben in der Regel
im Rahmen der historisch gewachsenen gesellschaftlichen Einrichtungen. Dieser Prozess verläuft nicht geradlinig, er kann unterbrochen
bzw. sogar rückgängig gemacht werden, er kann – wie weiter unten
am afrikanischen Beispiel gezeigt werden soll – sogar für längere Perioden misslingen.

Andere wichtige ›Fälle‹ aufstrebender Wirtschaftsmächte, die hier
nicht behandelt werden, wie z. B. Indien, Indonesien oder der Nahe
Osten, sind wiederum völlig anders gelagert. Dieser auf die jeweils
unterschiedlichen regionalen / lokalen Bedingungen, auf die jeweiligen »historischen Milieus« als Ausgangspunkt der Analyse abheben-
de Ansatz, wird die im ersten Teil begründete These bestätigen, dass
von einem generellen ›Aufstieg des Südens‹ als einheitlichem Prozess nur eingeschränkt gesprochen werden kann. Immerhin ist darauf hinzuweisen, dass die mit dem Aufstieg neuer Wirtschaftsmächte
sich verändernden globalen wirtschaftlichen Kräfteverhältnisse und
Weltmarktstrukturen die einseitige Abhängigkeit der Länder des Südens vom Westen lockert, dass die Spielräume für eigenständige wirtschaftspolitische Orientierungen, die den lokalen Bedürfnissen besser
angepasst sind als die an den westlichen Erfahrungen und Machtver-
hältnissen orientierten Einheitsrezepte von IWF, Weltbank & Co., ge-

wachsen sind. Der »policy space« (UNCTAD) der Länder und Regionen des Südens ist größer geworden. Andere Gemeinsamkeiten, die es berechtigt erscheinen lassen, den Süden als einheitlichen Block zu behandeln, gibt es m. E. nicht. Es ist vielmehr wahrscheinlich, dass sich die Unterschiede zwischen den Ländern des Südens vor dem Hintergrund großer institutioneller und struktureller Differenzen und einem schwächer werdenden Einfluss des Westens in Zukunft eher noch vergrößern werden.

## Kapitel 4

# China:
# Kapitalismus ohne Bourgeoisie

Ausgangspunkt und treibende Kraft der ›Emanzipation des Südens‹ ist zweifelsohne die Volksrepublik China, deren ressourcenintensiver nachholender Industrialisierungsprozess, wie oben gezeigt, erheblichen Einfluss auf die Veränderung der internationalen Austauschverhältnisse zugunsten der rohstoffexportierenden Schwellen- und Entwicklungsländer hat. Im Zuge intensivierter Süd-Süd Beziehungen, der Entstehung chinesischer Unternehmen mit globaler Reichweite und des Zustroms chinesischer Direktinvestitionen könnte dieser möglicherweise auch Industrialisierungsprozesse in anderen Teilen des Südens fördern. China bietet mit seinem gewaltigen Binnenmarkt, seiner mehr als 2.000-jährigen Kontinuität als Zentralstaat und der relativ geringen Bedeutung direkter kolonialer und neokolonialer Einflüsse besonders günstige Ausgangsbedingungen für nachholende Industrialisierung. Zudem war und ist China eng in regionale Wirtschaftsbeziehungen des ostasiatischen Raums eingebunden. Daher ist die Erklärung des chinesischen Aufschwungs auch zentral für das Verständnis der aktuellen Verschiebungen der Weltwirtschaft. Dabei ist in Rechnung zu stellen, dass die chinesische Entwicklung auch deshalb so spektakulär erscheint, weil sie vor dem Hintergrund des durch imperialistische Interventionen und den folgenden Zerfall des Zentralstaats verursachten scharfen Einbruchs zwischen 1840 und 1949 gesehen wird. Die Wiederherstellung Chinas als handlungsfähiger Zentralstaat durch den Sieg der sozialistischen Revolution 1949 muss als Moment einer ökonomischen Rekonstruktion verstanden werden, welche die Grundlage des aktuellen Aufstiegs legte. Auch wenn die aktuelle Entwicklung hier als kapitalistisch, d. h. in ihrer Dynamik durch Akkumulationszwang und Klassenkonflikte geprägt gesehen wird, so war dies nur möglich, weil die sozialistische Revolution über Jahrzehnte hinweg die Entstehung neokolonialer Abhängigkeiten verhindert hat.[57]

## Agrarische Produktionsverhältnisse, Lohnarbeit und Bourgeoisie

Im Folgenden soll gezeigt werden, dass die ›traditionelle‹ Produktionsweise Chinas, die noch Anfang des 20. Jahrhunderts im Kern wenig verändert war, auch den aktuellen Aufschwung in hohem Maße prägt. Ausgangspunkt und Basis ist dabei die Landwirtschaft bzw. der ländliche Raum, der Ausgangspunkt und Grundlage der gegenwärtigen ökonomischen und sozialen Umwälzungen war: »Die Helden, die gegenwärtig die Veränderungen vorantreiben, sind die Bauern. ... Während die frühe Bourgeoisie, angetrieben durch die Jagd nach Profit, in Europa ständig Produktion und soziale Verhältnisse revolutionierte, übernahmen die chinesischen Bauern die Führung im Prozess der gegenwärtigen Reformen zur Modernisierung Chinas.« (Chun, S. 41)

### Landwirtschaft und Hausindustrie
Die meisten Historiker betrachten die florierende, arbeitsintensive und auf bäuerlicher Kleinproduktion basierende Landwirtschaft, betrieben von freien Bauern oder von Pachtbauern, als wichtigstes Merkmal der chinesischen Ökonomie, und zwar über die gesamte Pe-

---

57   Im Folgenden wird nicht jede Information über die ökonomische Geschichte und Struktur Chinas im Einzelnen belegt, außer bei Zitaten. Neben Buch- und Zeitschriftenartikeln und Zeitungsberichten dienen mir vor allem folgende Werke als Quelle: Aglietta/Bai (2013); Arrighi (2007); ten Brink (2013); Brook (1989); Elvin (1973); Hoffmann/Qiuhua (2007); Jacques (2012); Menzel (1978); Osterhammel (1989); Peters (2008); Pomeranz (2000); Powell (1992); Schmid (2010); Spence (2001); Wittfogel (1931).

riode vom 8. bis zum 19. Jahrhundert hinweg (Yuan, S. 191) bzw. bis ins 20. Jahrhundert hinein. Ein wichtiges Merkmal der traditionellen chinesischen Landwirtschaft war die Knappheit landwirtschaftlicher Flächen im Verhältnis zur Bevölkerung. Zwar gab es Großgrundbesitz (zur Frage des Bodenrechts weiter unten), der aber meist an Kleinbauern verpachtet wurde. Die Verschränkung zwischen der Gutswirtschaft der feudalen Grundherren und kleinbäuerlicher Hufenwirtschaft, wie sie für den westeuropäischen Feudalismus typisch war (Mitterauer, S. 42, Anderson 1979, S. 177)[58], gab es im China der Zeit nach dem 11. Jahrhundert nicht. In Europa war dies die Grundlage der späteren kapitalistisch betriebenen Landwirtschaft. Die für China typische »Gentry«[59] ist nicht mit europäischen Feudalherren vergleichbar. Diese Schicht verfügte zwar über Grundbesitz; dieser allein konnte ihr aber nur selten jene Einnahmen verschaffen, die eine große Kluft zu bäuerlichen Lebensverhältnissen hätte begründen können. In den Landwirtschaftsstatistiken aus der ersten Hälfte des 20. Jahrhunderts wurde als Großgrundbesitz ein solcher ab einer Fläche von 100 Mu definiert, etwa 6 Hektar (Yuan, S. 197).[60] Begrenzt wurde der Umfang des Grundbesitzes auch durch das Erbrecht, das eine Erbteilung unter den männlichen Erben vorsah. Da die reichen Familien üblicherweise auch größer als die durchschnittlichen waren, führte die Erbteilung sehr schnell zu einer Verkleinerung der Flächen, was Tendenzen der Bodenkonzentration entgegen stand: »In der Tat waren die Grundherren meist Kleineigentümer.« (Yuan, S. 205) Entscheidend war die Verbindung des Grundbesitzes mit Positionen im Staatsdienst, wobei der Zugang dazu über Beamtenprüfungen erfolg-

---

58    Mitterauer zitiert die französische Bezeichnung dieser Grundherrschaftsform: »domaine bipartite« (S. 42).

59    Die »gentry« – der Ausdruck bezeichnet ursprünglich die englische ländliche Oberschicht als Verbindung von reichem Bürgertum und niedrigem Adel – fehlt in keiner historischen Darstellung Chinas, wird aber unterschiedlich definiert. Menzel: »Unter dem Begriff ›Gentry‹ sollen hier ... zur Ruhe gesetzte Beamte, deren Verwandte und sonstige literarisch gebildete Grundbesitzer verstanden werden.« (1978, S. 98) Die gentry lebt nicht auf dem Dorf, wo sich ihr Grundbesitz befindet, sondern in befestigten Landstädten.

60    1 Mu sind 666 Quadratmeter, 1 Hektar also 15,02 Mu.

te.[61] Daher wird die Staatsbürokratie von vielen Historikern auch als »Meritokratie« bezeichnet (Osterhammel 1989, S. 56). Für Elvin u. a. war die Periode zwischen dem 8. und dem 12. Jahrhundert entscheidend für die Herausbildung jenes ländlichen Produktionssystems, das in wichtigen Grundzügen bis ins 20. Jahrhundert hinein Bestand hatte. Dieses System war grob unterschieden zwischen der auf Hirse und Weizen beruhenden Landwirtschaft des Nordens (hier war u. a. Schutz vor Überschwemmungen wichtig) und dem Nass-Reis-Anbau im Süden, für den Bewässerung zentral war. Die große Bedeutung des Wasserbaus – hinzu kommt der Ausbau bzw. die Unterhaltung von Wasserwegen als Grundlage der Kommunikation und damit der Zentralgewalt im Binnenland China – veranlasste einen der ›Klassiker‹ der europäischen Chinawissenschaft, Karl A. Wittfogel, von einer »hydraulischen« Gesellschaft zu sprechen (Greffrath, S. 296).[62]

Obwohl die Bewirtschaftungsflächen im Norden im Schnitt größer waren als im Süden, war die Landnutzung überall extrem arbeitsintensiv, die Bodenproduktivität war hoch, die Arbeitsproduktivität niedrig. Es handelte sich, wie Menzel zusammenfasst, um eine »Gartenbaukultur« (1978, S. 51), bei welcher Ackerbau kaum mit Viehzucht und Weidewirtschaft verbunden war. Der Einsatz von Zugtieren und Geräten war wenig sinnvoll: »Sozialstruktur und Besitzverhältnisse charakterisieren das agrarische China als ein Land von Zwergbauern ...« (ebd., S. 78). Diese »Zwergbauern« aber erreichten durch hohen Arbeitseinsatz gute Flächenerträge, die Abwesenheit von »agrarisch nutzbarem Grundbesitz« schützte die Lebensgrundlage der Kleinbauern. Allerdings: »Was einerseits Schutz der Bauern vor sofortiger ... oder völliger ... Mittellosigkeit war, behinderte andererseits den Übergang zur großflächigen, mechanisierten Anbauweise.« (Menzel 1978, S. 60).

---

61 Die gesellschaftliche Position einer Großfamilie hing davon ab, ob es Mitgliedern gelang, diese Prüfungen zu bestehen und in den Staatsdienst zu gelangen. Dies beinhaltet einen großen Leistungsdruck auf die möglichen Kandidaten: Siehe die Rolle des jungen Pao Yü, der Hauptperson im Roman »Der Traum der roten Kammer« aus dem 18. Jahrhundert.

62 Im Netz findet sich eine gute Zusammenfassung von Wittfogels Ansatz durch Ulrich Menzel (2013).

Hinzu kommt ein weiterer Aspekt, den auch Marx bei seinen Bemerkungen zur ökonomischen und sozialen Struktur Chinas hervorgehoben hatte: die »Verklammerung von Agrikultur und Manufaktur« (Menzel 1978, S. 90), die aus der Integration von subsistenzorientierter Landwirtschaft mit dem Handwerk herrührt. Angesichts der kleinen Flächen und der geringen marktfähigen Überschüsse war das Handwerk oft die einzig Möglichkeit der Bauernfamilien, Geldeinkommen zu erzielen. Menzel schätzt, dass (nach Regionen unterschiedlich) etwa 75 Prozent der Agrarproduktion der Selbstversorgung dienten. Dass sich die Agrarwirtschaft überwiegend in relativ geschlossenen Mikroregionen organisierte (es werden zu bestimmten Zeiten 70.000 Marktregionen gezählt), leitet Menzel u. a. aus der Tatsache ab, dass es eine Vielzahl von lokalen Maß- und Gewichtseinheiten gab.

Die ländliche Hausindustrie scheint im Übrigen bis ins 19. Jahrhundert äußerst leistungsfähig gewesen zu sein, wie Marx in einer Analyse des englisch-chinesischen Handels feststellte.[63] Diese diente nicht nur der lokalen oder regionalen Selbstversorgung mit lebensnotwendigen Produkten, sondern sie war – teilweise indirekt – auch in die Exportproduktion und somit in weltwirtschaftliche Zusammenhänge eingebunden. Elvin hebt die Bedeutung der ländlichen Industrie ab dem 16. Jahrhundert bei der Verarbeitung von Baumwolle, Tee und Seide hervor, neben Porzellan die wichtigsten Exportprodukte Chinas: »Einfache Seide wurde ähnlich wie Baumwollstoffe auf dem Lande hergestellt.« (Elvin 1973, S. 283)

---

63 »1844 sandte Herr Mitchell einige Muster chinesischen Tuchs von jeder Qualität mit dem entsprechenden Preisvermerk nach England. Seine Geschäftsfreunde erklärten, daß sie es zu den genannten Preisen in Manchester nicht produzieren und noch viel weniger nach China senden könnten. Woher kommt dieses Unvermögen des höchstentwickelten Fabriksystems der Welt, Tuch zu unterbieten, das auf primitivsten Webstühlen mit der Hand gewebt wird? Die Vereinigung kleiner Agrikultur mit häuslicher Industrie … löst das Rätsel.« (Karl Marx, Der Handel mit China, New York Daily Tribune v. 3.12. 1859, MEW 13, S. 540f) Im dritten Band des ›Kapital‹ weist Marx auf »die innere Festigkeit und Gliederung vorkapitalistischer, nationaler Produktionsweisen« hin: die »unmittelbare Verbindung von Ackerbau und Manufaktur« beinhalte eine große »Ökonomie und Zeitersparung« (MEW 25, S. 346).

Die Reformen im ländlichen Raum nach 1949 stärkten zunächst die bäuerlichen Strukturen – bei Enteignung der ›absenten‹ Großgrundbesitzer, manchmal auch einiger Großbauern, war das »Ergebnis der Landreform die Gleichverteilung« (Yuan, S. 224), allerdings nicht des Eigentums, sondern nur der Nutzungsrechte. Das Bodeneigentum wurde auf die dörflichen Kollektive übertragen. Die Bodenreform von 1950 identifizierte und enteignete die »landlords« (gentry), d. h. Grundbesitzer ohne eigene agrarische Aktivitäten –, wobei auch diesen, wenn sie im Dorf blieben, soviel Boden belassen wurde, dass sie sich selbst versorgen konnten (Menzel 1978, S. 465). Erst mit der Bildung der Volkskommunen im Rahmen des ›großen Sprungs nach vorn‹ ab 1958 wurde versucht, die bäuerliche Produktion grundlegend umzuwälzen (Menzel 1978, S. 437 ff). Allerdings erfolgte die Kollektivierung der Landwirtschaft entlang traditioneller Verwaltungsstrukturen: Die 1958 gebildeten 24.000 (sehr großen) Volkskommunen umfassten 3 Marktgemeinden – diese hatten in der Regel kaum soziale Beziehungen untereinander, so dass Menzel annimmt, es sollten »bewusst organisatorische Einheiten (geschaffen werden), die mit den traditionellen Sozialbeziehungen brachen.« (ebd., S. 450) Die Größe der Volkskommunen, die ökonomisch und politisch kontraproduktiv war, wurde schon mit der Reorganisation von 1963 reduziert (Verdreifachung der Zahl, die 1970 wieder auf 50.000 reduziert wurde). Kernpunkt ist die Feststellung (die wohl auch für die Zeit nach 1978 gilt), dass die Veränderung in der Landwirtschaft »in erheblichem Maße an gewachsene Sozialbeziehungen anknüpft.« (Menzel 1978, S. 451) Die Verwaltung auf kommunaler Ebene war immer relativ autonom gewesen. Der ›asiatische Despotismus‹[64] scheint in Wirklichkeit insofern weniger despotisch gewesen zu sein als der europäische Feudalismus, wo der Feudalherr als externe Kraft tief in die dörflichen Angelegenheiten eingriff. Dies betonen u. a. Aglietta / Bai, die von zwei Verwaltungsebenen sprechen: Dem Kaiserhaus mit seinen

---

64 In seiner späteren antikommunistischen Phase arbeitet auch Wittfogel mit der Figur der »orientalischen Despotie«, die er aus der ›hydraulischen Gesellschaft‹ ableitete (Menzel 2013).

Beamten einerseits (im 1. Jahrhundert gab es 131.000 Beamte, die sich in 18 Grade aufteilten) und den »selbst-organisierten lokalen Gemeinschaften« (2013, S. 17) andererseits: »Die Macht der Zentralregierung reichte aber nur bis auf die Ebene des Kreises. Darunter begann die lokale Selbstverwaltung der Gemeinden, innerhalb derer die Gentry eine besondere Rolle spielte.« (Menzel 1978, S. 97). In diesem Kontext ist festzuhalten, dass die unterschiedlichen Formen der Kollektivwirtschaften nach 1958 mehr waren als landwirtschaftliche Produktionsgenossenschaften – sie vereinten alle wirtschaftlichen Aktivitäten und die kommunale Verwaltung: »Die Volkskommune wurde grundsätzlich zu einer Verwaltungseinheit gewandelt, sie war jetzt die Regierung selbst, nicht mehr eine Produktionsgenossenschaft.« (Yuan, S. 247)

Letzten Endes scheinen die verschiedenen Reformen, einschließlich der Privatisierung nach 1978, die dörflichen Sozialstrukturen nur wenig berührt zu haben (Dieckmann, S. 149). Ob geplant oder ungeplant konnten die Wirtschaftsreformen nach 1978 an tief verwurzelten Traditionen anknüpfen, einschließlich der Verwandtschaftsbeziehungen und der Verbindung zwischen Landwirtschaft und Hausindustrie. Um die Bedeutung der Reformen auf dem Lande für die gesamte Gesellschaft richtig einordnen zu können, muss bewusst sein, dass noch Ende der 1970er Jahre 80 Prozent der 900 Millionen Chinesen auf dem Dorfe lebten (Peters, S. 378). Die Dörfer waren keineswegs Orte des Kadavergehorsams – als 1961 und 1962 der maoistische Kurs auf die Volkskommune unter dem Druck rückläufiger Agrarproduktion gelockert wurde, kam es an vielen Stellen zur spontanen Übertragung der Produktion auf bäuerliche Einzelhaushalte (Peters 2008, S. 265). Die Reformen im ländlichen Raum wurden noch 1980 mit dem klaren Willen unternommen, die Kollektivwirtschaft »als unerschütterliche Grundlage für den Fortschritt der Modernisierung der Landwirtschaft« zu erhalten (Peters 2008, S. 397). Die Übertragung der Produktion an die bäuerlichen Haushalte sollte nur ausnahmsweise erfolgen. Erst 1983 wurde die Tatsache, dass die bäuerlichen Haushalte fast überall dominierten, auch formell akzeptiert. Die Einzelbauern bewirtschafteten weiter einen Boden, der in kollektivem Eigentum war – erst später wurde die private Nutzung für längere Zeiträume vertraglich zugesagt (ebd., S. 399). Prinzipien waren: kollektives Landeigentum, private Bewirtschaftung und egalitäre Bodenverteilung (Nutzungsrechte). Das Kollektiveigentum ist im Übrigen bis heute von Bedeutung, da nach Ablauf der vertraglichen Nutzungsdauer (erst 15, später bis 30 Jahre) das Land umverteilt werden kann. Einer Umfrage von 1999 zufolge hatte in drei Vierteln der Dörfer mindestens einmal eine Umverteilung stattgefunden (Yuan, S. 269).

Einbezogen in die Reformen wurde auch die dörfliche verarbeitende Wirtschaft. Die Nutzung von Lohnarbeit wurde in bestimmtem Rahmen zugelassen, was zur rapiden Zunahme von dörflichen Unternehmen führte (ebd., S. 398). Dies erklärt den Boom der »Township and Village Enterprises« (TVE), die Expansion von Unternehmen in kommunalem Eigentum, die für die erste Phase der Reformen (bis etwa 1988) typisch waren. »Bauern wurden die ersten Kapitalisten der Deng Xiaoping-Periode.« (Aglietta / Bai, S. 90) Die TVE galten nicht als Privatunternehmen, sie gehörten zur Kategorie der »Collectively Owned Enterprises« (COE), wodurch anfangs noch geltende Beschränkungen für die private Wirtschaft umgangen werden konnten. Zwischen 1978 und 1996, ihrem Entwicklungshöhepunkt, stieg die Zahl der Beschäftigten der TVE von 28 auf 135 Millionen; sie trugen 1996 etwa 26 Prozent zum BIP bei. Manager waren oft örtliche Funktionäre, die Zugang zu Finanzierungsquellen hatten. Faktisch waren die TVE häufig Familienunternehmen, da die leitenden Personen Verwandtschaftsbeziehungen zur Rekrutierung von Arbeitskräften und Investitionskapital nutzten. »So stellen Verwandtschaftsnetzwerke und Klans fraglos einen Grundpfeiler des chinesischen Wirtschaftsaufschwungs seit den 1980er Jahren dar.« (Dieckmann, S. 149) Die TVE erfreuten sich auch der Unterstützung durch die lokale Bevölkerung, da sie Überschüsse erwirtschafteten und diese verteilten. In der Literatur werden lokale Beispiele zitiert, in denen bis zu zwei Drittel der bäuerlichen Einkünfte aus verteilten industriellen Profiten bestanden (Powell, S. 112). Anknüpfend an oft sehr alte Traditionen ländlicher Industrialisierung (ebd., S. 111) entstand stellenweise ein ziemlicher Wildwuchs von Unternehmen. Vorangetrieben durch lokale Verwaltungen entwickelten sich industrielle Kapazitäten nicht selten auf Kos-

ten der landwirtschaftlichen Produktion. Der Aufschwung industrieller Aktivitäten führte oft zum Rückgang der Agrarproduktion: »Viele
lokale Verwaltungen wurden durch industrielle und verwandte Produktionen angezogen wegen der größeren Wachstumsbeiträge und
höheren Profite. ... Es ist nicht überraschend, dass die Getreideerzeu-
gung darunter leidet« (Powell, S. 112 f). Es gab allerdings auch Fälle,
in denen die Erträge von TVE in die Landwirtschaft reinvestiert wurden. Die Zentralregierung, die zu diesem Zeitpunkt noch kein funk-
tionierendes System der Besteuerung hatte, konnte die Überschüsse
nicht abschöpfen. Diese flossen an die Kommunen zurück und ver-
besserten die lokale Finanzierungsbasis. Die TVE beschäftigten meist
lokale Lohnarbeiter, die gleichzeitig Bauern waren und für niedrige
Löhne arbeiten konnten. Obwohl es in gewissem Sinne öffentliche
Unternehmen waren, standen sie im Wettbewerb mit TVE anderer
Gebietskörperschaften und später nicht selten auch in Konkurrenz zu
staatlichen Unternehmen (State Owned Enterprises – SOE). Ihre Entstehung verdanken sie weniger zentralen Planvorgaben als vielmehr
spontanen Prozessen – oft wurden zentrale Vorschriften missachtet,
ten Brink spricht von »innovativen informellen Praktiken«, deren Re-
gelverletzung mit der Formulierung »wearing a red hat« (einen roten
Hut tragen) verschleiert wurde (ten Brink, S. 119). In den Küstenpro-
vinzen profitierten die TVE auch von exilchinesischen Direktinvestitionen und produzierten teilweise für den Export.

Ab der zweiten Hälfte der 1990er Jahren wurden viele TVE auch
formell in Privatunternehmen umgewandelt. So gesehen waren TVE
eher eine Durchgangsstation zum Kapitalismus. Sie entstanden aber
auf der Grundlage einer sehr alten dörflichen Produktionsweise, die
durch relative Selbständigkeit der Produktion bei Überwiegen von
Subsistenzwirtschaft, die Begrenztheit der Marktproduktion auf lokale Marktregionen und die enge Verbindung von Agrarwirtschaft
mit handwerklicher bzw. kleinindustrieller Produktion gekennzeichnet war. Die traditionellen kommunalen Strukturen erwiesen sich
als außerordentlich handlungsfähig, was in keiner Weise zentral geplant war. Die skizzierte dörfliche Produktionsweise gilt in Form der
»landwirtschaftlichen Gemeinde« (agricultural commune) in der aus-

gedehnten Debatte über die »asiatische Produktionsweise« (APW) in China als eines der spezifischen Merkmale der chinesischen vorkapitalistischen Produktionsverhältnisse (Zhao Lisheng, S. 67f). Dass die Basis der APW (ob man sie nun als Konzept akzeptiert oder ablehnt) »ein System von Dorfgemeinschaften (ist), die jede selbst-genügsam ist infolge der Kombination von Landwirtschaft und Hausindustrie«, bei Abwesenheit von privatem Eigentum an Grund und Boden, ist in der entsprechenden Debatte weitgehend unbestritten (Melotti, S. 54).

Allerdings scheint sich diese historisch begründete Spezifik in dem Maße aufzulösen bzw. in kapitalistische Formen überzugehen, in der die lokalen Manager der TVE, meist Angehörige der lokalen Verwaltungen bzw. Funktionäre der Partei, diese in Privatunternehmen umwandeln und Eigentümer werden. Nachdem Privatunternehmen offiziell »als wichtiger, konstituierender Bestandteil der sozialistischen Marktwirtschaft« aufgewertet worden waren, wurden massenhaft Kollektivunternehmen privatisiert bzw. in »Aktienkooperativen« umgewandelt. Nach Angaben von Peters sind in der zweiten Hälfte der 1990er Jahre über 80 Prozent der ländlichen Unternehmen privatisiert worden (2008, S. 477). So wirkte die traditionelle dörfliche Produktionsweise in gewissem Sinne wie ein ›Saatbeet‹ des Kapitalismus, vor allem im Bereich der kleinen und mittleren Unternehmen. Auch wenn die Verbindung der nunmehr privaten Unternehmen zur jeweiligen Kommune und die verwandtschaftlichen Strukturen nach wie vor wichtig sind, ist damit doch ein ökonomischer Funktionsverlust der Dorfgemeinschaft verbunden. Einige Autoren meinen im Gegensatz dazu, dass in China in diesem Bereich eine Art »Community Capitalism« (Hou Xiaoshuo) entstanden sei, wobei die lokalen Unternehmen zwar autoritär geführt werden (»Die Dorfbewohner werden bei vielen Entscheidungen nicht konsultiert«), die Bewohner aber doch am Ertrag beteiligt sind (»Aber sie teilen den Gewinn«). Die Einwohner der jeweiligen Gemeinden seien mit den Dorfunternehmen ökonomisch eng verbunden, »es wird für die Dorfbewohner sehr kostspielig, die Gemeinde zu verlassen.«[65] Der

---

65    Eight Questions: Hou Xiaoshuo on Community Capitalism, Chinarealtime-report v. 25.6.2013

Autor ist der Ansicht, dass diese hybriden Formen von Unternehmen »für eine sehr, sehr lange Zeit« Bestand hätten. Auch Chun (S. 42) wertet die große Bedeutung der TVE als Beleg für den nicht-kapitalistischen Charakter des chinesischen Entwicklungswegs: »Die treibende Kraft selbst vieler privater Unternehmen ist nicht der Profit oder die Reinvestition von Profiteinkommen, sondern die Verbesserung der Lebensverhältnisse …«. Dies wurde allerdings noch vor der Privatisierungswelle der 1990er Jahre geschrieben.

**Lohnarbeit**

Ein zentrales Merkmal der kapitalistischen Produktionsweise, im Begriff des Kapitals eingeschrieben, ist die Lohnarbeit bzw. der Lohnarbeiter. Wie Marx und Engels in ihrer Broschüre ›Lohnarbeit und Kapital‹ betonten, sind »Kapital und Lohnarbeit … zwei Seiten eines und desselben Verhältnisses« (MEW 6, S. 411). Zwar gab es Lohnarbeit historisch in ganz unterschiedlichen Gesellschaftsformationen, Produktionsmittel werden aber erst dann zu Kapital, wenn es auf der anderen Seite »freie Arbeiter, Verkäufer der eignen Arbeitskraft und daher Verkäufer von Arbeit (gibt). Freie Arbeiter in dem Doppelsinn, daß weder sie selbst unmittelbar zu den Produktionsmitteln gehören, … noch auch die Produktionsmittel ihnen gehören ….« (MEW 23, S. 742). Nun wurde oben gezeigt, dass Marx selbst keine Probleme hatte, diese scheinbar unumstößliche Bestimmung der kapitalistischen Produktionsweise (die Trennung von Produzenten und Produktionsmitteln) insofern zu relativieren, als er sie als westeuropäische Erscheinung bezeichnet, die keine Allgemeingültigkeit besitzt. Er bezieht sich in der entsprechenden Argumentation explizit auf die Tatsache, dass bei einer nachholenden Entwicklung Länder ganze Etappen überspringen können, dass vorkapitalistische Einrichtungen – in angepasster Form – in spätere Entwicklungsphasen übernommen werden.

Betrachten wir die chinesischen Verhältnisse, so stellen wir in der Tat fest, dass die Lohnarbeit in diesem Sinne, also des ›doppelt freien Lohnarbeiters‹, dort bislang nicht die dominierende Form der Arbeitsbeziehungen ist, da es weder eine vollständige Trennung der Produzenten von ihren Produktionsmitteln noch volle Bewegungsfreiheit gibt.

Dies hängt einmal mit dem 1958 eingerichteten Meldesystem zusammen, das die Trennung zwischen ländlichen und städtischen Haushalten festschreibt – zu einem Zeitpunkt also, als noch 85 Prozent der Bevölkerung auf dem Land lebten. Der Volkszählung von 2010 zufolge lebten noch 50,3 Prozent der Bevölkerung auf dem Lande, bis 2020 soll dieser Anteil auf 40 Prozent zurückgegangen sein. Trotzdem ist immer noch eine große Mehrheit der Bevölkerung im rechtlichen Sinne nicht städtisch (NZZ v. 18.12.13). Ursprünglich begründete die Registrierung als ›ländlich‹ oder ›städtisch‹ das Recht auf Ressourcen: Für die ländlichen Haushalte den Zugang zu Land, für die städtischen Haushalte den Zugang zu bestimmten öffentlichen Gütern. Sollte dieses System ursprünglich spontane Land-Stadt Migrationen verhindern, so hat sich diese Funktion seit den 1990er Jahren umgekehrt: Angesichts zunehmender Knappheit von Arbeitskräften in den städtischen Regionen soll es für den Zustrom billiger Arbeitskräfte sorgen, ohne die urbanen Infrastrukturen zu überfordern. Im Kern handelt es sich also um den klassischen Fall der ›Artikulation von Produktionsweisen‹: Während die ökonomische Grundlage der ländlichen Haushalte nach wie vor die dörfliche Ökonomie ist, sorgt die Nachfrage nach Lohnarbeitern dafür, dass diese Haushalte beträchtliche Teile der Arbeitskraft dem Industrialisierungsprozess zur Verfügung stellen. Es entstand das Phänomen der Wanderarbeit, das im Übrigen keine chinesische Spezialität, sondern weltweit verbreitet ist.[66]

---

66  Auch in fortgeschrittenen Ländern ist Migrationsarbeit ein relevanter Bestandteil der Produktionsweise; eine dominante Form ist sie in vielen Schwellenländern, vor allem in jenen mit niedrigen Bevölkerungszahlen. Die staunenswerte Entwicklung in den ölreichen Ländern des Nahen Ostens ist ohne den massiven Einsatz von Wanderarbeit nicht zu erklären; die bemerkenswerte Architektur in Saudi Arabien oder in den arabischen Emiraten entsteht buchstäblich auf den Knochen von indischen, malaysischen, philippinischen, ägyptischen und anderen Arbeitskräften. Für die Glitzermetropole Doha, die 2022 die Fußballweltmeisterschaft beherbergen soll, rechnet der internationale Dachverband der Gewerkschaften bis zum Anpfiff mit 4.000 Toten (Frankfurter Allgemeine Zeitung, FAZ, v. 7.11.13). In Riad wurden Ende 2013 Tausende von Arbeitern aus Indien, Indonesien, Bangladesh, den Philippinen und Pakistan verhaftet und ausgewiesen, während Hunderttausende das Land freiwillig verließen. Angesichts steigender

Karl-Heinz Roth macht darauf aufmerksam, dass von den weltweit etwa drei Milliarden Ausgebeuteten »über die Hälfte dem ›vulnerable employment‹ zugerechnet wird: Sie sind entweder als unbezahlte ›mithelfende Familienangehörige‹ der bäuerlichen Subsistenzfamilien oder als Scheinselbständige registriert ...« (Roth, S. 134). Es besteht kein Zweifel, dass dies die gegenwärtige Realität vieler ganz oder teilweise Lohnabhängiger richtig beschreibt, und dass solche Erscheinungen an Bedeutung gewinnen. Unter den Begriff »vulnerable employment« werden jedoch ökonomisch ganz unterschiedliche Kategorien subsumiert:

• Der Status des ›doppelt freien Lohnarbeiters‹ als Element des Kapitalverhältnisses steht nicht nur nicht im Gegensatz zu prekärer Beschäftigung, er bedingt Prekarität sogar, was Marx mit der Kategorie der »industriellen Reservearmee« gezeigt hat. Von ›Normalarbeitsverhältnissen‹ im Sinne von Vollzeitarbeit bei quasi garantierter Langzeitbeschäftigung, wie sie es im öffentlichen Dienst und in Großbetrieben westeuropäischer Länder gab und (in abnehmendem Umfang) noch gibt, hat immer nur eine Minderheit der Arbeiterklasse profitiert: ›Normalarbeit‹ und nicht die Prekarität ist ein »Sonderfall des proletarischen Konstitutionsprozesses« (Roth, S. 134).

• Anders sieht es mit jenen Formen des »vulnerable employment« aus, die aus selbständigen Beschäftigungsverhältnissen (self employment) bestehen. Die weltweite Zunahme von selbständigen Beschäftigungsverhältnissen verweist nicht nur auf politische und soziale, sondern auch auf ökonomische Probleme der kapitalistischen Produktionsweise: In dem Maße, wie die zunehmende Arbeitsproduktivität (bei längeren Arbeitszeiten) Teile der Bevölkerung dauerhaft überschüssig macht, müssen diese von Sozialsystemen aufgefangen werden. Angesichts von Überakkumulation und arbeitssparendem technischen Fortschritt benötigt die kapi-

---

Arbeitslosigkeit braucht man die muslimischen Glaubensbrüder – etwa ein Drittel der Bewohner Saudi Arabiens sind Ausländer – nicht mehr (NZZ v. 9.11.13).

talistische Produktionsweise nur noch in abnehmendem Umfang ›freie Lohnarbeit‹. In dem Maße, wie Sozialsysteme abgebaut werden bzw. nicht existieren, gewinnt die ›Artikulation‹ mit nichtkapitalistischen Produktionsweisen als sozialer Rückzugsraum wieder an Bedeutung, was sich im Wachstum des ›informellen‹ Sektors niederschlägt.

- Ähnlich stellt sich das für jene Lohnarbeiter vor allem in den Ländern des Südens dar, die direkt bzw. über Familienbeziehungen Zugang zu Agrarland haben. Deren Reproduktion kann ganz oder teilweise durch den Rückgriff auf überlieferte vorkapitalistische Produktionsweisen bewältigt werden, Perioden der Arbeitslosigkeit können so überbrückt werden. Das gilt in modifizierter Form selbst im städtischen Raum; entscheidend ist die Stabilität von (groß)familiären Netzwerken.

- Ob diese Art der »Artikulation« von Produktionsweisen über längere Perioden hinweg funktioniert, hängt auch von der Widerstandsfähigkeit und der ökonomischen und ökologischen Überlebensfähigkeit der vorkapitalistischen Produktionsweisen ab. Die Schwächung des kleinbäuerlichen Zugangs zu Land gefährdet diese ebenso wie der Verfall von Bodenfruchtbarkeit und Wasserressourcen. Hier eröffnet sich ein neuer Widerspruchsraum: Die Verwandlung der Masse der afrikanischen und indischen Kleinbauern in landlose, auf Lohnarbeit angewiesene Stadtbewohner in der Folge von ›landgrabbing‹ würde zu einer sozialen Katastrophe globalen Ausmaßes führen (Pearce, S. 357).

- Die von Roth geschilderte Tendenz zur Prekarität proletarischer Lebensverhältnisse hängt auch mit dem oben erwähnten Stand der Produktivkräfte zusammen. Die Arbeitsproduktivität in der materiellen Produktion hat inzwischen einen solchen Stand erreicht, »daß der Besitz und die Erhaltung des allgemeinen Reichtums einerseits nur eine geringre Arbeitszeit für die ganze Gesellschaft erfordert und die arbeitende Gesellschaft sich wissenschaftlich zu dem Prozeß ihrer fortschreitenden Reproduktion, ihrer Reproduktion in stets größerer Fülle verhält; also die Arbeit, wo der Mensch in ihr tut, was er Sachen für sich tun lassen kann, aufgehört hat.«

(Marx, Grundrisse S. 231). Dass das Kapital sich trotzdem dafür entscheidet, Menschen arbeiten zu lassen, wo es möglich wäre, »Sachen für sich tun (zu) lassen«, hängt damit zusammen, dass es möglich ist, Löhne zu zahlen, die weit unter den Reproduktionskosten liegen: In der Textil- und Bekleidungsindustrie ist es z. B. billiger, Frauen aus China oder Bangladesh Handarbeit ausführen zu lassen, statt Maschinen einzusetzen, weil diese Frauen familiär eingebunden sind und zu Minilöhnen ausgebeutet werden können. Ein anderer Einflussfaktor ist die (begrenzte) Fähigkeit der Lohnarbeiter, dem Kapital organisierten Widerstand entgegenzusetzen.

Ob sich die ›Artikulation von Produktionsweisen‹ als »Krücken«[67] nicht nur schwacher, sondern auch entwickelter Kapitalverhältnisse für längere Perioden als funktional erweist, hängt vor allem mit der Entwicklung ländlicher Verhältnisse zusammen. Marx, der die britischen Zustände vor Augen hatte, sah mit fortschreitender Entfaltung der Kapitalverhältnisse auch die Agrarproduktion kapitalistischen Verwertungsbedingungen unterworfen, was mit der Auflösung kleinbäuerlicher Strukturen auf dem Lande verbunden war. Dies ist dort, wo das Zusammenspiel von vorkapitalistischen ländlichen Produktionsweisen und modernen kapitalistischen Produktionsverhältnissen funktioniert, bislang nicht bzw. nur in Ansätzen der Fall: Dies trifft für China und Teile Asiens zu, für den größten Teil Afrikas und für einige lateinamerikanische Länder. Es funktioniert nicht oder kaum in Westeuropa (Beispiel: Griechenland, Portugal, Spanien), in Osteuropa und in den Transformationsländern der ehemaligen Sowjetunion, wo die kleinbäuerliche Landwirtschaft weitgehend verschwunden ist bzw. unter dem Konkurrenzdruck der kapitalistisch organisierten Agrarproduktion Westeuropas und Nordamerikas untergeht. Inwiefern durch die aktuellen Prozesse des ›landgrabbing‹, d. h. den Aufkauf

---

67   Marx, Grundrisse: »Solange das Kapital schwach ist, sucht es selbst noch nach den Krücken vergangner oder mit seinem Erscheinen vergehnder Produktionsweisen.« (S. 544)

von Landreserven im Süden durch Investoren, die kleinbäuerliche Wirtschaftsweise untergraben wird, kann derzeit noch nicht abschließend eingeschätzt werden.[68]

Für unsere Untersuchung der chinesischen Entwicklung ist der Zusammenhang zwischen industrieller Lohnarbeit einerseits und ländlichen Rückzugsgebieten andererseits von großer, teilweise überragender Bedeutung. Hervorzuheben ist, dass das Industrieland China – seit einigen Jahren der weltweit größte Produzent von Industriewaren – gleichzeitig ein Agrarland geblieben ist. Dem Zensus von 2006 zufolge gab es 200 Millionen Haushalte, die Landwirtschaft betrieben, und zwar mit 342 Millionen Arbeitskräften. Diese Haushalte bewirtschafteten durchschnittlich 9,1 Mu, also etwa 6.000 Quadratmeter Boden (Yuan, S. 270f). Die Landwirtschaft, die (Zahlen von 2013) noch gut 10 Prozent zum BIP beiträgt, beschäftigt einer anderen Statistik zufolge 496 Millionen Erwerbstätige (WKÖ). Demnach wäre eine Mehrheit der erwerbstätigen Chinesen Bauern, deren Produktivität extrem niedrig ist. Dem chinesischen landwirtschaftlichen Jahrbuch zufolge wird aber deutlich, dass diese Erwerbstätigen die Landwirtschaft überwiegend nur nebenbei betreiben – schon 2008 lag der Beitrag der Landwirtschaft zu den bäuerlichen Einkommen nur noch bei 30 Prozent (1990 noch 50 Prozent) (Yuan, S. 276).

Das heißt aber zugleich, dass die Mehrheit der chinesischen Erwerbstätigen enge Beziehungen zum Land hat, wozu das bislang nur gestreifte ländliche Eigentumsrecht beiträgt. Da es nicht möglich ist, Land privat zu verkaufen, bleiben die Betreffenden als Mitglieder der jeweiligen Dorfgemeinschaft formell Eigentümer – Vorschläge, das Land zum Privateigentum der Haushalte zu machen, die es bewirtschaften, werden bislang immer wieder abgewiesen mit dem Hinweis auf die Gefahr der Bodenkonzentration: »Privatisierung (würde) zur großen Konzentration, sozialer Ungerechtigkeit und Konflikten führen, … der Boden (sollte) die letzte soziale Versicherung für Bauern

---

68    Die mit »landgrabbing« verbundene Abwanderung von Kleinbauern in
      überfüllte Städte ist eine auch vom Standpunkt des Kapitals problematische
      Angelegenheit, was dem bäuerlichen Widerstand nützen könnte.

sein und (dürfe) deshalb nicht privatisiert werden, weil der Bauer dann über das Land verfügen könnte und die Versicherung verlieren würde«, so lauten die verbreiteten Argumente (Yuan 2012, S. 275). Hou Xiaoshuo weist darauf hin, dass mit der Zugehörigkeit zum Dorf oft auch Anrechte auf Gewinnbeteiligung an TVE verbunden sind. Die verbreitete und viel diskutierte Wanderarbeit ist eine wichtige Form, in der sich diese Beziehungen ausdrücken. Bezeichnet man als Wanderarbeiter[69] jene Personen, die sich länger als sechs Monate an einem anderen als ihrem dauerhaften Wohnort aufhalten, so errechnet sich (dem Statistikamt NBS zufolge) eine Zahl von 221 Millionen Menschen (2010), fast doppelt so viele wie zehn Jahre zuvor (117 Millionen). Nach einer anderen Definition, die alle Arbeitsmigranten zählt, gehörten 2011 etwa 253 Millionen Menschen in diese Kategorie, wobei auch lokale Pendler mitgezählt werden; zieht man diese ab, so kommt man auf 159 Millionen Arbeiterinnen und Arbeiter, die langfristig außerhalb ihres ständigen Wohnsitzes arbeiten – wobei dies 126 Millionen ohne ihre Familien tun (Focus Migration, Nr. 19, Dezember 2012). Ein jüngerer Zeitungsbericht spricht von 300 Millionen Wanderarbeitern, allerdings ohne die Quelle zu nennen (FAZ v. 6.11.13). Die Zunahme verlangsamt sich (auf 269 Mio. 2013), wie das Statistikamt NBS mitteilt, trotzdem wächst das Heer der Wanderarbeiter aber immer noch. (FAZ v. 7.7.14) Bei knapp 800 Millionen Erwerbspersonen kann überschlägig geschätzt werden, dass etwa ein Drittel der Erwerbstätigen in dem Sinne Wanderarbeiter sind, dass sie über längere Zeit hinweg fern ihrer Heimatregion arbeiten, in der sich ihre Familie ganz oder teilweise (oft nur die Kinder) aufhält.

Die wirtschaftliche und politische Bedeutung der Beziehungen zur ländlichen Heimatregion wurde schlaglichtartig deutlich, als in der Folge der Wirtschaftskrise 2008/2009 die Exporte zurückgingen und etwa 25 Millionen Wanderarbeiter ihre Arbeitsplätze verloren. Sie wurden ohne größere soziale Erschütterungen vom ländlichen Raum aufgefangen. Das Dorf ist auch als sozialer Bezugspunkt wichtig: Ge-

---

69    Im Chinesischen hat sich der bezeichnende Begriff »Bauernarbeiter« eingebürgert.

heiratet wird meist auf dem Dorf; seit dem 1.7.2013 schreibt ein straf-
bewehrtes Gesetz vor, dass Kinder und Enkel mindestens einmal im
Jahr Eltern und Großeltern zu besuchen haben (FAZ.net v. 1.7.13).

Ob die Rolle der ländlichen Regionen als Sozialversicherung und
familiärer Rückzugsraum erhalten bleibt, hängt auch von der Widerstandsfähigkeit der Agrarwirtschaft ab. Schwächungstendenzen sind
nicht zu übersehen, da die Kommunen sich oft durch den Verkauf
von Land (d. h. von – immer länger dauernden – Nutzungsrechten) finanzieren, die landwirtschaftliche Nutzfläche tendenziell zurückgeht.
Urbanisierung und Industrialisierung reduzieren die Ackerflächen
(Pearce, S. 252).

## Bourgeoisie

Ein weiteres Merkmal der chinesischen ›traditionellen‹ Gesellschaftsformation ist mit dem Charakter der herrschenden Klassen verbunden, denen es nie gelang, die Nabelschnur zum Kaiserhof und zur
staatlichen Bürokratie durchzuschneiden. Zwar zeigen fast alle Historiker, dass Geldwirtschaft und Handel vom 16. Jahrhundert an rasch
an Bedeutung gewannen, wobei der Zustrom amerikanischen Silbers
über den europäischen Import chinesischer Luxusgüter eine wichtige
Rolle spielte.[70] Die klassischen Funktionen des Handels- und Wucherkapitals, dem Marx, auch in Verbindung mit dem amerikanischen
Gold und Silber, so große Bedeutung bei der Herausbildung der kapitalistischen Produktionsweise in Westeuropa zumisst, gab es in entwickelter Form auch in China, vor allem in der Quing-Zeit (ab 1644).
Auch die technischen Voraussetzungen für große industrielle Investitionen waren hier vorhanden. Große Porzellanfabriken, Eisenproduk-
tionen und Hammerwerke existierten schon im ausgehenden 16. bzw.
17. Jahrhundert, so dass Elvin meint: »Wenn man die Chinesische Literatur der zwei oder drei Jahrhunderte vor dem modernen Zeitalter
liest, kommen Momente, in denen man kaum glauben kann, dass dort
keine industrielle Revolution einsetzte.« (S. 285) Auch wenn der Le-

---

70    Zwischen 1580 und 1820 sollen 350 Millionen mexikanischer Silberdollar
      den Weg nach China gefunden haben (Hoffmann / Qiuhua S. 444).

ser manchmal den Eindruck hat, dass Elvin bei der Beschreibung der
chinesischen ›Fortschrittlichkeit‹ etwas übertreibt, um seine Erklärung
des Ausbleibens dieser Revolution, die »high-level equilibrium trap«,
plausibler erscheinen zu lassen, so besteht doch kein Zweifel, dass einige jener Faktoren auch in China gegeben waren, die, in Europa gemeinhin als ›Protokapitalismus‹ bezeichnet, eine Grundlage für die im
19. Jahrhundert einsetzende Umwälzung legten. Pomeranz und anderen Autoren der »California School« der Wirtschaftshistoriker zufolge
(Knöbl, S. 152) waren im China des 18. Jahrhunderts alle Voraussetzungen für eine industriekapitalistische Entwicklung gegeben. Dass
sich der industrielle Kapitalismus trotzdem nur in Europa erfolgreich
durchsetzte hängt seiner Ansicht nach mit der Entdeckung der ›Neuen
Welt‹ zusammen, wodurch sich das Problem knapper Landressourcen
für Europa löste (Pomeranz 2000, S. 264).

Die meisten Beobachter erklären den chinesischen Rückstand
aber mit Elementen, die in der marxistisch orientierten Diskussion
vielfach als Bestandteile der ›Asiatischen Produktionsweise‹ betrachtet werden, d. h. vor allem mit der Klassenstruktur des Kaiserreichs
zusammenhängen. Elvin lehnt diese Erklärung zwar ab und bringt
zahlreiche Beispiele die belegen sollen, dass es in der späten Ming-
Zeit und der frühen Qing-Zeit sowohl Kapital wie große Kaufleute
und Banken gegeben habe, geht aber auf deren Verflechtung mit der
Bürokratie nicht ein, d. h. er übersieht die Frage, ob diese sich zu einer
Klasse formieren konnten. Dies wird von den meisten Beobachtern
mit dem Verweis auf die dauerhafte Abhängigkeit des Handels- und
Wucherkapitals von der Gentry und der Bürokratie verneint. Menzel weist darauf hin, dass es die »Verschränkung« der bürokratischen
Funktionen mit den Besitzverhältnissen war, welche die chinesische
Klassenstruktur erklärt: »Diese Verschränkung ist dafür verantwortlich zu machen, dass weder der Staat noch die Grundbesitzer als In-
novatoren in Erscheinung traten noch potentiellen anderen Bewer-
bern für diese Rolle wie Handwerkern oder Händlern eine Chance
gaben.« (Menzel 1978, S. 96). Die mit der Bürokratie und damit mit
dem Kaiserhof verbundene Gentry habe sich zwar – neben der Ver-
pachtung von Land – gleichzeitig auch mit Handel und Geldverleih

beschäftigt, die Einkünfte daraus aber nicht investiert, sondern entweder für ihre großen Familien oder für den Landerwerb verwendet. »Lebenszweck der Gentry in den Landstädten war der Müßiggang, der allein soziales Prestige verlieh.« Ein Reflex dieser Situation ist das geringe Ansehen der Kaufleute: Gelehrte sollten sich der konfuzianischen Lehre zufolge nicht mit Handelsgeschäften befassen – eine Position, die naturgemäß in dem Maße an Bedeutung verlor, wie sich die Gentry Wittfogel zufolge an Handelsgeschäften beteiligte, allerdings oft nur indirekt (Wittfogel, S. 711 ff). Kößler meint, dass die enge Verbindung mit der grundbesitzenden Gentry die Herausbildung einer »selbständigen Handelsbourgeoisie als möglicher gesellschaftlicher Konkurrent der Gentry« verhinderte (Kößler 1982, S. 65). In dem Sinne kam es in China auch nicht zur Herausbildung einer ›nationalen Bourgeoisie‹, ein Problem, das viele Debatten über die Chinapolitik der Komintern beeinflusste (Schlesinger, S. 66 ff). Kößler bestreitet, dass es in China überhaupt so etwas wie eine nationale Bourgeoisie gegeben habe: »Die Klassenstruktur des traditionalen China war von einer herrschenden Klasse geprägt, die in sich vier Ausbeutungsformen vereinte: Durch unmittelbare staatliche Intervention als Steuer, durch Pachtzahlungen, durch Wucherzinsen und als Handelsprofit floß der Gentry der Löwenanteil des gesellschaftlichen Mehrprodukts zu.« (ebd., S. 66)[71]. Die Gentry aber war eng mit dem Staatsapparat verbunden. Hoffmann / Qiuhua, die die geistige Entwicklung in den Mittelpunkt stellen, kommen zu entsprechenden Schlussfolgerungen: »Der städtische Reichtum änderte in keiner Weise den … Tatbestand, dass sich die urbanen Mittelschichten in einer Verfassung geistiger und emotionaler Subalternität befanden.« (S. 445) Vereinfacht gesagt war die herrschende Produktionsweise durch eine spezifische Kombination von relativ hoch entwickelten Produktivkräften einerseits bei großem Beharrungsvermögen der traditionellen, durch die Suprematie von Kaiserhaus und Bürokratie geprägten Produktionsverhältnis-

---

71    Das wird von chinesischen Autoren bestätigt: »Die Herausbildung einer unabhängigen Bourgeoisie war ebenso wenig möglich wie die Formierung eines wirklichen Proletariats.« (Wu Dakun, S. 42)

sen andererseits geprägt. Neben dem Kaiserhof und der von ihm abhängigen Bürokratie gab es niemals – wie in Europa – konkurrierende
Machtgruppen wie Kirche, Adel, Kaufmannschaft und selbständige
Städte.[72] Damit waren jene sozialen Gruppen, die die wirtschaftlichen Möglichkeiten der sich entwickelnden Produktivkräfte nutzen
konnten, nicht in ausreichendem Maße vorhanden bzw. sie verfügten
nicht über die politische Macht, sich gegen den Kaiserhof durchzusetzen.[73] Die sich im 20. Jahrhundert, insbesondere nach dem Zusammenbruch des Kaiserreichs, allmählich entwickelnden Ansätze hierzu
konnten sich unter dem Druck von Kriegen und Bürgerkriegen nicht
entfalten und wurden nach der Revolution von 1949 teilweise oder
ganz abgebrochen.

Von besonderer Bedeutung für die Entfaltung des europäischen
Kapitalismus waren die Städte. Es wurde eingangs gezeigt, dass die
städtische Kultur in China früher und weiter entwickelt war als im
mittelalterlichen Europa – und doch spielten diese politisch und ökonomisch kaum eine Rolle. »Dass die größte mittelalterliche Stadt den
Städten in der Antike oder in den asiatischen Reichen niemals an Grö
ße gleichkam, hat oft den Blick auf die Tatsache verstellt, dass ihre
Funktion innerhalb der Gesellschaftsformation sehr viel fortgeschrittener war.« (Anderson 1978, S. 178) Zwar waren auch die chinesischen
Städte Zentren von Handel und Gewerbe; dies wurde jedoch – entsprechend den konfuzianischen Moralvorstellungen – gering geachtet. Hoffmann / Qiuhua weisen darauf hin, dass diese Missachtung in
der Ming-Periode (Mitte des 14. bis Mitte des 17. Jahrhunderts) so weit
ging, dass die teilweise außerordentlich hohe Steuerkraft der Städte
nur unzureichend abgeschöpft wurde: Die Städter bildeten keine eigene Steuerklasse, sondern wurden mit den Bauern zusammen zum gemeinen Volk gezählt (S. 311).

Dieser Zug, d. h. die Abwesenheit einer sich als Klasse fühlenden

---

72   Anderson spricht von einer »pyramidalen, parzellierten Souveränität« im
     europäischen Feudalismus (1979, S. 17).

73   Warum die Zentralmacht – anders als in früheren Perioden – im 19. Jahrhundert nicht zur Triebkraft von Modernisierung wurde, kann so allerdings
     nicht erklärt werden.

Bourgeoisie, scheint auch das moderne China zu prägen. Aglietta / Bai gehen so weit, aus der Abwesenheit einer organisierten, politisch durchsetzungsfähigen Bourgeoisie zu schlussfolgern, dass China keine kapitalistische Gesellschaft sei: »Kapitalistische Interessen werden niemals so mächtig sein, dass sie den absoluten Vorrang des Staates bedrohen können.« (ebd., S. 7) Arrighi vertieft diesen Gedanken, indem er sich auf Adam Smith bezieht: Dieser ›Säulenheilige‹ der Marktradikalen fürchtete und verabscheute in der Tat nichts so sehr wie die politische Macht der Kaufleute, deren Hauptbestreben er in der Beseitigung der Konkurrenz und der Errichtung von Monopolen sah. Im Kontext des Kolonialismus, aber durchaus mit Anspruch auf Allgemeingültigkeit, formulierte er 1776: »Eine Gesellschaft von Kaufleuten ist aber offensichtlich unfähig, sich selbst als Landesherren zu begreifen, selbst dann nicht, wenn sie dessen Aufgabe wahrnehmen. … Als Landesherren decken sich ihre Interessen genau mit dem Wohl des von ihnen regierten Landes, als Kaufleute laufen diese ihm aber genau entgegen.« (Smith, S., 538) Daraus folgt, dass in einem Land, in dem die Kaufleute die Richtlinien der Politik bestimmen, dem Gemeinwohl am meisten Schaden zugefügt wird. Arrighi kommt daher – wie Aglietta / Bai – zu dem Schluss, dass es sich in China um etwas anderes als um Kapitalismus handelt: »Man kann einer Marktwirtschaft beliebig viele Kapitalisten hinzufügen, solange der Staat ihren Klasseninteressen nicht unterstellt ist, bleibt die Marktwirtschaft nichtkapitalistisch.« (Arrighi, S. 412). Dabei wird übersehen, dass Handlungen der Kapitalisten keine Willkürakte sind, sondern ihnen durch das Zwangsgesetz der Konkurrenz aufgezwungen werden: Das Kapital konstituiert Zwänge, die sich ganz unabhängig von der Person des Kapitalisten durchsetzen, und zwar vermittelt durch die Bewegung der Märkte. Die Regierung muss diese Gesetzmäßigkeiten bei ihren Entscheidungen in Rechnung stellen, unabhängig von der Präsenz der Bourgeoisie im Herrschaftssystem. Das gilt umso mehr, als die Ökonomie des modernen China in den Weltmarkt eingebunden ist. Den von Arrighi behaupteten »grundlegenden Unterschied zwischen kapitalistischer und nicht-kapitalistischer marktorientierter Entwicklung« (S. 409) kann es im globalisierten Kapitalismus nicht geben.

Das heißt allerdings nicht, dass die Abwesenheit bzw. die Schwäche der Bourgeoisie als Klasse irrelevant wäre. Für das moderne China
gilt bis heute die Feststellung, dass die »Kapitalisten eine untergeordnete Gesellschaftsgruppe (sind), ohne die Fähigkeit, das allgemeine
Interesse ihrem eigenen Klasseninteresse unterzuordnen« (Arrighi,
S. 414) – und genau darum ging es auch Adam Smith: Während der
Kapitalismus des ›Washington Consensus‹ unterstellt, dass die Klasseninteressen der Bourgeoisie mit dem allgemeinen Wohl zusammen-
fallen, ist sich der Kapitalismus des ›Beijing Consensus‹ immerhin
bewusst, dass es da einen Gegensatz gibt. Insofern ist die Tatsache,
dass es in China bis heute gelungen ist, die politische Macht der Bourgeoisie zu begrenzen, ein bedeutsamer Tatbestand. Möglich war und
ist das nur solange, wie der Staat (im konkreten Fall: die Kommunistische Partei) als nicht-kapitalistische Institution wahrgenommen und
als legitim betrachtet wird. Daher dürften die Kampagnen gegen kor-
rupte Funktionäre mehr sein als bloße Mimikry. Die im Westen auch
bei Linken verbreiteten Plädoyers für den Aufbau einer »Zivilgesell-
schaft« in China, für die sowohl Aglietta wie Peters eintreten, sollten
mit Vorsicht betrachtet werden: Gewerkschaften, Umwelt- und Bür-
gerrechtsinitiativen sind ebenso wie Unternehmerverbände, Steuer-
zahlerorganisationen und Lobbygruppen der Automobilwirtschaft ›zi-
vilgesellschaftliche‹ Organisationen. In einer Gesellschaft, die durch
die Polarisierung von arm und reich gekennzeichnet ist – und das gilt
inzwischen auch für China – kann nicht unklar sein, welche Interessen
sich im Ringen zwischen den verschiedenen ›zivilgesellschaftlichen‹
Organisationen durchsetzen werden.

Tatsächlich scheint die sich derzeit herausbildende Schicht von
Unternehmern kaum gemeinsame gesellschaftliche Wurzeln zu haben: »Trotz Ausnutzung von persönlichen Beziehungen, gerade auch
zu lokalen Behörden, bilden aber chinesische Unternehmer keine
eigene Klasse oder bilden eine Art Bourgeoisie heraus. Gesellschaftlich stammen Chinas Unternehmer aus völlig verschiedenen Schichten und würden sich, wenn überhaupt, eher einer Arbeiterklasse
zugehörig fühlen. ... Das chinesische Wirtschaftssystem scheint zu
beweisen, dass der Kapitalismus nicht notwendigerweise traditionel-

le Sozialformationen überformen muss, um sie durch (im westlichen Sinne) rationalere zu ersetzen. Es zeigt sich, dass auch diese Institutionen durchaus in der Lage sind, in einem modernen kapitalistischen System effizient zu funktionieren, und stellen somit unter Beweis, dass ihr Wiederaufleben durchaus als rational zu bezeichnen ist.« (Rühle 2012, S. 154) Auch Chun meint, »dass die große Gruppe von aufstrebenden Unternehmern, wie auch immer sie sich selbst sehen, keine geschlossene Klasse von Kapitalisten bilden …, dass sie durch externe soziale Bedingungen eingeschränkt und weit davon entfernt sind, irgendeine Art von Hegemonie beanspruchen zu können.« (S. 37). Peters zufolge wäre die These von der Nichtexistenz einer Bourgeoisie heute zu modifizieren, weil es inzwischen reiche Minderheiten gäbe, die »über starke Interessengruppen einen Einfluß auf Macht und Politik« nähmen. Diese Gruppen sind allerdings nach wie vor eng mit der Kommunistischen Partei verbunden (Peters, S. 119). Wei Zhang argumentiert, dass es zwar heute in China drei Millionen Dollar-Millionäre gäbe, diese »tuhao« (Bezeichnung für Neureiche) aber keine Veränderung des politischen Systems anstrebten, »weil sie zu dessen Profiteuren gehörten«. (Vergoldete Zeiten, NZZ v. 30.12.2014)

## Zusammenfassung

Die traditionelle Produktionsweise in China behinderte die Herausbildung von proto-kapitalistischen Elementen, was allerdings auch für die Stabilität und zumindest partielle Funktionsfähigkeit der Strukturen spricht, die bis zur Mitte des 19. Jahrhunderts den inneren Zusammenhalt und die ökonomische Stabilität des Reiches gewährleisteten. Erst der äußere Druck legte deren Schwächen offen. Ein zeitgenössischer und an den Umwälzungen nach dem Sturz der Qing unmittelbar beteiligter Autor, Mitbegründer der Kommunistischen Partei Chinas, beschreibt die Veränderungen folgendermaßen: »Die Ursache dafür, dass die Lehren des Konfuzius die Hirne der Chinesen über zweitausend Jahre beherrschen konnten, …(ist darin zu suchen), dass sie das Produkt einer über zweitausend Jahre unverändert gebliebenen agrarwirtschaftlichen Ordnung sind, dass sie den Überbau für das System der chinesischen Großfamilie darstellen … Aber die Zeiten haben sich geändert! Die dynamische Zivilisation des Westens ist in China eingedrungen! Die Agrarwirtschaft des Ostens ist dem Druck der Industriewirtschaft des Westens ausgesetzt!« Und weiter: »Die ökonomischen Veränderungen in den Ländern Europas und Amerikas sind das Ergebnis einer natürlichen, inneren Entwicklung; in China resultieren sie aus einem äußeren Druck, darum sind die Leiden und Opfer, die das chinesische Volk erdulden muß, besonders groß.« (LiDa-zhao, S. 80 f)[74] Die erwartete ›Verwestlichung‹ ist – insbesondere was die von LiDa-zhao besonders verabscheute patriarchalische Großfamilie betrifft – nicht eingetreten. Die von den Revolutionären bekämpfte Lehre des Konfuzius ist heute wieder Staatsidee.

## Institutionen und Organisationen: Die chinesische Gesellschaft

Die historische Einzigartigkeit Chinas wird durch die Frage beleuchtet, wie es wäre, wenn das etwa zur gleichen Zeit entstandene Römische Reich in Umfang und Herrschaftsstruktur noch immer bestünde. Wie würden Süd- und Westeuropa, Westasien und Nordafrika heute aussehen, wenn sich hier eine China vergleichbare Zentralmacht und kulturelle Einheitlichkeit erhalten hätte? Solche Fragen sind in der Geschichtswissenschaft natürlich unzulässig, beleuchten aber doch den chinesischen Ausnahmefall, d. h. die außerordentliche historische Kontinuität dieses Landes.

### Zentralstaat und Dezentralisierung

In deren Mittelpunkt stehen die Stärke, Stabilität und gesellschaftliche Legitimität des Zentralstaats, dem es über mehr als zwei Jahrtausende hinweg – mit Unterbrechungen – gelungen ist, einen riesigen, mit unterschiedlichen Völkern besiedelten Raum nicht nur zusammenzu-

---

74  Der Autor war einer der Organisatoren der Studentenproteste vom 4. Mai 1919 und Mitbegründer der Kommunistischen Partei Chinas. Er wurde 1927 verhaftet und ermordet.

halten, sondern darüber hinaus vergleichsweise effizient zu verwalten, nach außen zu verteidigen, kulturelle Geschlossenheit zu sichern und weite Teile Ostasiens unter seinem (zumindest kulturellen) Einfluss zu halten. Die Rolle des Kaiserhauses bzw. des Kaisers entspricht der Rolle des Familienoberhaupts, dem die Familienmitglieder – entsprechend der konfuzianischen Lehre – absoluten Gehorsam schulden, der allerdings umgekehrt auch für das Wohlergehen der Familie zu sorgen hat.[75] Die Legitimität der kaiserlichen Herrschaft war unbestritten, anderen (oft regionalen) Machtgruppen gelang es nicht, die Zentralmacht dauerhaft zu begrenzen. Die Legitimität des Kaiserhauses basierte nicht auf Kompromissen mit anderen, z. B. feudalen, religiösen oder städtischen Machtgruppen, sondern auf Dienstleistungen für die Produktion, vor allem die Landwirtschaft: Die Leistungsfähigkeit der Bauern bestimmte die Höhe der Steuereinnahmen und war damit die Basis der militärischen Macht des Reiches und des Wohlstands der herrschenden Gruppen. Die herrschenden Gruppen waren ihrerseits eng an die kaiserliche Bürokratie gebunden, die Stellung in der gesellschaftlichen Hierarchie war nicht erblich, sie hing vom Durchlaufen staatlicher Prüfungen ab und war immer bedroht.[76]

---

75  Der Soldat der ›Eisengesellschaft‹ Wuluan, der die Kommunisten ebenso wie den Guomindang hasst, sagt im Roman des Literaturnobelpreisträgers Mo Yan »Das rote Kornfeld«: »Kämpfe kommen und gehen, lange Zeiten der Trennung gehen der Einheit voran, und auf lange Phasen der Einheit folgt Trennung, aber das Reich fällt immer wieder einem Kaiser in die Hände. Das Volk ist die Familie des Kaisers, und der Kaiser ist der Vater des Volks. Deshalb setzt er alle seine Kräfte an die Regierungsaufgaben.« (Zürich 2007, S. 382)

76  Der in den dreißiger Jahren des 18. Jahrhunderts entstandene Roman »Der Traum der roten Kammer« schildert, wie die mächtige Sippe der Kia, die sowohl reiche wie arme Mitglieder hat, in Abhängigkeit von der Gunst der kaiserlichen Obrigkeit prosperiert bzw. leidet: Gegen den der Sippe angehörigen Siä Pan wurde – trotz Bestechung des Richters – ein Totschlagsprozess angestrengt, der die ganze Familie in Mitleidenschaft zog: So hatte »der Fiskus ihm die Konzession für eine vierte Pfandleihe, die Siä Pan in seiner südlichen Heimatstadt Ying tiän fu betrieb, entzogen und die Kasse beschlagnahmt und überdies den der Familie Siä gehörigen Grundbesitz beschlagnahmt. Die Familie Siä war mit einem Schlag verarmt.« (1995, S. 723) In der Folge zitterten auch die übrigen Zweige der Kia-Sippe.

»Die Hierarchie innerhalb der Eliten war durchlässig, entscheidend war nicht die Abstammung, sondern die Leistung, die bis 1905 durch staatliche Examen gemessen wurde.« (Aglietta/Bai, S. 31)[77] Somit war die Herrschaft auch in weit entfernten Regionen immer von der Gunst des Kaiserhauses abhängig, immer wieder auftauchende Tendenzen zur Verselbständigung regionaler Herrschaften konnten sich nicht dauerhaft durchsetzen. Diese zentralistische Herrschaft wurde in Europa – siehe Hegel und Marx – oft als despotisch beschrieben, was bis heute zu vielen Missverständnissen Anlass gibt. Die Figur der ›orientalischen Despotie‹ die Montesquieu im 18. Jahrhundert in die europäische Debatte eingeführt hatte, basiert nicht auf der Analyse von tatsächlichen Herrschaftsverhältnissen, sondern aus dem Bedürfnis der kulturellen Abgrenzung und Entwertung der Anderen – hat also einen ähnlichen Stellenwert wie die von den Griechen geprägte Formel von den Barbaren, mit denen alles Nicht-Griechische belegt wurde (Sonderegger, S. 130). In Wirklichkeit war Zentralismus in so einem großen Reich nur durchzusetzen, wenn die Zentrale die Selbständigkeit der Regionen achtete: Der chinesische Zentralstaat war stark, weil er den zentrifugalen regionalen Kräften ausreichend Spielraum ließ, so dass es für diese nicht vorteilhaft war, die Zentralmacht herauszufordern. Dieses fragile Gleichgewicht zwischen Selbständigkeit der Provinzen und Stärke der Zentralmacht prägt bis heute das politische System Chinas: »Diese dezentralen informellen Strukturen waren nicht nur im kaiserlichen China weit verbreitet, sie können auch im zeitgenössischen chinesischen Regierungssystem nachgewiesen werden.« (Aglietta/Bai, S. 29) Selbst die als typisch für das moderne China nach 1978 geltende Praxis, Reformen zunächst in einzelnen Provinzen zu erproben, war schon in bestimmten Perioden der Kaiserzeit verbreitet. Elvin, der den Fortschritten der Landwirtschaft zwischen dem achten und zwölften Jahrhundert eine große Bedeutung

---

77　Es versteht sich, dass diese vertikale Mobilität nur für die Angehörigen der besitzenden Oberschicht galt. Mengzi (372–289 v. u. Z.), wichtiger konfuzianischer Philosoph: »Es gibt keinen Edlen, der nicht über die Landleute herrscht, und es kann keine Landleute geben, die nicht die Edlen ernähren.« (zit. in: Li Da-zhao, S. 89)

zur Erklärung des damaligen Aufschwungs zumisst, zeigt, wie lokale Fortschritte, vor allem gebunden an verbesserte Praktiken der Bewässerung, sich im ganzen Reich ausbreiteten: »Das Hauptzentrum der landwirtschaftlichen Erfindungen war die Liang-Che Provinz, heute das südliche Kiangsu und Chekiang (mittlerer Südosten, JG). Die überlegenen Techniken dieses Gebiets verbreiteten sich als Folge der Versetzung leitender Beamter im ganzen Kaiserreich; diese Beamten stammten aus der Schicht der Grundbesitzenden, sie waren oft stark interessiert an Fragen der Landwirtschaft und förderten aktiv entsprechende Verbesserungen.« (Elvin 1973, S. 114) Die frühe Existenz der Drucktechnik (Holzdruck) war ein wichtiges Hilfsmittel: »Praktische landwirtschaftliche Traktate wurden veröffentlicht, in verständlicher Sprache und oft ausgestattet mit Bildern von Geräten und Anwendungen« – gerichtet an die gebildeten Schichten. Diese vermittelten das Wissen weiter an Verwalter und Aufseher. »In weniger fortgeschrittenen Gebieten gab es Abbildungen an den Wänden der Regierungsgebäude; Bücher wurden gedruckt und Proklamationen veröffentlicht.« (ebd., S. 115) Kernpunkt ist, dass der chinesische Staat immer auch Bestandteil der Produktivkräfte war, aktiv Aufgaben der Förderung der Produktion übernahm, daraus seine Legitimität ableitete – und immer, wenn er diese Aufgaben dauerhaft vernachlässigte, politisch in Frage gestellt wurde.

Auch wenn die Ableitung des Zentralismus allein aus den wasserbaulichen Aktivitäten des Staats z. B. durch Wittfogel wohl nicht ausreichend ist – viele Kritiker wandten ein, dass die meisten öffentlichen Arbeiten lokale bzw. regionale Aufgaben waren und nicht in der Verantwortung der fernen Zentrale lagen –, so ist doch festzuhalten, dass der Staat sowohl auf zentraler wie auf regionaler Ebene eminent ökonomische Funktionen ausübte. Auch wenn er sich nicht direkt in die dörfliche Wirtschaft einmischte, so förderte er diese doch sowohl über die Verbreitung von Wissen als auch durch den Ausbau und die Unterhaltung von infrastrukturellen Voraussetzungen. Deren Qualität war nicht nur eine Bedingung hoher Steuereinnahmen, sondern auch dafür, dass die Abgaben (meist in Form von Naturalien) auch dorthin kamen, wo die Zentrale sie haben wollte. Im Binnenland China,

in dem – anders als z. B. in den Ländern ums Mittelmeer herum –
die Qualität der Kommunikations- und Transportwege entscheidend
war für die effektive Beherrschung des Landes, war deren Pflege eine
wichtige ökonomische und politische Aufgabe. Eine Vernachlässigung
der Arbeiten endete nicht selten in Bauernaufständen und Zerfall des
Reiches. Die Aufstände hatten im Übrigen nicht den Zweck, das Herrschaftssystem zu verändern – Ziel war der Ersatz einer ›schlechten‹
durch eine ›gute‹ Zentrale.

## Verwandtschaft und Familie

Eine weitere institutionelle Besonderheit Chinas gegenüber Europa
(nicht unbedingt gegenüber anderen Kontinenten) war und ist die
überragende Rolle der patriarchalisch strukturierten Abstammungsfamilie – von Dieckmann als »Klan« bezeichnet.[78] Während die westeuropäische Feudalherrschaft (unterstützt durch das Christentum)
schon früh zu einer Lockerung von auf Abstammung beruhenden Familienbeziehungen geführt hatte[79], blieben diese Strukturen in China
u. a. dank der relativen dörflichen Selbständigkeit weitgehend erhalten. LiDa-zhao: »Ursprünglich war die chinesische Gesellschaft nur
eine Vereinigung von Familienverbänden.« (S. 88) Aber anders als
er vermutet hatte, führten die Umwälzungen durch die eindringende europäische Modernisierung nicht zum Verfall dieser als repressiv
empfundenen Struktur, die »Befreiung (der Söhne) von den Vätern
und (der) Frauen von den Männern« fand nicht im erwarteten Ausmaß statt.[80]

---

78  Der Klan ist »eine verwandtschaftliche Gruppe …, die auf einen gemein-
    samen Urahn zurückgeht und eine gemeinsame Praxis (›Klaneigentum in
    Form von Ackerland, Klan-Ahnentempel, Ahnenstammbuch, eigene Be-
    gräbnisstätte‹) hat.« (Dieckmann, S. 145)

79  Die produzierende Kernfamilie ist dem Feudalherrn verpflichtet, nicht der
    weiteren Verwandtschaft.

80  In »Die Knoblauchrevolte« von Mo Yan vereinbaren Familien vertraglich
    die wechselseitige Verheiratung von Söhnen und Töchtern, um »eine un-
    verbrüchliche Bindung zwischen den drei Familien« herzustellen, womit sie
    gegen geltende Ehegesetze verstoßen. Der Dorfvorsteher schützt diese Ver-
    einbarung gegen jede Kritik (Zürich 2009, S. 44).

Dafür, dass das so ist, liefert LiDa-zhao im Grunde selbst die Be-
gründung: Es ist die ökonomische Funktion der Großfamilie, die sich
mit dem Kapitalismus zwar wandelte, aber eben nicht verschwand. Zudem ist darauf zu verweisen, dass ökonomische und soziale Umbrüche die Unsicherheit erhöhen, traditionelle soziale Netzwerke also eher
an Bedeutung gewinnen, weil sie Sicherheit versprechen (Dieckmann,
S. 151). Auch heute organisieren sich die Wanderarbeiter in den Städten
oft entlang von »kinship connections« (Chun, S. 36). Daher vermeiden
es Betriebe, landsmannschaftlich verbundene Wanderarbeiter einzu-
stellen, um die Organisation von Arbeiterwiderstand zu erschweren.

Dass personalisierte Netzwerkbeziehungen im modernen China zu
den Charakteristika der sich herausbildenden kapitalistischen Gesellschaftsformation gehören, ist inzwischen ein in jedem Zeitungsbericht
zu lesender Gemeinplatz. Kaum ein Beobachter versäumt es, auf die
Bedeutung von »guanxi« hinzuweisen. Susanne Rühle wendet diesen
Tatbestand gegen die Webersche Definition des modernen Kapitalismus als bestimmt durch ›rationale‹, unpersönliche Beziehungen, die die
Abstammungsfamilie als Wirtschaftseinheit beseitigen würden. Dies
sei in China anders: »Im Gegenteil, während den Wirtschaftsreformen
nach 1978 griff die chinesische Bevölkerung auf Institutionen aus ihrer
Vergangenheit, wie persönliche Netzwerke und die Familie, zurück, die
dann als organisatorischer Mittel- und finanzieller Startpunkt für kleine
Privatunternehmen dienten und somit ihre Bedeutung für den Produktionsprozess behielten.« (Rühle, S. 139) Diese Netzwerke, verstanden
als Beziehungen zwischen Personen, nicht zwischen Organisationen
oder Unternehmen, sind nicht bloß kein Hemmnis kapitalistischer
Entwicklung, sie fördern diese im Gegenteil: »In China werden gerade
unter Geschäftsleuten Netzwerke als langfristige strategische Allian-
zen gesehen, um an Informationen, Bankkredite oder Ressourcen zu
kommen.« (ebd., S. 149) Anders als formalisierte und einklagbare Ver-
tragsbeziehungen, die – wie oben gezeigt – von Anhängern der europäischen Moderne als unabdingbarer institutioneller Vorteil gesehen
werden, gelten informelle personalisierte Vereinbarungen in China
vielfach als flexibler und verlässlicher. Es gibt umfangreiche Untersuchungen zu den Netzwerkbeziehungen in China, die bestätigen, dass

»die Vertrauensbasis dieser Beziehungen zur Beschleunigung und Vereinfachung des Geschäftsverkehrs (beiträgt) und ... Betrug oder anderes opportunistisches Verhalten (verhindert), da dies unter Umständen den Ausschluss aus dem Netzwerk zur Folge hätte. Netzwerke erleichtern den Geschäftspartnern auch, Interessenkonflikte zu umgehen und funktionieren besser in kleinen Gruppen als in komplexen Unternehmensstrukturen.« (Rühle, S. 150). Das erklärt, dass Gesellschaften, in denen Korruption endemisch ist und die Justiz nicht funktioniert, ökonomisch durchaus florieren können – wenn es ausreichend große und verlässliche Netzwerke gibt, die unterhalb der gesamtgesellschaftlichen Ebene, innerhalb relevanter Gruppen, Vertrauen herstellen können. Damit entfällt eines der insbesondere von Max Weber hervorgehobenen Merkmale des modernen Kapitalismus, die »Trennung von Haushalt und Betrieb«, die »rechtliche Sonderung von Betriebsvermögen und persönlichem Vermögen« (Weber 2005, S. 15), die letzten Endes die Grundlage der Loslösung des Privateigentums von der Person und dessen Verselbständigung begründet. In China sind dagegen persönliche Beziehungen eine Grundlage des Wirtschaftslebens.

### Bodenrecht und Privateigentum

Das individuelle, unbeschränkte Privateigentum und dessen rechtliche Sicherheit stehen, wie gezeigt, im Mittelpunkt der ›Neuen Institutionenökonomik‹ – ohne Privateigentum kein Kapitalismus und keine Entwicklung: Das ist die (vereinfachte) Quintessenz der überwiegenden Mehrheit der ›The West and the Rest‹-Autoren. Es ist daher nicht verwunderlich, dass sich diese Richtung mit der raschen Entwicklung in China (und anderen Teilen der Welt) schwer tut. North selbst stellte mit Erstaunen fest, dass China keine jener institutionellen Voraussetzungen erfüllt, die seiner Ansicht nach konstitutiv sind für kapitalistische, marktwirtschaftliche Dynamik: Es fehlten klar definierte Eigentumsrechte.[81] Die städtischen / dörflichen Unternehmen, die nach den

---

[81]   So berichtet Wei Zhang, dass »unter der Lokalherrschaft von Bo Xilai in Chonquing ... viele Tuhao (Neureiche, JG) kurzerhand enteignet« wurden (ebd., NZZ v. 30.12.2014).

Reformen 1978 überall entstanden, erfüllten nicht die Definition klassischer Unternehmen und China sei eine kommunistische Diktatur.[82] Auch Ferguson muss einräumen, dass »die Volksrepublik China ein erstaunliches Wachstum erreicht, ohne über gute Rechtsinstitutionen zu verfügen und ohne die vorhandenen sonderlich verbessert zu haben. Vertreter der Neuen Institutionenökonomik haben Mühe, dies als Ausnahme von der Regel zu erklären.« (S. 120) Sichere Eigentumsrechte gelten aber als unabdingbar, weil sie die Grundlage für den »unpersönlichen Tausch mit der Möglichkeit der Erzwingung durch Dritte« darstellen, das »entscheidende Fundament erfolgreicher moderner Wirtschaften«. North als Hauptvertreter dieser Richtung grenzt diese Art des Tausches ausdrücklich ab vom »Tausch, in dem die Partner durch Verwandtschaftsbande, Bürgschaften, Geiselstellung oder Geschäftssitten gebunden sind.« (S. 41)

Es ist klar, dass bei der Entwicklung der Eigentumsrechte das Eigentum an Grund und Boden, dem wichtigsten Produktionsmittel in Agrargesellschaften, der historische Ausgangspunkt ist. Die Frage der Eigentumsrechte an Grund und Boden ist zentral für die Bestimmung von (vorkapitalistischen) Produktionsweisen. In den marxistischen Debatten über Asien wird oft aus einem Brief an Engels zitiert, in dem Marx die Ansicht vertritt, dass »die Grundform für sämtliche Erscheinungen des Orients (ist) ... dass kein Privatgrundeigentum existiert.« Engels antwortet: »Die Abwesenheit des Grundeigentums ist in der Tat der Schlüssel zum ganzen Orient«, und begründet das etwas weitschweifig mit der Notwendigkeit der Bewässerung, welche überall eine öffentliche Aufgabe sei (MEW 28, S. 250 ff; vgl. auch: Tökei, S. 47). Dem scheint zu widersprechen, dass es in China seit der Quin-Dynastie (ca. 200 vor Christi) durchaus Privateigentum an Grund und Boden gab. Andere gehen davon aus, dass das Privateigentum an Grund und Boden sich erst im 8. Jahrhundert durchgesetzt hat (Menzel 1978, S. 66). Die in der Diskussion über die Asiatische Produktionsweise (APW) übliche Definition – das Eigen-

---

82    Douglass C. North: The Chinese menu (for Development), in: Wall Street Journal v. 7.4.2005

tum an Grund und Boden liegt bei der Zentralgewalt, die Nutzung erfolgt gemeinschaftlich durch die Dorfgemeinden – trifft in China in dieser Form nicht zu. Zwar gehörte der Boden in frühen Epochen des Kaiserreichs formell der Zentralmacht, faktisch aber setzten sich schon bald Formen des privaten Eigentums (mit Vererbung) durch. Etwa ab dem 8. Jahrhundert dominierte eine Mischung aus klein-bäuerlichem Eigentum, Großgrundbesitz und Clan-Eigentum (Köß-ler 1982, S. 41). Als Spezifizität des chinesischen Bodenrechts muss auch auf die Trennung zwischen Oberfläche und Untergrund ver-wiesen werden, die unterschiedliche »Eigentümer« haben konnten (Kößler 1982, S. 46). Der Eigentümer des Untergrunds hat Anrecht auf Grundrenten, kann aber nicht bestimmen, wer der Eigentümer bzw. der Nutzer der Oberfläche ist. Der Oberflächeneigentümer kann sein Nutzungsrecht verkaufen ohne die Zustimmung des Eigentü-mers des Untergrunds. Allerdings wird von den meisten Autoren, die der Ansicht sind, dass die APW eine eigenständige Produktions-weise gewesen sei, darauf verwiesen, dass es auf die Aneignung des Mehrprodukts ankommt (Tökei, S. 31): Eigentümer sei, wer sich das agrarische Mehrprodukt aneignen kann. Dies war in China der Staat, welcher sich den Großteil des Mehrprodukts in Form von Steuern aneignete. Zwar wurde die Pacht an die Grundeigentümer gezahlt, Kößler weist aber mit Recht darauf hin, »dass formal die Grundsteuer aus der für das Land gezahlten Rente bestritten wurde: Sicherung der Rentenzahlung fiel so in eins mit der Sicherung staatlicher Revenue.« (Kößler 1982, S. 48)

Hinzu kommt die Unsicherheit des Eigentums, auf das der Staat immer wieder die Hand legen konnte, wenn der Eigentümer oder die Mitglieder seiner Familie sich etwas zu Schulden haben kommen las-sen. Osterhammel formuliert in Bezug auf nicht-bäuerlichen Grund-besitz: »Um über mehrere Generationen Bestand zu haben, musste Grundbesitz durch »Gentry«-Status und möglichst sogar durch den Zugang zu Staatsämtern mit ihren Protections- und Bereicherungs-chancen abgesichert sein.« (Osterhammel, S. 54) Chinesische Auto-ren bestätigen: »In China war der oberste Grundherr (landlord) im-mer der Staat. Der Kaiser und seine Bürokratie hingen ab von den

»Renten« und »Steuern« der Bauern.« (Wu Dakun, S. 42) Jedenfalls war das Privateigentum an Grund und Boden nicht europäischen Verhältnissen vergleichbar, obwohl dieses auch in Europa (vor dem Spätfeudalismus) feudalen Beschränkungen unterlag. Obwohl als Privateigentum handelbar, stammte letzten Endes alles Eigentum vom Kaiser (Aglietta / Bai, S. 34).

Hinzu kommt, dass es sich nicht um individuelles, sondern um Familieneigentum handelte – und Familie meint die erweiterte Abstammungsgemeinschaft. Kauf und Verkauf von Land waren durch gewohnheitsmäßige (»customary«) Regeln begrenzt: »Land galt als unveräußerliches Gut und nicht als bloße Ware.«, d.h. Land konnte zwar verkauft oder verpachtet werden, aber nur innerhalb der erweiterten Verwandtschaftsgruppen bzw. innerhalb der Dorfgemeinschaft (Pomeranz 2000, S. 72 f). Gegen diese Regeln wurde allerdings verstoßen, und zwar in zunehmendem Maße.

Die heutige Form des privaten Eigentums in China beruht auf einer historischen Entwicklung, in der es zwar Privateigentum als herrschende Eigentumsform gab, dieses aber »eingebettet« blieb in soziale Strukturen, bei denen das Eigentum immer das von größeren Gruppen (Clan-Familien, Dorfgemeinschaften) war, die ihrerseits nur dem Zentralstaat als einziger legitimer politischer Macht gegenüberstanden. Der Staat als wichtiger ökonomischer Agent (nicht bloß als ›Wächter‹ über die Einhaltung von Regeln) hatte immer Zugriffsrechte, eine Erscheinung, die bis heute das chinesische Eigentumsrecht prägt: Eigentumsrecht und Nutzungsrecht sind getrennt.[83]

Diese Form der sozialen »Einbettung« hat ihre Grundlage in der Tatsache, dass die landwirtschaftlichen Erträge (und damit natürlich auch der ›Wert‹ des Bodens) stark von infrastrukturellen Voraussetzungen (Stichwort: Wasserbau) abhing, die nur vom Staat bzw. von größeren lokalen Gemeinschaften hergestellt werden konnten. Dass dies für westliche Augen entweder als Abwesenheit oder als Beschrän-

---

83 Eigentum in Deutschland und China in vergleichender Perspektive, Zentrum für Deutschlandstudien an der Peking Universität, Tagungsbericht 26.11.2008 (http://hsozkult.geschichte.hu-berlin.de/tagungsberichte/id=2375)

kung von Privateigentum erscheint, ist Ausdruck einer eurozentristischen Sichtweise, dem die spezifische Form von unbeschränkten individuellen Eigentumsrechten, so wie sie sich in Europa herausgebildet
haben, als einzig mögliche Form gilt.

## Der Einbruch des Westens

Dass die bis ins 18. Jahrhundert hinein relativ erfolgreiche ökonomische
Entwicklung Chinas ab dem 19. Jahrhundert durch eine Periode von
Stagnation und Krisen abgelöst wurde, ist vor allem äußeren Interventionen geschuldet. Andererseits bestreitet auch kaum ein Beobachter,
dass die in der zweiten Hälfte des 20. Jahrhunderts erfolgende Überwindung der wirtschaftlichen Stagnationstendenzen, insbesondere der
Aufschwung nach 1980, ebenfalls mit äußeren Faktoren, d.h. mit der
Wirkung des europäisch geprägten Weltmarkts, zu tun hat. Das Problem bei der Bewertung der externen Einflüsse besteht u.a. darin, dass
diese keineswegs als solche positiv oder negativ wirkten. Entscheidend
war und ist die Kapazität der politischen Ebene, den äußeren Einfluss
zu gestalten und zu regulieren. Die gewaltsamen Interventionen der
europäischen Mächte und später Japans zwischen 1840 und 1950 ziel-
ten gerade darauf ab, diese Fähigkeit zu beseitigen bzw. zu begrenzen:
China sollte gezwungen werden, sich äußeren Einflüssen zu öffnen.

Im Kern kann man drei Perioden der Weltmarkteinbindung
Chinas unterscheiden: Eine Periode des mehr oder weniger ›fried-
lichen‹ Weltmarktkontakts vom 16. bis Anfang des 19. Jahrhunderts,
die Periode der gewaltsamen Penetration, die 1840 mit den britischen
Opiumkriegen einsetzte, und die Zeit nach der Wiederherstellung des
Zentralstaats ab 1950.

Der Austausch mit Europa gewann in der Zeit nach der Entdeckung des europäischen Seewegs nach Indien (1498), der »Vasco-
da-Gama-Periode«, allmählich an Bedeutung (Hoffmann / Qiuhua,
S. 454). Eckpunkte waren die Errichtung des portugiesischen Stütz-
punkts Macao und die Aufhebung der chinesischen Seeverbotspolitik
1567. Dies war bereits Ausdruck der relativen Schwäche des kaiser-

lichen China, gereichte der chinesischen Ökonomie aber nicht zum Schaden. Den Portugiesen folgten die Holländer und – ab dem Beginn des 19. Jahrhunderts – die Briten. Deren Festsetzung in Indien im Laufe des 18. Jahrhunderts bedeutete auch die Öffnung zumindest Südchinas für den britischen Handel: »Bereits um die Wende zum 19. Jahrhundert können Nordindien und Südchina als Elemente ein und desselben merkantil-kolonialen Systems bezeichnet werden: es sind indische Waren, die das für den Kantonhandel nötige Volumen erbringen; während umgekehrt der Chinahandel rasch zur unentbehrlichen Finanzierungsquelle für die britische Herrschaft in Südasien aufsteigt.« (ebd., S. 456) Das Problem war, dass Großbritannien zwar großen Bedarf an chinesischen Waren entwickelte (zunächst Seide und Porzellan, später Tee), China umgekehrt aber wenig Interesse an britischen (oder indischen) Waren hatte. Vor allem der Teehandel gewann ab Ende des 18. Jahrhunderts stetig an Bedeutung, Tee wurde zum wichtigsten Genussmittel der britischen Arbeiterklasse; um 1830 deckte die Teesteuer zehn Prozent des britischen Staatshaushalts. Die Handelsbilanz Englands mit China wurde immer defizitärer, es wird berichtet, dass die Ladung der nach China auslaufenden Schiffe der »East India Company« (EIC) zeitweilig zu 90 Prozent aus Silberbarren bestand. Dieser gewaltige Silberzustrom hatte zunächst positive Effekte auf die chinesische Wirtschaft. Später wurde zunehmend indische Baumwolle geliefert, trotzdem blieb die britisch-indische Handelsbilanz mit China defizitär. Die berühmte britische Handelsmission von Lord Macartney von 1792/93, die den Briten mehr Einfluss in China verschaffen sollte,[84] scheiterte in allen Fragen. Dem britischen Gesandten wurde vom Kaiserhof beschieden: »Die Waren, die in Eurem Lande angefertigt werden, benötige ich nicht.« (ebd., S. 460) Erleichterung brachte der in Indien besonders günstige Bedin-

---

84  Es gibt viele Anekdoten, die sich auf protokollarische Fragen beziehen, z. B. ob Macartney vor dem Mandschu-Kaiser den Kotau machen musste oder ob ein Kniefall ausreichend sei (Jacques, S. 82 ff). Die für den Kaiser bestimmten Geschenke wurden von der chinesischen Seite mit der Aufschrift »Tribut aus dem Königreich England« versehen (Hoffmann / Qiuhua, S. 460). Macartney vertrat übrigens die EIC, nicht die britische Krone.

gungen vorfindende Anbau von Schlafmohn, der von der EIC massiv gefördert wurde und auf welchen sie ein Einkaufsmonopol errichtete. Während bis 1800 die Einfuhr von Opium (als Arzneimittel) nach China legal war, wurden später Anbau und Einfuhr verboten. Allerdings nahm die (illegale) Einfuhr rapide zu (Spence, S. 165), wobei der Kaiserhof zunächst untätig zusah. Elvin weist darauf hin, dass die britischen Händler den Opiumhandel mit »Gruppen von etablierten chinesischen Händlern abwickelten,« d. h. auch Chinesen profitierten[85] (Elvin 2011, S. 85). So waren es wohl weniger die katastrophalen Folgen des wachsenden Opiumkonsums, sondern mehr der mit den exponentiell anwachsenden Importen (von 4.570 Kisten um 1800 auf 23.570 im Jahre 1832 und etwa 40.000 in 1838) verbundene Silberabfluss, der den Kaiser zum Handeln zwang: Ein Beauftragter wurde nach Kanton entsandt, der die ausländischen Kaufleute zwang, einen großen Teil der illegal eingeführten Opiumkisten zur Vernichtung auszuliefern. Die betroffenen britischen Händler, die auf Zusatzprofite aus staatlichen Entschädigungszahlen hofften, entfalteten in England eine Medienkampagne, in der es vor allem um ›nationale Ehre‹ ging. Dies löste den ersten Opiumkrieg 1839/42 aus, der mit einer Niederlage des Kaiserreichs, umfangreichen ›Entschädigungszahlungen‹ (darunter 6 Millionen Silberdollar für das vernichtete Opium) und der Einräumung von Handelsprivilegien endete. Dem chinesisch britischen ›Vertrag‹ folgte 1843 ein ähnlicher chinesisch-amerikanischer. Die Briten hatten sich eine Art Monopol gesichert, da ihr Vertrag eine Meistbegünstigungsklausel enthielt, d. h. sie profitierten automatisch von allen Verbesserungen, die andere Nationen aushandeln konnten. Allerdings nahm der Handel keineswegs den von den Briten erhofften Aufschwung. Die Briten versuchten, sich zusätzliche Vorrechte zu sichern, was ihnen schließlich auch im zweiten Opiumkrieg 1858/1860

---

85    In Amitav Gosh's Roman ›Der rauchblaue Fluss‹, der die Handelsbeziehun-
      gen und ihre Beteiligten bis zum ersten Opiumkrieg schildert, verteidigt der
      Vertreter der britischen Händler in Hongkong, Mr. Burnham, die Beteili-
      gung am illegalen Opiumhandel: »Es ist die Hand der Freiheit, des Marktes,
      des Geistes der Freiheit selbst, nichts anderes also als der Atem Gottes.«
      (München 2011, S. 586)

gelang, der mit einem britischen Einmarsch in Peking und dem Brand des kaiserlichen Sommerpalastes endete. Die Kapitulation des Kaisers bescherte diesem immerhin britische Unterstützung bei der Niederschlagung des Taiping-Aufstands.

Anders als wenige Jahre zuvor in Japan[86] führte die westliche Aggression nicht zu einem Aufschwung der Wirtschaft. Zwar besaß China die technischen Fähigkeiten, westliche Produkte nachzumachen und zu produzieren – 1842 fanden die Briten in Xiamen bei ihren Vorstößen fast einsatzbereite Kopien britischer Kriegsschiffe und Kanonen –, es gelang aber nicht, die gesellschaftlichen Strukturen entsprechend zu verändern. Anläufe wurden unternommen, scheiterten aber, wobei die Schuld vielfach der Witwe Cixi des 1861 verstorbenen Kaisers gegeben wird, die über einen langen Zeitraum, von 1861 bis 1908, als Regentin bzw. als faktische Herrscherin regierte. Kernproblem war aber wohl, dass es in China keine einflussreiche soziale Gruppe gab, die bei einer Modernisierung nach westlichem Muster gewinnen konnte. Unter diesen Bedingungen verlor die Qing-Dynastie – die als mandschurische Fremdherrschaft in China niemals völlig akzeptiert worden war – immer mehr an Legitimität. Der mit dem Eindringen des Westens aufflammende chinesische Nationalismus wandte sich nicht nur gegen ausländische Fremdmächte, sondern mindestens ebenso heftig gegen die Mandschu-Herrschaft. Hinzu kam, dass das Interesse der imperialistischen Aggressoren weniger der Ausbeutung von Rohstoffen als vielmehr der Gewinnung von Absatzmärkten galt.[87] China unterlag niemals wie Indien oder Indone-

---

86 Japan wurde 1853 von den Briten gezwungen, seine Grenzen zu öffnen. In der Folge kam es zur Meiji-Restauration, d. h. zum Sturz des feudal-absolutistischen Shogunats und zur Machtergreifung einer schmalen Gruppe von Feudalherren, die den vorher marginalisierten Kaiser wieder stärkten und eine rasche Modernisierung des Landes einleiteten. Anders als China war Japan eine voll entwickelte Feudalgesellschaft, wobei die ehemaligen Feudalherren sich – mit Staatshilfe – rasch in Kapitalisten verwandelten.

87 Marx äußerte in einem Artikel (New-York Daily Tribune v. 14.6.1853) die Hoffnung, dass der Taiping-Aufstand in China den chinesischen Markt zum Zusammenbruch bringen würde, was eine Überproduktionskrise auslösen müsse. So würde »die chinesische Revolution den Funken in das übervolle

sien direkter kolonialer Ausbeutung, seine inneren Strukturen blieben von westlichen Einflüssen weitgehend frei.

Die zweite Periode des ›Kontakts‹ Chinas mit dem Westen, eingeleitet durch die Opiumkriege, führte letzten Endes zum Zerfall Chinas und zu einem Jahrhundert von Kriegen, Bürgerkriegen und einem spektakulären wirtschaftlichen Niedergang, der erst mit dem Sieg der Revolution 1949 zu einem Ende kam. Seine dramatische »Unterentwicklung« in diesem für China so fatalen Jahrhundert ist Menzel zufolge zu verstehen »als Resultat des Zusammenwirkens ... der stagnativen Elemente des traditionellen China mit den dynamischen und zerstörerischen Elementen der kapitalistischen Penetration seit der Mitte des 19. Jahrhunderts.« (S. 124) Vor dem Hintergrund des für China katastrophischen Jahrhunderts zwischen 1840 und 1950 und der durch die Revolution begründeten Konsolidierung mussten sich Irrwege unter Mao Tse-tung wie der ›große Sprung nach vorn‹ bzw. selbst die Kulturrevolution als eher mindere Rückschläge ausnehmen. In Wirklichkeit ist die wirtschaftliche und politische Bilanz auch der ersten Periode der Revolution von 1949 bis 1978 beeindruckend: Eine Verdreifachung der Getreideproduktion, eine Verfünffachung des Inlandsprodukts, eine Zunahme des realen Pro-Kopf-Einkommens um jährlich zwischen drei und vier Prozent (Menzel 1978, S. 611 ff) machen deutlich, dass China schon in der Zeit vor 1978 eine im internationalen Vergleich außerordentlich rasche Entwicklung durchgemacht hat. Das wichtigste Ergebnis der Revolution war aber die Wiederherstellung der Zentralmacht.

Die wirtschaftliche Entwicklung nach 1950 war zunächst stark durch Außenkontakte mit der Sowjetunion bestimmt, während der Grad der Weltmarktintegration ansonsten gering blieb. Die Kooperation mit der SU konnte an historische Faktoren anknüpfen: Russland hatte sich zwar ebenfalls an der nach den Opiumkriegen erfolgenden

---

Pulverfaß des gegenwärtigen industriellen Systems schleudern und die heranreifende allgemeine Krise zu Ausbruch bringen«. (MEW 9, S. 100) Wie so oft war Marx seiner Zeit voraus: Heute erfüllt jeder kleine Rückgang des chinesischen Wachstums und der chinesischen Weltmarktnachfrage die westlichen Wirtschaftsprognostiker mit düsteren Befürchtungen.

Einteilung Chinas in ›Einflusssphären‹ beteiligt und die Mandschurei besetzt; darum ging es im folgenden russisch-japanischen Krieg, womit Russland zum Gegner des japanischen Imperialismus wurde, der sich Teile Chinas als Kolonien anzueignen trachtete (Menzel 1978, S. 132). England blieb bis zur japanischen Aggression wichtigster Wirtschaftspartner Chinas, teilweise über das zwangsweise an England abgetretene Hongkong. Aber noch 1913 spielte Russland sowohl im Außenhandel als auch als Investor eine bedeutende Rolle – letzteres vor allem im Rahmen des Eisenbahnbaus.

Ansonsten blieb der ausländische Einfluss in China gering und auf bestimmte Gebiete im Norden (Eisenbahnbau) und an der östlichen Küste beschränkt – ab 1929 gelang es sogar, die Zollautonomie, die China nach den Opiumkriegen hatte aufgeben müssen, wieder zu gewinnen. Die Bedeutung des Außenhandels für China blieb bis in die 1940er Jahre gering. Die Industrialisierung wurde durch Auslandsinvestitionen angetrieben, deren Umfang aber begrenzt war. Menzel beziffert den Anteil des »traditionellen Sektors« an der Gesamtproduktion noch 1933 auf mehr als 87 Prozent: »Die außerordentliche Prägung des vorrevolutionären Chinas durch die Landwirtschaft und damit die Dominanz der beschriebenen Produktionsweise steht außer Frage. Zum traditionellen Bereich zählen weiterhin die vom Rhythmus der Landwirtschaft bestimmte Hausindustrie, das Handwerk, der Transport ..., die Kleinhändler und die für die lokalen Märkte so wichtigen Hausierer, die Geldverleiher, und Getreidewucherer, Hauspersonal, Schreiber, ... sowie die gesamte klassisch-literarisch gebildete, aber modernen administrativen Anforderungen gegenüber unfähige Beamtenschaft.« (S. 187). Die Industrie bestand einerseits aus importsubstituierender Leichtindustrie, vor allem in Shanghai mit englischem Kapital errichtet. »Shanghai war in den späten 1920er Jahren eine Maschine raschen finanziellen, kommerziellen und industriellen Wachstums.« (Elvin 2011, S. 92) In der Mandschurei wurden andererseits, gefördert durch Japan, Grundlagen einer Schwerindustrie errichtet.

Nach der Revolution stand die Kooperation mit der Sowjetunion (bis zum jähen Abbruch 1960) im Mittelpunkt der Außenbeziehungen

Chinas. Über die Wirkungen gibt es unterschiedliche Aussagen, die naturgemäß stark von der jeweiligen politischen Position bestimmt sind. Immerhin sprechen das o. e. Wirtschaftswachstum und der Anstieg des Anteils der Industrie auf mehr als 40 Prozent des BIP im Jahre 1965 dafür, dass hier eine Grundlage für die spätere rasche Expansion gelegt wurde.

Eine ökonomische Bilanz der Außeneinflüsse zeigt, dass diese bis zur Revolution von 1949 nur lokale Wirkungen entfalteten und das gesellschaftliche System kaum veränderten. China wurde zwar »in eine internationale Arbeitsteilung eingegliedert, die sich tendenziell an dem Muster orientierte, eine große Palette von Agrarprodukten zu exportieren und neben Konsum- auch Kapitalgüter zu importieren.« (Menzel 1978, S. 636) Es wurden aber nicht, wie in vielen Kolonien, neue ökonomische Strukturen (z. B. im Kontext von Rohstoffökonomien) geschaffen. Dadurch blieb die traditionelle dörfliche Produktionsweise vergleichsweise stabil: Die chinesische Landwirtschaft war noch in den 1920er Jahren eine »Welt von Kleinbauern« (Elvin 2011, S. 88).

Die Überwindung der Stagnation bzw. der Unterentwicklung der chinesischen Ökonomie nach 1949 erfolgte wesentlich aus eigener Kraft und war nicht Außeneinflüssen zu verdanken. Diese hatten vor 1949 – trotz einiger Modernisierungseffekte – überwiegend negative Wirkungen gehabt, weil sie ab 1840 den Zerfall der in China ökonomisch entscheidenden Zentralgewalt auslösten bzw. beschleunigten, wobei ab den 1890er Jahren der japanische Imperialismus ein fatale Rolle spielte. Erst die mit der Revolution von 1949 einsetzenden gesellschaftlichen Veränderungen, also die Wiederherstellung des chinesischen Staates und die Beseitigung der Gentry, legten den Grund für den folgenden wirtschaftlichen Wiederaufschwung.

Später, ab den 1980er Jahren, spielte die rasche Internationalisierung der Wirtschaft eine wichtige Rolle. Entscheidend war aber, dass – anders als in vielen Kolonialländern – die Regierung von Anfang an Tempo und Richtung der Weltmarkteinbindung bestimmte. Dies gilt auch für die Kooperation mit der Sowjetunion. Daher ist ten Brink zuzustimmen, dem »die Wende ab den 1970ern nicht als vollständiger Bruch mit der Vergangenheit erscheint, sondern als gradueller,

wenn auch im Ergebnis tief gehender Umstrukturierungsprozess.«
(S. 111) Zu dieser Kontinuität gehört auch die Kraft spontaner, markt-
wirtschaftlicher Prozesse. Selbst in der Maoistischen Periode war es
niemals gelungen, die Wirtschaft einem zentralen Plan unterzuordnen, immer wieder setzten sich spontane, dezentrale Prozesse durch.
So gelang es nach 1978 vergleichsweise leicht, an globale Prozesse
der Liberalisierung auf außenwirtschaftlichem Gebiet anzuknüpfen.
Möglicherweise kam dem auch ein eher zufälliges ›timing‹ zugute:
Denn die 1970er und beginnenden 1980er Jahre (also die Periode
der chinesischen Marktreformen) boten mit der kapitalistischen Krise
von 1973/75 und der folgenden internationalen Schuldenkrise welt-
wirtschaftlich ein eher ungünstiges Umfeld. Den global krisenhaften
Einflüssen konnte sowohl dank der »landesinternen Dynamik«, die
die 1978er Reformen ausgelöst hatten (Stichwort: TVE), als auch dank
der engen Anbindung an den ostasiatischen Raum gut ausgewichen
werden. Wichtig war, dass China keine allgemeine Öffnungspolitik
implementierte, sondern selektiv und schrittweise vorging. Noch bis
1992 beschränkten sich die Auslandsinvestitionen auf wenige Son-
derwirtschaftszonen, ihr Anteil am gesamten Investitionsvolumen
überstieg nicht ein Prozent (ten Brink, S. 176). So konnte die Tendenz
der klassischen Industrieländer zur »neuen internationalen Arbeitsteilung« aktiv und gezielt genutzt werden. In gewissem Sinne war
China Profiteur der neoliberalen Wende des Westens in den 1980er
und 1990er Jahren: Das Land nutzte gezielt die Öffnung der internationalen Waren- und Kapitalmärkte, ohne selbst aber den Fehler zu
machen, seinerseits die staatliche Steuerungskapazität zu schwächen
und eine allgemeine Deregulierung der Außenwirtschaft einzuführen.
Heute dürfte eine solche ›asymmetrische‹ Außenwirtschaftspolitik
schwerer fallen. Hinzu kam die erwähnte Einbettung in den dynamischen ostasiatischen Raum. In diesem Kontext ist die Rolle der
Auslandschinesen als ethnischem und verwandtschaftlichem Element
kaum zu überschätzen: Zwischen 1980 und 1994 stammten 70 Prozent der chinesischen Auslandsinvestitionen von »Überseechinesen«,
einschließlich Taiwanesen (ebd., S. 182). Zumindest die erste Etappe
der Weltmarktintegration Chinas ist auch ethnischen Netzwerkstruk-

turen zu verdanken. Verwandtschaftliche Beziehungen zu Auslandschinesen in Hongkong, Taiwan, Macao und in Übersee konnten aktiv
genutzt werden, um Investitionskapital zu mobilisieren: »Dörfer mit
signifikanten Auslandskontakten waren schnell wesentlich reicher
als jene ohne diese lukrativen Verwandtschaftsbeziehungen.« (Diek-
mann, S. 148) Aber auch später behielten die »Überseechinesen« mit
ihren Kenntnissen und verwandtschaftlichen bzw. freundschaftlichen
Beziehungen auch in die politische Sphäre hinein große Bedeutung,
nun oft auch als Vermittler zu westlich dominierten transnationalen
Unternehmen: »Multinationale Konzerne gerieten so in Abhängigkeiten von den überseeisch dominierten Netzwerken, die zum Haupt-
vermittler zwischen ihnen und örtlichen chinesischen Unternehmen
avancierten.« (ten Brink 2013, S. 183) Es wird von einem »China
Circle« gesprochen, zu dem manchmal auch Länder außerhalb Fest-
landchinas, Taiwans und Hongkongs gezählt werden. Kapital aus den
klassischen Industrieländern Nordamerikas und Europas gewann
erst in den 1990er Jahren wirklich an Bedeutung – westliches Kapital
sprang »auf den fahrenden Zug einer Wirtschaftsexpansion auf, die es
weder gestartet hatte noch anführte.« (Arrighi, S. 437)

Unter diesen Voraussetzungen – und hier ist die politische Steuerungsfähigkeit von entscheidender Bedeutung – scheint es China zu
gelingen, die Vorteile einer nachholenden Entwicklung »rückständiger Länder« in großem Umfang zu nutzen: Die Übernahme moderner Technologien, den Aufstieg in werthaltigere Etappen der Produktionsketten (Schmid 2010, S. 29) und die Anpassung organisatorischer
und institutioneller Muster an die Traditionen des Landes. Gerschenkron fasst diese Effekte folgendermaßen zusammen: »Was es für fortgeschrittene Länder oft so schwer macht, die Industrialisierungsstra-
tegien ihrer weniger glücklichen Brüder richtig zu beurteilen, ist die
Tatsache, dass in jeder Etappe der Industrialisierung der Nachvollzug
der Entwicklung fortgeschrittener Länder unterschiedliche traditionelle, indigene Elemente der Nachzügler integriert.« (S. 26) Tatsächlich
gelingt es in den westlichen Debatten über die chinesischen Reformen
selten, sich von der Vorstellung frei zu machen, dass diese eigentlich
nur nachzuahmen hätten, was in Europa und Nordamerika angeblich

so gut funktioniert. Der Vorteil Chinas besteht gerade darin, dass seine Reformen die fortgeschritteneren Länder eben nicht nachahmen, sondern dass sie von ihnen lernen. Marx begründete seine Ansicht, dass es Russland gelingen könne, die Vorteile der russischen Dorfgemeinde zu nutzen, mit dem polemischen Hinweis:»Wenn die russischen Verehrer des kapitalistischen Systems die *theoretische* Möglichkeit einer solchen Evolution verneinten, dann würde ich sie fragen: Ist Rußland wie der Westen gezwungen gewesen, eine lange *Inkubationsperiode* der Maschinenindustrie durchzumachen ...? Mögen sie mir außerdem erklären, wie sie es zustande gebracht haben, im Handumdrehen den ganzen Tauschmechanismus (Banken, Kapitalgesellschaften etc.) bei sich einzuführen, dessen Herausbildung dem Westen Jahrhunderte gekostet hat?« (MEW 19, S. 385). Damit wird auf die entwicklungspolitischen Vorteile der »rückständigen Länder« verwiesen, die nicht nur technisch-ökonomische Bedingungen, sondern auch institutionelle Faktoren betreffen.

Beurteilt man zusammenfassend die drei Perioden, in denen Weltmarkteinflüsse in China eine Rolle spielten, so kann festgehalten werden:

- Von Mitte des 16. bis Anfang des 19. Jahrhunderts profitierte China als Exportnation vom Handelsbilanzüberschuss in Form von Silberzuflüssen;
- Die partielle westliche Penetration 1840 bis 1950 schuf lediglich einige Inseln unverbundener industriell-kapitalistischer Ansätze und berührte die traditionelle Wirtschaft wenig. Indem sie dazu beitrug, die Handlungsfähigkeit der Zentralmacht zu schwächen und schließlich zu zerstören, produzierte sie eine der längsten und tiefsten Katastrophen in der Geschichte des Landes.
- Der Aufschwung nach 1949, dessen Grundlage zunächst die Wiederherstellung der Zentralmacht und die Beseitigung parasitärer Oberschichten war, schuf die Voraussetzungen, unter denen China nach 1978 in die Lage versetzt wurde, die Chancen der vom Westen vorangetriebenen weltwirtschaftlichen Öffnung und Integration und der ›neuen internationalen Arbeitsteilung‹ produktiv zu nutzen.

## Überakkumulation und Landnahme

Das von Rosa Luxemburg entwickelte und zuletzt von Burkhart Lutz
auf die Erklärung der besonderen Nachkriegsprosperität der Bundesrepublik Deutschland angewandte Theorem der kapitalistischen
Expansion in nichtkapitalistische Räume wurde oben bereits näher
beschrieben. Im Mittelpunkt steht bei Luxemburg die Tendenz des
Kapitalismus zur Überproduktion / Unterkonsumtion. Dagegen hebt
Lutz auf die Nutzung von Lohnarbeit ab, die mit der Expansion der
kapitalistischen Produktionsweise in von vorkapitalistischen Produktionsweisen dominierte Regionen und Sektoren verbunden ist.

Dies ist im Fall des chinesischen Wirtschaftsbooms ab den 1980er
Jahren in der Tat ein wichtiger Aspekt, allerdings anders, als im Luxemburgschen Theorem angenommen. Denn dass die Expansion des
westlichen Kapitals in den chinesischen Markt ersterem große neue
Spielräume eröffnen würde, hat sich auch historisch nur sehr begrenzt
realisiert – obwohl dies im 19. Jahrhundert das eigentliche Ziel des
britischen Imperialismus gewesen ist, der neue Absatzmärkte erobern
wollte. Die westliche Gewaltpolitik hat im Gegenteil dazu geführt, die
chinesische Wirtschaft in eine Krise zu stürzen, und damit deren Kaufkraft reduziert. Aber auch für die jüngere Vergangenheit trifft dieses
Muster nicht zu, obwohl Wolfgang Streeck meinte, dass (neben dem
Zusammenbruch des osteuropäischen Sozialismus) auch der Aufschwung Chinas dem westlichen Kapital neue Spielräume eröffnen
würde. Hätte diese Art von westlich-kapitalistischer ›Landnahme‹ in
China funktioniert, so hätte sich das über längere Zeiträume in Form
eines strukturellen Leistungsbilanzdefizits Chinas einerseits und eines
dasselbe finanzierenden Kapitalimports andererseits niederschlagen
müssen. Das ist aber nicht passiert: Tatsächlich hatte China mittelfristig immer eine zumindest ausgeglichene Leistungsbilanz, d. h. die
Vorstellung, dass China westliche Überproduktion aufnehmen würde,
hat sich nicht realisiert (Herr, S. 28). Auch kam es nicht zu dem mit
dem Luxemburgschen Argument verbundenen Nettokapitalimport.
Luxemburg hatte dem Instrument der »äußeren Anleihe« eine pro-
minente Rolle bei der kapitalistischen Durchdringung der ›rückstän-

digen‹ Länder zugemessen: »Diese (die äußeren Anleihen, JG) sind
unentbehrlich zur Emanzipation der aufstrebenden kapitalistischen
Staaten und zugleich das sicherste Mittel für alte kapitalistische Staaten, die jungen zu bevormunden, die Kontrolle ihrer Finanzen und
den Druck auf ihre auswärtige Politik, Zoll- und Handelspolitik auszu-
üben.« (1913/1975, S. 367) Genau das ist vielen Entwicklungsländern
in der Vergangenheit passiert und ereignet sich heute in vielen Transformationsländern und in der europäischen Peripherie. China aber
hat diese Abhängigkeit vermeiden können. Die zuströmenden ausländischen Direktinvestitionen wurden staatlicherseits durch den Aufbau
von im Außenhandel erwirtschafteten Devisenreserven, d. h. durch
Kapitalexport, finanziert. Zudem spielten ausländische Direktinvestitionen zunächst nur eine vergleichsweise geringe Rolle, sie lagen in
den 1980er Jahren niemals über 6 Prozent der Bruttoanlageinvesti-
tionen. Der spätere Anstieg ist zu einem erheblichen Teil durch Direktinvestitionen aus Hongkong zu erklären, deren Herkunft nicht
ganz klar ist: »Ein Großteil dürfte aus umgeleiteten Mitteln aus der
VR China stammen, da Chinesen spezifische Vergünstigungen für
ausländische Investoren – wie etwa Steuerbefreiungen – ausnutzen
wollten,« erklärt Hansjörg Herr (S. 14). Dass China nicht als Ex-
pansionsfeld für westliche Waren- und Kapitalüberschüsse fungierte,
hängt mit der strikten politischen Kontrolle sowohl des Außenhandels wie des Kapitalverkehrs zusammen, wodurch es die chinesische
Regierung vermied, in eine internationale Verschuldungssituation zu
geraten. In China war das erfolgt, was Luxemburg als »Emanzipation
der jungen kapitalistischen Staaten« (1913/1975, S. 391) beschrieben
hatte, wodurch den alten kapitalistischen Staaten neue Konkurrenten
entstehen mussten.

Trotzdem ist das ›Landnahmetheorem‹ im chinesischen Fall von
Bedeutung zur Erklärung des Aufschwungs, aber eben in Form einer
›inneren Landnahme‹: So fungierte die nachholende Industrialisierung, vor allem der Aufbau moderner Infrastrukturen, als rasch wachsender Absatzmarkt für die zunächst nur inselhaft existierende Industrie und trieb die Binnennachfrage an. Das chinesische Wachstum ist
bis heute wesentlich investitionsgetrieben (Herr, S. 11).

*Tab. 10: Investitions- und Sparquoten Chinas 1980–2015 (in % des BIP)*

|                    | 1980–1989 | 1990–1999 | 2000–2009 | 2010–2015 |
|--------------------|-----------|-----------|-----------|-----------|
| Investitionsquote  | 35,2      | 37,8      | 40,9      | 47,8      |
| Sparquote*         | 35,6      | 39,3      | 45,9      | 50,2      |

\* Anteil der nicht ausgegebenen Einkommen am BIP
Quelle: IMF, World Economic Outlook Database, October 2014

Finanziert wird die Investitionstätigkeit durch eine hohe interne Sparquote, ausländisches Kapital wird zur Finanzierung nicht benötigt.[88] Über eine so lange Periode hinweg stellen die extrem hohen Investitions- und Sparquoten eine absolute historische Ausnahme dar. Dies wirft die Frage auf, ob das nicht früher oder später zu einer klassischen Überakkumulationskrise führen muss. Dafür spricht allerdings gegenwärtig nicht allzu viel:

• Ein erheblicher Teil der Investitionen fließt in Infrastrukturen, erhöht also nicht unmittelbar die Produktionskapazitäten oder das Warenangebot über die kaufkräftige Nachfrage hinaus.

• Es gibt zwar zunehmend Wirtschaftszweige, die Überkapazitäten beklagen. Überakkumulation / Überproduktion bleiben aber bislang noch partiell und werden durch staatliche Eingriffe entwertet. Wenn Banken wegen des Zahlungsausfalls von Kreditnehmern in Schwierigkeiten geraten, greift in der Regel der Staat ein.

• Gleichzeitig gibt es, wie oben gezeigt, ein großes Angebot billiger ländlicher Arbeitskräfte, das hohe Renditen und damit eine hohe Selbstfinanzierungsquote (Sparquote) der Unternehmen ermöglicht. Dadurch wird die Investitionstätigkeit – d. h. also auch die Nachfrage nach Bauten und Investitionsgütern – angetrieben.

• Die sich aus der administrativen Dezentralisierung ergebende Konkurrenz zwischen den Gebietskörperschaften, die in den meisten Fällen gleichzeitig die Eigentümer der Betriebe waren, führte zu weiteren Betriebsgründungen und Investitionen. Nicht alle die-

---

88    Ausländische Direktinvestitionen unterstützen aber auch den Transfer von Technologien und Know How.

se Investitionen sind im betriebswirtschaftlichen Sinne rentabel –
die Gefahr von unkontrollierten Konkursen besteht zunächst aber
nicht, da diese durch staatliche Interventionen verhindert werden
(Herr, S. 13).

Trotzdem wird die anhaltend hohe Investitionsquote und die Entstehung von Überkapazitäten, d. h. eine ›Überhitzung‹ der Konjunktur, heute zunehmend als Problem gesehen. Die Wirtschaftspolitik
bemüht sich, die Investitions- und Sparquoten zugunsten der Stärkung des Konsums und öffentlicher Dienstleistungen allmählich ab-
zusenken, ohne die Wirtschaft in eine Überakkumulationskrise zu
stürzen. Wie die Zahlen der letzten Jahre (auch nach 2012 lagen die
Investitions- und Sparquoten bei knapp 50 Prozent) zeigen, ist diese
Umstrukturierung bislang nicht gelungen, bleibt aber eine prioritäre
Zielsetzung. Dies würde u. a. kräftige Lohnerhöhungen voraussetzen,
einschließlich der Kosten für den Aufbau eines Systems der sozialen
Sicherung. Letzteres ist von Bedeutung, weil die hohe private Sparquote auch auf das Fehlen von Einrichtungen der sozialen Sicherheit
zurückzuführen ist. ten Brink glaubt, dass der Spielraum für eine solche Politik begrenzt sei, da die Regierung die »Konkurrenzvorteile
niedriger Arbeitskosten aufrechterhalten möchte.« (S. 309) Angesichts
der Größe des inneren Marktes, des hohen chinesischen Exportüber-
schusses und der gewaltigen Devisenreserven sind die Spielräume
für ein stärker auf privaten Verbrauch, soziale Sicherheit und Sozial-
konsum orientiertes Entwicklungsmodell – einschließlich von deutlichen Lohnerhöhungen – aber beträchtlich. Es ist nicht einzusehen,
worum eine am Modell des europäischen Sozialstaats orientierte Entwicklung, die durch den Ausbau von Sozialer Sicherheit und Bildung
einerseits und einem Verteilungskompromiss zwischen Arbeit und
Kapital andererseits gekennzeichnet ist, nicht auch unter chinesischen
Bedingungen möglich sein sollte. In Europa und Nordamerika hat die
aktive Politik der Deregulierung und Liberalisierung die Spielräume
für eine solche Orientierung auf nationaler Ebene in der Tat einge-
engt; dies war aber eine bewusste politische Option, die in China ab-
gelehnt wird. Derzeit ist nicht erkennbar, dass die chinesische Politik

bereit wäre, ihre Steuerungsfähigkeit durch eine unregulierte Liberalisierung der Außenbeziehungen einzuschränken. Schrittweise Locke-
rungen von Kapitalverkehrskontrollen und Devisenbeschränkungen
gehen nie so weit, dass sie die politische Steuerung der Außenbeziehungen untergraben würden. Sieht man von den ökologischen Grenzen eines am europäischen Konsum- und Wohlfahrtsstaat orientierten
Entwicklungsmodells ab, so sind die Spielräume Chinas für eine derartige kapitalistische ›Landnahme‹ noch immer groß. Hobsbawm ver-
wies 2010 auf die Tatsache, dass es in China noch viel Aufholbedarf
gibt, »dass das Land noch in einem sehr frühen Stadium der wirtschaftlichen Entwicklung ist, so dass es noch einen enormen Spielraum für Expansion gibt.« (S. 137) Entscheidend ist, dass diese Spielräume von endogenem Kapital genutzt werden, dass das Modell der
›inneren Landnahme‹ nicht durch die internationalen Finanzmärkte
und das Eindringen von Kapital und Waren aus dem Westen untergraben wird.

## Kapitel 5

# Afrika:
# Rohstoffe und Informalität

»In Afrika floriert der Kapitalismus in seiner echten Form und zieht Millionen in die Geschäfte«, schwärmte die ehemalige Goldman Sachs Bankerin Dambisa Moyo aus Sambia in einem Beitrag für die Londoner Financial Times.[89] Mit dieser Einschätzung liegt sie im Mainstream der aktuellen Afrikaberichterstattung auch in Deutschland – jedenfalls wenn es um Wirtschaftsfragen geht. Die Einstufung Afrikas als ›Boomkontinent‹ ist relativ neu, eine Grundlage dazu wurde u. a. von der McKinsey-Studie »Lions on the Move« (frei: Löwen auf der Pirsch) von 2010 gelegt. Wie holzschnittartig selbst die vermeintlich seriöse Wirtschaftspresse agiert kann am Beispiel des renommierten Londoner »Economist« gezeigt werden: Im Mai 2000 titelte das Magazin »The hopeless continent«; elf Jahre später, im Dezember 2011, lautete die Titelgeschichte: »Africa rising«. Was ist zwischen 2000 und 2011 in Afrika passiert, das einen solch radikalen Perspektivwechsel erklären könnte? Was veranlasst Analysten und Finanzinvestoren dazu, den ehemaligen Krisenkontinent heute als attraktive Anlagemöglichkeit zu preisen? Ist es nur der Anstieg der Rohstoffpreise?

Wenn wir das einleitende Zitat von Dambisa Moyo zum Ausgangspunkt nehmen, so stellen sich zwei Fragen:

---

89  Financial Times v. 6.2.2012

- Stimmt das Bild vom ›boomenden‹ Kontinent überhaupt, und, wenn ja, welches sind die tragenden Kräfte dieses Booms, ist er nachhaltig?
- Handelt es sich tatsächlich um »capitalism in its true form«, kann die heute in Afrika dominierende Produktionsweise als kapitalistisch beschrieben werden?

## Afrika vor dem großen Sprung?

Wenn im Folgenden von Afrika gesprochen wird, so sind – wenn nicht ausdrücklich erwähnt – die 48 bzw. 49[90] Länder Afrikas Südlich der Sahara (ASS) gemeint; die fünf nordafrikanischen Länder werden ausgeklammert. Dies ist insofern gerechtfertigt, als diese sowohl historisch als auch aktuell eher zum Mittelmeerraum und zum Nahen Osten gehören, wobei die vielfältigen und engen historischen Beziehungen einiger dieser Länder – insbesondere Ägyptens – zum übrigen Afrika nicht geleugnet werden sollen. Auch wird im Folgenden Afrika Südlich der Sahara als Einheit behandelt, obwohl dem Autor bewusst ist, dass die ökonomische, politische und kulturelle Vielfalt eine Besonderheit des Kontinents ist. Trotz dieser Vielfalt weist das subsaharische Afrika jedoch gemeinsame Merkmale auf, die eine einheitliche Behandlung rechtfertigen:

- Ausgehend von der historisch dünnen Besiedlung und der ökologischen Bedingung relativ unfruchtbarer Böden hat sich in Afrika eine extensive Landwirtschaft entwickelt, auf deren Grundlage sich überall ähnliche gesellschaftliche Institutionen herausgebildet haben. Diese waren durch die Abwesenheit privaten Eigentums an Grund und Boden, durch wenig mit der Produktion verbundene und schwache (nur selten zentrale) Herrschaftsstrukturen, fehlende endogene Schriftkultur[91] und eine schwache Ausprägung von Klassenverhältnissen gekennzeichnet.

---

90   Der Süd-Sudan wurde 2011 als 49. Land unabhängig.

91   Nach der Ausbreitung des Islam in Nordafrika im 7. Jhd. wurden West- und Zentralafrika über den Transsaharahandel in islamische Kulturen einbezogen; einige afrikanische Sprachen wurden seither im arabischen Alphabet unter der Bezeichnung »ajami« auch geschrieben (Austen, S. 190).

- In Europa wird Afrika noch heute als Einheit behandelt, was sich bis in sprachliche Gewohnheiten zeigt.[92] Dieser Außensicht entspricht eine bestimmte Selbstwahrnehmung: Die große Mehrheit der Bürger afrikanischer Länder fühlt sich – wie z. B. eine Umfrage der BBC von 2004 deutlich macht – ebenso als Afrikaner wie als Bürger eines bestimmten afrikanischen Landes.

- Schließlich ist darauf zu verweisen, dass sich die europäische Eroberung in der Neuzeit (Transatlantischer Sklavenhandel, Kolonialismus, Neokolonialismus und Strukturanpassung) auf die Regionen bzw. Länder Afrikas vereinheitlichend ausgewirkt hat. Die ökonomischen und politischen Folgen der Kolonialregime und der nachkolonialen Ausbeutungsbeziehungen mit ihrem entwicklungsfeindlichen Fokus auf Nutzung afrikanischer Arbeitskräfte und afrikanischen Landes zum Zwecke der Rohstoffbeschaffung sorgen bis heute für relativ einheitliche Strukturprobleme des Kontinents, auch wenn die Fähigkeiten der einzelnen Länder, mit diesen umzugehen, unterschiedlich waren und sind (Bierschenk / Spies, S. 9 f; Goldberg 2008, S. 21 ff).

## Die Wachstumsraten

Der wichtigste und scheinbar unbestreitbarste Beleg für den afrikanischen Wirtschaftsboom sind die Wachstumsraten des Bruttoinlandsprodukts (BIP), immer noch der wichtigste Indikator für Wohlstand und wirtschaftliche Dynamik.[93] Seit Anfang der 2000er Jahre verzeich-

---

92   Im Februar 2014 verkündete Verteidigungsministerin von der Leyen: »Ich fliege jetzt nach Afrika, um mir vor Ort ein Bild zu machen.«

93   Das Konzept der weltweit einheitlichen Sozialproduktberechnung in den Wirtschaftswissenschaften begann erst in den 1950er Jahren an Akzeptanz zu gewinnen. Noch in den 1960er Jahren gab es gut begründeten Widerstand dagegen. Eingewandt wurde: »Ohne genaues Wissen über die historische Ausgestaltung von staatlichen Institutionen und über die konkreten Formen der wirtschaftlichen Interaktion könne keine statistische Abstraktion vollzogen werden.« Erst im Kontext der Ost-West-Systemkonkurrenz gewannen internationale Wirtschaftsvergleiche an Bedeutung. Es passierte dann das, was die Kritiker global einheitlicher Wirtschaftsrechnungen befürchtet hatten: Die Zahlen verselbständigten sich. »Die weltweite Verbreitung von standardisierten Messtechniken machte den globalen Einsatz von wirtschafts-

net der Kontinent jährliche Wachstumsraten von fünf Prozent – auch die Krise von 2008 unterbrach diesen Trend nur kurzfristig. Bei einem Bevölkerungszuwachs um jährlich zweieinhalb Prozent erhöhen sich auch die Pro-Kopf-Einkommen. Dieses Wachstum ist aber lediglich im Vergleich zu den beiden ›verlorenen‹ Jahrzehnten von Schulden- krise und Strukturanpassung nach 1980 bemerkenswert. Auf längere Sicht fällt es nicht besonders aus dem Rahmen. Die Tabelle 4 (sie- he S. 23) zeigt, dass Afrika in der ersten Hälfte des 20. Jahrhunderts bis in die 1970er Jahre hinein eine im globalen Maßstab akzeptable Wachstumsbilanz aufwies. Neueren (von der Tabelle 4 leicht abwei- chenden) Zahlen Maddisons zufolge[94] erhöhte sich das Pro-Kopf-Ein- kommen in Afrika zwischen 1950 und 1973 um jahresdurchschnittlich 2,9 Prozent, stagnierte zwischen 1973 und 1998 und wuchs zwischen 2000 und 2012 wieder um 2,3 Prozent. Der Rückschlag war mit der Schuldenkrise und den Strukturanpassungsprogrammen ab Ende der 1970er Jahre verbunden.

Eine Untersuchung »wiederkehrender« (recurrent) Wachstumspha- sen, die auch vorkoloniale und koloniale Perioden einbezieht, kommt, gestützt auf Analysen von Dahomey / Benin, Gold Coast / Ghana, Northern Rhodesia / Sambia und Botswana, zu dem Ergebnis, dass sowohl die Wachstumsperioden als auch die Zeiten von Stagnation und Rückfall eng an die Entwicklung der externen Märkte (vor allem der Rohstoffpreise) gebunden waren und sind, wobei die Expansions- phasen immer mit strukturellen und institutionellen Änderungen ver- bunden waren. Der Überblick über die Zeit nach 1950 bestätigt diese Feststellung für ganz Afrika – sowohl die günstige Periode zwischen 1955 und 1973, der Einbruch zwischen 1975 und 1995 als auch das erneute Wachstum ab 2000 hängen an der Rohstoffwirtschaft: »Die

---

politischen Handlungsanweisungen für unterschiedliche politische Akteure plausibel.« (Speich Chassé, S. 85 bzw. S. 137) Die Verordnung von global einheitlich gestrickten Strukturanpassungsprogrammen durch die dominie- renden Wirtschaftsmächte führte direkt in die wirtschaftliche Katastrophen- periode der 1980er und 1990er Jahre in den verschuldeten Ländern Afrikas und Lateinamerikas.

94    Maddison-Projekt, www.ggde.net/maddison, Zugriff Januar 2014

Grundlage des wiederkehrenden Wachstums in Afrika war immer
starke Weltmarktnachfrage.« Der aktuelle Aufschwung ist Jerven zufolge noch enger an die Rohstoffwirtschaft gebunden und weniger
tiefgehend als die Expansionsperiode bis 1973: »Die aktuelle Periode
wirtschaftlichen Wachstums war nicht – wie 1950/1975 – mit großen
Verbesserungen in der sozialen Lage der Bevölkerung verbunden.
Außerdem war sie kaum durch industrielles Wachstum begleitet.«
(2010, S. 30)

Rohstoffe sind heute eher noch wichtiger als nach 1950: Eine
Übersicht der Weltbank zeigt, dass in acht subsaharischen Ländern
(von 48) drei Viertel der Exporterlöse aus einem einzigen Produkt (in
6 Fällen Erdöl) stammen. 20 weitere Länder bestreiten diese aus zwei
bis fünf Rohstoffen. In nur zehn Ländern tragen mehr als zehn Produkte zu diesem Anteil bei, darunter herausragend Südafrika (38) und
Senegal (26). Auch Kenia und Tansania ist es gelungen, ihre Exporte
(19 bzw. 26) etwas zu diversifizieren (Asche 2010, S. 392), aber immer
bei Dominanz der Rohstoffe. Wegen dieser Einseitigkeit des aktuellen Booms ist Jerven unterm Strich wenig optimistisch was die Nachhaltigkeit des gegenwärtigen Aufschwungs betrifft – immer noch bestimmt der Rohstoffzyklus die afrikanischen Ökonomien. Allerdings
stellt er nicht in Rechnung, dass die Strukturen des Weltmarkts sich
mit dem Aufstieg des Südens verändert haben, was die einseitige regionale Anbindung Afrikas an Europa / Nordamerika gemindert und
größere Verhandlungsspielräume eröffnet hat. Außerdem ist nicht zu
erwarten, dass Rohstoffmärkte und Rohstoffpreise, von konjunkturel-
len Bewegungen abgesehen, über längere Zeiträume hinweg wieder
rückläufig sein werden – die Rohstoffnachfrage der Schwellenländer
einerseits und die Knappheitsprobleme des Angebots andererseits
machen es wahrscheinlich, dass sich der bis Ende des 20. Jahrhunderts wirksame Trend zur Verschlechterung der Austauschverhältnisse zwischen Industriewaren und Rohstoffen dauerhaft umgekehrt hat.
Dies schließt natürlich konjunkturell bzw. politisch bedingte Rückschläge wie die Ende 2014 / Anfang 2015 nicht aus.

Trotz dieser Einschränkungen ist die wirtschaftliche Belebung in
Afrika seit dem Beginn des 21. Jahrhunderts zunächst einmal beein-

druckend, was durch die relative Resistenz der Mehrzahl der afrikanischen Ökonomien in der Weltwirtschaftskrise 2008ff. unterstrichen wird. Differenziert werden muss die Rede von der Befreiung des afrikanischen ›Löwen‹ aus dem Käfig von Stagnation und Elend aber durch einen genaueren Blick auf die einzelnen Länder und Regionen, wobei beträchtliche Unterschiede deutlich werden.

*Tab. 11: Wachstum des BIP in ASS 2004/2014 nach Ländergruppen*

| Afrika südl. der Sahara (insgesamt) | Öl-Exporteure | Länder mittleren Einkommens | Darunter: Südafrika | Niedrigein-kommens- / fragile Länder |
|---|---|---|---|---|
| + 5,7 | + 7,3 | + 4,0 | + 3,5 | +6,2 |

Quelle: IMF 2013a, S. 81

Die herausragende Rolle der Rohstoffe als Wachstumsmotor zeigt die überdurchschnittliche Expansion in den acht als Ölexporteure qualifizierten Ländern[95]. Relativ stark ist auch das Wachstum in den Niedrigeinkommensländern, wobei die große Gruppe der fragilen Länder eine ziemliche Fluktuation aufweist. 2013 erhielt diese Zuwachs sowohl aus der Gruppe der Niedrigeinkommensländer (Mali) als auch der Ölexporteure (Südsudan). Ein Problemfall droht das wirtschaftliche Schwergewicht Südafrika zu werden, dem der Kontinent etwa 30 Prozent seiner Wirtschaftskraft verdankt: Südafrika war und ist als entwickeltes kapitalistisches Land, obwohl zur BRICS-Gruppe gehörend, eher in den Krisenzyklus des Westens eingebunden als in den ›Boom‹ der Schwellenländer. Insgesamt sind die afrikanischen Wachstumsaussichten weiterhin stabil, es wird mittelfristig ein jährlicher Wachstumstrend von fünf bis fünfeinhalb Prozent unterstellt, was eine Zunahme der Pro-Kopf-Einkommen von zweieinhalb bis drei Prozent bedeuten würde. Ein ›Schönheitsfehler‹ ist die Einseitigkeit des Wachstums. Die oben erwähnte McKinsey Studie bezifferte

---

95    Dazu gehören gegenwärtig Angola, Kamerun, die beiden Kongos, Tschad, Äquatorial Guinea, Gabun und Nigeria.

den Anteil des Ressourcen-Sektors (ohne Landwirtschaft) für ganz Afrika auf 24 Prozent der BIP; dessen Wachstumsrate im Zeitraum 2000 bis 2008 wird mit 7,1 Prozent angegeben. Dagegen entfällt auf die verarbeitende Industrie ein Anteil von 9 Prozent, was gegenüber den vorangegangen Perioden ein Rückgang ist: Zwischen 2000 und 2012 sank (nach einer anderen Quelle) der Anteil der verarbeitenden Industrie am subsaharischen BIP von 13 auf 10 Prozent (Weltbank, World Development Indicators 2014, Tabelle 4.2). Das Wachstum des Verarbeitungssektors wird auf 4,6 Prozent jährlich beziffert, ist also unterdurchschnittlich. Hinzu kommt eine hohe und im Zuge des Booms noch zunehmende Einkommensungleichheit. Länder wir Namibia und Botswana, die zu den erfolgreichen afrikanischen Staaten gezählt werden, gehören gleichzeitig zu denen mit dem weltweit größten Gegensatz von arm und reich.

## Exkurs: Fakten und Statistik

Sonntag der 6. April 2014 war für Nigeria ein historischer Tag. An diesem Tag konnten Statistikamt und Regierung verkünden, dass Nigeria die größte Wirtschaftsmacht Afrikas ist. Mit einem BIP von 491 Milliarden US-Dollar lag das Land 2013 erstmals vor Südafrika (385 Milliarden). Für 2012 war noch ein BIP von 263 Milliarden errechnet worden – d. h. innerhalb eines Jahres wäre es um 86 Prozent gewachsen. Natürlich hatte das nichts mit einer dynamischen Wirtschaft Nigerias zu tun. Das Statistikamt hatte für seine Berechnungen das bis 2012 benutzte Basisjahr 1990 durch das Basisjahr 2010 ersetzt. Vor allem die Neubewertung der Dienstleistungen, die ihren Anteil am BIP von 26 auf 52 Prozent verdoppelt haben, führte zu diesem Wachstumssprung. Würde man die neuen Zahlen ernst nehmen, dann müsste man die jährliche nigerianische Wachstumsrate der letzten 20 Jahre nachträglich nahezu verdoppeln. Solche statistischen Phänomene sind in Afrika nicht neu – schon 2010 hatte eine ähnliche Umstellung der Statistik Ghana einen Reichtumszuwachs um 60 Prozent beschert, das Land und seine Bevölkerung waren über Nacht nach

Weltbankkriterien von einem »low income country« zu einem »lower middle income country« mutiert. Korrekturen dieses Ausmaßes sind nicht geeignet, das Vertrauen in die globalen Statistiken zu vergrößern. Trotzdem wird so getan, als handele es sich bei den globalen Wirtschaftsdaten um Tatsachen. Teilweise werden weitreichende wirtschaftliche und politische Schlussfolgerungen aus Zahlen abgeleitet, die sich im Nachhinein als reine Fiktion erweisen.

Dass es sich bei internationalen Wirtschaftsdaten um Fakten handelt, ist schon für Länder mit einer monetarisierten Wirtschaft und mit funktionierenden Verwaltungen eine ziemlich heroische Annahme. Grundlegende Zweifel an der Tauglichkeit des weltweit verwendeten UN-Systems der einheitlichen Volkswirtschaftlichen Gesamtrechnung zur Messung von Produktion und Wohlstand äußerte zuletzt der Bericht der Stiglitz-Kommission zur Weiterentwicklung der statistischen Berichterstattung (Braakmann). Dieser erinnerte an den von Arthur Cecil Pigou gegen den Gebrauch des Nationaleinkommens als Wohlstandsindikator vorgebrachten Einwand: Wenn »ein Mann seine Haushälterin oder Köchin heiratet, vermindert sich die volkswirtschaftliche Wertschöpfung. Diese Dinge sind paradox.«[96] Das BIP würde sinken, weil Familienarbeit nicht als Produktionsbeitrag gewertet wird. Da in den 1950er und 1960er Jahren in Europa massenhaft ›mithelfende Familienangehörige‹ in Lohnarbeiter/innen verwandelt wurden, dürfte das die Wachstumsziffern des BIP damals beträchtlich aufgebläht haben.

Sollte also den nach einer weltweit einheitlichen Systematik berechneten Daten über Produktion, Produktivität und Pro-Kopf-Einkommen überall ein erhebliches Maß an Skepsis entgegengebracht werden, so muss sich diese Skepsis im afrikanischen Fall in tiefes

---

96    zit. bei Speich Chassé, S. 84. Pigou bringt an dieser Stelle weitere Einwände, die im Kontext der afrikanischen Ökonomien entscheidender sind: »Wenn ein Bauer seine Farmerzeugnisse verkauft und die von seiner Familie benötigten Lebensmittel auf dem Markt kauft, dann geht ein erheblicher Teil von Produkten in die Berechnung der nationalen Wertschöpfung ein, was nicht der Fall ist, wenn er einen Teil seiner Fleisch- und Gemüseprodukte zurückbehält und zu Hause verzehren würde.« (Pigou, S. 32)

Misstrauen verwandeln: Arme Länder – und dazu gehören (trotz des erwähnten ›plötzlichen Reichtums‹ einiger Staaten) immer noch zwei Drittel der afrikanischen Länder – können es sich nicht leisten, ihre Ressourcen in (sehr teure) statistische Dienste zu investieren. In Afrika sind die Statistikämter fast überall in einem beklagenswerten Zustand. Die – oft hoch qualifizierten – Angestellten versuchen verständlicherweise, ihre mageren Gehälter durch besser bezahlte Aktivitäten aufzubessern, wozu ihnen die in den afrikanischen Hauptstädten präsenten Geberorganisationen ausreichend Gelegenheit bieten. Das ›Kerngeschäft‹ eines statistischen Amtes, nämlich die Erfassung der laufenden Wirtschaftsleistungen, bleibt daher oft jahrelang unerledigt. Die scheinbar zeitnahen Angaben über Wachstum, Bevölkerung und Beschäftigung in den internationalen Statistiken (die auch in diesem Buch mangels Alternativen verwendet werden) beruhen in den meisten Fällen auf Vermutungen. Existierende Datensätze werden oft erst mit einer Verzögerung von mehr als fünf Jahren ausgewertet. Jerven berichtet, dass zum Zeitpunkt seiner Untersuchung im Jahre 2011 nur 17 Länder (von 47) über begründete Schätzungen des BIP für 2009 bzw. 2010 verfügten (2013, S. 23). Wenn IWF, Weltbank und andere internationale Organisationen z.B. im Oktober 2013 behaupteten, das BIP Sambias sei 2012 um 7,2 Prozent gewachsen, so ist dies eine ›kreative‹ Annahme.

Zudem ist die Situation nicht so, dass sich Irrtümer gegenseitig aufheben: Die Qualität der Statistiken kann sich in guten Jahren verbessern, während ökonomische Krisen auch durch eine Verschlechterung der Datenlage gekennzeichnet sind, »wirtschaftlichen Krisen entsprechen schlechte Daten«, meint Jerven (2013, S. 52). Man kann sich also noch nicht einmal darauf verlassen, dass die Fehlerquoten einigermaßen konstant bleiben. So ist manchmal – wie im Fall von Sambia – heute nicht mehr nachzuvollziehen, ob es in den Krisenjahren nach 1973 überhaupt so etwas wie eine Volkswirtschaftliche Gesamtrechnung gegeben hat: Jerven konnte bei einem Besuch in Lusaka 2007 nicht mehr klären, ob das Fehlen von Daten für die 1980er Jahre damit zusammenhängt, dass die entsprechenden Berichte verloren gegangen sind, oder ob sie nie existiert haben (Jerven 2013, S. 45).

Die Bezeichnung »verlorene Jahrzehnte« für die 1980er und 1990er Jahre bekommt für die Statistik eine besondere Bedeutung.[97]

Das betrifft sowohl den Ländervergleich – ob Unterschiede zwischen afrikanischen Ländern mit realen Entwicklungen oder nur mit unterschiedlicher Statistikqualität zu tun haben, ist nicht immer zu klären – als auch die auffällige Volatilität der Entwicklung: Es ist nicht selten, dass Jahre mit zweistelligen Wachstumsraten von Jahren der Stagnation abgelöst werden. Das kann auch damit zusammenhängen, dass die bei einem Vergleich auseinander liegender Zeitpunkte festgestellten Veränderungen willkürlich auf einzelne Jahre verteilt werden.

Internationale Organisationen und westliche Geberländer möchten – auch um die Qualität ihrer Arbeit und ihrer ›Beratung‹ zu belegen – möglichst rasch über Daten verfügen, was die schwachen nationalen statistischen Ämter nicht leisten können. Da die internationalen Organisationen aber zeitnah Daten für ihre Papiere und Analysen brauchen, kommt es zu »ausgehandelten Zahlen« (negotiated numbers) (ebd., S. 52).

Von den »negotiated numbers« ist es nur noch ein kleiner Schritt zu politisch gewünschten Daten (›desired numbers‹): Wenn belegt werden soll, dass eine bestimmte Politik positive Wachstumsraten nach sich zieht, so fällt dieser Nachweis nicht schwer, da die Zahlen »verhandelbar« sind. In diesem Zusammenhang ist der Hinweis, dass die nationalen statistischen Ämter praktisch vollständig von Gebermitteln abhängen (ebd., S. 81), fast überflüssig. Dies gilt auch für die Revision älterer Daten und für die Umstellung auf zeitnähere Basisjahre (wie im Falle Nigerias und Ghanas) – die Ergebnisse solcher mit Hilfe von Geberprojekten durchgeführten Neuberechnungen müssen von diesen gebilligt werden (ebd., S. 81).[98]

---

97    Ähnliches konnte ich bei einem Besuch der Zentralafrikanischen Republik Ende der 1990er Jahre feststellen: Während die Beamten, die über mehr als sechs Monate kein Gehalt gesehen hatten, nur selten in ihren Büros anzutreffen waren, fehlten bestimmte Sozialstatistiken ganz; die Berichte waren unauffindbar.

98    2004 gab es in Sambia eine Auseinandersetzung zwischen dem nationalen Statistikamt und Vertretern der Weltbank über die durchschnittliche Lebens-

Diese Schwächen dürften mehr oder weniger für alle armen Länder gelten. Es gibt aber außerdem afrikaspezifische Probleme, die auf die Schwierigkeit verweisen, die dominierende Produktionsweise bzw. die in Afrika herrschende Gesellschaftsformation zu charakterisieren. Das heute weltweit angewandte System der Volkswirtschaftlichen Gesamtrechnung beruht auf einem Standard (dem United Nations System of National Accounts [SNA]), dessen Grundlagen 1939 gelegt wurden. Die erste Version stammt aus dem Jahre 1953 und wurde im Rahmen der Staaten der OECD, der entwickelten kapitalistischen Industrieländer, erarbeitet. Sie wurde zwar mehrfach angepasst, die Methodik ist aber nach wie vor auf Länder mit einer voll monetarisierten Wirtschaft und einer bürokratisierten, funktionsfähigen Verwaltung abgestellt. Es ist offensichtlich, dass diese Bedingungen in keinem Land des subsaharische Afrika (mit Ausnahme Südafrikas) gegeben sind. Neben den oben erwähnten praktischen Problemen, die mit der Verfügbarkeit und Qualität der Daten zusammenhängen, gibt es grundlegende konzeptionelle Einwände, die mit dem Verweis auf Pigous Kritik angedeutet wurden.

Zunächst sollte man sich daran erinnern, dass das Wort »Statistik« mit dem Wort »Staat« zu tun hat (Jerven 2013, S. 3). Regierungen brauchten Informationen über die wirtschaftlichen Aktivitäten ihrer Untertanen, um diese zu besteuern. Solche von der Besteuerung der Untertanen lebende Staaten waren in Afrika historisch unbekannt. Zwar gab es große staatliche Gebilde, deren wirtschaftliche Grundlagen aber waren überwiegend die Besteuerung des Fernhandels bzw. der Raub (Cooper 2009, S. 50). Selbst heute leben viele afrikanische Staaten von Abgaben auf den Außenhandel bzw. von Rohstoffrenten (und Gebermitteln). Dagegen sammelte der chinesische Staat schon sehr früh regelmäßig Informationen über Grund und Boden und die

---

erwartung: Der Weltbank zufolge war diese mit etwa 35 Jahren rund zehn Jahre niedriger als die vom Statistikamt ermittelte. Die Ursache dieser Differenz konnte nicht geklärt werden – es wurde aber klar, dass die Weltbank mit ihrer niedrigen Zahl die Auswirkung von HIV/AIDS besonders dramatisch hervorheben wollte, während die Regierung bemüht war, die Bilanz ihrer Politik nicht allzu negativ aussehen zu lassen.

landwirtschaftliche Produktion zwecks Besteuerung – was afrikanische Staaten, soweit es sie gab, nicht zu tun brauchten.[99]

Die Ende des 19. Jahrhunderts entstehenden afrikanischen Kolonien entwickelten zwar eigene Statistiken, interessierten sich aber zunächst nur für die Marktproduktion. Bis 1949 wurde z. B. in den britischen Protektoraten Süd-Rhodesien (Zimbabwe), Nord-Rhodesien (Sambia) und Nyassaland (Malawi) die Existenz eines afrikanischen Produktionssektors statistisch ignoriert. Damit kommen wir zur Frage, wie ein eigentlich nur an Warenproduktion (d. h. an Produktion für den Markt) orientiertes Zählsystem mit der Tatsache umgeht, dass die Masse der Produzenten nur partiell mit monetarisierten Warenströmen in Berührung kommt. Zwar ist die Behauptung, afrikanische Statistiken würde die Subsistenzproduktion – die Produktion für den eigenen Verbrauch, wie sie Pigou beschrieben hat – völlig ignorieren, nicht zutreffend. So berücksichtigten z. B. die kolonialen Statistiker in Nord-Rhodesien nach 1949 einen Pauschalbetrag von 5 Millionen britischen Pfund als Gegenwert der bäuerlichen Selbstversorgungswirtschaft. Das Problem ist allerdings grundlegender: Das System der Volkswirtschaftlichen Gesamtrechnung unterscheidet zwischen Produktion und Haushalt – was zu der erwähnten Schwierigkeit führt, wenn ein Mann seine Haushälterin heiratet. Einem afrikanischen bäuerlichen Haushalt würde es nicht einfallen, zwischen der Arbeit auf dem Feld und im Haushalt (z. B. Ernte und Kochen) zu unterscheiden. Eine ältere Berechnung des nigerianischen Volkseinkommens verweist auf eine grundsätzliche Schwierigkeit: »… die Unterscheidung zwischen Produktion und Leben, zwischen Arbeit und Nicht-Arbeit ist im ›Westen‹ fassbar; sie ist in Nigeria oft nebulös.« (Jerven 2013, S. 39). In der Konsequenz haben Statistiker versucht, Austauschakte und Dienstleistungen innerhalb der Haushalte zu schätzen, selbst das Gebären von Kindern wurde als Leistung

---

99    Die in Afrika historisch vorherrschende Sicht auf Staatlichkeit zeigt die
      Karte, die Muhammad Bello, Herrscher des westafrikanischen Kalifats So-
      koto, 1824 auf Anregung des britischen Forschers Clapperton zeichnete:
      Sie zeigt Stützpunkte und Handelsrouten, aber keine Grenzen (Austen,
      S. 124 f).

quantifiziert, wobei die Statistiker sich auf den Wert der Brautpreise stützten. Um die Sache noch komplizierter zu machen: Im Süden Benins sind die Rechte und Pflichten der Ehepartner im Haushalt genau definiert – Mann und Frau(en) führen getrennte Rechnungen, so dass z. B. die von einer Frau im Rahmen von Kleinhandel oder anderen Aktivitäten erzielten Einnahmen in ihrer Verfügung bleiben (sollten). Der Haushalt ist in diesem Fall keine ökonomische Einheit. Bietet die Frau auf dem lokalen Markt Maisklöße oder andere von ihr zubereitete Nahrungsmittel an, so muss auch der Ehemann dafür zahlen – Geschenke würden von der Umwelt als Ausdruck übermäßiger Verliebtheit gewertet.

Es geht also nicht nur darum, ob die Menge der für den Eigenverbrauch erzeugten Nahrungsmittel korrekt erfasst und (zu welchen Preisen?) bewertet wird. Die Frage ist vielmehr, wo die Grenze zwischen Produktion und Konsumtion gezogen wird. Bekanntlich sind z. B. Anbau und Ernte von Maniok (Cassava) nicht besonders arbeitsintensiv (die Kolonialregime führten Maniok ein, um Arbeitskräfte für die koloniale Zwangsarbeit frei zu machen), die Verarbeitung dagegen sehr. Es wäre absurd, die Produktion von Maniok als Teil der Wertschöpfung zu berechnen, nicht aber dessen Verarbeitung für den Verzehr. Die Systematik der Volkswirtschaftlichen Gesamtrechnung beruht darauf, eine Grenze zwischen Produktionsarbeit und Reproduktionsarbeit zu ziehen, eine Grenze, die es innerhalb der afrikanischen Produktionsweise nicht geben kann. Das ist nicht bloß ein Problem des ländlichen Raums: Einer Untersuchung aus den 1990er Jahren in der ökonomischen Hauptstadt Benins, Cotonou, ergab, dass 60 Prozent aller Haushalte einen Handel betrieben – der oft nur aus einem kleinen Stand vor dem Haus besteht, auf dem Streichhölzer, Bier oder zubereitetes Essen (neuerdings auch Telefonkarten und Internetzugangsnummern) verkauft werden. Es gibt Autoren, die aus diesen konzeptionellen Schwierigkeiten ableiten, »dass die wirtschaftlichen Verhaltensweisen von Afrikanern nicht durch Konzepte erklärt werden können, die aus der Funktionsweise von Marktwirtschaften abgeleitet wurden.« (Jerven 2013, S. 38). Die Konzepte von Einkommen und Reichtum können so unterschiedlich sein, dass ein Vergleich zwischen der Wertschöpfung in unterschiedlichen Kulturen und Gesellschaftsformationen sinnlos ist.[100]

Es taucht also die Frage auf, wie Umfang und Struktur von Produktionstätigkeiten in ein Rechensystem integriert werden können, das eigentlich nur über den Markt ausgetauschte Güter und Leistungen erfasst. In der Praxis der Volkswirtschaftlichen Gesamtrechnung in Afrika werden in (unregelmäßigen) Abständen empirische Studien durchgeführt, durch die Leistungen des ›informellen‹ Sektors zu einem bestimmten Zeitpunkt erfasst werden. Da solche Studien aufwändig und teuer sind, werden sie nur selten durchgeführt – der in einem bestimmten Jahr ermittelte Wert der Produktion des ›informellen‹ Sektors wird in den Folgejahren fortgeschrieben, wobei meist unterstellt wird, dass er sich parallel zur Produktion der formellen Sektoren verändert. Zur Schätzung der kleinbäuerlichen Agrarproduktion wurde lange Zeit angenommen, dass diese sich im gleichen Tempo verändert wie die ländliche Bevölkerung. Beobachter stellten dann fest, dass die Arbeitsproduktivität im ländlichen Raum konstant blieb, was allerdings nichts mit der Wirklichkeit zu tun hatte: ›shit in – shit out‹.

Selbst wenn wir davon ausgehen, dass durch solche Studien die Wertschöpfung des ›informellen‹ Sektors in einem bestimmten Jahr zutreffend erfasst wird, so löst das kein Problem. Denn generell kann festgehalten werden, dass die ›informelle‹, nicht bzw. nur teilweise über den Markt vermittelte und somit statistisch nicht direkt erfassbare Wertschöpfung sowohl absolut als auch im Verhältnis zur ›formellen‹ Wirtschaft stark schwankt: Sie dient als Rückzugsgebiet in Zeiten der Krise, in denen sie zunimmt, während sie in Zeiten der Marktexpansion eher schrumpft bzw. stagniert. Jerven vermutet – gestützt auf Entwicklungen in Tansania – dass die Daten zum Wirtschaftswachs-

---

100  Ich war in den 1990er Jahren in Benin an einer empirischen Studie beteiligt,
      die die Bevölkerung befragte, was »Reichtum« sei: Erwartungsgemäß war
      die meistgenannte Antwort »Geld«, dahinter aber kam als zweitwichtigste
      Kategorie »Kinder«. Während dem internationalen Konzept der Volkswirtschaftlichen Gesamtrechnung zufolge in Form der Kategorie des Pro-Kopf-
      Einkommens eine kinderreiche Familie Armut bedeutet, ist für die Betroffenen selbst das Gegenteil der Fall.

tum in Afrika dazu tendieren, Produktionseinbrüche und Wachstums-
beschleunigungen jeweils zu überzeichnen. Bezogen auf Tansania:
»Es ist wahrscheinlich, dass sowohl der Niedergang in den frühen
1980ern als auch die Beschleunigung des Wachstums in den 1990ern
überschätzt wurden.« (Jerven 2013, S. 80) Das ist möglich, aber nicht
sicher: Da der aktuelle Wirtschaftsboom nur wenige Arbeitsplätze
schafft und die Zahl der Personen im erwerbsfähigen Alter derzeit
rascher als die Gesamtbevölkerung wächst, kann es durchaus sein,
dass der ›informelle‹ Sektor trotz des ›formellen‹ Booms ebenfalls expandiert.

## Ist der afrikanische Aufschwung nachhaltig?

Doch auch wenn man den offiziellen Statistiken kaum trauen kann,
belegt der Augenschein vor allem in den Städten, dass sich die afrikanische Wirtschaft gegenwärtig aufwärts entwickelt. Davon profitieren auch Teile der Bevölkerung, der vieldiskutierte Mittelstand[101],
während die Mehrheit weiterhin in Armut verharrt. Das ist aber auch
in anderen Boomregionen wie z. B. in Südasien (Indien, Pakistan,
Bangladesch) der Fall, in denen der Wirtschaftsaufschwung eine
ökonomisch breitere Basis hat. Für Afrika bleiben die Abhängigkeit von Rohstoffen, von nichtafrikanischen Märkten und Direktinvestitionen (DI) und der niedrige Integrationsgrad (der Anteil des
innerafrikanischen Handels am Außenhandel liegt bei 12 Prozent)
wirtschaftliche Kernprobleme. Die fehlende Handelsverflechtung ist
umso nachteiliger, als die meisten subsaharischen Länder (mit Ausnahme von Nigeria und Südafrika) sehr kleine innere Märkte haben.
Bemühungen zur Schaffung von größeren Wirtschaftszonen machen
nur langsame Fortschritte. Eine nennenswerte verarbeitende Industrie

---

101   Dieser wird über Einkommensgrenzen bestimmt: Die afrikanische Entwick-
      lungsbank definiert die »middle class« mit Pro-Kopf-Einkommen zwischen 4
      und 20 US-Dollar am Tag: Demnach gehörten 2010 rund 34 % der afrikani-
      schen Bevölkerung zur Mittelklasse, bei leicht steigender Tendenz (Goldberg
      2014, S. 21).

wäre nur dann konkurrenzfähig, wenn sie größere Absatzmärkte er-
schließen könnte.

Die Fragilität des afrikanischen Wirtschaftsaufschwungs wird durch
die strukturelle Rigidität der afrikanischen Ökonomien, insbesondere
die anhaltende Schwäche der verarbeitenden Sektoren, belegt.

*Tab. 12: Beitrag der Sektoren zum BIP in Prozent*

| Landwirtschaft | | Industrie insgesamt* | | Verarbeitende Industrie | | Dienstleistungen | |
|---|---|---|---|---|---|---|---|
| 2000 | 2012 | 2000 | 2012 | 2000 | 2012 | 2000 | 2012 |
| 17% | 14% | 34% | 29% | 13% | 10% | 49% | 57% |

*Bergbau, Verarbeitende Industrie, Bauwirtschaft, Elektrizitätserzeugung, Gas-
und Wasserversorgung; Quelle: World Bank, World Development Indicators,
Data, Table 4.2

Dies ist die Grundschwäche des derzeitigen Wirtschaftsbooms in Afrika: Der »reverse«-Effekt auf die Wirtschaftsstruktur. Wirtschaftliche
Entwicklung geht normalerweise einher mit strukturellen Veränderungen, in deren Verlauf Produktionsfaktoren (insbesondere Arbeit) aus
Sektoren mit niedriger Produktivität in solche mit höherer Produktivität wechseln. Das passiert in Afrika kaum, teilweise vollziehen sich
die Wanderungsbewegungen sogar in die Gegenrichtung. Eine Analyse des »Mitteleinkommenslands Ghana« konstatiert ein »Wachstum
ohne Transformation«, bei dem höhere Kakao- und Goldpreise und
die Entdeckung kleinerer Öl- und Gasvorkommen an der Küste zwar
zusätzliche Einkommen generieren, die sehr ungleich verteilt sind,
während Landwirtschaft und Verarbeitung zurückbleiben (Tekülve,
S. 4). Der »Economic Report on Africa« (ERA) von 2014, der sich
mit den Problemen des Strukturwandels und der Industrialisierung
befasst, konstatiert als eine der »key messages«, dass es in vielen afrikanischen Ländern zu einer »structural transformation in reverse«,
einem umgekehrten Strukturwandel, gekommen sei: »In Afrika be-
wegten sich Produktionsfaktoren von Sektoren mit höherer in solche
mit niedrigerer Produktivität ... insbesondere Arbeitskräfte sind aus
Landwirtschaft und Industrie in Dienstleistungsbereiche abgewan-

dert, was zu niedrigerer Produktivität und abnehmender Beschäftigung in Agrarwirtschaft und Verarbeitung geführt hat.« Hinter dem eindrucksvollen Zuwachs der Dienstleistungen (Tabelle 12) verbirgt sich überwiegend die Expansion von unproduktiven kleinen Jobs oft im informellen Bereich. Eine Studie über den informellen Sektor in sieben afrikanischen Großstädten fragt: »Wird der informelle Sektor verdrängt, wenn afrikanische Volkswirtschaften Zuwachsraten von 5 % und mehr verzeichnen? ... Allein das demografische Wachstum lässt dieses Szenario als unwahrscheinlich erscheinen. ... Erfahrungen in dynamischen Volkswirtschaften wie Kenia, Ghana oder Senegal lassen vermuten, dass der informelle Sektor proportional sogar eher zunimmt.« (Grimm 2012, NZZ v. 5.3.2014) Die besagte Studie begrüßt diese Entwicklung – wo sollten die jedes Jahr auf den Arbeitsmarkt strömenden mehr als 19 Millionen junger Menschen sonst ein Auskommen finden? Was aber produziert dieser informelle Sektor? Die Studie zählt Tätigkeiten auf, die jeder Besucher afrikanischer Städte als hoffnungslos übersetzt kennt: »... Wohnungsbau, die Produktion von Raubkopien von DVDs, ... Möbelschreinereien, ... Reparaturwerkstätten, Taxibetriebe, Bauhandwerker wie Elektriker, Spengler ... Backsteinhersteller, den Kleinhandel, Garküchen, den Verkauf von Prepaid-Karten für Mobiltelefone, Nachhilfelehrer, Coiffeursalons, Geldwechsler, Kreditvermittler, Makler und Zwischenhändler aller Art, Kindermädchen und Wäscherinnen.« Nicht zu vernachlässigen ist der »handwerkliche Bergbau, bei dem Bergleute, Steinhauer und Gold- oder Diamantenwäscher zusammenarbeiten.« (ebd.) Am Rande der Städte sieht man oft Frauen und Kinder vor Steinhaufen sitzen und mit Hämmern große Steine zu Bausplitt zerkleinern. Diese Aufzählung könnte man endlos fortsetzen: Es handelt sich um arbeitsintensive, schlecht bezahlte Tätigkeiten mit sehr geringer Produktivität, die im Gefolge des Aufschwungs vielen Menschen ein Überleben ermöglichen – aber eben selten mehr. »In afrikanischen Ländern wächst der informelle Sektor, während die Zahl der industriellen Arbeitsplätze zurückgeht.« Die informellen Arbeitsplätze seien aber weniger produktiv, bilanziert Afrikaexperte Haeflinger diese Entwicklung (NZZ v. 3.11.2014).

Trotzdem gibt es hoffnungsvolle Entwicklungen:

• Die wirtschaftlichen Außenbeziehungen der afrikanischen Länder haben sich diversifiziert, die Beziehungen zu den aufstrebenden Schwellenländern gewinnen an Bedeutung. Das erklärt teilweise, dass Afrika unter der Weltwirtschaftskrise von 2008 ff. relativ wenig gelitten hat.

• Die Abhängigkeit von Rohstoffen, deren Preise volatil sind, ist zwar eine große wirtschaftliche Hypothek, immerhin ist aber – anders als bis Ende des 20. Jahrhunderts – nicht mehr mit einem dauerhaften Rückgang der internationalen Austauschverhältnisse zu Lasten der Rohstoffexporteure zu rechnen.

• Die internationalen Regeln können heute nicht mehr einseitig von den reichen entwickelten Ländern bestimmt werden. Im Zuge des globalen Bedeutungsgewinns des ›Südens‹ können die afrikanischen Länder heute ihre Interessen besser zur Geltung bringen.

• Rohstoffeinnahmen und der Zustrom von Auslandskapital bringen zunehmend Geld und Kapital nach Afrika. Ob dieses Geld in Afrika bleibt (z.B. ob Profite auf DI reinvestiert oder abgezogen werden) hängt zu einem erheblichen Maße von der Politik der afrikanischen Regierungen ab. Dabei gibt es zwei Ebenen:

• Gelingt es den afrikanischen Regierungen, die transnationalen Konzerne so einzubinden, dass die Ausbeutung der natürlichen Ressourcen vor allem dem Lande dient und der Großteil der Erträge im Lande bleibt? Hier können soziale Bewegungen in den entwickelten Ländern unterstützend wirken, indem sie sich für global bindende Regulierungen der transnationalen Unternehmen und für mehr Transparenz einsetzen.

• Sind die Regierungen bereit und in der Lage, die Mittel investiv zur Diversifizierung der Wirtschaft und zur Schaffung von Arbeitsplätzen einzusetzen? Dies hängt wesentlich von der inneren Verfasstheit, der Legitimität und der Steuerungsfähigkeit der Regierungen der afrikanischen Länder ab.

Ob der gegenwärtig noch einseitig ressourcenbasierte Aufschwung in einen nachhaltigen und sozial ausgeglicheneren Entwicklungspfad übergeleitet werden kann, ist derzeit noch nicht absehbar. Vordringlich sind Strukturveränderungen zugunsten der verarbeitenden Wirtschaft, die Förderung der bäuerlichen Landwirtschaft und die Schaffung produktiver Arbeitsplätze in großer Zahl. Mobiltelefone und Finanzdienstleistungen allein reichen dafür nicht aus. Mittelfristig müssen die Erträge der Ressourcenwirtschaft in produktive, beschäftigungsintensive Sektoren gelenkt werden. Denn auch die afrikanischen natürlichen Ressourcen sind begrenzt.

## Afrikanischer Kapitalismus – Kapitalismus in Afrika

Angesichts der internationalen und innerafrikanischen Kräfteverhältnisse und der weltweiten Dominanz des Kapitalismus ist schwer vorstellbar, dass ein solcher Wandel der Wirtschaftsstruktur unter nichtkapitalistischen Verhältnissen gelingen könnte. Auf der anderen Seite sind die Produktionsverhältnisse in den afrikanischen Ländern so stark von ›traditionellen‹ Produktionsweisen geprägt, dass ein baldiger ›Sieg‹ der kapitalistischen Produktionsweise in Afrika nicht in Sicht ist. Soweit Erscheinungen des Kapitalismus in Afrika florieren, handelt es sich um externe Anstöße. Es kann kein Zweifel daran bestehen, dass der aktuelle Wirtschaftsaufschwung in Afrika von transnationalen Unternehmen des Bergbaus und der Finanzindustrie getragen wird. Dafür spricht die Bedeutung des ausländischen Kapitalzustroms. Der jährliche Zufluss von Direktinvestitionen (andere Formen sind Portfolio-Iinvestitionen, Bankkredite und Entwicklungshilfe) erhöhte sich von knapp 1,7 Mrd. US-Dollar 1990 (= 0,8% der globalen DI) auf 42 Mrd. 2014 (= 2,9%) (UNCTAD 2014, S. xix). Diese Mittel gingen in der Vergangenheit überwiegend in den Ressourcensektor – der »Attraktivitätsstudie« von Ernest & Young zufolge flossen 2013 rund 69 Prozent der DI in die Sektoren Bergbau/Metalle, Kohle/Öl/Gas und Immobilien/Bau. In den letzten Jahren gewannen DI im Finanz- und Dienstleistungsbereich (Handel, Telekommunikation) an Bedeutung (EY 2014). Zuletzt haben auch einige transnationale Konzerne aus dem Nahrungsmittelbereich (Nestlé) ihre afrikanische Präsenz verstärkt. Der Anteil der laufenden DI an den Investitionen stieg von

3,3 (1990) auf 15 Prozent (2012), das Verhältnis der gesamten DI zum BIP stieg von 12 (1990) auf 31 Prozent.

Dies scheint an den Wirtschaftsstrukturen nur wenig zu ändern: Deren relative Starrheit deutet auf die Stabilität auch der ökonomischen Gesellschaftsformation hin, die sich in Afrika herausgebildet hat. Im Weiteren soll untersucht werden, ob diese – mit Dambisa Moyo – als »echter Kapitalismus« beschrieben werden kann. Es sei dabei daran erinnert, dass begrifflich zwischen Kapitalismus als Gesellschaftsformation und als Produktionsweise zu unterscheiden ist: Innerhalb jeder historisch-konkreten Gesellschaftsformation koexistieren verschiedene Produktionsweisen. Eine Gesellschaft ist nur dann als kapitalistisch zu bezeichnen, wenn die kapitalistische Produktionsweise dominiert und die sozialen Verhältnisse prägt. Es wird im Folgenden gezeigt werden, dass dies in Afrika nicht der Fall ist, d. h. dass wir es im subsaharischen Afrika (mit Ausnahme Südafrikas) nicht mit kapitalistischen Gesellschaftsformationen zu tun haben, obwohl es Bereiche gibt, die nach kapitalistischen Prinzipien organisiert sind. Diese bestimmen aber nicht das gesellschaftliche Leben. Vorab halten wir mit Iliffe und anderen fest, dass »afrikanischer Kapitalismus definitionsgemäß im Kern dasselbe ist wie der Kapitalismus überall« (Iliffe, S. 4), lehnen also jene kulturalistischen Interpretationen ab, die Kapitalismus als unvereinbar mit der afrikanischen Lebensweise bezeichnen.[102] Kultur ist nicht unveränderlich, sondern historisch bedingt (Cooper 2009, S. 44) und in Afrika ebenso wie anderswo mit Kapitalismus vereinbar.

### Kapitalismus und Zauberei

In seinem unterhaltsamem Buch »1913« schreibt Florian Illies im Kapitel »Mai«: »Es ist soweit: Max Weber erfindet das große Wort von »der Entzauberung der Welt««. In einem Essay über Grundbegriffe der Soziologie beschreibt er, was für die kapitalistische Struktur der

---

102  Der Begriff der »afrikanischen Produktionsweise« verweist u. a. auf die wichtige Rolle von Fernhandel und Handelskapital schon im vorkolonialen Afrika (Goldberg 2008, S. 158 ff).

Gesellschaft wichtig sei: Dazu gehöre »die zunehmende Technisierung und Verwissenschaftlichung, ja Rationalisierung dessen, was vormals als Wunder galt.« (S. 125) Illies belegt seine Zitate nicht, aber allem Anschein nach meint er Webers Vortrag »Wissenschaft als Beruf«, der allerdings nicht im Mai 1913, sondern am 7. November 1917 in München gehalten und in erweiterter Fassung im Juni 1919 veröffentlicht worden ist.[103] Die Welt sei dann entzaubert, meint Weber, wenn »man ... alle Dinge – im Prinzip – durch Berechnung beherrschen könne,« wenn es »prinzipiell keine geheimnisvollen unberechenbaren Mächte gebe«. (Weber 2006, S. 1025) Wenn dieser »Geist« als vorherrschende Vorstellung tatsächlich den Kapitalismus prägen würde, wie Weber meint, dann gäbe es im subsaharischen Afrika definitiv (und zwar einschließlich Südafrikas) keinen modernen Kapitalismus. Ein in Großbritannien ausgebildeter sambischer, aber in Südafrika arbeitender Stadtplaner – ein Beruf, der für Rationalität und Berechenbarkeit schlechthin steht – machte sich über mich lustig, als ich es wagte, die Existenz von Hexerei zu bezweifeln: Hexerei sei in Afrika eine Realität, über die man ebenso wenig diskutieren könne wie über das Fallgesetz.[104] Diese anekdotische Evidenz wird von vielen Forschern bestätigt: Hexerei (eine von Missionaren geprägte und von den Afrikanern übernommene Bezeichnung für ein sehr komplexes soziales Phänomen) ist eine durch und durch moderne Erscheinung, eine Form, in der die afrikanische Gesellschaft unter Nutzung und An-

---

103 Der Verlag teilte mit, dass Weber den Begriff »Entzauberung« erstmals im Entwurf eines Artikels über »Religiöse Gemeinschaften« im Jahre 2013 verwendet habe. Der Text wurde allerdings erst 1921/22 posthum als Teil von »Wirtschaft und Gesellschaft« veröffentlicht (Weber 1956, S. 396).

104 David Signer schildert folgenden Wortwechsel in der Elfenbeinküste mit einem jungen Mann: »Hexerei, sagte er mir, ist das größte Hindernis für Entwicklung in Afrika. Ich fragte: Meinst Du Hexerei oder den Glauben an Hexerei? Hexerei. Hexerei ist eine Realität. Immer wenn jemand aufsteigt, Erfolg hat, überdurchschnittlich ist, riskiert er, verhext zu werden. Der Neid ist so allgegenwärtig. ... Hexer essen am liebsten Erfolgreiche, Diplomierte, Studenten, hoffnungsvolle Talente. Und am liebsten einen aus der eigenen Familie.« (2004, S. 11) Dies erklärt, warum die Angst vor Hexerei – und damit deren Realität – auch bei gebildeten Schichten so verbreitet ist.

passung traditioneller Institutionen das Eindringen der europäischen Modernität verarbeitet. In diesem Prozess nimmt die Hexerei selbst moderne Formen an, wird zu einem Geschäftszweig[105]: »Verborgener Politischer Strippenzieher oder Unternehmer, der sich an der Arbeit von Zombies bereichert, verkörpert der Hexer die bedrohliche Modernität.« (Bonhomme, S. 96).[106] Dass Hexerei eine Realität ist, belegt auch die Tatsache, dass sie in vielen afrikanischen Ländern strafbar ist: So enthält z. B. Sambias Strafgesetzbuch einen »witchcraft act«, (chapter 90), der Hexerei unter Strafe stellt.[107]

Nun wäre es inkonsequent, würde man die Webersche Ableitung des Kapitalismus aus der Rationalität und dem Bürokratismus (also aus dem »Geist«), hier übernehmen: Das Beispiel der boomenden Schwellenländer wie China zeigt, dass scheinbar vormoderne Institutionen wie Familienbeziehungen, Clanstrukturen, unsichere bzw. unklare Eigentumsverhältnisse usw. durchaus mit Kapitalismus vereinbar sind – warum nicht auch die Zauberei, die zudem mit Urbanisierung und Monetarisierung in Afrika selbst ein wichtiger ökonomischer Faktor geworden ist. Auch ist Zauberei gut vereinbar mit der sich in Afrika rapide ausbreitenden evangelikalen Variante des Christentums, die ihrerseits auch ›weberianische‹ Gedanken verbreitet, unter Nutzung der Umwälzung der Kommunikation durch Handy und Internet: Diese Kirchen predigen oft »health and wealth«, wie z. B. der sambische Pastor George Mbulo, der behauptet: »Gott wird

---

105   Ashforth kommt, gestützt auf südafrikanische Parlamentsberichte, zu folgendem Schluss: »Groben Schätzungen zufolge gibt es in Südafrika mindestens 500.000 afrikanische Heiler außerhalb des offiziellen Gesundheitssystems, die sich mit dem Problem der Hexerei beschäftigen.« (S. 8)

106   Wie gut sich Modernität mit Zauberei verträgt, belegt der folgende Bericht: »In Karthoum wurden im September 2003 die Berichte über umgehende Penisdiebe über SMS mit Hilfe von Mobiltelefonen besonders rasch und wirksam verbreitet.« (Bonhomme, S. 127)

107   Besonders pikant ist die Tatsache, dass sowohl die Beschuldigung, dass Personen Hexerei anwenden, als auch die professionelle Ausübung von Hexerei unter Strafe gestellt sind. Im Kongo / Kinshasa gehört zu den Bewerbungsunterlagen bei der Presidence ausdrücklich das Verbot »Keine Fetische«. (NZZ v. 21.7.2014)

Dir zeigen, wie man reich wird.« (Taylor, S. 78)[108] Auch andere, oft als »neo-patrimonial« bezeichnete ›irrationale‹ Erscheinungen sind, wie Taylor zeigt, durchaus mit modernem Kapitalismus vereinbar, wie z. B. die Korruption: »Auch wenn Korruption nicht wünschenswert ist, ist sie doch durchaus vereinbar mit kapitalistischer wirtschaftlicher Entwicklung.« (S. 7).

Der Bezug auf den Gegensatz zwischen »entzauberter« europäischer Moderne und afrikanischer Zauberei sagt also nicht viel über die in den Ländern des subsaharischen Afrika herrschenden Produktionsweisen und Gesellschaftsformationen aus. Das leuchtet auf den ersten Blick ein, wenn man die südafrikanische Republik mit dem übrigen subsaharischen Afrika vergleicht: Obwohl Südafrika zweifellos ein entwickeltes kapitalistisches Land ist, sind mit Hexerei verbundene Probleme dort kaum weniger verbreitet als im übrigen subsaharischen Afrika: »Hexerei ist … ein verbreiteter Zug des Lebens in Soweto, wie auch allgemein in Afrika« (Ashforth, S. xiii).

## Exkurs: Südafrika

Wie bereits angedeutet, wird im Folgenden die Südafrikanische Republik (RSA) aus den Betrachtungen ausgeklammert. Dies ist auf der Grundlage der aggregierten (die RSA einbeziehenden) Daten für das subsaharische Afrika empirisch zwar nicht immer möglich; man sollte sich daher bei der Interpretation von Zahlen immer bewusst sein, dass auf die RSA mit fünf Prozent der Bevölkerung etwa 30 Prozent des subsaharischen BIP entfallen. Südafrika ist ein entwickeltes kapitalistisches Land, wenn auch mit besonderen Merkmalen: ein do-

---

108 Die Verdächtigung von Kindern, der Hexerei verfallen zu sein, habe z. B. in Kinshasa zur Zunahme der Zahl der Straßenkinder beigetragen, schreibt David Signer, die vor exorzistischen Ritualen (dazu gehört z. B. »Heilfasten«) fliehen: »Hauptverantwortliche für diesen Aberglauben sind die evangelikalen Kirchen«. Diese aus den USA kommenden Organisationen, die gleichzeitig »Wohlstand im Diesseits« versprechen, stecken auch hinter den afrikanischen Kampagnen gegen Homosexualität (NZZ v. 21.7.2014).

minierender, hoch monopolisierter Energie-Rohstoff-Komplex; eine
relativ schwach entwickelte verarbeitende Industrie, die eng mit dem
Rohstoffbereich verbunden ist; ein staatliches System sozialer Sicherung und ein im afrikanischen Vergleich kleiner ›traditioneller‹ Sektor
von kleiner Warenproduktion und Subsistenz, der seine Funktion als
Überlebensraum für größere Teile der Bevölkerung nicht mehr ausfüllen kann.[109]

Diese Struktur verweist auf die Apartheid-Periode, deren Wirtschaftspolitik in ihren Hochzeiten die ›Artikulation‹, d.h. die Verflechtung verschiedener Produktionsweisen bei Dominanz des kapitalistischen Sektors – zeitweilig mit Erfolg – zur Grundlage hatte: Die
vom Rohstoff-Energie-Komplex damals in großem Umfang benötigte
(schwarze) Arbeitskraft wurde mittels gesetzlichen Zwangs auf dem
Status von Wanderarbeitern (auch aus den Nachbarländern) festgehalten, deren Reproduktion in den südafrikanischen »homelands«
bzw. den ländlichen Gebieten der Nachbarländer im Rahmen von
subsistenzorientierter Landwirtschaft und kleiner Warenproduktion
erfolgen sollte. Die Familien der Wanderarbeiter sollten in den ›Re-
servaten‹ bleiben, unter der Herrschaft ›traditioneller‹ Stammesfüh-
rer. Das sicherte für eine bestimmte Zeit niedrige Löhne und hohe
industrielle Gewinne. Der ›traditionelle‹ Sektor war dem domini-
renden kapitalistischen Bereich, mit dem er über die Lohnarbeit eng
verwoben war, subsumiert. Das Modell funktionierte niemals richtig,
nicht nur wegen des afrikanischen Widerstands, sondern auch weil die
weiße Minderheit sich in ihrer Gier nicht nur die Städte, sondern auch
die fruchtbaren Landgebiete vorbehielt. Die auf marginale Böden zu-
rückgedrängten ›homelands‹ waren niemals in der Lage, die Repro-
duktionsfunktion für die schwarzen Wanderarbeiter und ihre Familien
auszufüllen. Die zunehmende Funktionsunfähigkeit dieses ›Modells‹
und technologische Entwicklungen im Bergbau, die mehr qualifizierte Arbeit erforderten, untergruben zusammen mit dem afrikanischen
Widerstand die wirtschaftliche Grundlage des Apartheidsystems.

Die Zugehörigkeit der RSA zur kapitalistischen Welt wurde durch

---

109   Dazu ausführlicher: Goldberg 2008, S. 208 ff.

die Krise 2008 ff. akzentuiert: Südafrika verzeichnete einen deutlichen Einbruch; der Rückschlag konnte seither kaum aufgeholt werden, die jährlichen Wachstumsraten übersteigen seit der Krise kaum zwei bis zweieinhalb Prozent. Kernproblem ist die anhaltende Dominanz des hochmonopolisierten »Mineral-Energy-Complex« (MEC), der zwar einerseits von der verstärkten Nachfrage nach Rohstoffen profitiert, andererseits aber kaum mehr Arbeitsplätze schafft. Der Industrialisierungsprozess stockt, die gesamtwirtschaftliche Beschäftigungsquote geht zurück. Derzeit sind offiziell etwa fünf Millionen Menschen (bei einer Bevölkerung von 51 Millionen) ohne Arbeit, die reale Zahl wird auf acht bis zehn Millionen geschätzt, wozu rund die Hälfte der Jugendlichen zählt. Der auch in Südafrika existierende ›informelle‹ Sektor ist nicht in der Lage, einen relevanten Teil der Arbeitslosen aufzufangen. Etwa ein Drittel der Bevölkerung (16 Millionen) bezieht staatliche Sozialtransfers. Gleichzeitig verschärft sich die soziale Spaltung, weil von der gezielten Förderung der afrikanischen Mittelschicht (»Black Economic Empowerment«) nur kleine Gruppen profitieren. Ein kleiner Teil der Afrikaner schafft den Aufstieg innerhalb des nach wie vor ›weiß‹ dominierten MEC, es entsteht aber kein afrikanisches Unternehmertum. Dieses bleibt auf den Bereich kleiner und kleinster Unternehmen beschränkt (»Penny-Kapitalismus«), wie Untersuchungen zeigen: Kleinstunternehmen (bis fünf Beschäftigte) sind fast ausschließlich ›schwarz‹, während schon in der darüber liegenden Gruppe (6-19 Beschäftigte) 90 Prozent der Eigentümer ›weiß‹ sind (Goldberg 2008, S. 231). Die von der Apartheid geerbte Segregation der Bevölkerungsgruppen hat sich eher noch verschärft: Einer neueren Untersuchung des Internationalen Währungsfonds zufolge ist der die Einkommensverteilung messende »Gini-Koeffizient« auf 0,63 gestiegen, womit Südafrika eines der weltweit ungleichsten Länder wäre. Es gibt Beobachter, die dem Land einen Rückfall auf das Niveau des übrigen Afrika vorhersagen (Kappel 2013a, S. 4). Dies würde allerdings nichts an dessen kapitalistischem Charakter ändern: Auch wenn sich unter dem Druck der Krise ›informelle‹ Wirtschaftsaktivitäten weiter ausbreiten sollten, so bleibt die Dominanz des MEC und der industrialisierten ›weißen‹ Landwirtschaft bestehen.

## Kapital und Lohnarbeit

Im Folgenden wird gezeigt, dass die kapitalistische Produktionsweise in Afrika nach wie vor nur ein Enklavendasein fristet, das mit der übrigen Gesellschaft wenig verbunden und in hohem Maße von Auslandskapital geprägt, nicht aber gesellschaftlich bestimmend ist.

Dazu werden vier Aspekte behandelt:
• Die Rolle und Bedeutung des fixen Kapitals,
• Die Existenz einer afrikanischen Bourgeoisie,
• Die Bedeutung der Lohnarbeit,
• Das Überwiegen des Bedarfsdeckungs- und Risikominimierungsmotivs und die Rolle des ›informellen‹ Sektors.

### Fixes Kapital, Investitionen und Privatsektorförderung

Die kapitalistische Produktionsweise wird in ihrem industriellen Stadium geprägt von der Akkumulation fixen Kapitals, also der Anlage von Kapital in Form von Grundstücken und Gebäuden, von Maschinen und Anlagen. Die Anlage von fixem Kapital, d. h. die Investitionstätigkeit, bestimmt die Entwicklungsdynamik moderner kapitalistischer Ökonomien und ihre Krisen. Daher soll in einem ersten makroökonomischen Überblick gefragt werden, inwieweit dies im subsaharischen Afrika der Fall ist.

Zunächst fällt auf, dass die Investitionsquoten – d. h. der Anteil der Wertschöpfung (BIP), der in den Kauf von Gebäuden und Produktionsmitteln gesteckt wird – sehr niedrig und auch nach 2002 nur wenig angestiegen sind.

*Tab. 13: Investitions- und Sparquoten in Subsahara-Afrika*
*(in Prozent des BIP)*

|                    | 1980-89 | 1990-99 | 2000-09 | 2010-2015 |
|--------------------|---------|---------|---------|-----------|
| Investitionsquote  | 19,0    | 16,6    | 18,9    | 20,0      |
| Sparquote          | 14,7    | 13,8    | 19,2    | 18,3      |

Quelle: IMF, World Economic Outlook Database, October 2014

Über lange Perioden hinweg lag die Investitionsquote unter 20 Prozent, Mitte der 1980er und in den 1990er Jahren sank sie nochmals im Gefolge der Strukturanpassungsprogramme. Seit Mitte der 2000er stabilisierte sie sich und erreichte 2014 knapp 20 Prozent.[110] Sie war damit mehr als zehn Prozent niedriger als im Durchschnitt aller Schwellen- und Entwicklungsländer. Das ist zunächst überraschend, da für die Entwicklungsländer ein enger Zusammenhang zwischen Wirtschaftswachstum und Investitionsquote angenommen wird. Eine internationale Analyse geht davon aus, dass die Verdoppelung des BIP innerhalb von 15 Jahren (Wachstumsrate von fünf Prozent jährlich) eine Investitionsquote von 35 Prozent erfordert (Ansu). Beim aktuellen Wachstum von 5 bis 5,5 Prozent würde sich das BIP Afrikas innerhalb von 13 bis 14 Jahren verdoppeln. Das Wachstum in Afrika ist also derzeit scheinbar wenig kapitalintensiv. Das ist umso erstaunlicher, als es aktuell mit hohen Investitionen im Energie- und Bergbausektor verbunden ist, ein bekanntlich sehr kapitalintensiver Sektor. Diese Investitionen werden in hohem Maße durch Auslandskapital finanziert – der ohnehin schon niedrigen Investitionsquote von wenig über 20 Prozent des BIP[111] steht eine Sparquote von 13 Prozent gegenüber (Ansu), d.h. ein großer Teil der Investitionen in Afrika werden durch Kapitalimporte und Auslandshilfe finanziert (in einer geschlossenen Wirtschaft müssen Investitions- und Sparquote gleich sein). Den oben dargestellten Daten über Direktinvestitionen zufolge (die allerdings nur einen Teil des Kapitalimports darstellen) machen allein DI ein Sechstel der inländischen Kapitalbildung aus. Die kapitalintensiven und rohstofforientierten DI aber »lösten bisher

---

110  Zwischen 2000 und 2014 stieg die Investitionsquote im subsaharischen Afrika von 17 auf 20 Prozent, während sie im Durchschnitt aller »low & middle income countries« von 25 auf 32 Prozent anstieg. In Ostasien wurden 2012 Quoten von 44 Prozent registriert (World Bank, World Development Indicators 2014, Tabelle 4.8); in diesem Zusammenhang ist auf den Unterschied zwischen Ländern nachholender Entwicklung und ›reifen‹ kapitalistischen Ländern zu verweisen: In letzteren – z.B. in Deutschland oder auch in Südafrika – liegen die Investitionsquoten unter 20 Prozent.

111  Ansu gibt die Investitionsquote für das subsaharische Afrika im Jahre 2010 mit 23 Prozent an.

erst bescheidene Folgeinvestitionen und binnenwirtschaftliche Ver-
knüpfungen aus.« (HWWI 2010, S. 37)

Das Bild kann ergänzt werden durch einen Blick auf eines der
wichtigsten Finanzierungsinstrumente kapitalistischer Wirtschaften,
die Börse. Das Hamburgische WeltWirtschaftsInstitut (HWWI) listet
(Ende 2009) immerhin 18 Börsen in Subsahara Afrika auf. Davon hat
allerdings nur eine einzige, nämlich die von Johannesburg in Südafrika (JSE), mit einer Marktkapitalisierung (Kurswert der gelisteten
Unternehmen) von 600 Mrd. US-Dollar, eine gewisse Bedeutung.
Obwohl in Afrika an der Spitze, ist die JSE im Vergleich z.B. zu
Brasilien (1,3 Billionen US-Dollar) oder gar zur New York Stock Exchange (16 Billionen US-Dollar) ein Zwerg. In Afrika folgt die Börse
von Nigeria (Marktkapitalisierung 66 Mrd. US-Dollar). Alle anderen
bewegen sich im Bereich von wenigen Milliarden. Kleine Marktkapitalisierung, niedriges Handelsvolumen und die geringe Zahl der gelisteten Unternehmen (HWWI, S. 62) zeigen, dass die afrikanischen
Kapitalmärkte trotz der großen finanziellen Bedeutung des Bergbau-
und Energiekomplexes noch weit entfernt sind von kapitalistischen
Verhältnissen.[112]

Wie bescheiden die Expansion des formellen kapitalistischen Sektors in den meisten Ländern des subsaharischen Afrika ausfällt zeigt
auch ein Blick auf die Entwicklung der inländischen Unternehmens-
kredite, des »net domestic credit«. Diese sind definiert als Summe der
inländischen Nettokredite für öffentliche Nicht-Banken, private Nicht-
Banken und andere Kreditnehmer. Es kann angenommen werden,
dass ein Zuwachs von Bank-Krediten eine zunehmende ›formelle‹
Investitionstätigkeit ausdrückt. Blickt man auf ausgewählte, als besonders dynamisch geltende afrikanische Länder so kann man feststellen,

---

112 Die Journalistin Carol Pineau, die 2005 einen Film über »Das Afrika das Du
nie siehst« gedreht hat, in dem sie Afrika als »Land der Börsen« preist, erwähnt, dass »die Ghana Stock Exchange regelmäßig weltweit an der Spitze
der erfolgreichsten Börsen steht«, verschweigt aber, dass diese noch 2009
eine Marktkapitalisierung von gerade mal 12,5 Milliarden US-Dollar aufwies. (Washington Post v. 17.4.2005 / HWWI, S. 62) An der Börse des neoliberalen Musterlandes Ruanda sind ganze fünf Unternehmen gelistet.

dass die Kreditvergabe zwar seit den 1990er Jahren wieder zunimmt; sie liegt aber zumeist noch deutlich unter dem Niveau der 1980er bzw. überschreitet es nur wenig (Taylor, S. 85 bzw. Tabelle 2).

Die nach wie vor bescheidene Rolle, die Privatwirtschaft und Unternehmertum außerhalb des Ressourcensektors spielen, kontrastiert scharf mit den intensiven Bemühungen der Entwicklungspolitik, den ›Privatsektor‹ zu fördern. Schon in den 1990er Jahren nahm die Zahl der Regierungsprogramme zu, die – oft mit großzügiger Unterstützung seitens der Internationalen Finanzierungsinstitutionen und anderer Geber – die Förderung des Privatsektors zum Ziel hatten. Seit den 2000er Jahren gibt es kaum ein afrikanisches Land, das nicht ein oder mehrere ›Private-Sector-Development‹ (PSD) Programme aufgelegt hat. PSD ist spätestens seit 2001 ein Schwerpunkt der internationalen Entwicklungszusammenarbeit. In einigen Ländern gibt es Ministerien zur Förderung des Privatsektors. Und die Rahmenbedingungen für privates Unternehmertum in Afrika haben sich – wie der jährliche Doing-Business-Report der Weltbank nicht müde wird zu betonen – in den letzten zehn Jahren drastisch verbessert. Obwohl angeblich noch viel zu tun bleibt, rangieren afrikanische Länder immer wieder unter den »Top-Reformern« der Welt (Taylor, S. 75). Ein großer Teil der Literatur, der Afrika als den neuen Boom-Kontinent feiert, tut meist kaum mehr, als Loblieder auf den ›Reformeifer‹ und die ›Business-Freundlichkeit‹ afrikanischer Regierungen zu singen. So stellt Mahajan in seinem Jubelwerk »Africa Rising«, ausgehend von der Entwicklung des Doing-Business-Indikators, fest: »Die Umwelt für business verbessert sich ständig. ... Länder wie Tansania, Ghana, Nigeria und das kriegsgeschüttelte Ruanda gehören zu den Ländern mit den meisten Verbesserungen.« (S. 17). Die so argumentierenden Autoren verfangen sich in ihrer eigenen Ideologie, indem sie unterstellen, ein gutes privatwirtschaftliches Geschäftsklima führe automatisch zum Aufblühen des Unternehmertums. Das ist aber nicht der Fall. Angesichts der oft jahrzehntelangen Anstrengungen zur Förderung des afrikanischen Privatunternehmertums sind die Ergebnisse bescheiden. Taylor, ein Autor der seine Hoffnungen ebenfalls auf verbesserte Rahmenbedingungen für die Privatwirtschaft setzt, konstatiert, dass »Unternehmen im Eigentum schwarzer Afrikaner immer noch relativ selten sind« (S. 157), dass »die übergroße Mehrheit der subsaharischen großen Unternehmen, die mehr als ein paar Jahrzehnte alt sind, keine Verbindungen zu schwarzen Eigentümer-Unternehmern haben.« (S. 164)

## Afrikanische Bourgeoisie und Bourgeoisie in Afrika

Die kapitalistische Produktionsweise ist durch die Scheidung zwischen Kapital und Arbeit gekennzeichnet, zwischen Kapitalisten (Bourgeoisie) und Lohnarbeitern. Marx zufolge war diese Scheidung die wichtigste Funktion der »ursprünglichen Akkumulation« in Westeuropa. Dies beinhaltet gleichzeitig, dass der Kapitalist zum Organisator des Produktionsprozesses wird und darüber hinaus – getrieben durch die Konkurrenz der Einzelkapitalisten untereinander – zum Motor der permanenten Umwälzung der Produktivkräfte (MEW 23, S. 350ff). Verkörpert in der Figur des Unternehmers und ausgestattet mit bestimmten geistigen Eigenschaften gilt der Kapitalist auch für die bürgerliche Ökonomie als unabdingbare Voraussetzung von Kapitalismus. Der Entwicklungsrückstand Afrikas wurde und wird daher nicht nur mit dem schwachen bzw. korrupten Staat, sondern auch mit dem Fehlen von innovativen Unternehmern begründet – wobei der Grund dafür in einer Vielzahl von politischen, ökonomischen und kulturellen Faktoren gesehen wird. Allerdings ist Ansichten, die die afrikanische Kultur des ›Neides‹ (Signer) als dem Entstehen einer Klasse von Kapitalisten entgegenstehend beurteilen, entgegen zu halten, dass die Figur des Fernhändlers, also des Handelskapitalisten, in Afrika schon sehr früh existiert hat (Iliffe, S. 23). Ob die vorhandenen historischen Ansätze zur Herausbildung einer afrikanischen Bourgeoisie als Klasse durch den Einbruch des Kolonialismus abgebrochen, ob sie durch die internationale Konkurrenz im Rahmen der Weltmarktintegration behindert wurden, ob die überwiegende ›sozialistisch-etatistische‹ Orientierung nach der Unabhängigkeit ihre Herausbildung verhindert hat oder ob kapitalistisches Unternehmertum gar der afrikanischen Kultur widerspricht – all das kann hier nicht diskutiert werden. Es soll lediglich untersucht werden, ob es – als unabdingbares Merkmal der kapitalistischen Produktionsweise – so etwas wie eine afrikanische »endogene« Bourgeoisie überhaupt gibt. Dabei sind folgende Merkmale entscheidend:

- Wenn von endogener Bourgeoisie gesprochen wird, so geht es nicht bloß um die Zahl afrikanischer Unternehmer, sondern um deren Konstituierung zur Klasse. Das setzt voraus, dass die Unternehmer sich selbst als Klasse bzw. soziale Gruppe begreifen, die gemeinsame Interessen hat und die sich zur Durchsetzung dieser Interessen organisiert. Max Weber spricht in diesem Kontext von »Gemeinschaften die in der Lage sind, sich gemeinsam für ihre Interessen einzusetzen.« (Bayart, S. 224) In unserem Kontext würde dies implizieren, dass sie sich ihrer spezifischen Interessen als afrikanische Unternehmer bewusst sind, sowohl im Gegensatz zu anderen sozialen Gruppen als auch im Gegensatz zum internationalen Kapital. Die Abwesenheit lokaler Unternehmer im politischen Prozess wird verschiedentlich für eine Ursache von Fehlentwicklungen gehalten, wobei dafür mehr die Schwäche des endogenen Unternehmertums als die Politik verantwortlich gemacht wird.[113]

- Die endogene Bourgeoisie prosperiert in dem Maße, in dem das im Lande angelegte Kapital wächst – damit ist die »Kompradorenbourgeoisie«, deren Aktivitäten allein von der Rendite des Auslandskapital abhängen, definitionsgemäß ausgeschlossen. Allerdings zeigen die verbreiteten Erfolgsgeschichten vom Aufstieg einzelner afrikanischer Unternehmer – wie z. B. des oben erwähnten Mo Ibrahim –, dass die Gegenüberstellung zwischen ›Kompradorenbourgeoisie‹ und ›nationaler Bourgeoisie‹ der Wirklichkeit nicht gerecht wird[114]: Ibrahim hat in Großbritannien studiert und

---

113  Mkandawire meint: »Wenn es irgendetwas gab, was der afrikanische Staat versäumt hat, dann war es die Einbeziehung der lokalen Unternehmerklasse in den politischen Prozess. Oder, umgekehrt, wenn die lokale Unternehmerklasse irgendetwas versäumt hat, dann war es die Beeinflussung der staatlichen Politik.« (S. 300)

114  Poulantzas hat eine dritte Kategorie, die »innere Bourgeoisie« eingeführt, die »trotz ihrer Verflechtung mit ausländischem Kapital ihre Reproduktionsbasis im Inneren der Nationalstaaten hat«. (Kannankulam, S. 1136) Ob dies den Gedanken der Fraktionierung von Kapitalistengruppen in einem Milieu rascher gesellschaftlicher Veränderungen retten kann, sei hier kritisch hinterfragt.

seine später beim Aufbau des afrikanischen Mobilfunk-Unternehmens Celtel genutzten Fähigkeiten bei British Telecom erworben.

- Die endogene Bourgeoisie ist – um den oft gebrauchten Begriff Karl Polanyis zu strapazieren – in die spezifische Kultur des Landes »eingebettet«, repräsentiert also die entsprechenden Werte bzw. bleibt in diese eingebunden.[115]
- Die endogene Bourgeoisie ist Teil afrikanischer Netzwerke und kennt die spezifischen lokalen/regionalen Bedingungen. Dies verschafft ihr Konkurrenzvorteile gegenüber ausländischen Wettbewerbern.
- Die endogene Bourgeoisie kann ihre Profite nur steigern, wenn sie in Afrika die Produktion ausdehnt, die Produktivität erhöht und den Absatz steigert (Goldberg 2008, S. 194f).

Es gibt reiche afrikanische Unternehmer (auch außerhalb Südafrikas), darunter einige mit globalen Interessen und globaler Reichweite, wie z. B. den Nigerianer Aliko Dangote oder Mo Ibrahim, die in gewissem Sinn typisch sind für die aktuelle Aufschwungphase, obwohl sie ihren Aufstieg schon viel früher begonnen haben. In Veröffentlichungen, die meist den Charakter von (unkritischen) Selbstdarstellungen haben, treten sie vor allem als Finanzakteure auf. Ein bekannter sambischer Unternehmer (Geoffred Mwamba), der Beteiligungen in zahlreichen Branchen hält (Mühlen, Transport, Brauereien), bringt die Philosophie vieler afrikanischer Unternehmer so zum Ausdruck: »Business is about making money and I enjoy making money but it's never enough … Let me tell you what money is for: money is about generating more money – every single day.« (Makura, S. 245).[116] Obwohl die Geschäfts-

---

115   »Die neuere historische und anthropologische Forschung brachte die große Erkenntnis, dass die wirtschaftliche Tätigkeit des Menschen in der Regel in seine Sozialbeziehungen eingebettet ist.« (Polanyi, S. 75) Das ist in Afrika leicht gesagt: Es gibt viele afrikanische Kulturen, »Sozialbeziehungen« und Unternehmensstile; diese sind nicht »national«, wie Bayart bemerkt, sondern haben ethnische bzw. lokale Züge (1989, S. 134).

116   Das klingt nur auf Englisch gut: »Im Geschäftsleben geht es immer ums Geldmachen, und ich genieße es, Geld zu machen, aber es ist nie genug … Lassen Sie mich Ihnen erklären wofür Geld gut ist: Geld erzeugt mehr Geld – jeden einzelnen Tag.«

felder der dargestellten großen Unternehmer relativ breit gestreut sind (mit Schwerpunkten im Bereich Handel, Transport, Telekommunikation und Finanzdienstleistungen), wird deutlich, dass diese sich vor allem in der Sphäre des Geldes beheimatet fühlen – sie sind weit entfernt vom Bild des Schumpeter-Unternehmers, dessen Aufgabe es ist, »die Produktionsfaktoren zu kombinieren« (Schumpeter, S. 113) bzw. »neue Kombinationen durchzusetzen, wesentlich neue Produkte bzw. Produktions- und Organisationsmethoden durchzusetzen« (ebd., S. 100). Im Schumpterschen Sinne wären die meisten der präsentierten ›großen‹ afrikanischen Unternehmer weniger jene, die neue Kombinationen durchsetzen, sondern jene, die sie finanzieren – also mit Schumpeter die »Ephor der Verkehrswirtschaft.«[117] (ebd., S. 110) Die von Taylor auf Südafrika gemünzte Feststellung: »Die Mehrheit von Südafrikas neuer schwarzer Business Elite kann kaum als ›Unternehmer‹ im engen Sinne bezeichnet werden; insbesondere jene, die in der ersten Phase der ›black empowerment‹ Politik reich wurden, sind meist eher Portfolio-Manager als Unternehmer« (S. 171), trifft auch auf einige der Business-Titanen aus anderen afrikanischen Ländern zu, die ihre Ausbildung meist auf anglo-amerikanischen Universitäten erhalten haben und einem globalen Modell von Business-Erziehung folgen (Taylor, S. 77). Dies kann nicht überraschen in einer Situation, in der die Finanzwirtschaft, der Finanzinvestor, das Bild des globalen Kapitalismus prägt, die Finanzmärkte vom Diener zum Herrn der Produktion mutiert sind. Auch ist auffällig, dass sich nur sehr wenige der bekannten afrikanischen Unternehmen im Rohstoffbereich, dem für Afrika wichtigsten Sektor, betätigen.

Die Schwäche afrikanischer Unternehmer wird durch einen Blick auf die von der Zeitschrift »African Business« aufgestellte Liste der, gemessen am Marktwert, »Africa's Top 250 Companies« deutlich. Erwartungsgemäß fällt deren Größe im internationalen Vergleich eher bescheiden aus.[118] Interessanter aber ist die Zusammensetzung: Von

---

117 Ephoren waren in Sparta gewählte hohe Beamten, im Sinne von Oberaufsehern.

118 African Business, 23.4.2012; auf Platz 250 der Liste steht ein ägyptisches Unternehmen mit einem Marktwert von 210 Mio. US-Dollar, im internationalen Maßstab ein Mittelständler.

den 250 gelisteten Unternehmen kommen fast 100 aus Südafrika, weitere 80 aus vier nordafrikanischen Ländern. Nur etwa 70 geben als Geschäftssitz eines der übrigen 47 subsaharischen Länder an, wobei zahlenmäßig allein Nigeria noch ins Gewicht fällt. Von diesen 70 Gesellschaften gehören 27 zum Finanzbereich; nur 11 Gesellschaften beschäftigen sich irgendwie mit mineralischen oder agrarischen Rohstoffen. Mindestens die Hälfte der 70 subsaharischen Unternehmen sind in Wirklichkeit Filialen oder Beteiligungen internationaler Konzerne. Dies trifft für fast alle Rohstoffunternehmen zu. In Wirklichkeit bleiben also von der stolzen Zahl 250 großer »afrikanischer« Unternehmen lediglich 30 bis 35 übrig, die aus dem subsaharischen Afrika außerhalb von Südafrika kommen.

Allerdings reicht selbst die ökonomische Verankerung in Afrika nicht, um Teil einer afrikanischen Bourgeoisie im oben skizzierten Sinne zu sein. Damit wird ein Problem angesprochen, das ein Erbe der Kolonialzeit einerseits und der Periode der Strukturanpassung andererseits ist: In Südafrika sind die größeren Unternehmen immer noch zur überwiegenden Mehrheit ›weiß‹, gehören also einer ethnischen Minderheit. Im Jahr 2000 ›kontrollierten‹ Afrikaner gerade mal 1,7 Prozent des Kapitals der Johannesburger Börse. Die Minen, Banken und großen Unternehmen des Landes, die im gesamten südlichen Afrika eine führende Rolle spielen, sind nicht-afrikanisch (Chua, S. 100). Das gilt auch für einen großen Teil der ›nationalen‹ Unternehmen im übrigen Afrika: Da sich in der Kolonialzeit Afrikaner nicht bzw. nur sehr begrenzt kommerziell betätigen durften, wurden diese Lücken oft durch andere ethnische Gruppen gefüllt: natürlich Europäer (vor allem im Rohstoff- und Agrarbereich), Inder (im östlichen und südlichen Afrika), Libanesen und Syrer (im westlichen Afrika) und Nordafrikaner (in Zentralafrika). Die sich im Gefolge der Strukturanpassungsprogramme der 1980er Jahre bietenden Möglichkeiten für privates Kapital – worauf u. a. Taylor insistiert (S. 93) – konnten vor allem ausländische Unternehmen, aber auch lokale, von ethnischen Minderheiten betriebene Gesellschaften, nutzen: Sie verfügten über globale Beziehungen, hatten Zugang zu Krediten, konnten von multinationalen Liefer- und Absatzketten profitieren und hatten es so leicht, sich in die privati-

sierten Betriebe einzukaufen. In einigen Bereichen bildeten sie ethnisch begründete Monopole, in die Konkurrenten mit einem anderen
Hintergrund kaum eindringen konnten. Chua schildert, wie politisch
heikel und anfällig die Situation dieser »market dominant minorities«
(MDM) ist (S. 13). Die in der zentralafrikanischen Republik 2013/14
ausgebrochenen scheinbar religiös geprägten Konflikte haben einen
ähnlichen Hintergrund: Der Agrarhandel im ländlichen Raum der
ZAR ist in der Hand muslimischer Händler aus dem Norden, denen
die Bauern traditionell misstrauisch bis feindlich gegenüberstehen.[119]

Noch heute sind z.B. die in einigen Bereichen bedeutenden kommerziellen Farmen Sambias fast ausschließlich in der Hand von Weißen. Das galt bzw. gilt ebenso für Zimbabwe bzw. Namibia. Kommerziell bzw. kapitalistisch betriebene Farmen, die sich meist auf
cash crops spezialisieren, gehören nur in Ausnahmefällen Afrikanern.
Auch ein Großteil der für die Kenianische Wirtschaft so hochgelobten
Blumenfarmen ist im Besitz ethnischer Minderheiten – wie z.B. die
hierzulande als ökologisch bewusst bekannte Firma »Oserian«, ein
Familienbetrieb niederländischer Abstammung.

Die Problematik der MDM kann am Beispiel der indischen business-community im britischen Ostafrika, später in Kenia, deutlich gemacht werden. Händler aus dem indischen Subkontinent spielten für
viele Jahrhunderte eine Rolle im östlichen Afrika, insbesondere auf
Sansibar. Sie wurden vorwiegend in der zweiten Hälfte des 19. Jahrhunderts dauerhaft ansässig. Die anfangs intensiven Beziehungen zu
Indien lockerten sich später, die Inder in Ostafrika verstanden sich
mehr als britische Untertanen, hatten oft auch britische Pässe. Die –
besonders bei den Hindus – strikten, kastenorientierten Speise- und
Heiratsvorschriften lockerten sich zwar im 20. Jahrhundert, allerdings
blieb man unter Hindus. Eine Integration ins Gastland war ausgeschlossen, wobei dies für beide Seiten galt: »Für die regierenden Eliten war eine Zusammenarbeit mit kleinen Gemeinschaften von Ge-

---

119 Bei einer repräsentativen Befragung von Bauern in der ZAR Ende der
1990er Jahre, an der ich beteiligt war, war eine große Mehrheit der Ansicht,
dass die schlechten Absatzpreise mit Manipulationen der »Muslime« zusam-
menhingen, die sich absprächen und keine Konkurrenz zuließen.

schäftsleuten wichtig, die niemals in der Lage sein würden, um die
politische Macht zu konkurrieren.« (Oonk, S. 68) Die Inder fungierten
als klassische »middlemen« zwischen der Kolonialmacht und den Afrikanern, wobei die Identifikation mit Großbritannien (weniger mit Indien) von Bedeutung war. Nach der Unabhängigkeit der afrikanischen
Staaten konnten die Afro-Inder für eine Staatsangehörigkeit optieren,
wobei sich nur ein Drittel für die jeweilige afrikanische Nationalität
entschied. Dabei wurde strategisch gehandelt, d. h. oft beantragten
einige Familienmitglieder eine afrikanische Staatsbürgerschaft, andere blieben Briten oder besaßen weitere Staatsangehörigkeiten (selten
die indische oder pakistanische). Historisch waren diese Gruppen erst
Händler, in diesem Kontext auch Geldverleiher. Später wurden sie
– über den Textilhandel – auch Industrielle. David Himbara vertritt
die Ansicht, dass erst die Bestrebungen der neuen afrikanischen Regierungen, den Handel zu ›afrikanisieren‹, die Inder in den Bereich
der industriellen Produktion trieb: »… nicht-schwarze Unternehmer,
die gezwungen wurden, ihre Geschäfte (im Einzel- und Großhandel)
aufzugeben, waren entweder für Kenia verloren, indem sie in andere
Länder auswanderten, oder sie gingen über zu komplexeren Wirtschaftsaktivitäten in der verarbeitenden Industrie, im Finanz- und
Banksektor, im Versicherungswesen, im Tourismus und in der Bauwirtschaft. … So kam es zu einem erneuten Höhepunkt der Industrialisierung in Kenia, wodurch die Kenianisch-Indischen Kapitalisten
eher noch wichtiger wurden als vorher.« (Himbara, S. 59). So waren es
vor allem die gut vernetzten und kapitalstarken indischen Geschäftsleute, die die Chancen der staatlich geförderten Industrialisierung
nutzen konnten: »Ostafrika unternahm wichtige Schritte in Richtung
Industrialisierung, wobei die indischen Migranten eine wichtige Rolle
spielten«. (Oonk, S. 185) Ein Einschnitt in dieser Entwicklung bildete
die Ausweisung der Inder aus Uganda 1972 durch Idi Amin, was – in
Verbindung mit Nationalisierungs- und Afrikanisierungsbestrebungen
der Regierungen in Kenia und Tansania – in ganz Ostafrika zu einem
deutlichen Rückgang der Zahlen indischstämmiger Einwohner führte
(Oonk, S. 243): 1962 gab es in den drei Ländern knapp 400.000 Südasiaten, die Zahl sank bis 1984 auf unter 100.000. 1995/2000 waren

es wieder gut 200.000 (in Tansania war die Höchstzahl von 1962 fast wieder erreicht).»In Kenia versuchte die Regierung, eine starke indigene Klasse von Händlern, Bankern und Industriellen zu entwickeln. Allerdings ging die Förderung indigener Geschäftsleute oft auf Kosten der Südasiaten und es wurde extrem schwierig für sie, ihre Handelslizenzen zu erneuern bzw. die Zulassung für neue Unternehmen oder Regierungsanleihen zu erhalten. « (ebd., S. 216) Nach der Ausweisung der Inder aus Uganda verließen viele Afro-Inder Afrika, oft ließen sie einzelne Familienangehörige oder Manager zurück und gingen überwiegend nach England oder in die USA, selten nach Indien (ebd., S. 219). Allerdings gelang es vielen, nach 1990 wieder an die alten Vermögenspositionen anzuknüpfen (ebd., S. 222) und im Geschäftsleben Ostafrikas weiter eine wichtige Rolle zu spielen.

Die Südasiaten in Ostafrika entwickelten sich zu einer »transnationalen Asian African community«, d. h. einer internationalen Business-Elite, deren »Sozialkapital« auf einem dreifachen Erbe basiert: Teil einer südasiatischen Familie zu sein, mit der Bedeutung der ›extended family‹ und der Achtung vor den Ältesten; Kenntnis der afrikanischen Kultur und Wirtschaft zu besitzen, verbunden mit der unsicheren Stellung eines Fremden; westliche Erziehung genossen zu haben, sich als Teil der westlichen Welt zu verstehen: »Südasiatische Afrikaner sind zu einer globalisierten Gemeinschaft in einer globalisierten Welt geworden.« (Oonk, S. 240f) Was Kenia betrifft, so meint (der pro-indisch argumentierende) Himbara, dass die Kenia-Inder bis heute der quantitativ und qualitativ dominierende Teil der kenianischen Unternehmerschaft seien: Von 100 untersuchten Firmen der Verarbeitenden Industrie mit mehr als 50 Beschäftigten gehörten 1989/90 etwa drei Viertel Kenianern indischer Abstammung; nur 5 Prozent gehörten afrikanischen Kenianern (Himbara, S. 49, Figur 2.8). Zusammenfassend behauptet er, »dass Kenianisch-Afrikanische Geschäftsleute (in den frühen 1990ern) noch keine relevante Kraft in Kenias Handels- und Industrieleben sind.« (ebd., S. 75).

Während die indischstämmige Diaspora in Afrika sehr alte Wurzeln hat, ist die chinesische Präsenz im afrikanischen Wirtschaftsleben neueren Datums. Es handele sich dabei um die größte Wande-

rungsbewegung nach Afrika seit dem Ende der Kolonialzeit, meinen
Asche / Schüller (2006, S. 31). Viele der Migranten sind kleine Selbständige, die im Handel mit chinesischen Produkten tätig sind (Park,
S. 145). Zunehmend werden auch industrielle und landwirtschaftliche
Unternehmen gegründet. Ähnlich wie bei der indischen Diaspora
ist der Grad der Integration in die afrikanische Gesellschaft gering,
aber anders als im Fall indischstämmiger Unternehmen scheinen die
chinesischen Wirtschaftsaktivitäten bislang auch ökonomisch relativ
wenig mit der jeweiligen Umwelt verbunden zu sein: »Chinesische
Geschäftsleute in Afrika verfolgen Strategien, die ihnen eine Kontrolle der vor- und nachgelagerten Wertschöpfungsketten ermöglichen,
was ihnen einen Enklaven-Charakter verschafft und lokale Multipli-
kator-Effekte begrenzt.« Eine 2006 von der Weltbank durchgeführte
Untersuchung in vier afrikanischen Ländern (Ghana, Senegal, Südafrika, Tansania) kommt zu der Schlussfolgerung, indischstämmige und
europäische Unternehmer seien besser in die afrikanische »business
community« integriert als Chinesen (Broadman, S. 23/30).

Die durch den Kolonialismus vorangetriebene Zweiteilung des
afrikanischen Wirtschaftslebens scheint auch heute noch zu funktionieren, »indem schwarz-afrikanische Business-Aktivitäten zunehmend
auf kleinbetriebliche bzw. informelle Sektoren begrenzt wurden, während größere, formelle und nachhaltige Unternehmungen das Vor-
recht von Immigranten oder ausländischen Firmen wurden.« (Taylor,
S. 23). In den Jahren nach der Unabhängigkeit dominierten in vielen Ländern eher etatistische Orientierungen, welche der Entstehung
einer afrikanischen Bourgeoisie ebenfalls nicht förderlich waren. Aber
auch die neoliberale Wende von Anfang der 1980er Jahre und die auf
Markt und Privatsektorförderung orientierte Wirtschaftspolitik – die
nach dem Urteil der Beobachter zu einer deutlichen Verbesserung der
Rahmenbedingungen für privates Kapital geführt habe – bewirkten
nicht die erhoffte Stärkung des endogenen Kapitals, ganz im Gegenteil: Die Politik der Liberalisierung der Importe und der Privatisierung
öffentlicher Unternehmen beinhaltete im Gegenteil neue Investitions-
möglichkeiten vor allem in den extraktiven Sektoren für ausländisches Kapital und auch für die gut vernetzten Minoritäten-Unterneh-

mer (Taylor, S. 100), während die »Anpassungsprogramme eine starke
zerstörerische Wirkung für die meisten afrikanischen Unternehmen
… hatten.« (S. 60) Chua meint, dass die Deregulierungs-, Privatisie-
rungs- und Liberalisierungspolitik weltweit »die außergewöhnliche Vormachtstellung solcher ›Außenseiter‹ Minderheiten gestärkt hätten«, was
ihrer Ansicht nach zu einer Zunahme ethnisch gefärbter Konflikte beigetragen hat (S. 21). Die Privatisierung der öffentlichen Unternehmen
in Afrika hat einen Prozess unterbrochen, der in anderen Weltteilen,
vor allem in Asien, zur Herausbildung einer einheimischen Unter-
nehmerschicht beitrug: Staatliche Manager wurden im Zuge einer
allmählichen privatwirtschaftlichen Orientierung zu privaten Unternehmern. In Afrika dagegen griffen und greifen vor allem ausländische Konzerne zu. So blieb die Zweiteilung des Unternehmenssektors
bestehen: Informelle Klein- und Kleinstunternehmen sind fast immer
›schwarz‹, während mittlere und größere Unternehmen entweder
vom Auslandskapital oder von einheimischen Minoritäten-Unterneh-
mern betrieben werden. Manchmal hat man den Eindruck, als sei die
Aufrechterhaltung dieses Gegensatzes beabsichtigt: Unlängst lobte die
nigerianische Finanzministerin Ngozi Onkonjo-Iweale sich selbst, indem sie hervorhob, dass »die Unternehmerinitiative in Nigeria noch
nie so gefördert (wurde) wie unter der gegenwärtigen Administration.
So wurden über 100.000 Kleinunternehmer eingeladen, ihre Geschäftsmodelle vorzustellen … Bisher sind 27.000 Kleinbetriebe in den Genuss
der Förderung (mit staatlichen Darlehen bis zu 90.000 US-Dollar) gekommen …«. Gleichzeitig aber stellte die Regierung 2,5 Mrd. US-Dollar bereit, mit denen 15 staatliche Kraftwerke fit gemacht werden sollen
für die Abtretung an private Investoren. Übernehmer sind meist US-
amerikanische Investoren, aber auch die deutsche Siemens AG (NZZ
v. 24.5.2014). Selbst in den Fällen, in denen es gelingt, in die industrielle Lohnveredelung einzusteigen, sind die produzierenden Betriebe
nicht, wie in Asien, lokale Unternehmen, sondern ausländische: In
den letzten Jahren ist es z. B. Äthiopien gelungen, einige Betriebe der
Textil-, Bekleidungs- und Pharmaindustrie anzusiedeln, was immerhin
Arbeitsplätze schafft. Dabei handelt es sich aber ausschließlich um türkische, chinesische oder auch britische Eigentümer (NZZ v. 15.10.14).

Seit Anfang der 2000er Jahre gäbe es mit dem nachhaltigen Anstieg der Rohstoffpreise und im Rahmen einer gezielten staatlichen
Förderpolitik Voraussetzungen zur Entwicklung einer afrikanischen
Bourgeoisie außerhalb des Bereichs des »Penny Kapitalismus«, wie
es Afrikanische Union und UN empfehlen: »Afrikanische Regierungen sollten daher mit aller Kraft die Herausbildung einer endogenen
Unternehmerklasse fördern und unterstützen, damit der Kontinent in
den nächsten zwei Jahrzehnten ein globaler Wachstumspol werden
kann«, heißt es im Economic Report on Africa von 2012 (S. 77). Ob
dies aber tatsächlich zur Herausbildung einer auch politisch als Klasse[120] agierenden und einflussreichen Gruppe führen wird ist derzeit
noch nicht absehbar. Dies aus drei Gründen:

- Die rentabelsten Geschäftsfelder im Bereich der Rohstoffe werden fast ausschließlich von multinationalen Unternehmen, zunehmend auch aus Asien und Lateinamerika, besetzt. Nur ganz
  wenige afrikanische Unternehmen betätigen sich in diesem pro-
  fitablen Bereich. Das gilt auch für Agrarprodukte – wo diese industriell / großbetrieblich erzeugt werden, finden wir meist Unternehmen mit internationalem Hintergrund. Das gilt ebenso für den
  Tourismussektor, der von südafrikanischen, US-amerikanischen
  und europäischen Ketten dominiert wird.

- Die Liberalisierung und Internationalisierung von Regeln haben
  einen Grad erreicht, der es afrikanischen Regierungen erschwert,
  afrikanische / nationale Unternehmen gezielt zu fördern. Dem liberalen Mainstream zufolge würde dadurch der Wettbewerb ver-
  zerrt. Das Stocken der Verhandlungen der Doha-Runde der WTO
  und der Partnerschaftsabkommen mit der EU (EPA) sind allerdings darauf zurückzuführen, dass die afrikanischen Regierungen
  inzwischen im Kontext veränderter internationaler Kräfteverhältnisse doch einen gewissen ›policy space‹ verteidigen können.

- Taylor zufolge gehören zum »african business« nicht nur »schwar-

---

120  Einzelne Unternehmer können dagegen schon immer erfolgreich Partikular-
     interessen im Staat durchsetzen. Diese agieren aber nicht als Klasse, sondern
     als Individuen, die um exklusiven Zugang zu Ressourcen kämpfen.

ze Firmen«, sondern auch die von ethnischen Minderheiten[121] (Europäer, Inder, Libanesen, neuerdings Chinesen) betriebenen und in Afrika operierenden Töchter multinationaler Konzerne. (S. XV) Das mag ökonomisch bis zu einem gewissen Punkt zutreffend sein, wenn es enge ökonomische Beziehungen (»linkages«) zum afrikanischen Umfeld gibt. Teil einer afrikanischen Bourgeoisie im oben skizzierten Sinn aber können diese Gruppen nur in Ausnahmefällen werden: Es fehlt in der Regel die notwendige Einbettung in die afrikanische Politik und Gesellschaft.

## Freie Lohnarbeit und Informalität

Die äußeren Merkmale der kapitalistischen Produktionsweise – als moderner Industriekapitalismus – lassen sich mit den Begriffen »Unternehmer«, »Lohnarbeit« und »Markt« beschreiben. Liest man gängige Darstellungen der afrikanischen Ökonomie, so stehen Begriffe wie ›Subsistenz‹, ›Kleinbauern‹ und ›Informalität‹ im Mittelpunkt. Die ganz große Mehrheit der afrikanischen Arbeitskräfte arbeitet im ›informellen‹ bzw. ›traditionellen‹ Sektor«, meist in der Landwirtschaft, als Selbständige (»self-employed«) bzw. als mithelfende Familienangehörige. Das hat sich auch im letzten Jahrzehnt des Wirtschaftsbooms kaum geändert.

*Tab. 14: Arbeitskräfte nach Sektoren und Beschäftigungsstatus*

|      | Erwerbspersonen (Mio), darunter: | Arbeitslose (Mio) | Landwirtschaft (Mio) | Industrie (Mio)* | Dienstl. (Mio) | »Vulnerable Employment« (in % d. Besch.) |
|------|------|------|------|------|------|------|
| 1991 | 190 | 16 | 116 | 16 | 43 | 81 % (141 Mio) |
| 2000 | 247 | 22 | 148 | 18 | 59 | 80 % (180 Mio) |
| 2012 | 358 | 27 | 202 | 29 | 99 | 77 % (256 Mio) |

\* Bergbau, Verarbeitende Industrie, Bauwirtschaft und Versorgung
Quelle: ILO, Global Employment Trends 2014

---

121  »… wegen ihrer historischen Verankerung als Unternehmen und als Teil der größeren business-community, ihrem gesellschaftlichen Engagement und ihrer regelmäßigen, wenn auch stillschweigenden Beziehungen zu den politischen Eliten (einschließlich von Korruption) sind die Minderheiten-Unternehmer Teil des African Business.« (Taylor, S. 33)

Neben der Tatsache, dass nach wie vor mehr als 60 Prozent der Beschäftigten in der Landwirtschaft arbeiten (die 14 Prozent des BIP erzeugt), ist der anhaltend hohe Anteil des »vulnerable employment«
auffallend – die Internationale Arbeitsorganisation (ILO) bezeichnet
so »Selbstbeschäftigte« und »mithelfende Familienangehörige«: Dazu
gehört typischerweise der Kleinbauer, der zusammen mit seiner Familie ein Stück Land bearbeitet. Es wächst der urbane Anteil der »self-
employed«, die von kleinen Jobs, von Handel und anderen Dienstleistungen bzw. von Gelegenheitsarbeit leben: Die von der ILO durch
Befragung erhobene Kategorie der »Arbeitslosen« macht in Afrika
(mit Ausnahme von Südafrika) wenig Sinn, da es keinerlei Form von
Arbeitslosenunterstützung gibt – letzten Ende macht jeder irgendetwas, auch wenn es nur minimale Einkommen generiert. 2012 befanden sich von den gut 850 Millionen Bewohnern Subsahara-Afrikas
(einschließlich Südafrika) nur etwa 75 Millionen in wie auch immer
gearteten lohnabhängigen Beschäftigungsverhältnissen – weniger als
30 Millionen waren Arbeiter des Bergbaus, der Bauwirtschaft und der
verarbeitenden Industrie – Zahlen, die mit den Angaben über florierende Mittelschichten kontrastieren.

Was hat es nun mit dem Begriff der ›Informalität‹ auf sich, welche
die subsaharischen Ökonomien zu charakterisieren scheint? Der Begriff des ›informellen Sektors‹[122] wird hier aus pragmatischen Gründen in dem Sinne gebraucht, der in der wissenschaftlichen Diskussion
überwiegt: Es geht um die Frage der Erfassung durch staatliche Dienste bzw. um die Gültigkeit formeller (staatlicher) Regeln, die Beachtung
von Steuergesetzen, Arbeitsgesetzen usw. Darauf basiert der von der
ILO geprägte Begriff, der Überschneidungen mit dem hierzulande
verbreiteten Begriff der ›Schattenwirtschaft‹ aufweist. Dieser ist für
afrikanische Verhältnisse ungeeignet, weil er einen engen Bezug zur
Funktionsfähigkeit der staatlichen Verwaltungen hat – was wenig über
ökonomische Strukturen aussagt. Die Größe des ›informellen‹ Sek-

---

122  Das Editorial des Heftes »Informeller Sektor?« der Peripherie bemerkt, dass
     es dem Konzept an »analytischer Schärfe« fehle, dass es ein »Sammelbe-
     cken verschiedener Ansätze« sei. Aber: Es gibt kein besseres (Heft 62/1996,
     S. 5).

tors würde so von der Fähigkeit der staatlichen Verwaltung abhängen, Informationen und Steuern zu sammeln bzw. gesetzliche Bestimmungen durchzusetzen. Es könnte passieren, dass in einzelnen Ländern bzw. in bestimmten Perioden die gesamte Wirtschaft ›informell‹ ist, weil es eben – wie z. B. in Somalia – keine funktionsfähige staatliche Verwaltung gibt.[123] Auch wenn die vorherrschende, auf staatliche Erfassung und Kontrolle abstellende Definition[124] – wie weiter unten gezeigt wird – für die Zwecke der Analyse der Produktionsweisen und der ökonomischen Gesellschaftsformation in Afrika wenig geeignet ist, so sind auf dieser Basis immerhin Schätzungen des Umfangs von Beschäftigung und Wertschöpfung im ›traditionellen‹, nicht-kapitalistischen Sektor möglich. Sambia hat z. B. bei einer Revision der Volkswirtschaftlichen Gesamtrechnung Ende der 1990er Jahre den Anteil des städtischen ›informellen‹ Sektors am BIP mit 42 Prozent angegeben (Jerven 2013, S. 48). Das sagt nicht viel aus, weil die beschäftigungsmäßig dominierende Landwirtschaft ausgeklammert bleibt. In einer Übersicht der Afrikanischen Entwicklungsbank heißt es: »Tatsächlich erzeugt der informelle Sektor 55 Prozent des BIP in Subsahara-Afrika und beschäftigt 80 Prozent der Arbeitskräfte.«[125] Hier werden auch große Teile der Landwirtschaft berücksichtigt. Eine Studie der OECD aus dem Jahre 2009 über informelle Beschäftigung beziffert den Beitrag des »informellen Sektors« (einschließlich der Landwirtschaft) zum BIP im subsaharischen Afrika für die 2000er Jahre mit 63,2 Prozent – für die 1980er Jahre wurde diese Quote noch mit 38,5 Prozent berechnet (1990er: 54,5 %). Demnach expandiert der informelle Sektor überproportional. Der Anteil der informellen Erwerbstätigkeit außerhalb der Landwirtschaft wird für den Beginn der 2000er Jahre auf 75 Prozent geschätzt, wobei auch hier der Trend nach oben weist. Bezieht man die Landwirtschaft ein, die im subsaharischen Af-

---

123 In Kamerun waren in den 1980er Jahren Steuern und andere Regeln praktisch überall Verhandlungssache.

124 Andere Bezeichnungen sind nicht-monetärer Sektor (obwohl Geld benutzt wird), Subsistenzsektor oder traditioneller Sektor.

125 Recognizing Africa's Informal Sector, African Development Bank Group, Tunis, 27.3.2013

rika (ohne RSA) fast zwei Drittel der Erwerbstätigen beschäftigt und
die ganz überwiegend ›informell‹ ist, so steigt die Quote auf nahe 90
Prozent (OECD 2009).

Informalität von Beschäftigung wird in diesen Untersuchungen
durch das Fehlen von formellen Arbeitsverträgen und fehlender sozialer Absicherung definiert – was, wie oben angedeutet, nichts mit der
Frage der Produktionsweise zu tun hat. Ein kritischer Überblick über
die Entwicklungstendenzen des »informellen Sektors« aus dem Jahre
1997 trägt den bezeichnenden Titel »Ungeregelt und Unterbezahlt«
(Komlosy u. a. 1997). Tatsächlich sind ungeregelte Beschäftigungsverhältnisse und Unterbezahlung mit der kapitalistischen Produktionsweise völlig vereinbar, wie nicht zuletzt die deutsche Debatte über
Arbeitsverhältnisse z. B. in der Fleischwirtschaft deutlich gemacht hat.
Perioden, in denen sozial abgesicherte ›Normalarbeitsverhältnisse‹
überwiegen, waren und sind selbst in entwickelten kapitalistischen Industrieländern eher die Ausnahme als die Regel – entscheidend sind
Stärke und Organisiertheit der Arbeiterbewegung.

Umgekehrt gibt es in Afrika auch dort, wo es sich unbestritten um
nicht-kapitalistische ›traditionelle‹ Bereiche handelt, durchaus Regeln,
wenn auch keine staatlichen. So war z. B. das traditionelle Handwerk
in afrikanischen Städten nicht selten gut organisiert und achtete auf
die Einhaltung von Regeln z. B. bei der Ausbildung des Nachwuch-
ses. Dagegen gibt es in Afrika sowohl in- wie außerhalb der Landwirtschaft Betriebe, die jeder Beobachter als kapitalistisch bezeichnen
würde, die einen gewissen Kapitalvorschuss benötigen und mit zahlreichen Lohnarbeitern wirtschaften, in denen die Beschäftigten aber
– entgegen dem geltenden Recht – weder Arbeitsverträge haben noch
der Sozialversicherung unterliegen.[126] Diese Betriebe zahlen wenige
oder keine Steuern, sind nicht registriert, produzieren aber gleichwohl
nach kapitalistischen Prinzipien Waren für einen anonymen Markt.
Haeflinger bemerkt, dass gegenwärtig die Größe informeller Betrie-

---

126  Ein weißer sambischer Farmer erklärte mir 2004, dass er nicht bereit sei,
     seine mehreren Dutzend landwirtschaftlichen Arbeiter entsprechend den
     gesetzlichen Vorschriften bei der Sozialversicherung anzumelden.

be zunimmt, immer öfter träfe man auf Unternehmen mit bis zu 20 oder 30 Beschäftigten (NZZ v. 3.11.2014). Untersuchungen über den »informellen Sektor« können also einige Vorstellungen von der Dimension und der Bedeutung der Frage nach der in den jeweiligen Gesellschaften vorherrschenden Produktionsweise vermitteln – ausgehend von der Annahme, dass historisch gewachsene kapitalistische Gesellschaftsformationen mit der Zeit funktionierende öffentliche Verwaltungen und handlungsfähige Arbeiterorganisationen ausbilden, welche für ›Formalität‹ sorgen – sie sind aber nicht geeignet, definitive Aussagen über die in Schwellen- und Entwicklungsländern herrschende Produktionsweisen zu begründen.

Zu diesem Zweck wird im Folgenden begrifflich zwischen einem kapitalistischen und einem nicht-kapitalistischen (statt formellen – informellen) Sektor unterschieden. Ich folge dabei Rosa Luxemburg, die, wie oben gezeigt, die Wechselwirkung zwischen den beiden Sektoren als Grundlage kapitalistischer Entwicklungsdynamik betrachtet hatte. Die nicht-kapitalistischen Sektoren sind Luxemburg zufolge die »naturalwirtschaftlichen Formationen«, in denen der »Selbstbedarf das Ausschlaggebende der Wirtschaft« ist (1913/1975, S. 317); es folgen die Periode der »Warenwirtschaft« (S. 334) und schließlich die »Trennung der Landwirtschaft vom Gewerbe«, um beide letzten Endes der »fabrikmäßigen Massenproduktion« zu unterwerfen (S. 342 f). Luxemburg hatte sich dies als stufenmäßige Abfolge vorgestellt. Sie gibt dafür historische Beispiele, u. a. Südafrika: »Das Ergebnis war … der Sieg des Kapitals über die kleine Bauernwirtschaft, die ihrerseits auf den Trümmern der primitiven naturalwirtschaftlichen Organisation der Eingeborenen erstanden war.« (S. 363) Das nichtkapitalistische Milieu wird (ähnlich wie der informelle Sektor) negativ definiert: Es wird nicht kapitalistisch produziert. Um zu einer positiven Bestimmung zu gelangen, kann auf die Arbeit von Burkhart Lutz zurückgegriffen werden, der sich mit der Wechselwirkung (von ihm als Dualismus bezeichnet) zwischen dem »traditionellen Sektor« einerseits und einem »Produktions- und Verteilungssystem, … das von industrieller Technik, großbetrieblicher Organisation und marktwirtschaftlichem Entscheidungskalkül geprägt ist«, andererseits befasst (Lutz 1989,

S. 102). Die Bezeichnung des nichtkapitalistischen Sektors als »traditionell« unterstellt, dass dieser mehr oder weniger rasch – im Sinne Luxemburgs – dem Untergang geweiht ist. Tatsächlich haben sich nichtkapitalistische Sektoren aber historisch als außerordentlich anpassungsfähig erwiesen. Von Lutz als »traditionell« begriffene Strukturmerkmale sind:

• Orientierung an Bedarfsdeckung statt an Rentabilität,
• Dominanz familiärer Kleinbetriebe,
• Nachrangige Bedeutung des Lohnarbeitsverhältnisses.

Wenden wir diese Bestimmungen auf die afrikanische Wirtschaft an, so gibt es dort nur wenige Bereiche, in denen die ›traditionellen‹ Momente nicht dominieren. Selbst jene Teile der kleinbäuerlichen Landwirtschaft, die für den Weltmarkt produzieren, orientieren sich an der Bedarfsdeckung, wobei das Sicherheitsbedürfnis im Vordergrund steht. Zwar wird gelegentlich Lohnarbeit angewendet, diese ist aber in der Tat nachrangig. Das gilt auch für die große Mehrheit des städtischen Handels und der Dienstleistungen. Die Akteure, die z.B. Mobiltelefone aufladen oder Zugangskarten verkaufen, tun dies zum Zwecke der Bedarfsdeckung. Eine auf den sozialen Status (nicht die Sektorzugehörigkeit) abgestellte Statistik der ILO zeigt die Bedeutung solcher Beschäftigungsverhältnisse.

*Tab. 15: Erwerbstätige nach sozialem Status in Subsahara-Afrika*

|  | 1991 | | 2000 | | 2013 | |
|---|---|---|---|---|---|---|
|  | in Mio. | in % | in Mio. | in % | in Mio. | in % |
| Lohnabhängige | 31,6 | 18,1 | 42,8 | 19,0 | 69,7 | 21,1 |
| Arbeitgeber | 1,7 | 1,0 | 2,5 | 1,1 | 4,9 | 1,5 |
| Einzelselbständige | 82,4 | 47,2 | 113,5 | 50,3 | 170,0 | 51,5 |
| Mithelfende Familienangehörige | 58,7 | 33,6 | 67,0 | 29,7 | 85,7 | 26,0 |
| »Vulnerable Employment« | 141,1 | 80,9 | 180,5 | 80,0 | 255,7 | 77,5 |

Quelle: ILO, Global Employment Trends 2014: supporting data sets, February 2014

Für etwa ein Fünftel der Beschäftigten gilt demnach ein zumindest formell ›modernes‹ Verhältnis von Lohnarbeit und Kapital bzw. Lohnabhängige und Arbeitgeber. Würde man die mehr als 12 Millionen südafrikanischen Lohnabhängigen (2013), etwa ein Fünftel der subsaharischen Lohnarbeiter, ausklammern, dann würde deren Anteil auf deutlich unter 20 Prozent sinken: Die südafrikanische Beschäftigungsstruktur entspricht der eines entwickelten Industrielandes (84% Lohnarbeiter und 6% Arbeitgeber), nur 10% sind Selbständige und mithelfende Familienangehörige, gehören also zum »vulnerable employment« nach Definition der ILO. Allerdings sind Zahl und Quote der Arbeitslosen hier mit mehr als 25 Prozent extrem hoch: Die absolute Zahl hat sich zwischen 1991 und 2013 von drei auf fünf Millionen erhöht.

Zudem ist in Rechnung zu stellen, dass ein großer Teil der afrikanischen Lohnarbeiter im öffentlichen Dienst arbeitet: Einer Analyse der ILO vom Ende der 1990er Jahre zufolge lag der Anteil der Beschäftigten des öffentlichen Dienstes, bezogen auf die gesamte ›formelle‹ Beschäftigung, in sechs subsaharischen Ländern zwischen 8,3% (RSA) und 54,2% (Tansania). Auch in den eher privatwirtschaftlich orientierten Ländern wie Kenia und Botswana war der Anteil mit gut 42% hoch (ILO 1999, S. 12f). Auf dieser Grundlage kann man annehmen, dass von den 60 Millionen Lohnarbeitern (ohne RSA) etwa 20 Millionen im öffentlichen Dienst tätig waren, so dass gegenwärtig kaum mehr als zehn Prozent der Erwerbstätigen einen Lohnarbeiterstatus im privaten Sektor haben dürften.

Zusammenfassend ergibt sich folgendes Bild der Erwerbstätigkeit:
- Im subsaharischen Afrika (ohne Südafrika) arbeiten mehr als vier Fünftel der Arbeitskräfte unter ›traditionellen‹ Arbeitsverhältnissen, d.h. familienorientiert (Einzelselbständige und mithelfende Familienangehörige), bei denen eine Trennung zwischen Produktion und Konsumtion nicht gemacht werden kann.
- Das kommt in der Kategorie des »vulnerable employment« zum Ausdruck: Die ILO fasst damit die Selbständigen (»self employed«) und die mithelfenden Familienmitglieder zusammen, zu

denen eigentlich auch noch die formell Arbeitslosen gerechnet werden müssten.

- Selbst die knapp 20 Prozent der Beschäftigten (gut zehn Prozent im privaten Sektor), die lohnabhängig sind, können nicht alle als Angehörige der Arbeiterklasse im klassischen Sinne bezeichnet werden: Hierzu zählen viele Saison- und Wanderarbeiter, die weiterhin mit der traditionellen Lebensweise auf dem Lande verbunden sind.

- Auch wenn sich die von der ILO verwendeten statistischen Begriffe an den Verhältnissen der entwickelten kapitalistischen Industrieländer orientieren (was besagt die Bezeichnung »vulnerable employment«, wenn dazu vier Fünftel der Arbeitskräfte zählen?), so kann festgehalten werden, dass der ›doppelt freie Lohnarbeiter‹ in Afrika (mit Ausnahme Südafrikas) nur ausnahmsweise existiert.

## Kleinbäuerliche Landwirtschaft zwischen Subsistenz und Weltmarkt

Trotz zunehmender Bedeutung der Städte lebt die große Mehrheit der afrikanischen Bevölkerung, nämlich 63 Prozent, immer noch auf dem Lande und von der Landwirtschaft. Von den afrikanischen Erwerbstätigen arbeiteten mehr als 60 Prozent, wie oben gezeigt, in der Landwirtschaft. Klammert man Südafrika aus, so steigt der Anteil der landwirtschaftlichen Arbeitskräfte auf fast zwei Drittel.[127] Die große Mehrheit von ihnen sind selbständig wirtschaftende Kleinbauern bzw. Familienangehörige. Im Weltentwicklungsbericht 2008 stellte die Weltbank eine Typologie ländlicher Haushalte nach Einkommensquellen auf. Sie enthält u. a. Daten für vier afrikanische Länder, nämlich Nigeria, Madagaskar, Ghana und Malawi.

---

127  World Bank, World Development Indicators, table 4.2, »structure of output 2012.

*Tab. 16: Ländliche Haushalte nach Einkommensquellen (Anteile in Prozent)*[128]

|  | Markt-orientiert | Subsistenz-orientiert | Farm-orientiert | Arbeits-orientiert | Migrations-orientiert | Diversi-fiziert |
|---|---|---|---|---|---|---|
| Nigeria | 11 | 60 | 71 | 14 | 1 | 14 |
| Madagaskar | - | - | 54 | 18 | 2 | 26 |
| Ghana | 13 | 41 | 54 | 24 | 3 | 19 |
| Malawi | 20 | 14 | 34 | 24 | 3 | 39 |

Quelle: Weltbank, Weltentwicklungsbericht 2008, S. 88

Auffallend ist der niedrige Anteil der marktorientierten Haushalte, d.h. die große Mehrheit der Agrarbetriebe in Afrika produziert nicht für den Markt, ist also nur partiell in die Warenwirtschaft integriert. Dies überrascht insofern, als die Produktion von Agrarprodukten für den Weltmarkt – »cash crops« – in Afrika vorwiegend kleinbäuerlich bestimmt ist. Rosa Luxemburg zufolge wären die Kleinbauern noch überwiegend in der Naturalwirtschaft befangen. Diese Bezeichnung ist allerdings heute unzutreffend: Auch Kleinbauern sind von der Geldwirtschaft abhängig, selbst wenn die Produktion für den eigenen Bedarf quantitativ ausreicht. Oft müssen direkt nach der Ernte (wenn die Preise niedrig sind) Produkte verkauft werden, um nötige Zahlungen tätigen zu können, was dazu führt, dass in der »hungry season« wieder Lebensmittel (oft auf Kredit) gekauft werden müssen. Viele Kleinbauern, obwohl sie eigentlich genug für den Eigenbedarf produzieren, geraten so in eine monetäre Schuldenfalle.

Die klassische Subsistenzwirtschaft (»subsistenzorientiert«), die überwiegende Produktion für den eigenen Verbrauch, ist wichtig, allerdings nicht überall. Einkommenstransfers aus Wanderarbeit

---

128 *Marktorientiert:* Mehr als 50 % der Agrarproduktion werden verkauft; *Subsistenzorientiert:* Weniger als 50 % der Agrarproduktion werden verkauft; *Farmorientiert:* Zusammenfassung von Markt- und Subsistenzeinkommen = Agrareinkommen; *Arbeitsorientiert:* Mehr als 75 % des HH-Einkommens stammen aus Arbeit im Nicht-Agrarbereich; *Migrationsorientiert:* Mehr als 75 % des HH-Einkommens stammen aus Transfers von Migranten; *Diversifiziert:* Keine Einkommensart trägt zu mehr als 75 % zum HH-Einkommen bei.

überwiegen nur in wenigen Haushalten, was insbesondere in Malawi wegen der Nähe zu Südafrika auffällig ist – die Weltbank hat hier mit einem Anteil von mehr als 75 % der Haushaltseinkommen die statistische Latte sehr hoch gehängt. Arbeitseinkommen aus dem nicht-landwirtschaftlichen Bereich sind überall bedeutsam. Insgesamt ist der Diversifizierungsgrad der Einkommen der ländlichen Haushalte sehr groß, man kann für das subsaharische Afrika annehmen, dass nur etwa die Hälfte der ländlichen Einkommen aus der Agrarproduktion (also Subsistenz und Verkauf = Farmorientierung) stammt. In Sambia zeigte ein Haushaltssurvey Anfang der 2000er Jahre, dass die Gesamtheit der ländlichen Haushalte, einschließlich der wenigen, fast ausschließlich von Weißen kapitalistisch betriebenen Farmen, im Durchschnitt nur etwa zehn Prozent des Einkommens aus dem Verkauf von Agrarprodukten bezog. Etwa 50 Prozent der Einkommen entsprachen dem Wert der Subsistenzproduktion, der Rest von 40 Prozent waren Arbeitseinkommen (darunter auch Arbeit auf ›weißen‹ Farmen) und Transfers von Migrationsarbeitern (aus dem sambischen Kupfergürtel).

Die Diversifizierung der Einkommensquellen ist im Übrigen eine klassische, die Sicherheit in den Vordergrund stellende Strategie: Da immer mit dem Ausfall einer Einkommensquelle gerechnet werden muss (Missernte, Preisverfall, Arbeitslosigkeit), wäre es viel zu riskant, sich auf eine einzige Aktivität zu verlassen. Das gilt auch für die Produktion von »cash crops«, eine in bestimmten Zeiten lukrative Tätigkeit, vor allem in Gebieten, in denen es ausreichend Reserven von Land, Wasser und Arbeitskräften gibt. Trotzdem hat der Anstieg der Agrarpreise seit dem Beginn des Jahrhunderts allen Informationen zufolge kaum etwas an der Diversifizierung geändert, d.h. die Produktion von ›cash crops‹, wozu in stadtnahen Gebieten auch Nahrungsmittel gehören, hat kaum auf die höheren Preise reagiert. Das hängt u.a. mit den starken Preisschwankungen zusammen, die in vielen Ländern nach Abschaffung staatlich garantierter Aufkaufpreise direkt auf die Absatzpreise und damit die Einkommen der Bauern durchschlagen. Die cash-crop-Produktion erfordert zudem Investitionen in Vorprodukte (Düngemittel / Schädlingsbekämpfung) bzw. beinhaltet bei einigen Produkten wie Kaffee und Kakao längere Investitionszyklen, ist also mit großen Risiken behaftet. Der Sicherheitsaspekt erfordert, dass ein Teil des Landes und der Arbeitskraft weiterhin für die Produktion von Grundnahrungsmitteln für den Eigenbedarf verwendet wird: »Als Folge lösen gestiegene cash-crop-Preise nur schwache Reaktionen aus«, schreibt die Weltbank (2008, S. 95). Hinzuzufügen ist, dass die von der Weltbank durchgesetzte Bindung der bäuerlichen Absatzpreise an die schwankenden Weltmarktpreise sicherheitsorientierten Kleinbauern geschadet hat. Dort, wo der Anbau von cash crops rentabel ist, wird er daher fast immer mit dem Nahrungsmittelanbau kombiniert. Dabei ist oft eine Arbeitsteilung innerhalb der bäuerlichen Haushalte festzustellen. In vielen Regionen gibt es traditionelle Muster geschlechtsspezifischer Arbeitsteilung, die oft (aber nicht immer) zu Lasten der Frauen gehen: cash crops sind Männersache, Nahrungsmittel Frauensache. Viele afrikanische Kleinbauern sind als Produzenten von agrarischen Rohstoffen direkt in den kapitalistischen Weltmarkt integriert, ihre Produkte sind Gegenstand von groß angelegten Finanzmarktspekulationen (einzelne Produkte wechseln bis zu 70 Mal den Besitzer, bevor sie verarbeitet werden), diese werden aber im Rahmen einfacher Warenproduktion erzeugt und vermarktet. Hier findet eine ›Artikulation der Produktionsweisen‹ im globalen Maßstab statt; dies senkt den Aufkaufpreis der international gehandelten Produkte, da ja die Produktions- und Preisrisiken von den kleinbäuerlichen Haushalten getragen werden, deren Reproduktion zu großen Teilen im Rahmen der Subsistenzwirtschaft gewährleistet wird.

Trotz teilweise dramatischer Veränderungen der politischen, ökonomischen und ökologischen Rahmenbedingungen »ist die Situation der kleinbäuerlichen Produktionsweise in Subsahara-Afrika in den fünf Jahrzehnten seit der Unabhängigkeit durch ein hohes Maß an Kontinuität gekennzeichnet: Die Kleinbauern Afrikas befinden sich weiterhin in einem Spagat zwischen den Welten der Subsistenzökonomie und der Marktwirtschaft«, fasst Theo Rauch seine Analyse zusammen (S. 425). Und selbst bei Integration in die Marktwirtschaft handelt es sich entweder um kleine Warenproduktion oder um par-

tielle Lohnarbeit. Die Kleinbauern folgen einer in der Fachliteratur als
»Livelihood-System« (Lebenshaltungssystem) bezeichneten Strategie,
d. h. sie verhalten sich nicht wie ein landwirtschaftlicher Betrieb, der
seine Erträge maximiert, sondern wie ein Haushalt, der seine Einkommensquellen diversifiziert und dabei zwar jene Aktivitäten be-
vorzugt, die am ertragreichsten sind, aber eben bei Dominanz des
Risikoaspekts.

Man kann das – wie Lutz bezogen auf Deutschland formuliert – als
Bedarfsdeckungsverhalten bezeichnen. Die Tatsache, dass eine große Zahl der Beschäftigten in diesem Bereich arbeitet, ist für sich genommen noch kein Beleg für den überwiegend nicht-kapitalistischen
Charakter der afrikanischen Ökonomien: Selbst im deutschen Reich
waren 1925 Lutz zufolge von den 31 Millionen Erwerbstätigen noch
12,3 Millionen im »traditionellen« Sektor beschäftigt, bei rückläufiger
Tendenz (S. 131 f). In Afrika hat der kleinbäuerliche Sektor dagegen
sein gesamtwirtschaftliches Gewicht (gemessen an der Erwerbstätigkeit) gehalten. Daran hat auch die Urbanisierung wenig geändert –
das Dorf als familiäres Rückzugsgebiet behält seinen Stellenwert. In
den beiden ›verlorenen Dekaden‹ nach 1980 war dieser Sektor noch
ausgebaut worden. Die Agrarwirtschaft fungiert auch für die Masse
der Stadtbewohner als Sicherheitsnetz, als eine »farmfinanzierte So-
zialhilfe«, »viele Stadtbewohner (sind) nach wie vor Teil eines breite-
ren verwandtschaftlichen Netzwerks.« (Weltbank 2008, S. 94) Dieses
Netzwerk muss gepflegt werden, auch der Stadtbewohner ›investiert‹
hier Teile seines Einkommens. In Krisenzeiten gibt es »eine Migra-
tionsbewegung von der Stadt auf das Land.« (ebd.) So folgt selbst der
klassische städtische Lohnarbeiter einer nicht-kapitalistischen Logik:
Die »allgemeine Beleuchtung der Produktion« (Marx), das was das
Verhalten sowohl von kleinen afrikanischen Unternehmern als auch
von Lohnarbeitern prägt, sind ›traditionelle‹, nicht-kapitalistische Verhältnisse.

Ein anderes Kriterium zur Bestimmung einer Gesellschaft als kapitalistisch (oder nicht) nennt Max Weber, der viele Arten von Kapitalismus und auch das Nebeneinander von verschiedenen Formen
der »Bedarfsdeckung« kennt: »Eine ganze Epoche jedoch kann als

typisch kapitalistisch[129] nur dann bezeichnet werden, wenn die Bedarfsdeckung dem Schwergewicht nach kapitalistisch so orientiert ist, daß, wenn wir uns diese Art von Organisation wegdenken, die Bedarfsdeckung überhaupt kollabiert.« (Weber 1923/2011, S. 318) Georg Fülberth formuliert ähnlich: »Wann aber ›herrscht‹ kapitalistische Produktionsweise in einer Gesellschaft? Hier ein Vorschlag: kapitalistische Produktionsweise herrscht in einer Gesellschaft (d. h. die Gesellschaftsformation ist kapitalistisch, JG) dann, wenn entweder die Mehrheit von deren Mitgliedern oder doch zumindest eine hinreichend große Minderheit – … – für ihr Leben auf Waren und Dienstleistungen angewiesen ist, die zwecks Erzielung von Gewinn her- oder bereitgestellt werden.« (S. 20)

Das ist Afrika nicht der Fall wie der praktische ›Test‹ in den 1980er Jahren gezeigt hat: Während der kapitalistische Sektor im Gefolge von Schuldenkrise, Strukturanpassung und Preisverfall drastisch schrumpfte, waren die traditionelle Subsistenzwirtschaft und der ›informelle‹ Sektor in der Lage, die »Bedarfsdeckung« aufrecht zu erhalten. Die bäuerliche Lebensweise besitzt in Afrika »eine gewaltige Widerstandskraft« (Coquery-Vidrovitch 1992, S. 146). »Africa works« betitelten Chabal / Daloz 1999 programmatisch ihre Beschreibung der afrikanischen Situation. Afrika hat dem »Ansturm des Kapitalismus« bis heute erfolgreich widerstanden (Cooper 2009, S. 70). Jede Krise des Kapitalismus zeigt der Bevölkerung, dass die Erhaltung ›traditioneller‹ ökonomischer und sozialer Rückzugsräume überlebenswichtig ist, dass die kapitalistische Produktionsweise diese nicht ersetzen kann. Nur die Widerstandsfähigkeit der ›traditionellen‹ Ökonomie verhindert, dass in Krisenzeiten die »Bedarfsdeckung … kollabiert«. Diese Erfahrung blockiert gleichzeitig die Durchsetzung der kapitalistischen Produktionsweise.

---

129  Weber zufolge ist der »neuzeitliche Kapitalismus« durch sechs Merkmale gekennzeichnet: alle Produktionsmittel sind »freies Eigentum« autonomer privater Erwerbsunternehmungen; Marktfreiheit; rationale, mechanisierte Technik; rationales, berechenbares Recht; freie Arbeit; Kommerzialisierung, d. h. Handelbarkeit der Anteilsrechte an Unternehmen in Wertpapierform (1923/2011, S. 319 f).

Ob das auch in Zukunft so bleiben wird ist derzeit nicht absehbar:
Während das rasche Wachstum des letzten Jahrzehnts überwiegend
»jobless« geblieben ist, d. h. kaum zusätzliche Arbeitsplätze außerhalb des Agrarbereichs entstanden sind, geraten die kleinbäuerlichen
Livelihood-Systeme von mehreren Seiten unter Druck: Dazu gehören
die Erschöpfung der extensiven Produktionsweise (die parallel zur
Bevölkerungszunahme erreichte agrarische Produktionssteigerung
war auf die Ausdehnung der Anbauflächen zurückzuführen) und der
zunehmende Druck des Agrobusiness, das bemüht ist, sich Agrarland
anzueignen.[130] Dagegen haben Kleinbauern selten das Kapital und
das Know-how, um sich die Verbesserung der Absatzpreise für Agrarprodukte im Zuge von Intensivierung und Spezialisierung zu Nutze
zu machen; zudem werden sie durch die ›Volatilität‹ der Preise (die
Krise 2008/2009 führte bei vielen Agrarprodukten zu starken Preis-
rückgängen) in ihrer Überlebensstrategie eher bestärkt.

## Perspektiven eines afrikanischen Kapitalismus

Der kapitalistische Sektor ist in den Ländern Afrikas Südlich der Sahara – mit Ausnahme Südafrikas – ein quantitativ begrenzter, von
ausländischem Kapital, ausländischem Know-how und nicht-afrikani-
schen Absatzmärkten abhängiger und mit der Gesamtgesellschaft und
der Gesamtökonomie kaum verbundener Bereich.[131] Es ist zu fragen,

---

130  Die eingangs erwähnte McKinsey-Studie behauptet, dass Afrikas Anteil an
     »unkultiviertem Ackerland« weltweit 60 Prozent betrage. Ganz davon ab-
     gesehen, dass solches Land in Afrika immer genutzt wird, ist interessant,
     dass sich das sonst Privateigentum hoch achtende Institut in diesem Fall für
     Eigentumsverhältnisse kaum interessiert.

131  Der »Economic Report on Africa« von 2012, der sich mit der Frage der afri-
     kanischen Wachstumspotentiale auseinandersetzt, stellt fest, »dass die wich-
     tigsten Wachstumstreiber in Afrika in der 50-jährigen Periode seit der Un-
     abhängigkeit Rohstoffproduktion und Rohstoffexporte waren. Versuche, die
     Wirtschaft entweder durch Importsubsituierende Industrialisierungen (ISI)
     oder durch Strukturanpassungsprogramme zu verändern, schlugen fehl.
     Auch der Wachstumsschub des ersten Jahrzehnts des 21. Jahrhunderts war
     weitgehend durch Rohstoffproduktion- und export angetrieben …«. (S. 66)

ob der mit dem Rohstoffboom verbundene Zufluss von Mitteln und die Steigerung der afrikanischen Kaufkraft dazu beitragen können, eine nachhaltige kapitalistische Dynamik auszulösen. Dies würde Strukturveränderungen erfordern, die, ausgehend von der Steigerung der Produktivität in der Landwirtschaft, mit dem Aufbau einer verarbeitenden Industrie verbunden wären, welche in der Lage ist, die in der Landwirtschaft freigesetzten Arbeitskräfte aufzufangen. Selbst wenn die Kommerzialisierung der afrikanischen Landwirtschaft gelänge – dies ist das Ziel der meisten agrarischen Entwicklungsprojekte –, so ist entscheidend, ob die dort ›frei‹ werdenden Arbeitskräfte im verarbeitenden Bereich Arbeitsplätze finden. Dazu ist ein produktiver, konkurrenzfähiger Unternehmenssektor notwendig. In der gegenwärtigen Phase der globalen Entwicklung und nach dem Scheitern sozialistischer Ansätze ist es weitgehend Konsens, dass ein solcher nachhaltiger Entwicklungsprozess nur von einer bürgerlichen Klasse getragen werden kann. Dabei sind zwar Einzelunternehmer die wichtigsten Agenten des Akkumulationsprozesses; es ist aber klar, dass sie die damit verbundenen gesellschaftlichen Veränderungen nur im Rahmen einer breiten gesellschaftlichen Konstellation durchsetzen können, d. h. als bürgerliche Klasse bzw. als Bourgeoisie. Die im Kommunistischen Manifest beschriebene Aufgabe der »Umwälzung der Produktion« und damit der Umwälzung »sämtlicher gesellschaftlicher Verhältnisse« (MEW 4, S. 465) oder aber, in den Worten von Schumpeter, die Durchsetzung »neuer Kombinationen« (S. 116) erfordert die gesellschaftliche Hegemonie einer Klasse, die als Bourgeoisie mehr ist als die Summe von Einzelkapitalisten. Die durch außerordentliche Dynamik gekennzeichnete »bürgerliche Gesellschaft entwickelt sich erst mit der Bourgeoisie«, formulierten Marx und Engels in der ›Deutschen Ideologie‹. (MEW 3, S. 36) Die Bourgeoisie kann ihren Beruf, die Umwälzung der Gesellschaft, nur in enger Verbindung mit dem Staat ausüben. Wenn das Kommunistische Manifest feststellt: »Die moderne Staatsgewalt ist nur ein Ausschuß, der die gemeinschaftlichen Geschäfte der ganzen Bourgeoisie verwaltet« (MEW 4, S. 464), so ist diese Beziehung in realen kapitalistischen Gesellschaften komplexer. Klar ist aber, dass die Hegemonie der Bourgeoisie in der Gesellschaft wesentlich über den Staat ausgeübt wird. Dies impliziert, dass die Bourgeoisie als Klasse auch politisch herrscht, d. h. integraler Bestandteil des politischen Prozesses ist, ja, diesen wesentlich gestaltet, und zwar im Rahmen eines – wenn auch immer fragilen – gesellschaftlichen Konsenses. Unter bürgerlich-demokratischen Verhältnissen impliziert dies die politische Einbindung der subalternen Klassen, was – in Verbindung mit relativ ausgeglichenen Einkommensverhältnissen – auch dem kapitalistischen Wachstum zugutekommen würde. Hinzu kommt, dass der Staat in ökonomisch »rückständigen« Gesellschaften eine besondere Rolle spielt, dass die »Regierung als agens movens der Industrialisierung« fungiert (Gerschenkron, S. 20), wie auch die Erfahrungen Asiens und Lateinamerikas zeigen. Notwendig sind also enge Beziehungen zwischen Staat und Bourgeoisie, Beziehungen, die gesellschaftlich bis zu einem gewissen Grade akzeptiert sein müssen. Insofern spielt die Bourgeoisie eine eminent politische Rolle. In Ländern der nachholenden Entwicklung, die geprägt sind von vorkapitalistischen Institutionen, ist zudem die Integration »indigener« Elemente von zentraler Bedeutung, wie Gerschenkron (S. 26) hervorhebt. Eine einfache Übernahme des westlichen ›Modells‹ ist keine Option.

Vor diesem Hintergrund sind die bestehenden Ansätze der Herausbildung eines kapitalistischen Sektors in Afrika, in dem die Beziehungen zwischen Lohnarbeit und Kapital im Mittelpunkt stehen, differenziert zu beurteilen:

• Wenig geeignet als Ausgangspunkt kapitalistischer Entwicklung ist jener Teil des Bergbau-/Energiesektors, in dem internationales Kapital nicht-erneuerbare Rohstoffe fördert. Hier steht die Rohstoffbeschaffung für die ›Heimatländer‹ im Vordergrund; ›linkages‹ zur Ökonomie des jeweiligen Gastlandes sind schwach, da die Fördertechnologien komplex sind und ein Großteil der benötigten Maschinen aus entwickelten Ländern importiert werden muss. Lediglich Lohnarbeit einfacher und mittlerer Qualifikation stammt aus dem ›Gastland‹, während qualifizierte Fachkräfte oft ebenfalls Ausländer sind. Auch der lokale Verarbeitungsgrad der geförderten Rohstoffe bleibt niedrig, da die technischen Anforderun-

gen hoch sind und der Vorteil niedriger Lohnkosten für einfache
Arbeit kaum ins Gewicht fällt.

• Die kapitalistisch betriebene Landwirtschaft zur Produktion von
›cash crops‹ besetzt bislang in Afrika ein relativ kleines Segment;
hier spielt sowohl internationales als auch ethnisch ›fremdes‹, aber
ökonomisch integriertes, Kapital eine gewisse Rolle, wie z. B. kommerziell betriebenen Farmen im südlichen Afrika belegen. Die Beispiele aus Simbabwe, Namibia und auch Südafrika, wo die Dominanz von ›Weißen‹ im Bereich der kommerziellen Landwirtschaft
einen gesellschaftlichen Konfliktstoff ersten Ranges darstellt, belegen, dass diese Segmente keinesfalls Ausgangspunkt einer nationalen Klassenbildung sein können. Auf der Tagesordnung steht die
Verteilung des Landes an Kleinbauern. Problematisch ist auch die
gegenwärtig zu beobachtende Tendenz internationaler Investoren,
größere Landstriche aufzukaufen und dort – mit wenig Lohnarbeit
– kapitalistische Landwirtschaft (u. a. zur Produktion von Biotreib-
stoffen) zu betreiben. Auch diese Segmente internationalen Kapitals
sind wenig geeignet, sich in die Entwicklung eines ›nationalen‹ Kapitalismus zu integrieren. Immerhin ist zu beobachten, dass besser
situierte städtische Schichten dazu neigen, Land zu kaufen bzw. zu
pachten und Farmen zu betreiben, die als Keimzellen eines afrikanischen Agrarkapitalismus dienen könnten. Ob dies immer ernsthafte ökonomische Projekte sind oder mehr Ausdruck des Wunsches
besser situierter Städter, die Verbindungen zum ›Dorf‹ aufrecht zu
erhalten, kann hier nicht entschieden werden. Generell ist festzuhalten, dass der Kapitalisierung der afrikanischen Landwirtschaft auch
die komplizierten bodenrechtlichen Verhältnisse[132] entgegenstehen.

---

132  Es ist hier nicht möglich, auf das Bodenrecht in Afrika einzugehen: Nach
     wie vor sind die bodenrechtlichen Verhältnisse außerhalb der Städte und
     einiger Farmregionen durch Abwesenheit individuellen Privateigentums ge-
     kennzeichnet; selbst die Weltbank, die noch bis in die 1980er Jahre hinein
     versucht hatte, die Privatisierung von Grund und Boden (wegen angeblicher
     Investitionssicherheit) durchzusetzen, hat dies inzwischen aufgegeben. In
     Afrika »befindet sich die Mehrheit der Flächen … in Gemeinschaftsbesitz«,
     schreibt Fred Pearce (S. 35). Unter dieser Bezeichnung werden allerdings
     ganz unterschiedliche Rechtsregime zusammengefasst.

- Anders zu beurteilen sind jene schwer zu quantifizierenden Teile internationalen Kapitals, die vor dem Hintergrund steigender inländischer Kaufkraft bislang vor allem im Bereich der Dienstleistungen (Kommunikation, Handel, Finanzen, Tourismus), in geringerem Umfang auch in konsumnahen verarbeitenden Industrien, investieren. Hier sind ökonomische ›linkages‹ mit der Binnenwirtschaft festzustellen; es wird lokale Lohnarbeit eingesetzt, es werden – zu einem gewissen Grade – lokale Vorprodukte eingekauft. Immerhin dürften solche Investitionen – insbesondere wenn lokale Fachkräfte in leitenden Funktionen beschäftigt werden – zur Entwicklung einer lokalen Bourgeoisie beitragen.[133]
- Wiederum anders ist die Rolle des teilweise alten, ethnisch ›fremden‹ Kapitals zu beurteilen, welches, wie oben gezeigt, in einzelnen Ländern im Bereich des Handels, des Tourismus, der Finanzdienstleistungen und der verarbeitenden Industrie eine wichtige, teilweise wachsende Rolle (Chinesen) spielt. Dieses Kapital ist ökonomisch mehr oder weniger gut mit der lokalen Ökonomie verbunden, seine Träger aber werden als ›Fremde‹ wahrgenommen und verstehen sich oft selber so. Auch ist die Praxis dieser Unternehmen, als leitendes Personal nur ethnisch / religiös verbundene Kader zu rekrutieren, ein Faktor, der diese Unternehmen gesellschaftlich marginalisiert. Insofern stellen sie oft ein Hemmnis für die Entwicklung einer einheimischen, sich auch politisch / gesellschaftlich verstehenden Bourgeoisie dar bzw. können relativ leicht in politischen Konflikten instrumentalisiert werden. Hinzu kommt, dass sie in jenen Bereichen, in denen sie wirtschaftlich gut verankert sind, eine Art ›ethnisches Monopol‹ errichten, d. h. zu verhindern wissen, dass sich Konkurrenten mit anderem ethnischem Hintergrund (z. B. Afrikaner) dort betätigen. Cooper z. B. weist darauf hin, dass die Inder in Ostafrika dichte Handelsnetze errichteten, was, in Verein mit britischen Regulierungsvorschriften, »eine soziale Händler-

---

133   Im Rahmen von Projektprüfungen in Kamerun in den 1990/2000er Jahren habe ich Gruppen leitender Personen ausländischer Filialen der Nahrungsmittel- und Getränkeindustrie kennen gelernt, die sich selbst sehr bewusst als Kameruner Unternehmer verstanden.

struktur (schuf), in die Außenstehende nur sehr schwer eindringen konnten«. Afrikanische, indische und libanesische soziale Netzwerke kontrollierten Handel, Kredit und Informationen auf der Grundlage von »clientage, kinship and ethnicity« (1993, S. 131).

• Daher ist auf die Zweischneidigkeit der Entwicklung sowohl des Auslandskapitals als auch des ethnisch ›fremden‹ Kapitals für die Herausbildung einer afrikanischen, endogenen Bourgeoisie zu verweisen. Denn beide Fraktionen haben viel besseren Zugang zu Kapitalmärkten und Krediten, zu internationalen Abnehmern und Zulieferern, zum erforderlichen Know-how usw. als afrikanische Unternehmer (möglicherweise auch aus dem Bereich der Kleinbetriebe), die die neuen Chancen nutzen möchten. Hier kann ein Verdrängungswettbewerb stattfinden. Ob Afrikaner ohne gezielte staatliche Bevorzugung diese Vorsprünge einholen können, ist fraglich. In einem Milieu globalisierter Ökonomien, in denen eine gezielte Förderung nachholender Entwicklung von internationalen Schiedsgerichten als wettbewerbsverzerrend sanktioniert werden kann, ist der Vorsprung der genannten Kapitalfraktionen ein wichtiges Hemmnis bei der ›nachholenden‹ Entwicklung eines afrikanischen Unternehmertums.

Vor diesem Hintergrund erhält der Ruf nach »endogenen Unternehmern« eine besondere politische Bedeutung. Ob sich dazu ein nennenswerter Teil der Akteure des ›informellen Sektors‹ eignet, ist nicht sicher. Die oben erwähnte Studie kommt auf Grundlage einer empirischen Untersuchung in sieben westafrikanischen Großstädten zu dem Ergebnis, dass es unter den ›informellen‹ Unternehmern neben den »Überlebensstrategen«, die ihre Aktivität nur als Notlösung betrachten, nicht nur eine kleine Gruppe von »top performern« gibt, sondern auch eine größere Gruppe von potentiell unternehmensorientierten Akteuren, die sich bei entsprechender Förderung zu Kleinunternehmern[134] entwickeln könnten. Allerdings ist das von der Studie benutzte Kriterium der Kapitalrendite (»marginal return to capital«)

---

134  Die Autoren nennen diese Unternehmen »constrained gazelles«.

fragwürdig, da als Quelle des Verdienstes nicht etwa die Arbeit des Eigentümers (der meist ›self-employed‹ ist und höchstens marginal Lohnarbeit anwendet), sondern der Einsatz von Kapital (Werkzeuge, Körbe zum Transport usw.) gewertet wird – die Wertschöpfung wird ins Verhältnis zum Wert der eingesetzten Arbeitsmittel gesetzt und als Kapitalrendite bezeichnet (Grimm, S. 8). Damit wird (fälschlicherweise) unterstellt, diese ›Kleinstunternehmer‹ seien renditeorientiert, obwohl jeder Praktiker weiß, dass es darum geht, ob die Betreffenden vom Ertrag ihrer Arbeit leben können. Die Studie ist als Aufforderung an die staatliche Politik gemeint, diese Gruppen gezielt zu fördern.

Dies ist auch eine der Empfehlungen des von der afrikanischen Entwicklungsbank und der Afrikanischen Union gemeinsam herausgegebenen »Economic Report on Africa« (ERA) 2012, der in fast allen afrikanischen Ländern (mit Ausnahme der RSA und Mauritius) einen »Mangel an lokalen Unternehmern« feststellt, die mit ausländischen »counterparts« zusammenarbeiten könnten. In diesem Kontext ist auch festzuhalten, dass in Afrika staatliche Unternehmen – anders als in Asien oder Lateinamerika – kaum an der Ausbeutung der Rohstoffe beteiligt sind, so dass sich auch hier keine Ansätze zur Herausbildung einer »endogenen Bourgeoisie« anbieten (ebd., S. 102).

Entwicklungspolitisch wird der Aufbau einer endogenen Bourgeoisie als vordringliche Aufgabe sowohl im Kontext der Entwicklungszusammenarbeit als auch der jeweiligen Regierungspolitiken gesehen. Nichts kann die Problematik deutlicher machen als die Tatsache, dass ganz Afrika, wie oben erwähnt, mit Projekten der »Privatsektorförderung« überzogen ist (Taylor, S. 186), die zudem oft Klein- und Kleinstunternehmen als Anknüpfungspunkt sehen. Taylor, der eher die Förderung von politischen, mit dem Staatsapparat verbundenen Unternehmen (»crony capitalists«) und internationalem Kapital empfiehlt, stellt fest: »Immer noch sind die Aussichten, über ein größeres Spektrum von diversifizierten, international konkurrenzfähigen afrikanischen Unternehmen zu verfügen, sicherlich bescheiden.« (S. 186) Deutlicher kann wohl kaum gemacht werden, dass es gegenwärtig eine Klasse von afrikanischen, gesellschaftlich hegemoniefähigen Kapitalisten in Afrika nicht gibt.

Es ist weitgehend Konsens, dass der Hauptteil der ›informellen‹ Klein- und Kleinstunternehmen einer Subsistenzlogik folgt, d. h. entweder wegen fehlender anderer Verdienstmöglichkeiten (vor allem im Bereich der Lohnarbeit) oder in Ergänzung zu diesen betrieben wird. Sicherlich gibt es auch wachstumsfähige Klein- und Kleinstunternehmen. Aber selbst wenn man die Skepsis z. B. Taylors gegenüber diesem Ansatz nicht teilt, so hat dieser doch zumindest in einem Punkt recht: »Die Herausbildung erfolgreicher Kapitale auf der Grundlage von Klein- und Mittelunternehmen ist ein schwieriger und sehr langfristig angelegter Prozess.« (S. 186)

»Afrika«, so bilanzierte Cooper Anfang der 1980er Jahre (also noch vor dem Einbruch der beiden ›verlorenen Jahrzehnte‹) seine Analyse der Beziehungen zwischen Bauern, Lohnarbeit und Kapital, »ist ein unterausgebeuteter Kontinent«, weil es der Masse der Bauern und Kleinproduzenten immer wieder gelungen ist, den Versuchen von Kapital und Staat, sie zu disziplinieren und in Lohnarbeiter zu verwandeln, zu widerstehen (1993, S. 147). In einem jüngeren Beitrag, vor dem Hintergrund des aktuellen Booms, diskutiert Cooper nochmals die ›endogene‹ kapitalistische Alternative, seiner Ansicht nach die »Kapitulation vor dem Geist von Karl Marx – oder: Machen wir Ernst mit dem Kapitalismus. Vielleicht sollte eine afrikanische Kapitalistenklasse die Bauern von ihrem Land verjagen und eine kapitalistische Wirtschaft schaffen, die für Wachstum, Prosperität und Vollbeschäftigung sorgen wird.« (2009, S. 67) Anscheinend hält er diese Perspektive aber weder für wünschenswert noch für möglich: »Menschen werden, wenn sie die Wahl haben, niemals für ihre Enteignung stimmen.« Die von ihm gestellte Frage, ob es für Afrika nur eine »Wahl zwischen der Armut der Marginalisierung und den Verwüstungen der einfachen Akkumulation und der Ausbeutung« gebe, kann nicht einfach beantwortet werden. Immerhin ist einzuwenden, dass seine Behauptung (die er mit einem Verweis auf Marx zu untermauern sucht), Menschen würden, wenn sie die Wahl hätten, niemals Enteignung akzeptieren, historisch und aktuell unzutreffend ist. Aktuell zeigt das z. B. das Vorgehen der ausländischen Investoren beim ›land-grabbing‹ in Afrika: Nur zu oft ›erkaufen‹ diese die Zustimmung der lokalen Bevölkerung mit der Aussicht auf sichere und auskömmliche Arbeitsplätze (was selten eingelöst wird). Ein Kapitalismus, der, darauf weist Cooper selbst hin, »letztlich eine Grundlage für den Kampf und die Forderung nach höheren Löhnen und sozialer Absicherung« ist (Cooper 2009, S. 68), dürfte aktuell von der großen Mehrheit der afrikanischen Bevölkerung der gegenwärtigen Situation vorgezogen werden, wenn diese denn ausreichende Sicherheit produzieren würde. Die Widerstandsfähigkeit der ›traditionellen‹ afrikanischen Produktionsweisen und sozialen Verhältnisse (die keineswegs idyllisch sind) erklärt sich aus den Erfahrungen mit einem Kapitalismus, der Krisen und Unsicherheit produziert. Betrachtet man die ökonomische Geschichte Afrikas und die nach wie vor extrem hohen Armutsquoten, so könnte man mit Joan Robinson zu dem Schluss kommen, dass »das Elend der Ausbeutung durch Kapitalisten nichts ist gegen das Elend, überhaupt nicht ausgebeutet zu werden.« Robinson prägte dieses bekannte Bonmot Anfang der 1960er Jahre auf Südostasien und die Karibik (Robinson 1962, S. 46). Entscheidend ist, in welcher Form sich der Kapitalismus durchsetzt. Gerade vor dem Hintergrund der asiatischen Erfahrungen ist die von Cooper gestellte Alternative unzutreffend. In Abhängigkeit von den politischen Kräfteverhältnissen (und zwar global wie lokal) sind kapitalistische Wirtschaftsformen denkbar, die die »Verwüstungen der einfachen Akkumulation« vermeiden können. Dafür aber fehlen in Afrika derzeit sowohl die politischen (steuerungsfähige Staaten) als auch die sozialen (eine endogene Bourgeoisie) Voraussetzungen. Die regulierenden Prinzipien der afrikanischen Ökonomie sind Bedarfsdeckung, Risikominimierung und Überlebenssicherheit, nicht Akkumulation, Konkurrenz und Klassenkampf.

## Kapitel 6

# Lateinamerika:
# Klassen und Hautfarbe

Wenn von Entwicklung, Unterentwicklung und neokolonialer Ausbeutung die Rede war, so diente Lateinamerika[135] lange Zeit als Paradebeispiel. Die ›großen‹ Entwicklungstheorien bezogen sich vielfach auf Beispiele aus dem Halbkontinent, Beobachter sprechen von einem entwicklungspolitischen »Laboratorium« (Bértola, S. 63). Das ist nicht so selbstverständlich, wie es scheinen mag. Die meisten lateinamerikanischen Länder gehörten in der Mitte des 20. Jahrhunderts, der Entstehungszeit der entwicklungspolitischen »Großtheorien« (Menzel), nicht zu den ärmsten Gebieten der Welt, einige von ihnen wie Argentinien oder Chile zählten zeitweilig zu den hochentwickelten Staaten. Zur Einhundertjahrfeier Argentiniens im Jahre 1910 feierte sich das Land nicht ganz ohne Grund: »Argentinien war ein reiches Land geworden, und zwar nicht nur gesamtwirtschaftlich betrachtet, sondern auch hinsichtlich des Lebensstandards seiner 7 Mio. Einwohner.« (Bernecker, Bd. 2, S. 728) Das Pro-Kopf-Einkommen Argentiniens lag 1913 mit etwa 3.300 Dollar[136] nur wenig unter dem deutschen Niveau (3.650), und weit über dem Portugals (1.250). Auch heute gibt

---

135 Wenn nicht anders angegeben, wird die Abgrenzung des Internationalen Währungsfonds übernommen, der von »Lateinamerika und der Karibik« spricht, in der gleichen Terminologie die »Westliche Hemisphäre«, ohne USA und Kanada. Dazu zählen 33 Länder, darunter 9 Ministaaten, wozu Steuerparadiese wie die Bahamas oder Barbados zählen (IMF, Regional Economic Outlook, Western Hemisphere, lfd. Jahrgänge).

136 In 1990 international Geary-Khamis dollars, Maddison, S. 521 bzw. S. 438

es, gemessen an den Durchschnittseinkommen, große Unterschiede zwischen den Ländern Lateinamerikas: Einige zählen zur Gruppe der Hocheinkommensländern (IWF-Standard) bzw. der Länder mit »sehr hoher menschlicher Entwicklung« (UNDP), nämlich Chile und Argentinien. Haiti dagegen gehört zu den ärmsten Ländern der Welt. Weitere vier Staaten (Nicaragua, Honduras, Bolivien, Guatemala) sind mit durchschnittlichen Pro-Kopf-Einkommen von vier- bis fünftausend US-Dollar/Jahr Teil der unteren Kategorie der Länder mittleren Einkommens, also klassische ›Entwicklungsländer‹.

Trotz dieser Unterschiede wird der Halbkontinent – ähnlich wie Subsahara-Afrika – hier als Einheit behandelt. Dies erscheint gerechtfertigt, weil es historische und institutionelle Gemeinsamkeiten gibt, die alle Länder Lateinamerikas mehr oder weniger stark prägen. Dazu gehören:

- Das gemeinsame präkolumbianische Erbe;
- Die Prägung durch 300 Jahre iberischen Kolonialismus;
- Die gemeinsame Geschichte der Unabhängigkeitskriege und der neokolonialen Abhängigkeit von den USA;
- Die enge Verflechtung von ethnischen und sozialen Faktoren, insbesondere die Rolle der ›weißen‹ Bourgeoisie;
- Die zentrale Rolle von Rohstoffwirtschaft und Auslandskapital.

Diese Gemeinsamkeiten erlauben es m. E., von einem relativ einheitlichen Typ der lateinamerikanischen Gesellschaftsformationen auszugehen.

## Die Wirtschaft Lateinamerikas von 1870 bis heute

Ein Merkmal der Wirtschaftsentwicklung Lateinamerikas nach der im ersten Viertel des 19. Jahrhunderts erreichten staatlichen Unabhängigkeit war und ist ein gewisses »Stop and Go«. Der zu bestimmten Zeiten erreichte – gemessen an Pro-Kopf-Einkommen – hohe Entwicklungsstand konnte nicht gehalten werden. Wie Tabelle 17 zeigt, hat sich der Halbkontinent zwischen dem letzten Drittel des 19. und des 20. Jahrhunderts dynamisch entwickelt. Nach der Beseitigung der durch die Unabhängigkeitskriege verursachten Zerstörungen zur Mitte des 19. Jahrhunderts gehörte Lateinamerika im Zeitraum 1870 bis 1930 zu den am raschesten wachsenden Regionen der Welt (+1,8% jährlich), ähnlich wie die übrigen »westlichen Ableger« Europas, allerdings ausgehend von einem deutlich niedrigeren Niveau. In der ersten Hälfte des 20. Jahrhunderts wuchs die Wirtschaft Lateinamerikas noch rasch, wobei die Weltwirtschaftskrise 1929–32 ein wichtiger Einschnitt war. Ein scharfer Rückfall erfolgte erst im letzten Drittel des 20. Jahrhunderts (Maddison, S. 152) im Gefolge der Schuldenkrise der 1980er Jahre, die in Lateinamerika ihren Ausgang genommen hatte. Dies verweist auf die starke Außenabhängigkeit der lateinamerikanischen Ökonomien als durchgängiges Merkmal, worauf weiter unten noch einzugehen sein wird.

*Tab. 17: Wirtschaftliche Entwicklung Lateinamerikas (Pro-Kopf-Einkommen)*\*

|                   | 1820 –1870 | 1870 –1913 | 1913 –1950 | 1950 –1973 | 1973 –1980 | 1980 –1990 |
|-------------------|-----------|-----------|-----------|-----------|-----------|-----------|
| Lateinamerika     | + 0,1     | + 1,81    | +1,42     | + 2,52    | + 2,57    | – 0,68    |
| »western offshots« | + 1,42    | + 1,81    | + 1,55    | + 2,44    | + 1,66    | + 2,37    |

\*Jahresdurchschnittliche Veränderung in %; Quelle: Maddison, S. 126/153, S. 467

Nimmt man die Jahre nach 1973 aus, die in Nordamerika von den Auswirkungen der ersten Ölkrise und der folgenden Rezession geprägt waren, so fällt auf, dass Lateinamerika sich erstmals seit der Jahrtausendwende für eine längere Periode deutlich dynamischer entwickelt als Nordamerika bzw. die USA. Ob dieser relative Vorsprung anhalten wird, ist jedoch nicht sicher.

*Tab. 18: Zunahme des realen Inlandsprodukts in Lateinamerika und den USA*\*

|               | 1990–1999 | 2000–2009 | 2010–2015 |
|---------------|-----------|-----------|-----------|
| Lateinamerika | + 3,0     | + 3,2     | + 3,3     |
| USA           | + 3,2     | + 1,8     | + 2,3     |

\* Jahresdurchschnittliche Veränderung in %
Quelle: IMF, World Economic Outlook Database, October 2014

Ein Blick auf die verschiedenen Wachstumsphasen Lateinamerikas macht deutlich, dass diese von der Exportwirtschaft, vor allem durch die Exporte von mineralischen und agrarischen Rohstoffen, bestimmt werden. Dies gilt in gewissem Sinne auch für die Periode der Importsubstituierenden Industrialisierung (ISI) 1930 bis 1970, die ebenfalls mit der Exportökonomie verbunden war. Gestützt auf Haupttendenzen in der Lateinamerikaforschung kann man nach Erreichen der Unabhängigkeit und dem Ende der Rekonstruktionsperiode Mitte des 19. Jahrhunderts vier große Entwicklungsetappen unterscheiden, die sich in den einzelnen Ländern und Subregionen unterschiedlich ausprägten:

- Die Periode des ›Wachstums nach außen‹, angetrieben durch landwirtschaftliche und mineralische Ausfuhren (1870–1930);
- Die Periode der ISI, in der es zu einer außenfinanzierten Industrialisierung kam, die in vielen Ländern eine gewisse Breite erreichte (1930–1970);
- Eine Zeit des krisenhaften Umbruchs, die von der Schuldenkrise der 1980er Jahre und den neoliberalen Strukturanpassungsprogrammen einerseits und der Rückkehr zur Exportorientierung andererseits gekennzeichnet war (1980–2000);
- Die jüngste Periode nach 2000, in der vor dem Hintergrund von Linksregierungen in wichtigen Ländern und eines nachhaltigen Anstiegs der Rohstoffpreise wieder eine stärkere Binnenmarktorientierung versucht wurde, verbunden mit großen Sozialprogrammen. Allerdings nahm die Bedeutung der Rohstoffexporte wieder zu.

Die durch starkes Wachstum charakterisierte Periode nach 1870 kann als konstitutiv für die Etablierung des »Export-Import-Systems« (Boris 2009, S. 18) bezeichnet werden, das noch heute eine Rolle spielt. Sowohl landwirtschaftliche Produkte (einschließlich Viehwirtschaft) als auch Bergbauerzeugnisse wurden exportiert, mit unterschiedlichen Schwerpunkten der einzelnen Länder. Dabei gelang es teilweise, die Verarbeitungstiefe der Rohstoffe zu erhöhen, was zu mehr Arbeitsplätzen und zu einer Belebung der Binnennachfrage führte. Die Annahme, der Exportsektor habe – auch weil er oft in Auslandsbesitz war – lediglich Enklavencharakter[137] besessen und sei mit der übrigen Wirtschaft kaum verbunden gewesen, muss in einigen Fällen modifiziert werden. Allerdings blieben Rohstofforientierung und eine hohe Weltmarktabhängigkeit der lateinamerikanischen Ökonomien trotz größerer Verarbeitungstiefe der Rohstoffe bestehen. Maschinen, Technologien und Know-how mussten importiert werden, die wichtigsten Finanzierungsquellen waren Auslandskapital. (Bernecker, Bd. 2, S. 660). Die Handelsverflechtung zwischen den lateinamerikanischen Ländern blieb niedrig, die Exporte gingen zunächst vor allem nach England, später zunehmend in die USA. Dos Santos bezeichnete dies als Phase der »finanziell-technischen Abhängigkeit«, weil die notwendige Modernisierung der Exportökonomien (sowohl in Landwirtschaft als auch im Bergbau) nur mit Hilfe ausländischen Kapitals und ausländischen Know-hows bewerkstelligt werden konnte (Bernecker, Bd. 3, S. 6). Politisch stabilisierte sich die Herrschaft der grundbesitzenden Oberschichten, Familien, die sehr flexibel auch außerhalb des Agrarsektors bzw. des Bergbaus wirtschaftliche Interessen besaßen: »Landwirtschafts-, Handels-, Finanz- und Industrieinteressen (waren) häufig innerhalb desselben Familienclans vertreten ...« (Bernecker, Bd. 3, S. 16). Der Erste Weltkrieg mit seinem verstärkten Rohstoffbedarf begünstigte das Exportmodell, wobei er außenwirtschaftlich einen Einschnitt darstellte: Die bisherige Dominanz Großbritanniens wurde durch jene der USA abgelöst. Die zunehmende Integration Lateinamerikas in den Weltmarkt förderte auch Ansätze von Industrialisierung im Bereich der Konsumgüter. Dagegen verharrten große Teile der nicht exportorientierten Landwirtschaft auf dem niedrigen Niveau der Subsistenzproduktion. Insofern wurde der die Ökonomie

---

137 Cardoso / Faletto beschreiben die für Lateinamerika typische Struktur so: »In Enklaven-Ökonomien kommt das investierte Kapital von außen, wird in lokale Produktionsprozesse integriert und teilweise in lokale Löhne und Steuern verwandelt. Sein Wert erhöht sich durch die Ausbeutung lokaler Arbeitskräfte, die Naturbedingungen und Vorleistungen umwandeln und wieder in Geldkapital verwandeln, wenn Grundprodukte (Öl, Kupfer, Bananen, etc.) auf Auslandsmärkten verkauft werden.« (S. xix)

schon zur Kolonialzeit prägende Gegensatz ›Latifundien – Minifundien‹ (bei weitgehender Abwesenheit marktorientierter Bauern) weiter zugespitzt: Während sich der meist für den Export produzierende
Großgrundbesitz ausdehnte und modernisierte, wurden Kleinbauern
und ländliche, indianisch geprägte Gemeinschaften weiter zurückge-
drängt. Da die ›Minifundien‹ oft nicht mehr zur Selbstversorgung ausreichten, waren Kleinbauern und ›Indios‹ auf Einkommen aus zusätz-
licher Lohnarbeit angewiesen, was sie in verstärkte Abhängigkeit vom
Großgrundbesitz brachte. Politisch blieb das Bündnis zwischen der
traditionellen, patriarchalisch herrschenden Landoligarchie und der
modernen Exportwirtschaft intakt, denn Land und Arbeitskräfte, die
für letztere benötigt wurden, kontrollierte die Landoligarchie. (Cardoso / Faletto, S. 67). Lateinamerika blieb – mit tendenzieller Ausnahme
von Argentinien und Chile – ländlich geprägt: Noch 1930 arbeiteten
drei Viertel der ökonomisch aktiven Bevölkerung in der Landwirtschaft.[138]
    Die Periode 1870 – 1930 war eine Zeit massiver europäischer Ein-
wanderung, wobei zwischen gering qualifizierten südeuropäischen
Einwanderern einerseits und einer zahlenmäßig kleinen Gruppe von
gut ausgebildeten Westeuropäern und US-Amerikanern andererseits zu unterscheiden ist, die sich oft als Kaufleute, Grundbesitzer
und Unternehmer in die einheimischen Eliten integrierten. Es wird
geschätzt, dass zwischen 1870 und 1930 etwa 10 Millionen Europäer einwanderten, wobei Argentinien und Brasilien Haupteinwande-
rungsländer waren.[139] In Argentinien ging dies so weit, dass sich der
›lateinamerikanische‹ Charakter des Landes veränderte (Bernecker,
Bd. 3, S. 25). Die europäische Einwanderung war ein wichtiger stimu-
lierender Faktor des Wirtschaftswachstums vor allem in der La-Plata-
Region und in Teilen Brasiliens.
    Die Weltwirtschaftskrise von 1929/32 war ein Strukturbruch in der
Entwicklung Lateinamerikas. Absatz und Preise der Exportprodukte

---

138   In Argentinien waren es 24, in Chile 37,5 Prozent (Bernecker, Bd. 3, S. 35).

139   1930 belief sich die lateinamerikanische Gesamtbevölkerung auf 107 Millio-
      nen (Bernecker, Bd. 3, S. 40).

gingen drastisch zurück, was zu einer Krise der öffentlichen Finanzen und zu einem Verfall der Importfähigkeit führte. Der ausländische Kapitalzufluss versiegte, viele Länder mussten die Bedienung der Staatsschulden einstellen. Mit dem endgültigen Zerfall des internationalen Goldstandards kam es zu einer Abwertung der Währungen, was Importe verteuerte und die Wettbewerbsfähigkeit lokaler Produktionen mittelfristig erhöhte. So war die Weltwirtschaftskrise zwar zunächst ein schwerer Schlag auch für die lateinamerikanischen Ökonomien – die Wirtschaftsleistung sank zwischen 1929 und 1932 (je nach Land) um bis zu 30 Prozent (Mexiko) (Thorp, S. 335). Nach 1932 erholten sich die Länder aber vergleichsweise rasch, 1933/34 war das Vorkrisenniveau fast überall wieder überschritten. Angetrieben wurde die Erholung durch binnenwirtschaftliche Faktoren. Die Weltwirtschaftskrise und die 1930er Jahre hatten »als Übergangsphase von einem hauptsächlich nach außen orientierten Wachstumsmodell zu einer verstärkt nach innen gerichteten Entwicklung« eine zentrale Bedeutung (Bernecker, Bd. 3, S. 28).

Der Übergang zur Phase der »Importsubstituierenden Industrialisierung« war zunächst mehr eine spontane Reaktion auf die Auswirkungen der Weltwirtschaftskrise als eine wirtschaftspolitisch durchdachte Wende. Gleichwohl spielte der durch die Krise angestoßene wirtschaftspolitische Paradigmenwechsel hin zum Keynesianismus auch in Lateinamerika eine große Rolle. Es kam zum »Übergang von einer Wirtschaftspolitik, die sich an einer selbst regulierenden Ökonomie orientierte, zu wirtschaftspolitischen Instrumenten, welche durch den Staat gezielt eingesetzt wurden« (Bulmer-Thomas, zit. in: Bernecker, Bd. 3, S. 30). Einfluss und Rolle der Regierungen wurden gestärkt, allerdings blieb die Privatwirtschaft dominierend. Theoretisch untermauert und differenziert wurde diese Orientierung durch die 1948 gegründete UN-Wirtschaftskommission für Lateinamerika CEPAL, die eine unter der Überschrift »Importsubstituierende Industrialisierung« firmierende kohärente Entwicklungsstrategie formulierte, die eine gezielte, staatlich geförderte und gelenkte Industrialisierungspolitik beinhaltete. Der Paradigmenwechsel wurde durch die Tatsache erleichtert, dass der Zweite Weltkrieg die Nachfrage nach

lateinamerikanischen Produkten begünstigte, während sich die Aus-
landskonkurrenz auf dem Gebiet der Fertigprodukte abschwächte –
Europa und Nordamerika konzentrierten ihre Produktionskapazitäten
auf Kriegsproduktion (Cardoso / Faletto, S. 3). Dies erleichterte den
Aufbau nationaler Industriekapazitäten. Die Phase des »desarollo hacia fuera« (Entwicklung nach außen – 1860 bis 1930) wurde durch die
»desarollo hacia adentro« (Entwicklung nach innen – 1930 bis 1960)
ersetzt, um mit den Worten der CEPAL zu sprechen (Werz, S. 204).
Beide Phasen waren, wie in Tabelle 17 gezeigt, mit hohen Wachstumsraten verbunden, ohne dass grundlegende Strukturschwächen überwunden werden konnten.

Die unter dem Vorzeichen von ISI erreichte dynamische wirtschaftliche Entwicklung setzte sich nach 1945 – teilweise verstärkt –
fort. Das durchschnittliche jährliche Wachstum betrug zwischen 1950
und 1980, dem Beginn der lateinamerikanischen Wirtschaftskrise,
5,3 Prozent, wobei die Industrie der stärkste Wachstumsmotor war.
Ein steigender Anteil von Industrie und industrieller Beschäftigung,
die Urbanisierung und eine wachsende städtische Mittelschicht trugen zur Veränderung der traditionellen Sozialstruktur bei. Die Industrialisierung ging einher mit einem relativen Bedeutungsverlust der
Landwirtschaft – ohne dass diese durchgängig modernisiert wurde.
Der Anteil der Landwirtschaft an der Beschäftigung sank zwischen
1930 und 1980 von 74 auf 29 Prozent (Bernecker, Bd. 3, S. 35). Große
und mittlere marktorientierte Agrarbetriebe profitierten von der zunehmenden inländischen Nachfrage nach Agrarprodukten, soweit sie
die für die Umsetzung der ›Grünen Revolution‹ erforderlichen Inputs
an Kapital und Know How finanzieren konnten. Die Kleinbauern gerieten dagegen immer mehr unter Druck und mussten zunehmend auf
ergänzende Lohnarbeit ausweichen. Die in einigen Ländern durchgeführten Bodenreformen konnten – auch wenn sie, wie z. B. in Mexiko,
den Kleinbauern tatsächlich besseren Zugang zu Land verschafften
– den Gegensatz zwischen den modernen, marktfähigen Agrarbetrie-
ben einerseits und den kleinbäuerlichen, Subsistenzlandwirtschaft mit
Lohnarbeit kombinierenden ›Minifundien‹ andererseits, nicht mil-
dern. Die Kleinbauern waren nicht in der Lage, die technisch-öko-

nomischen Anforderungen einer modernen, marktorientierten Landwirtschaft zu erfüllen und erhielten kaum staatliche Unterstützung.

Im Rahmen des Urbanisierungsprozesses – der Anteil der städtischen Bevölkerung erhöhte sich von 33 Prozent (1940) auf 64 Prozent
(1980), besonders stark nach 1960 – nahm der Anteil der Industrie-
arbeiterschaft (inklusive Bergbau) an der Gesamtbeschäftigung zwar
ebenfalls zu (von 19 Prozent 1950 auf 23 Prozent 1970), ohne dass
aber alle vom Land in die Städte strömenden Arbeitssuchenden ab-
sorbiert werden konnten. Viele fanden Beschäftigung im städtischen
informellen Sektor. Ein Schlaglicht auf die Klassenstruktur wirft die
Tatsache, dass der Anteil der privaten Hausangestellten an der Gesamtbeschäftigung z. B. in Brasilien zwischen 1940 und 1980 zwar von
14,1 Prozent auf 8,7 Prozent zurückging, die Oberschicht damit aber
immer noch fast ein Zehntel der arbeitsfähigen Bevölkerung für Haus-
haltsdienste absorbierte (Bernecker, Bd. 3, S. 46 ff).

Die Schuldenkrise, die mit der Zahlungsunfähigkeit Mexikos 1982
offen ausbrach, beendete die Phase der ISI. Diese wurde nun vielfach
als keynesianisch inspirierter Irrweg interpretiert, eine Einschätzung,
die ideologisch motiviert ist. Bei einem Vergleich zwischen den Ent-
wicklungseinschnitten 1930 und 1980 hebt Thorp hervor, dass »in
den 1930er Jahren der Ruf nach staatlichen Interventionen und bin-
nenmarktorientierter Entwicklung überwog, während in den 1980ern
wieder die Forderung nach stärkerer Orientierung auf Exporte in
den Vordergrund trat ...« (Thorp, S. 13). Die nun stärker Industriewaren einbeziehende neue Exportoffensive – in den 1970er Jahren
war, zunächst mit Erfolg, versucht worden, den Außenhandel durch
eine Erhöhung des Anteils verarbeiteter Industriewaren zu diversifizieren – wäre ohne die vorhergehende Industrialisierung im Kontext von ISI nicht möglich gewesen. Wegen der beginnenden Krise
in den USA und in Westeuropa konnte die ›neue‹ Exportoffensive
aber nur begrenzten Erfolg haben. Wichtiger als die »Erschöpfung der
Importsubstitution« (ebd.) oder der Verlust der ISI-Dynamik (Bernecker, Bd. 3, S. 50) war die Veränderung des weltwirtschaftlichen Umfelds, der Ausbruch der Weltwirtschaftskrise von 1973/75. Die Krise
behinderte nicht nur Versuche zur Diversifizierung der Exporte, sie

legte auch die strukturellen Schwächen der lateinamerikanischen ISI-
Strategie offen, die weder mit der Entmachtung der traditionellen Oli-
garchien noch mit einer Verminderung der Außenabhängigkeit des
Industrialisierungsmodells verbunden war. ISI war immer auf Auslandskapital und ausländische Technologien angewiesen. Zunächst
versuchten die lateinamerikanischen Ökonomien, den Einbruch der
Weltmärkte und die damit verbundene Passivierung der Leistungsbi-
lanzen durch verstärkte Kreditaufnahme und teilweise (wie das Chile
Pinochets und die Militärregime in Argentinien und Uruguay) durch
Liberalisierung des Außenhandels zu kompensieren. Dies gelang, solange die Rohstoffpreise hoch blieben und die traditionellen Exporte den Rückgang der industriellen Ausfuhren abfedern konnten: Die
Kaufkraft der lateinamerikanischen Rohstoffexporte lag 1980 deutlich
über dem Niveau von 1970. Die Reorientierung der Entwicklungsstrategien in den 1970er Jahren nach ›außen‹ war also – ähnlich wie
der Strategiewechsel der 1930er Jahre nach ›innen‹ – zunächst eine
eher pragmatische Reaktion auf die nach 1973 veränderten internationalen Bedingungen. Der Rückgriff auf traditionelle Rohstoffexporte bot allerdings nur kurzzeitig einen Ausweg. Als die Rohstoffpreise
Anfang der 1980er Jahre einbrachen, stand Lateinamerika vor einem
unlösbaren Problem: Wie schon zuvor waren die Exporterlöse nicht
investiert worden. Die damit verbundene Passivierung der Leistungs-
bilanzen und die steigenden Defizite in den öffentlichen Haushalten
wurden zunächst durch Auslandskredite überbrückt, in der Hoffnung,
dass sich die Exporterlöse wieder stabilisieren würden. Zudem setzte ein massiver Kapitalabfluss ein, der Zustrom von privatem Auslandskapital kam zum Erliegen. Ausgelöst wurde die Schuldenkrise
– mit der Zahlungsunfähigkeit Mexikos – schließlich durch den von
der Geldpolitik der USA verursachten Anstieg der Zinsen. Sinken-
de Importe, rückläufige Investitionen und die Kürzung öffentlicher
Ausgaben (die Haushalte wurden auf Bedienung der Auslandsschul-
den umstrukturiert) leiteten eine tiefe Krise ein, die sich ab Mitte der
1980er Jahre, als Folge der neoliberalen Anpassungsprogramme,
nochmals vertiefte. Damit einher ging eine – in einzelnen Ländern
massive – Deindustrialisierung. Zwischen 1980 und 1990 sank der An-

teil der Industrie am BIP von 25,5 auf 23,4 Prozent; auch der Anteil der industriellen Beschäftigung ging wieder zurück (Bernecker, Bd. 3, S. 54). Die Arbeitslosigkeit stieg an, die Reallöhne sanken. Es kam zu einer erneuten ›Informalisierung‹ der Wirtschaft als Überlebensstrategie. Die mit der Krise verbundene Neuorientierung der Wirtschaftspolitik im Sinne des ›Washington Consensus‹ vertiefte die ohnehin schon großen Einkommensgegensätze. Die Privatisierung öffentlicher Unternehmen konnte vom Auslandskapital und von den traditionellen Eliten genutzt werden, so dass die Krise die überkommene monopolistische Struktur der lateinamerikanischen Unternehmenslandschaft verfestigte.

In den 1990er Jahren kam es – u. a. im Ergebnis von Programmen zur Schuldenreduzierung – zu einer fragilen Stabilisierung, die 1998 durch erneute Rezessionen erschüttert wurde. Die Stabilisierung der 1990er Jahre war auch dem Wiederaufleben der Kapitalzuflüsse aus dem Ausland zu verdanken, was u. a. durch die Privatisierung öffentlicher Unternehmen angeregt wurde. Auch wirkten ›normale‹ konjunkturelle Auftriebskräfte, stimuliert durch eine allgemeine Verbesserung des weltwirtschaftlichen Umfelds in der Periode der oben erwähnten »Great Moderation« in Nordamerika. Angesichts der in der Krisenperiode der 1980er Jahre aufgestauten konsumtiven und investiven Nachfrage, der Entwertung von Kapital, der niedrigen Kapazitätsauslastung und der deutlich gesunkenen Reallöhne war eine Zunahme der Produktion ohne kostspielige Erweiterungsinvestitionen möglich (Boris 2014, S. 68). Zudem wuchs der intraregionale lateinamerikanische Handel, der bislang zu einer der großen Schwächen der Exportmodelle gehört hatte: Der Anteil des intraregionalen Handels am gesamten Außenhandel der Region stieg von marginalen 13 (1990) auf immerhin 23 Prozent (1997), wo er allerdings seither verharrt (Boris 2009, S. 126).

Die Stabilisierung war aber nicht von Dauer, was u. a. auf die weiterhin restriktive Wirtschaftspolitik der neoliberal orientierten Regierungen zurückzuführen war. Die Fragilität der Erholung wird auch durch die anhaltende niedrige Investitionsquote (Anteil der Anlageinvestitionen am BIP) unterstrichen, die kaum einmal die 20 Prozent

überschritt, während dieser Indikator im Durchschnitt der Schwellen-
und Entwicklungsländer in diesem Zeitraum meist zwischen 25 und
30 Prozent lag (IMF, World Economic Outlook Database). In einigen
wichtigen Ländern wie Argentinien (2001/02), Brasilien (1998/99),
Chile und Venezuela (1999) kam es zu erneuten Rezessionen, teilweise verbunden mit neuen Schuldenkrisen. Dies führte zur »Delegiti-
mierung neoliberaler Politik auf verschiedenen Ebenen.« (Boris 2009,
S. 141) Betrachtet man den gesamten Zeitraum der akuten Schuldenkrise und der neoliberalen Anpassungsprogramme zwischen Anfang
der 1980er und den beginnenden 2000er Jahren, so ist dieser durch
Stagnation der Durchschnittseinkommen[140], zunehmende Armut,
Informalisierung der Arbeitsverhältnisse und weiter wachsende Ein-
kommensungleichheiten gekennzeichnet.

Überwunden wurde die zwanzigjährige Periode von Krisen und
Stagnation 1980/2000 erst durch den Aufschwung ab 2003. Dieser
Aufschwung ist umso eindrucksvoller, als er die Zeit der seit 1929/32
schärfsten Weltwirtschaftskrise 2008 ff. umfasst, die zwar auch in Lateinamerika (2009) ihre Spuren hinterließ, dort aber vergleichsweise rasch überwunden werden konnte. Im Zeitraum 2003 bis 2015
konnten die lateinamerikanischen Länder trotz der engen Anbindung
insbesondere Mexikos und Zentralamerikas an die USA ein jahres-
durchschnittliches Wachstum von 3,5 Prozent verzeichnen, was vor
dem Hintergrund der verlangsamten Bevölkerungszunahme einen
jährlichen Zuwachs der Pro-Kopf-Einkommen von mehr als zwei Prozent bedeutet. Dies signalisiert aber kein Ende der traditionell hohen
Weltmarktabhängigkeit des Subkontinents. Zurückzuführen ist der
Trendwechsel vor allem auf die drastische und nachhaltige Erholung
der Rohstoffpreise. Die realen Austauschverhältnisse von Warenexporten und Warenimporten (terms of trade) des Wirtschaftsraums ver-
besserten sich (Index 2000 = 100) von 96,3 im Jahre 2001 auf 121,4
im Jahre 2008. Sie fielen 2009 – als Folge der Weltwirtschaftskrise –

---

140  Während das BIP zwischen 1982 und 2002 um jährlich 2,2 Prozent zunahm,
     lag die Wachstumsrate der Bevölkerung bei 2,0 Prozent. (IMF, WEO, Data-
     base; UNDP, Bericht über die menschliche Entwicklung 2000, S. 263)

kurzfristig zurück, um sich ab 2010 auf dem hohen Niveau von 2008 zu stabilisieren (Boris 2009, S. 143). Hinzu kam die Ausweitung der Produktion sowohl agrarischer wie mineralischer Rohstoffe: Es ist für fast alle Primärprodukte und für fast alle Länder nachweisbar, dass den Preiserhöhungen eine deutliche Ausweitung der Produktion folgte (Matthes, S. 17). Bei den Exporten rückten die Rohstoffe wieder in den Vordergrund, ihr Anteil stieg von 27 Prozent im Jahre 2000 auf mehr als 60 Prozent 2011 (Brand / Dietz, S. 75).

Das zweite expansive Moment nach 2003 war der erneute Zustrom von Auslandskapital, und zwar sowohl von DI als auch von Portfolio-Investitionen im Zeichen günstiger Finanzierungsbedingungen. Die mengen- und preismäßige Zunahme der Rohstoffexporte – zunehmend nach Asien – ermöglichte den Abbau von Schulden und die Anhäufung von Devisenreserven. Nach 2008 förderten auch die niedrigen Zinsen in USA / Westeuropa Kapitalimporte.

Ein dritter Faktor hängt mit der Veränderung der politischen Verhältnisse und der Ablösung der neoliberalen wirtschaftspolitischen Orientierungen zusammen. Ende der 1990er / Anfang der 2000er Jahre kamen in vielen Ländern Lateinamerikas gemäßigt oder stark links orientierte Regierungen[141] an die Macht, die in den meisten Fällen wiedergewählt wurden. In zehn Ländern, in denen knapp 60 Prozent der Bevölkerung der Region leben, sind seit teilweise mehr als 15 Jahren Regierungen im Amt, die mehr oder weniger dezidiert Politiken verfolgen, die – bei Unterschieden – doch Gemeinsamkeiten aufweisen: Eine höhere »Präsenz und Eingriffsdichte des Staats in die wirtschaftlichen Prozesse«, höhere öffentliche Ausgaben (bei Beachtung der Haushaltsgleichgewichte), eine aktive, wachstumsorientierte Geldpolitik, stärkere Binnenmarktorientierung und – last but not

---

141  Es wird unterschieden zwischen Regierungen mit sozialistischen Zielsetzungen (Bolivien, Ecuador, Venezuela) und sozialdemokratischen bzw. sozialliberalen Ausprägungen (Argentinien, Brasilien, Uruguay). Chile ist insofern ein besonderer Fall, als die ›linke‹ Periode 2010 durch ein konservatives ›Interregnum‹ (Pinera) unterbrochen wurde und die zweite Periode Bachelet (2014 bis 2018) unter veränderten Vorzeichen begann (Boris 2014, S. 27; Matthes, S. 3).

least – massive Anstrengungen zum Aufbau von Sozialstaaten und
zur Bekämpfung der extremen Armut (Boris 2014, S. 78 ff). Der weltweite Trend zur Zunahme der Einkommensungleichheit konnte nur
in Lateinamerika seit etwa 2000 umgekehrt werden. Trotzdem liegen
noch immer zehn von fünfzehn Ländern mit der weltweit größten
Einkommensungleichheit in Lateinamerika (Lay / Schotte 2013, S. 6).

## Merkmale des Kapitalismus in Lateinamerika

Der Kapitalismus in Lateinamerika weist – trotz Unterschieden zwischen den Ländern – gemeinsame Züge auf, die ihn von kapitalistischen Gesellschaftsformationen in anderen Teilen der Welt unterscheiden. Ein jüngerer Versuch, diese besonderen Züge begrifflich zu
fassen, sind die Arbeiten im Umfeld von Ben Ross Schneider, der im
Kontext der vergleichenden Kapitalismusforschung – d. h. des ›Spielarten des Kapitalismus‹ / Varieties of Capitalism (VoC)-Ansatzes – die
lateinamerikanischen Ökonomien als »Hierarchical Market Economies« (HME-hierarchische Marktökonomien) bezeichnet (Schneider
2013). Ohne das VoC-Konzept zu übernehmen bzw. auf die teilweise
berechtigte Kritik an den Arbeiten von Schneider eingehen zu können[142], muss festgehalten werden, dass die den HME charakterisieren-
den Merkmale wichtige Aspekte der historisch gewachsenen Strukturen in Lateinamerika richtig erfassen.

Folgende Strukturmerkmale sind hervorzuheben:

Die meisten lateinamerikanischen Ökonomien sind weiterhin stark
in die Weltmärkte integriert, ihre Binnenmärkte sind (mit Ausnahmen) schwach entwickelt. Rohstoffexporte spielen eine große Rolle,

---

142  Wichtig ist der Hinweis, dass die jeweilige ›Spielart‹ als unveränderbar dar-
     gestellt wird, dass Widersprüche und daraus abzuleitende Veränderungsten-
     denzen ausgeklammert werden, was angesichts der aktuellen Entwicklungen
     in Lateinamerika problematisch ist: Fishwick ist zuzustimmen wenn er dem
     HME-Ansatz vorwirft, dass die »scheinbare institutionelle Stabilität die insta-
     bile und kontingente Natur kapitalistischer Vielfalt (verschleiert)«. (Fishwick,
     S. 287)

die durch den Rohstoffboom seit 2003 nochmals akzentuiert wurde. Seit 2003 ist eine »Tendenz zur Reprimarisierung des lateinamerikanischen Exportangebots« zu konstatieren, selbst in Industrieländern wie Brasilien, wo der Anteil der Primärgüter an den Exporten zwischen 2000 und 2010 von 42 auf fast 64 Prozent angestiegen ist (Matthes, S. 12). Dies hat auch den in den 1990er Jahren einsetzenden Prozess der Integration der lateinamerikanischen Ökonomien zum Stillstand gebracht. (Tabelle 19) »Trotz stetigen Wachstums des Industriesektors kam es jedoch nicht zu einem wirklichen Bruch mit dem auf Rohstoffausbeutung basierenden Entwicklungsmodell.« (Brand / Dietz, S. 79 f)

Der Unternehmenssektor ist fragmentiert, wenige große Unternehmensgruppen und Multinationale Konzerne stehen unzähligen Klein- und Kleinstunternehmen gegenüber, wobei die Grenzen zum informellen Sektor fließend sind (Boris 2009, S. 98). Die Unternehmenslandschaft ist durch die »exzessive Konzentration von Vermögen und Produktionsmitteln« gekennzeichnet (ebd., S. 90).

Der nationale Unternehmenssektor wird von »business groups« dominiert, die fast alle in Familienbesitz sind und oft eine große Breite von (meist unverbundenen) ökonomischen Aktivitäten durchführen. Sie sind selten mit bestimmten Branchen oder Sektoren verbunden, das Kapital kann gleichzeitig in Grundbesitz, Bergbau, Handel, Banken und Industrie investiert sein. Die Finanzierung hängt kaum von lokalen Kapitalmärkten ab, Eigenfinanzierung, Auslandskredite und staatliche Mittel dominieren. Die Kontrolle der Gruppen durch große Familienverbände impliziert enge Verbindungen zur Politik – einzelne Familienmitglieder haben führende Positionen in der Politik (Schneider, S. 43 ff). Die Familienimperien sind durch große historische Kontinuität gekennzeichnet. »Family capitalism ist endemisch in Lateinamerika. In den 2000er Jahren wurden 90 Prozent der 32 größten business groups Lateinamerikas von Familien kontrolliert und in den meisten besetzten Familienmitglieder mehrere Positionen im Top Management.« (Schneider, S. 47) Familienkapitalismus hat in Lateinamerika auch deshalb eine lange Tradition, weil er angesichts schwach entwickelter Kapitalmärkte erlaubte, Kapital über mehrere Generationen hinweg anzuhäufen. Auch sichern familiäre Netzwerke

direkten Einfluss auf die Politik, so dass sich Regierungen aller cou-
leur »traditionsreichen, angesehenen Großfamilien« gegenübersehen,
die ihren politischen Handlungsspielraum einschränken (Waldmann,
S. 218).

Neben den familieneigenen »grupos« spielen Multinationale Konzerne (MNK) eine herausragende und seit Beginn des Booms wieder
wachsende Rolle. Dies war schon immer so in Lateinamerika (Schneider, S. 76), ihre Rolle hat sich nach 1990 aber nochmals verstärkt.
Von den 500 größten lateinamerikanischen Firmen waren 39 Prozent
(2001) MNK, gegenüber 27 Prozent im Jahre 1991 (ebd., S. 67). Der
Anteil ausländischen Kapitals an großen brasilianischen Unternehmen stieg zwischen 1989 und 1999 von 37,5 auf 44 Prozent (Schmalz,
S. 99).

Ein weiteres Merkmal sind die niedrige Steuerquote und ein
Steuersystem, dessen Wirkungen oft regressiv sind, d. h. die prozen-
tuale Steuerlast ist in den unteren Einkommensgruppen höher als in
den oberen. Die durchschnittliche Steuerquote, d. h. der Anteil der
öffentlichen Abgaben am BIP, ist zwar seit Anfang der 1990er Jahre leicht angestiegen, lag aber 2009 mit 18 Prozent immer noch weit
unter dem OECD-Standard (36 Prozent). Die Quote variiert zwischen
Mexiko (unter 15 Prozent) und Brasilien (35 Prozent). Die Steuereinnahmen stammen überwiegend aus Verbrauchsteuern, die eine re-
gressive Verteilungswirkung haben. Einkommensteuern erbringen
lediglich 25 Prozent der Steuereinnahmen. Die Liberalisierung des
Außenhandels und die Öffnung der Märkte hatten fatale Wirkungen
auch für die Staatseinnahmen: Noch 1990 stammten fast 30 Prozent
der Staatseinnahmen aus Abgaben auf den Außenhandel, 2007 waren es nur noch 14 Prozent (Hoffmann, S. 2). Dieser Rückgang wurde
teilweise kompensiert durch den steigenden Anteil der Einnahmen,
die aus staatlicher Förderung mineralischer Rohstoffe stammen; diese sind mit steigenden Preisen und Mengen naturgemäß angestiegen
– sie schwanken allerdings stark mit den Rohstoffpreisen, sind also
außerordentlich volatil. In den Jahren 2006/08 stammten z. B. 34 Prozent der chilenischen Staatseinnahmen aus solchen Quellen, in Venezuela waren es sogar 60 Prozent. Der erfolgreiche Widerstand der

Oberschichten gegen jede Art von Besteuerung – »zahlreiche mittlere und große Unternehmen aus dem formalen Segment der Wirtschaft kommen ihrer Steuerpflicht überhaupt nicht oder nur zu einem Bruchteil der vorgeschriebenen Tarife nach« (Hoffmann, S. 4) – erklärt das Dauerproblem der lateinamerikanischen Staaten und Ökonomien: Die Abhängigkeit von Auslandsfinanzierungen und die immer wieder auftretenden Schuldenprobleme. Die staatlichen Infrastrukturinvestitionen können nur durch Schulden finanziert werden.

Im Rahmen des oben dargestellten HME-Ansatzes wird der Situation der Arbeitsmärkte große Aufmerksamkeit geschenkt. Schneider zufolge sind diese durch häufigen Stellenwechsel (»turn over«), schwache Präsenz von Gewerkschaften in Unternehmen, nur wenig institutionalisierte und rechtlich abgesicherte Arbeitsbeziehungen, einen großen informellen Sektor, einen niedrigen Bildungs- und Ausbildungsstand und eine vergleichsweise kleine »Arbeiter-Elite« gekennzeichnet (Schneider, S. 12). Während im Durchschnitt der OECD-Länder 35 Prozent der Arbeiter länger als zehn Jahre stabil beschäftigt sind, so gilt das nur für 22 Prozent der lateinamerikanischen Arbeiter. 2009 hatte in der OECD ›nur‹ ein Viertel der männlichen Jugendlichen im Alter von 15 Jahren und mehr unzureichende Schreibkenntnisse (unterhalb Ebene 2 der PISA-Studie). Bessere Schreibkenntnisse gelten als Voraussetzung für den Erwerb von höheren Qualifikationen. Im Durchschnitt aller lateinamerikanischen Länder war dieser Anteil 54 Prozent, d. h. nur 46 Prozent der männlichen Jugendlichen verfügten über akzeptable Schreibkenntnisse. Selbst im diesbezüglich am besten abschneidenden Chile erfüllen 36 Prozent der Jugendlichen diese Anforderung nicht (Schneider, S. 98-100).

Seit Anfang der 1980er Jahre ist es wieder zu einer verstärkten Informalisierung der Wirtschaft gekommen, wobei, wie oben schon diskutiert, die entsprechenden empirischen Angaben unterschiedliche Tatbestände vermischen. Traditionelle Subsistenzlandwirtschaft, Nachbarschaftshilfe, Kleinstbetriebe ohne formelle Anmeldung und kriminelle Formen von Steuerhinterziehung und Verletzung von Arbeitsgesetzen werden unterschiedslos zusammengeworfen. Die oben erwähnte OECD-Studie beziffert den Anteil der informellen

Beschäftigung außerhalb der Landwirtschaft in Lateinamerika auf 52 Prozent (OECD 2009). Erst in den letzten Jahren scheint sich der Trend wieder umzukehren (Lay / Schotte, S. 7).

Bereits erwähnt wurde die Landproblematik: Es gibt einen scharfen Gegensatz zwischen privatem Großgrundbesitz, der fast überall die landwirtschaftliche Produktion dominiert und mit dem Rohstoffboom noch an Bedeutung gewonnen hat, und zahllosen ›Minifundien‹, die in der Regel nicht ausreichen, um den Besitzern bzw. Pächtern einen auskömmlichen Lebensunterhalt zu sichern. Die Kleinbauern müssen einerseits nebenher Lohnarbeit leisten, sind aber andererseits durch den immer noch existierenden Bodenbesitz bzw. entsprechende Zugangsrechte (bei Gemeinschaftsbesitz) an das Land bzw. durch Pachtverhältnisse an örtliche Großgrundbesitzer gebunden. Sie können also nicht – als ›freie‹ Lohnarbeiter – ihre Arbeitskraft meistbietend verkaufen, sondern sind gezwungen, schlechte örtliche Bedingungen zu akzeptieren. Zwar wurden in verschiedenen Ländern, so z. B. in Mexiko, wirksame Agrarreformen durchgeführt. Diese haben aber letztlich nicht zur Entstehung einer Schicht von unabhängigen Agrarproduzenten geführt, sondern den Gegensatz zwischen Klein- und Großgrundbesitz verschärft. »Langfristig konnte durch die verschiedenen Agrarreformen keine nachhaltige und grundlegende Verbesserung der wirtschaftlichen Situation der lateinamerikanischen campesinos erreicht werden, vermochten diese doch den Anforderungen ... des technisch-ökonomischen Modernisierungsprozesses in der Landwirtschaft ... kaum entsprechen.« (Bernecker, Bd. 3, S. 39)

Das hervorstechendste Merkmal der lateinamerikanischen Ökonomien ist die extreme Einkommensungleichheit. Gemessen am Gini-Index der Einkommensverteilung (je niedriger der Wert desto gleichmäßiger die Verteilung) befinden sich fast alle lateinamerikanischen Länder in Regionen oberhalb von 0,5[143]. Trotz Verbesserungen seit dem Antritt der Linksregierungen ist »die Ungleichheit in Bezug auf die Verteilung jedoch (in Lateinamerika, JG) immer noch am

---

143  Japan hat einen Gini-Index von 0,25; Deutschland liegt bei 0,28; Brasilien bei 0,59;

größten von allen Regionen ...« (UNDP 2013, S. 39). Die regressiven Wirkungen der Sozialabgaben, deren Anteil mit steigenden Einkommen sinkt, und die zunehmende Besteuerung des Verbrauchs vergrößern die Ungleichverteilung:»In den geltenden Steuerregimen kann daher eine zusätzliche Determinante der krassen sozialen Disparitäten gesehen werden.« (Hoffmann, S. 3) Einziger Lichtblick sind die seit dem Antritt von Linksregierungen in vielen (auch eher konservativ regierten Ländern) aufgelegten Sozialprogramme zugunsten der untersten Einkommensschichten wie die Bolsa Familia in Brasilien oder das Programme Oportunidades in Mexiko. Inzwischen (2009) gibt es vergleichbare Transferprogramme in 17 Ländern der Region, mit mehr als 100 Millionen Empfängern. Der deutliche Rückgang des Anteils der Bevölkerung unterhalb der Armutsgrenze von 44 (2002) auf 33 Prozent (2008) hängt mit der Wirkung dieser Programme zusammen. Da die Aufwendungen hierfür aber nur in wenigen Fällen mehr als ein Prozent des Sozialprodukts betragen, können sie die bestehende Ungleichverteilung der Einkommen nur marginal korrigieren (Hoffmann, S. 5). Die Ungleichverteilung zementiert nicht nur die ungleichen sozialen Verhältnisse, einschließlich des niedrigen Qualifikationsniveaus der Arbeitskräfte, sie ist auch ein außerordentlich wirksames Wachstumshemmnis. Denn nur wenn die Binnennachfrage mit dem Aufbau von Produktionskapazitäten Schritt hält kann es gelingen, Entwicklungsprozesse auf eine solide, Inlands- wie Auslandsnachfrage einschließende Basis zu stellen.

**Aktuelle Perspektiven im Zeichen linker Regierungen**
Das wohl – neben dem Aufschwung im Zeichen des Rohstoffbooms – wichtigste aktuelle Merkmal der sozial-ökonomischen Entwicklung Lateinamerikas ist das erwähnte Übergewicht von Linksregierungen unterschiedlicher Provenienz und Ausrichtung. Einige Anzeichen deuten darauf hin, dass unter dem Vorzeichen von Linksregierungen eine Art ›nachholende Modernisierung‹ des lateinamerikanischen Kapitalismus stattfindet, der »die Gesellschaften etwas weniger unerträglich für die große Masse der Bevölkerung« machen könnte (Boris 2014, S. 108). Angesichts der internationalen Kräfteverhältnisse wäre

das nicht wenig, vor allem wenn in diesem Kontext die subalternen Klassen an Mitwirkungsmöglichkeiten gewinnen würden, wenn also die lateinamerikanischen Gesellschaften »selbstbewußter, autonomer und handlungsbereiter, damit aber auch demokratischer« würden (ebd., S. 109). Im Folgenden werden einige Stichworte erwähnt, die für eine solche Entwicklung sprechen:

- Mit dem wirtschaftlichen und politischen Bedeutungsgewinn des Südens geht eine Diversifizierung der internationalen wirtschaftlichen Beziehungen einher. Dies ermöglichte es den Ländern Lateinamerikas, sich vom westlichen Krisenzusammenhang abzukoppeln. Zudem wachsen die Möglichkeiten der Länder des Südens, die globalen Regeln zu beeinflussen.
- Die Integrationsbemühungen in Lateinamerika haben einen neuen Aufschwung genommen, was zusätzliche und nachhaltige Wachstumsimpulse beinhalten könnte.
- Höhere Rohstoffeinnahmen und vergrößerte Ressourcensouveränität könnten die Finanzierungsgrundlagen der Regierungen verbessern, ihre Abhängigkeit von Auslandskrediten vermindern und die staatliche Steuerungsfähigkeit erweitern.
- Eine – auch im Zuge einer wachsenden Rolle von Gewerkschaften und anderen Organisationen der subalternen Klassen – gleichmäßigere Einkommensverteilung würde zur Stärkung der Binnenmärkte führen. Schon jetzt sind Ansätze zu höheren Reallöhnen und einem Rückgang der informellen, prekären Arbeitsverhältnisse in einigen Ländern sichtbar (Boris 2013b, S. 140).
- Der Umfang der »Mittelschichten« wächst wieder, Ansprüche an das Bildungssystem und andere öffentliche Infrastrukturen nehmen zu (Boris 2013b, S. 143). Es ist kein Zufall, dass sich 2013/2014 die Konflikte in Chile und Brasilien zu einem erheblichen Teil auf das Bildungssystem bezogen. Große Teile der Mittelschichten sind Träger von Protestbewegungen (Lay / Schotte 2013, S. 6)
- Ein gerechteres und nachhaltigeres Steuersystem würde sowohl zur Verringerung der Einkommensungleichheit als auch zu solideren Staatsfinanzen beitragen. Dafür gibt es derzeit bessere Chancen.

- Dies würde es ermöglichen, die großen Rückstände sowohl auf dem Gebiet der materiellen (Energieversorgung, Verkehr usw.) als auch der immateriellen (Bildung und Qualifikation) Infrastruktur zu verringern.

- Allerdings ist die wirtschaftliche Übermacht der klassischen »grupos« weitgehend ungebrochen, die Rolle des Auslandskapitals im Zuge verstärkter DI eher noch gewachsen. Als relativ neue Erscheinung ist zu konstatieren, dass große lateinamerikanischen Unternehmen anfangen, sich global zu betätigen (»Multilatinas«). Alles dies spricht dafür, dass sich die ökonomische (und damit auch politische) Macht der Großkonzerne kaum verringert hat (Boris 2013b, S. 149).

Sieht man sich die aktuelle Situation an, so erinnert doch einiges an die Quellen des lateinamerikanischen Aufstiegs, wie sie Fuentes zusammengefasst hat: »Lateinamerika ... profitierte von der internationalen Ausdehnung des Kapitalismus im 19. Jahrhundert, indem es die Welt mit Rohstoffen versorgte, ohne jedoch der eigenen Wirtschaft Kapital für Investitionen und Rücklagen zu verschaffen. ... Der Handel bildete zwar die Grundlage unserer Entwicklung, doch lebte er von der europäischen und nordamerikanischen Ausweitung von Bevölkerung, Industrialisierung, Handelsverkehr, Erziehung, Stadtentwicklung, politischen Institutionen und so weiter.« (S. 303) Gefördert wurde diese Orientierung durch die Umwälzung der Transport- und Kommunikationstechnologien in der zweiten Hälfte des 19. Jahrhunderts: 1876 verließ das erste Kühlschiff mit gefrorenem Rindfleisch den Hafen von Buenos Aires in Richtung Europa. Dass die erwirtschafteten Profite nicht für »Investitionen und Rücklagen« verwendet wurden, hing, wie oben gezeigt, mit der Struktur der lateinamerikanischen Bourgeoisie und ihrer starken politischen Stellung einerseits und der Profitabilität des exportorientierten Modells andererseits zusammen. Heute sind wieder Tendenzen in die gleiche Richtung absehbar, dieses Mal getragen durch die asiatische nachholende Entwicklung, die die Rohstoffe und Agrarprodukte Lateinamerikas benötigt.

Dass dieses einseitig weltmarktorientierte Modell nach wie vor dominiert, zeigt u. a. der geringe Grad der internen Handelsverflechtung Lateinamerikas.

*Tab. 19: Intraregionaler Außenhandel 2012 (Anteil am Außenhandel in %)*

| Regionen | Anteile in % |
|---|---|
| Nordamerika | 48,6 |
| Süd / Zentralamerika, | 26,9 |
| darunter: Mercosur | 15,6 |
| Europa | 68,6 |
| Afrika | 12,8 |
| Asien | 53,4 |

Quelle: WTO, International Trade Statistics 2013, Appendix Table 1.4

Trotz intensiver handelspolitischer Integrationsbemühungen ist Lateinamerika (hier ohne Mexiko) der Wirtschaftsraum mit der zweitniedrigsten internen Verflechtung (nach Afrika) geblieben. Besonders ernüchternd ist die Tatsache, dass die Länder des Mercosur, dessen erklärtes Ziel die Verstärkung der nachbarschaftlichen Wirtschaftsbeziehungen ist, mehr als 84 Prozent ihres Außenhandels mit Partnern außerhalb der Integrationszone abwickeln.

## Vorkolumbianische Kulturen, iberischer Kolonialismus und Weltmarkt

Dieter Boris bilanziert die sozialökonomische Entwicklung Lateinamerikas seit 1870 folgendermaßen: »Blickt man zurück auf die letzten ca. 140 Jahre, in denen Lateinamerika mehr oder minder intensiv in die Weltwirtschaft eingebunden wurde, und resümiert man die seither vollzogene ökonomisch-soziale Entwicklung des Subkontinents, so sind Momente tiefgreifender Veränderungen und Fortschritte neben Momenten von Kontinuität, Stagnation, ja Rückfall, gleichermaßen zu registrieren. Diese Ambivalenz von Fortschritt und Regression sowie von dauerhaftem Nebeneinanderbestehen von Momenten der Moderne und Vormoderne, die sich in Lateinamerika auf besonders hartnäckige Weise verschränken, werden zunehmend auch als Resultat von spezifischen Entwicklungs- und Modernisierungsstrategien gesehen.« (Boris 2009, S. 165)

Weiter unten soll die Frage untersucht werden, wie sich diese Verschränkung von »Moderne und Vormoderne« konkret vollzieht, was Elemente der lateinamerikanischen »Vormoderne« sind und wie sich diese in der kapitalistischen Gesellschaftsformation Lateinamerikas widerspiegeln.

Carlos Fuentes schreibt am Anfang seines Buches »Der vergrabene Spiegel«: »Womöglich haben wir in Mexiko, Guatemala, Ecuador, Peru und Bolivien eine kraftvolle indianische Tradition, in Argentinien und Chile eine stärkere europäische Prägung, in der Karibik, in Venezuela und Kolumbien eine stärkere schwarze Überlieferung als in Mexiko oder Paraguay, doch Spanien ist überall« (Fuentes, S. 17).[144] Auch wenn Fuentes vor allem kulturelle Prägungen im Auge hat, gilt sein Verweis auf die historischen Wurzeln des modernen Lateinamerika auch für die ökonomischen Gesellschaftsformationen der ibero-amerikanischen Länder. Dabei verbinden sich drei prägende Momente: Die vorkolumbianischen Kulturen, der iberische Kolonialismus und der Einfluss des europäisch / US-amerikanisch geprägten Weltmarkts, zu dem auch die neokoloniale Interventionspolitik der USA zählt.

### Vorkolumbianische Kulturen

Als sich die beiden iberischen Königreiche Spanien und Portugal am Beginn des 16. Jahrhunderts daran machten, die Karibik, Zentral- und Südamerika zu kolonisieren, sahen sich die beiden Länder, die zu dieser Zeit sieben bzw. eine Million Einwohner zählten (Maddison, S. 241) einer ›kolonialen‹ Bevölkerung gegenüber, die jüngeren Schätzungen zufolge zwischen 35 und 45 Millionen Menschen zähl-

---

144  Fuentes klammert die lusitanische Welt aus, für die ähnliches zutrifft: Brasilien ist stark afrikanisch geprägt.

te (Bernecker, 1. Bd., S. 317).[145] Diese Menschen lebten unter ganz unterschiedlichen gesellschaftlichen Bedingungen, es stechen aber die Hochkulturen der Maya und des Aztekischen Dreibundes in Mittelamerika und die der Inka in den Andenregionen Südamerikas hervor. Das für die deutsche Lateinamerikaforschung maßgebliche »Handbuch der Geschichte Lateinamerikas« formuliert einleitend: Es »wies das voriberische Amerika eine außerordentliche Vielfalt von Kulturen, Sprachen, Gesellschaftsformationen usw. auf, die durch die europäischen Kolonialherrschaft nicht in dem Maße vereinheitlicht wurden, wie man lange Zeit geglaubt hatte, sondern durch die Hinzufügung europäischer, afrikanischer und selbst asiatischer Bevölkerungselemente in mannigfacher Hinsicht noch vervielfacht worden war.« (Bernecker, Bd. 1, S. XIII)[146] Helmut Knolle führt »die sprachliche Zerklüftung und kulturelle Vielfalt« Lateinamerikas auf die geographisch bedingten Schwierigkeiten großräumiger Wanderungsbewegungen zurück (S. 58).

Die Gesellschaftsformationen der von den Spaniern unterworfenen Kulturen werden von Engels als auf den unteren bzw. mittleren Stufen der »Barbarei« stehend eingeordnet, wobei er die Kategorisierung von Morgan (Wildheit – Barbarei – Zivilisation) übernimmt. Bezogen auf die Mexikaner, Zentral-Amerikaner und Peruaner zur Zeit der Eroberung formuliert er: »Die spanische Eroberung schnitt dann alle weitere selbständige Entwicklung ab.« (MEW 21, S. 33)

---

145 Maddison schätzt die Bevölkerung Lateinamerikas für das Jahr 1500 auf 15,4 Millionen Menschen (S. 241), ältere Schätzungen haben eine Spannweite von 7,5 bis 100,3 Millionen (Bernecker, Bd. 1, S. 317).

146 Im gleichen Band stellt Ursula Dyckerhoff drei Typen sozialer Organisationsformen im vorkolumbianischen Lateinamerika vor, wobei dieser Typisierung ein evolutionistisches Weltbild zugrunde liegt, von dem sich Dyckerhoff allerdings abgrenzt: Es handele sich um »egalitäre Gesellschaften« (Wildbeutergruppen und Stammesgesellschaften), in denen die Rolle der Führer schwach verankert war; um »Rang-Gesellschaften« mit institutionalisierter und auf bestimmte Familien beschränkter Führerschaft (»Häuptlingstümer bzw. Kazikenherrschaften«); um »geschichtete Gesellschaften, die Staaten«, welche multiethnische Bevölkerungen über zentrale, pyramidenhaft strukturierte und durch ein gegliedertes System von abgestuften sozialen Schichten beherrschten (Bernecker, Bd. 1, S. 115 ff).

Die Inka und der Aztekische Dreibund, die mehr oder weniger stark zentralisierte und auf Ausbeutungs- und Herrschaftsbeziehungen über unterworfene Völker beruhende Klassenstaaten darstellten, hatten sich alte Organisationsformen zunutze gemacht, die – so stellt es Murra bezogen auf die Andenregion dar – schon lange vor der Inka-Eroberung existierten (S. 85). Eine zentrale Bedeutung besaßen durch Abstammungsverhältnisse (den Bezug auf einen realen oder fiktiven gemeinsamen Stammvater) gekennzeichnete Produktions- und »Bodenbesitzgemeinschaften«, welche in der Andenregion »Ayllu«, in Zentralamerika »calpolli« genannt wurden (Sperling, S. 138). Eich bezeichnet die Ayllu »als Solidareinheit mit generalisierter Gegenseitigkeit und Anspruch auf Produktionsmittel.« (S. 85) Das Ayllu sei nicht unbedingt auf eine bestimmte Lokalität bezogen gewesen – die Mitglieder eines Ayllu konnten in unterschiedlichen Produktionszonen wirtschaften. »Im andinen Hochland stieß das Konzept der indianischen Gemeinden als räumlich abgegrenzte Wirtschaftseinheiten auf Schwierigkeiten, da sich die vorspanischen Nutzungsformen landwirtschaftlicher Flächen in verschiedenen Klimastufen durch die Mitglieder einer ayllu, einer ethnischen Gemeinschaft, auch während der Kolonialzeit erhielten. So zogen ganze Dörfer zur Aussaat und Ernte aus dem Hochland in die Täler.« (Bernecker, Bd. 1, S. 590)

Die Ayllu hatten die Verfügungsgewalt über die Böden, die den Mitgliedsfamilien zur Nutzung zugewiesen wurden. Diese waren durch das Prinzip von Reziprozität miteinander verbunden, d. h. durch den Ausgleich von »Geben und Nehmen«, wobei der Austausch von Arbeitskraft die Grundlage bildet (Eich, S. 86). Die erobernden Inka (bzw. Azteken) machten sich dieses Prinzip zunutze, indem sie die Produktionseinheiten tributpflichtig machten. Sie eigneten sich Ländereien an, die sie von Mitgliedern der Ayllu bewirtschaften ließen: »Das ayllu bzw. das calpolli war als solches dem Staat abgaben- und dienstleistungspflichtig.« (Sperling, S. 138) Durch Förderung des Maisanbaus und der Terrassenwirtschaft steigerten sie die landwirtschaftliche Produktivität. Es gab neben dem Gemeineigentum der ayllu / calpolli auch Staatseigentum, das durch Eroberungen und durch Ausdehnung des bewirtschafteten Bodens erweitert wurde. Die

Erhaltung der Reproduktionsfähigkeit der Produktionsgemeinschaften und die Gefahr der Überbeanspruchung durch den Staat ist aber immer ein Problem gewesen. Murra meint: »Die Subsistenzfähigkeit der andinischen Bauern war eine wichtige Existenzgrundlage der Krone; trotzdem waren die Inka gezwungen, diese Fähigkeit immer wieder einzuschränken, getrieben durch die wachsenden Bedürfnisse des Zentralstaats.« (S. 187) Neben diesen beiden Eigentumsformen war auch Privateigentum nicht unbekannt. Lokalen Herrschern und Personen bzw. Familien, die sich um den Inka-Staat verdient gemacht hatten, wurden private Ländereien zugeteilt, die vom übrigen Land unterschieden waren (ebd., S. 37).

Dies waren in etwa die Produktionsverhältnisse, welche die Spanier vorfanden, als sie die Kulturen der Azteken und der Inka zerstörten. Die Kolonisatoren machten sich – dies ist die vorherrschende Meinung – ähnlich wie die Inka die bestehenden Formen der gemeinschaftlichen Produktion, insbesondere die Unterscheidung zwischen gemeinschaftlicher Subsistenzarbeit einerseits und Fronarbeit der Gemeinschaften für die Herrscher andererseits, zunutze, was allerdings den Inhalt völlig veränderte. Vor allem die Beziehungen innerhalb der Gemeinschaften wurden dadurch auf den Kopf gestellt: »So kam es zur sogenannten ›Ökonomie des Prestiges‹, dem Kampf um die Ämter, um die Verwaltungsposten und religiösen Pfründen des Gemeinwesens«. (Godelier 1973, S. 95). Eich meint, dass »die vorherrschende Produktionsweise der inkaischen Gesellschaftsformation ... zerstört (wurde), die Produktionsverhältnisse der Ayllu im Verhältnis zum Aneigner ihrer Grundlage entzogen. Die Común de Indios hatte eine neue Produktionsbasis und stand im Abhängigkeits- und Ausbeutungsverhältnis zum Ecomendero, dem katholischen Klerus, der lokalen wie zentralen Kronadministration und dem merkantil-europäischen Bezug.« (S. 258) Dem halten Margarete Tjaden-Steinhauer und Karl Hermann Tjaden, gestützt auf neuere Forschungen, entgegen, »dass bestimmte gesellschaftliche Einrichtungen ... – Eigentumsverhältnisse eingeschlossen – im allgemeinen aufrechterhalten, aber in den Dienst der Kolonialherrschaft gestellt und neuen Zwecksetzungen unterworfen wurden.« (S. 146) Ähnlich Escárzaga: »Die landwirtschaftlichen Produktionsformen der Anden waren der Produktionslogik der spanischen Eroberer fremd. Diese beschlossen, die Kontrolle der Produktion in den Händen der Quechua- und Aymara-Bauern und -Bäuerinnen zu belassen und sich durch deren Tributzahlungen in einer rentenähnlichen und parasitären Beziehung Mehrwert anzueignen ... Auch der Einsatz indigener Arbeitskraft in anderen Aktivitäten, wie z. B. dem Bergbau, bedeutet nicht die endgültige Abkehr von der Landwirtschaft. Diese Tätigkeiten waren zeitlich beschränkt und die Ayllus, die bäuerlichen Gemeinschaften sowie die Pflicht temporär und in Rotation die eigene Arbeitskraft in den kreolischen Minen zur Verfügung zu stellen, wurden erhalten.« (S. 202)

Zu den vorkolumbianischen Einrichtungen gehören:

- »Patrilinear basierte Haushalts-Großfamilien der Indigenas blieben als Produktionseinheiten und als Kollektiveigentümer ... bestehen.« (S. 146)
- Den Gemeinwesen wurden in begrenztem Maße Selbstverwaltungskompetenzen zugebilligt.
- Teile der Inka-Oberschicht wurden von den Spaniern als »Adel« akzeptiert und erhielten einige Privilegien, was allerdings die Beziehungen zu den Bauern grundlegend veränderte.
- Privates (spanisches) Eigentum an Grund und Boden dehnte sich aus, das indigene Gemeinschaftseigentum wurde aber prinzipiell anerkannt. Viele Auseinandersetzungen vor allem nach der Unabhängigkeit lassen sich (teilweise bis heute) aus dem Kampf um indigenes Gemeinschaftsland ableiten, das den kreolischen Eliten als Fortschrittshemmnis galt.
- Das Prinzip der Subsistenz der Gemeinschaften wurde der Form nach ebenso aufrechterhalten wie die Tributpflicht in Form von Zwangsarbeit auf den Latifundien und in den Minen. Mit der fortschreitenden Schwächung (aber nicht Beseitigung) der Subsistenzgrundlagen trat an die Stelle der offenen Zwangsarbeit zunehmend der ökonomische Zwang zur Lohnarbeit (die alles andere als frei war);
- Die Kolonialgesellschaft teilte sich auf in die »República de Espanioles« und die »República de Indios«, wobei letztere räumlich

segregiert war: Umsiedlungen und Bildung neuer Dörfer als »pueblos de indios« (communidades de indios) standen unter Sonderrecht.[147] Diese Zusammenfassungen waren oft mit der Zerstörung verwandtschaftlich begründeter Beziehungen verbunden – nicht selten wurden Familien ganz unterschiedlicher kultureller Zugehörigkeit zusammengewürfelt, wodurch innere und äußere Herrschaftsbeziehungen erleichtert wurden.

• Der Bezeichnung ›Indios‹ durch die spanische und kreolische Oberschicht entsprach auf der Seite der Beherrschten kein Gemeinschaftsbewusstsein – nach wie vor war die unterschiedliche Herkunft bestimmend für das Selbstverständnis der jeweiligen indianischen Gemeinschaften (Sperling, S. 146 ff).

## Der iberische Kolonialismus

Lateinamerika ist die Region der Welt, welche am längsten (rund 300 Jahre) unter direkter europäischer Kolonialherrschaft stand, in der die Kolonialmächte am direktesten in die Entwicklung eingegriffen haben.[148] Auch nach der staatlichen Unabhängigkeit der Länder Lateinamerikas im ersten Viertel des 19. Jahrhunderts blieb der Subkontinent eng in den europäischen politischen und ökonomischen Beherrschungszusammenhang eingebunden, der bald – ab Ende des 19. Jahrhunderts – von den USA dominiert wurde. John Fisher betont, »daß der unabhängige Status Lateinamerikas, …, in der Praxis nach wie vor eingeschränkt war.« (Bernecker, Bd. 2, S. 398) Die ursprünglich gegen europäische Interventionen gerichtete US-amerikanische ›Monroe-Doktrin‹ von 1823, derzufolge sich die europäischen Mächte aus amerikanischen Angelegenheiten herauszuhalten hätten, wurde in Nordamerika von Anfang an als das Recht interpretiert, Lateinamerika die angelsächsische Überlegenheit spüren zu lassen, was sich im Begriff der ›Manifest Destiny‹ ausdrückt, d. h. dem »quasi göttlichen Auftrag der Vereinigten Staaten zur territorialen Expansion«.

---

147  Dies beinhaltete einen gewissen Schutz, der nach der Unabhängigkeit mehr und mehr ausgehöhlt wurde.

148  Die britische Herrschaft in Indien dauerte etwa 200 Jahre.

(Rinke 2012, S. 29) Die Annexion halb Mexikos durch die jungen USA ab 1835, die Verwandlung Panamas, Kubas und Puerto Ricos in US-Protektorate und die völkerrechtliche Verankerung des US-Interventionsrechts durch den 1904 von Theodore Roosevelt formulierten Zusatz zur Monroe-Doktrin zeigten, dass Lateinamerika trotz formeller Unabhängigkeit von den europäischen Kolonialmächten auch nach 1824, dem endgültigen Sieg über die Spanier, nur eine begrenzte Souveränität erreicht hatte (Rinke 2012, S. 60). »Das Ober-Amerika« schreibt Rehrmann unter Bezug auf eine Formulierung Eduardo Galeanos, »bestimmt die Geschicke seiner südlichen Hälfte in einem Umfang, den sich selbst Simón Bolívar kaum vorstellen konnte ...«. (S. 183) Bolívar hatte von Anfang an vor einer Verbindung mit den USA gewarnt (Niess, S. 180). US-Präsident William H. Taft begründete die US-Suprematie über ganz Amerika so: »Es wird zur Tatsache werden, dass die ganze Hemisphäre uns gehört, wie sie uns moralisch, dank unserer rassischen Überlegenheit, schon jetzt gehört.« (Rehrmann, S. 185) Bis heute wird von ›Amerika‹ gesprochen, wenn die USA gemeint sind.

Die Phase des iberischen Kolonialismus, die Anfang des 19. Jahrhunderts nach 300 Jahren zu Ende ging, unterschied sich jedoch erheblich von der folgenden Periode der US-amerikanischen Interventionen, die meist punktuell waren und nur mittelbar in die sozialen Beziehungen eingriffen. Im Folgenden geht es um die Frage, ob und inwieweit die Spezifik der iberischen Kolonisation die heutigen ökonomischen und sozialen Verhältnisse prägt – weniger um die Frage der Außenabhängigkeit in der Periode der Weltmarkteinbindung. »Das koloniale Erbe Lateinamerikas ist noch immer ein Bezugspunkt für die Erklärung der schwachen wirtschaftlichen Performance Lateinamerikas«, schrieb ein Beobachter 2007 (Bértola, S. 63). Dabei ist zunächst festzuhalten, dass sich der iberische Kolonialismus in Lateinamerika nicht nur aus den Bedingungen, Interessen und Handlungen der Kolonisierer, sondern ebenso aus den Bedingungen, Interessen und Handlungen der Kolonisierten ableiten lässt. Das fängt an mit der Frage, wie es den kleinen Scharen iberischer Abenteurer gelingen konnte, innerhalb kurzer Zeit mächtige Reiche zu zerstören: Entscheidend war das Verhalten der unterdrückten Völker, die in der Zusammenarbeit mit den iberischen Eindringlingen die Chance sahen, sich von drückender Fremdherrschaft zu befreien. Zusammenfassend unterstreicht Pietschmann, »daß die amerikanischen Ureinwohner ... eine historisch aktive Rolle gespielt und die sich entwickelnden Kolonialgesellschaften direkt oder indirekt wesentlich mitgeprägt ... haben. Gleiches gilt auch für die nach Amerika verbrachten afrikanischen Sklaven.« (Bernecker, Bd. 1, S. 207) Es muss hinzugefügt werden, dass sie dies als Beherrschte getan haben, was manchmal unter den geschichtswissenschaftlichen Tisch gekehrt wird: Anlässlich der 500-Jahr-Feiern von Kolumbus Ankunft in Amerika 1992 bereitete die ›politisch korrekte‹ Bezeichnung dieses Ereignisses nicht wenig Mühe.[149]

Als die spanischen (und wenig später die portugiesischen) Eroberer Anfang des 16. Jahrhunderts auf dem Halbkontinent auftauchten, da sahen sie sich, wie oben gezeigt, einer ›indianischen‹ Bevölkerung gegenüber, die an Zahl ihre Heimatländer um ein Vielfaches übertraf. Besonders krass erschien das Missverhältnis im Bereich der portugiesischen Sphäre – Schätzungen zufolge lebten zu Beginn des 16. Jahrhunderts auf dem Gebiet des heutigen Brasilien 4,75 Millionen Menschen, das Fünffache der Bevölkerung Portugals. Erste Versuche der portugiesischen Besiedelung begannen dort in den 1530er Jahren. Nur wenige Portugiesen gingen freiwillig in den neuen Erdteil, vielfach handelte es sich bei den (wenigen) ersten Weißen um Verbannte (Bernecker, Bd. 1, S. 300). Da darunter kaum Frauen waren, kam es von Anfang an zur »Rassenmischung«, welche bis heute die Bevölkerungsentwicklung bestimmt. »So begann das koloniale brasilianische Leben in der Atmosphäre eines Sexualrausches«, schrieb Gilberto Freyre in seinem klassischen Werk »Herrenhaus und Sklavenhütte«. Schätzungen zufolge lebten um 1570 in Brasilien etwa 20.000 ›Weiße‹. Ihre Zahl stieg bis 1700 auf 100.000, wobei die Immigration niedrig blieb (Bernecker, Bd. 1, S. 602). Die indianische Bevölkerung wurde ähn-

---

149  Entdeckung, Eroberung, Zusammenstoß, Begegnung usw. lauten die oft euphemistischen Formulierungen.

lich wie in Hispano-Amerika bis Mitte des 17. Jahrhunderts drastisch dezimiert. Die meisten zogen sich aus den von Weißen besiedelten Gebieten Brasiliens ins Hinterland zurück und entgingen so der Eingliederung in die koloniale Ökonomie. Kleinere Gruppen lebten in jesuitischen Kolonien, wo sie massenhaft an europäischen Krankheiten starben. Eine Übersicht beziffert die koloniale Bevölkerung Brasiliens Ende des 16. Jahrhunderts auf etwa 57.000, davon knapp 25.000 Weiße, 18.500 »indios mansos« und 14.000 afrikanischen Sklaven. Für die portugiesische Kolonialherrschaft war der Rückgriff auf afrikanischen Sklaven der Königsweg zur Beschaffung der notwendigen Arbeitskräfte: Die ›Einfuhr‹ von Sklaven wird für den Zeitraum zwischen 1550 und 1700 auf 400.000 bis 600.000 beziffert. Thomas meint, »daß die Afrikaner trotz ihrer sozialen Diskriminierung auf das religiöse Leben, die Sitten und die Mentalität tiefgreifend eingewirkt haben und insgesamt ein weit dynamischeres Element der Kolonialgesellschaft gewesen sind als die Indianer.« (Bernecker, Bd. 1, S. 639). Auch Freyre hielt den afrikanischen Einfluss für bestimmend: »Wenigstens an der Küste ... ist es das Mal des Negers, der direkte, unbestimmte und weit zurückliegende Einfluß des Afrikaners.« Er widerspricht klassischen Vorurteilen und verweist auf »des Negers Überlegenheit über den Indianer, ja über den Portugiesen, was kulturelle und moralische Werte sowie technische und künstlerische Begabung angeht ...« (S. 253 f).

Ökonomisch standen auch in Brasilien Rohstoffexporte im Vordergrund, erst das namengebende Brasilholz, dann Zucker und, im 18. Jahrhundert, Gold. Für die spätere Entwicklung ist wichtig, dass Zucker, der ab dem 17. Jahrhundert für 150 Jahre der wichtigste Wirtschaftszweig war, mehrere gewerbliche Verarbeitungsschritte erforderte, die relativ kapitalintensiv waren. Die Spitzen der brasilianischen Gesellschaft bildeten ›Zuckerbarone‹, die große Plantagen mit Hilfe afrikanischer Sklaven betrieben und gleichzeitig – teilweise zusammen mit Händlern als Finanziers – Verarbeitungsbetriebe besaßen. Dabei ist anzumerken, dass unter den Kolonisatoren aus Portugal kaum Adelige waren, d. h. die brasilianische Oberschicht war – anders als in Hispano-Amerika – von Anfang an eher kaufmännisch / gewerblich ausgerichtet.

Spanien konnte die Besiedlungspolitik wegen seines Bevölkerungsüberschusses zwar etwas konsequenter betreiben, die Unterschiede waren zunächst aber nur graduell. Einerseits begann mit Ankunft der Spanier eine demografische Katastrophe: Von den Europäern eingeschleppte Krankheiten, spanische Gewaltakte und ein lang anhaltender Rückgang der Fertilitätsraten dezimierten die indianische Bevölkerung: Von den geschätzten 35 Millionen Bewohnern Hispano-Amerikas um 1500 waren 1650, dem Tiefpunkt der demografischen Entwicklung, noch ungefähr 4 Millionen Menschen übrig geblieben. Das führte einerseits zur drastischen Verringerung des Arbeitsangebots, andererseits aber wurden Ländereien frei, welche nun die Basis des lateinamerikanischen Latifundienwesens bildeten: »Die freigewordenen Flächen, die vielfach den Grundstock für die Entstehung großer haciendas bildeten, wurden von den Indianergemeinden verkauft, von Kaziken usurpiert oder von spanischen Kolonisten besetzt.« (Bernecker 1994, Bd. 1, S. 589) Als die indianische Bevölkerung wieder zunahm, war sie gezwungen, sich auf den haciendas als Arbeitskräfte zu verdingen, wofür sie Parzellen zur Eigenbewirtschaftung erhielt. So begründete sich ein später weit verbreitetes System der Schuldknechtschaft.

Die spanische Einwanderung blieb dagegen bescheiden. Man schätzt, dass bis 1600 etwa 240.000 Europäer nach Amerika auswanderten, bis 1650 weitere 200.000, wovon ein nicht unwesentlicher Teil an Krankheiten und klimatischen Beschwerden zugrunde ging. Davon waren nur ein Drittel Frauen. Um 1570 lebten in ganz Hispano-Amerika etwa 150.000 Weiße; einschließlich der Nachkommen stieg ihre Anzahl bis 1700 auf etwa 700.000. Der mit der geringen Anzahl von ›Weißen‹ und ihrer Geringschätzung von körperlicher Arbeit (»Die Europäer kamen in die Neue Welt, um Besitz und Macht zu erlangen, nicht um zu arbeiten.«, Bernecker, Bd. 1, S. 310) verbundene Arbeitskräftemangel führte ab 1550 zur Einfuhr afrikanischer Sklaven. Um 1645 lebten etwa 700.000 Afrikaner in Spanisch-Amerika. Angesichts der hohen Sterblichkeit und der Überzahl von Männern war ein ständiger (kostspieliger) Sklavennachschub notwendig. Der Grad der ›Rassenmischung‹ war von Anfang an auch in Spanisch-

Amerika hoch. Schon in der Phase der Eroberung, in der die Spanier Bündnisse mit indigenen Völkern eingingen, kam es zu ehelichen, meist aber nicht-ehelichen Verbindungen. Kinder aus nicht-ehelichen Verbindungen hatten von vorneherein einen niedrigeren Status. »Mestizierung im weitesten Sinne«, so meint Pietschmann, »wurde hier zu einem dauerhaften, die Phase der Kolonisation überdauernden und bis heute anhaltenden Prozeß, so daß schon bald Begriffe wie »Espanol«, »Criollo«, »Mestizo«, oder »Indio« zu soziokulturellen Kategorien werden konnten mit der Tendenz, sich mehr und mehr von ihren ethnischen Begriffsinhalten zu entfernen.« (Bernecker, Bd. 1, S. 243). Das heißt, dass der ethnische Gehalt der Bezeichnungen oft in den Hintergrund trat. Wenn ›Indios‹ in die Städte kamen, bezeichneten sie sich oft als Mestizen. Umgekehrt schlossen sich Mestizen auch indianischen Gemeinschaften an und galten somit als ›Indios‹. »Ökonomische und soziale Gründe konnten dazu führen, daß sich Indianer als Mestizen und Mestizen als Indianer auswiesen.« (ebd., S. 328) Dadurch wurden ethnische Unterschiede allerdings nicht weniger wichtig, im Gegenteil. Es bildete sich ein strenges Kastensystem[150] heraus. Eine Zusammenstellung aus dem 18. Jahrhundert kennt Bezeichnungen für 16 verschiedene »castas«, d. h. gemischte Abstammungsverhältnisse, in Abhängigkeit von der jeweiligen ethnischen Herkunft der Eltern. Nur die »Spaniards« wurden als »reinblütig« bezeichnet, angesichts des in Spanien herrschenden ethnischen Gemischs ein frommer Selbstbetrug (Chua 2003, S. 58). Im Gegensatz zu ständischen Gesellschaften schließt ein Kastensystem vertikale Mobilität (nahezu) aus. Die mit Rassenzugehörigkeiten begründete gesellschaftliche Stratifikation macht diese zu einem quasi naturgegebenen Zustand. Das »koloniale Erbe der Ethnokratie« führt bis heute zur »Korrelation von sozialem Status und ethnischer Herkunft« (Gärtner, S. 2).

Die Oberschicht bildeten die spanischen Einwanderer, die »reinen Blutes« sein, d. h. keine jüdischen oder arabischen Vorfahren haben

---

150   Die Bezeichnung ›Castas‹ meint im Portugiesischen Menschen- oder Tiergruppen, die Portugiesen wendeten den Begriff auf die Hindugesellschaft an, als sie nach Indien kamen.

sollten. Die nächste Gruppe waren in Amerika geborenen Spanier, Kreolen. Dieser Personenkreis, eben weil er verdächtig war, möglicherweise doch Indianer oder gar Afrikaner unter den Vorfahren zu haben, war besonders bemüht, seine ›weiße‹ Herkunft hervorzustreichen. Andererseits entwickelten die Kreolen, die Träger des späteren Unabhängigkeitskampfes, einen besonderen Stolz auf ihre amerikanische Herkunft, um sich gegen die Missachtung durch die Spanier zu wappnen. Es folgten Mestizen, Mulatten, Indianer, Schwarze in bunter Abstufung. Es ist daran zu erinnern, dass diese Bezeichnungen oft herabsetzenden Charakter haben: »Mulato«, eine Mischung von Schwarz und Weiß, ist aus der Bezeichnung Mulo, Maulesel, abgeleitet. Der »Zambo« war ein Abkömmling von indianischen und afrikanischen Eltern. Dann gab es den »Cuarteron« (viertelschwarz), den »Terceron« (achtelschwarz); dessen Kinder (mit mulato) waren »Tentenelaire« (oben in der Luft), während aus einer Verbindung von Cuarteron und Mulato »Saltapatras« entsprangen, d. h. »Rückspringger«, was einen »genetischen Rückfall« (Fuentes, S. 245) unterstellt. Da der hohe Grad der Rassenmischung ethnisch begründete Hierarchien zu untergraben drohte, wurde die Hautfarbe zum wichtigsten Unterscheidungskriterium. Amy Chua schreibt, bezogen auf Mexiko: »Obwohl es in Mexiko eine beträchtliche soziale Mobilität gibt, korrespondiert die Weiße der Haut direkt und offensichtlich mit Reichtum und sozialem Status.« (ebd., S. 59). Es bildete sich eine Art »Pigmentokratie«[151] (ebd., S. 472) heraus, wobei sich ethnische und soziale Faktoren vermischen: »größere, hellhäutigere, europäisch-blütige Eliten an einem Ende; kleinere, dunklere, indianisch-blütige Massen am anderen Ende; und zahlreiche ›Übergänge‹ dazwischen …« (Chua, S. 57). Wichtig für unseren Kontext ist, dass die Vermischung von ethnischen (also quasi natürlichen) und sozialen Kategorien zur Abgrenzung von

---

151   Mörner bezeichnet die soziale Struktur Spanisch-Amerikas ebenfalls als »Pigmentokratie« (Bernecker, Bd. 1, S. 472). Bei Arbeiten in Jamaika erklärten mir Gesprächspartner, dass die Hautfarbe das wichtigste Kriterium bei Heiraten sei. Jeder sei bemüht, eine hellere Person als Ehepartner zu gewinnen. Nur große Einkommen und Vermögen könnten eine dunklere Hautfarbe ausgleichen.

gesellschaftlichen Hierarchien diese fast unüberwindlich macht. Dies hat dazu beigetragen, die lateinamerikanischen Gesellschaften zu segmentieren und die sozialen Unterschiede zu verfestigen. Neuere Untersuchungen zeigen, dass die krassen Einkommensunterschiede in Lateinamerika zu einem erheblichen Teil durch (eingebildete oder tatsächliche) ethnische Unterschiede erklärt werden können. »Generell ist die soziale Mobilität in Lateinamerika niedrig, was die Möglichkeit für Personen am unteren Ende der Einkommensverteilung, deren Abschneiden in der Gesellschaft weitgehend durch Hintergrundmerkmale außerhalb ihrer Kontrolle (das ist vor allem die Hautfarbe, JG) bestimmt wird, beschränkt.« (UNDP 2013, S. 45)

Es wird weiter unten noch zu diskutieren sein, was die Vermischung von ethnischen und sozialen Kategorien für Klassenauseinandersetzungen bedeutet. Es scheint so, dass dies lange Zeit explizit ethnische Konflikte verhindert hat: Rassismusvorwürfe werden nicht selten mit dem Argument ›entkräftet‹, dass z. B. in Brasilien »die Leute ›weiß‹ werden können, indem sie reich werden.« (Chua, S. 71) Tatsächlich verfestigt aber die ethnische Dimension die bestehenden sozialen Gegensätze: Man kann deshalb nicht ›reich‹ werden, weil man nicht weiß ist.

Die Oberschicht der Kolonialgesellschaft, die sich in Spanisch-Amerika anfangs meist als feudal begriff, war durch die Herkunft (Hautfarbe) bestimmt. Dies galt auch für die sich entwickelnde kreolische Bourgeoisie, die sich dezidiert als ›weiß‹ verstand. Diese Ausschließlichkeit modifizierte sich mit der Entwicklung und Ausbreitung der kapitalistischen Produktionsweise einerseits und der verstärkten europäischen Einwanderung vor allem nach Brasilien und in die La-Plata-Region im 19. Jahrhundert andererseits; in Argentinien und in Uruguay stellten Einwanderer vor allem aus Südeuropa einen erheblichen Teil der industriellen Arbeiterklasse. Trotzdem bleibt der ethnische Diskurs ein wichtiger Aspekt der lateinamerikanischen sozialen Wirklichkeit – seit dem Aufschwung indigener Bewegungen wieder verstärkt. Die lateinamerikanische Bourgeoisie ist bis heute nicht nur durch ihre wirtschaftliche und politische Macht gekennzeichnet, sondern auch durch ihre Hautfarbe: »Zusammen mit ihren ausländischen

Partnern beherrscht eine winzige, gut vernetzte, und ethnisch unterscheidbare Minderheit wirklich jeden Aspekt der modernen Volkswirtschaften, von der Exportlandwirtschaft bis zum Mobiltelefon; diese Minderheit nutzt Liberalisierung, Privatisierung und Globalisierung zu ihrem eigenen Vorteil.« (ebd., S. 75)

Die wirtschaftlichen Beziehungen zwischen Kolonie und Mutterland folgten über lange Zeit einem merkantilistischen Muster: Die Kolonien hatten Rohstoffe zur Verarbeitung in die Manufakturen des Mutterlandes zu liefern und umgekehrt Manufakturprodukte aufzunehmen. Im spanischen Fall spielten bis zum Ende der Kolonialzeit Edelmetalle als Exportgüter eine herausragende Rolle, obwohl Häute und Felle, Zucker, Tabak, Baumwolle, Kakao, Indigo und ähnliche Produkte an Bedeutung gewannen. Die gewünschte Rolle als Absatzmarkt für gewerbliche Produkte Spaniens konnte Lateinamerika aber niemals ausfüllen: Die Manufakturen Spaniens bzw. Portugals waren der englischen und westeuropäischen Konkurrenz unterlegen, so dass die Versuche Spaniens, den Lateinamerikahandel zu monopolisieren, nur begrenzt erfolgreich waren. Ab 1670 traten Holland, England und Frankreich als Konkurrenten auf den Plan. Auch stellten die Lieferprobleme des Mutterlands oft einen Anreiz für lateinamerikanische Händler bzw. Grundbesitzer dar, selbst in gewerbliche Produktionen zu investieren, was vor allem der lokalen Textilindustrie zugutekam. Trotzdem bleibt festzuhalten, dass es über die gesamte Kolonialzeit hinweg – nochmals verstärkt durch die bourbonischen Reformen in Spanien nach 1715 – offizielles Ziel war, »die Kolonien als potentielle Rohstofflieferanten für das Mutterland und als potentielle Verbrauchermärkte für spanische Industrieprodukte« zu sichern (Bernecker, Bd. 1, S. 452), eine Arbeitsteilung, die durch den Rückgang der Transportkosten begünstigt wurde. Allerdings geriet Spanien bezüglich der Industrieprodukte immer mehr ins Hintertreffen, was, Ironie der Geschichte, auch mit der Preisrevolution zusammenhing, die durch den Zustrom amerikanischen Silbers auf der iberischen Halbinsel ausgelöst wurde. Damit ging die Festschreibung der lateinamerikanischen Ökonomien auf Bergbau einerseits und auf Großlandwirtschaft andererseits einher – eine strukturelle Festlegung, die umso unumstrittener war, als sie den Oberschichten und selbst den später entstehenden Mittelschichten wirtschaftlichen Wohlstand bescherte. Es gab – selbst nach der Unabhängigkeit – keinen Grund, dieses erfolgreiche Wirtschaftsmodell aufzugeben, ermöglichte es doch die Aufrechterhaltung der strikten Klassenspaltung und niedrige Arbeitskosten bei mehr oder weniger gesicherten Absatzmärkten.

## Artikulation der Produktionsweisen und Exportwirtschaft

Es wurde oben gezeigt, dass die Erhaltung bestimmter ›traditioneller‹ Wirtschaftsformen, insbesondere der Zugang der indigenen Bevölkerung zu Land, ein im Sinne der ›Artikulation von Produktionsweisen‹ integraler Bestandteil sowohl der kolonialen Ökonomie als auch der Phase der Außenorientierung nach 1870 gewesen ist. In dem Maße, wie die Kleinbauern wegen unzureichender landwirtschaftlicher Erträge, aber auch weil sie nur so zu Geld kommen konnten, in den landwirtschaftlichen Exportbetrieben und im Bergbau, zunehmend auch in ergänzenden Verarbeitungsbetrieben, Lohnarbeit leisteten, wurden sie teilweise in kapitalistische Ausbeutungsbeziehungen integriert, allerdings nicht als ›freie‹ Lohnarbeiter. Es kann hier nicht im Einzelnen untersucht werden, wie lange dieser Austausch zwischen kapitalistischem Exportsektor einerseits und ländlicher Subsistenzwirtschaft andererseits wesentliche Beiträge zum Funktionieren der lateinamerikanischen Ökonomien leistete. Es scheint aber, dass er – anders als in großen Teilen Asiens und Afrikas – im gegenwärtigen Aufschwung nur noch in wenigen Ländern Lateinamerikas eine größere ökonomische Bedeutung besitzt. Politisch ist er aber, wie weiter unten gezeigt werden wird, immer noch relevant. Für eine abnehmende ökonomische Bedeutung spricht einmal der stark gesunkene Anteil der Landbevölkerung und der landwirtschaftlichen Erwerbstätigen. Nur noch in zwei der sieben größten lateinamerikanischen Länder (auf die vier Fünftel der Bevölkerung und der Wirtschaftsleistung entfallen) hat die Landbevölkerung (Zahlen von 2005) einen Anteil von mehr als 25 Prozent (Kolumbien und Peru). Sie nimmt weiter ab bzw. nur unterproportional zu. Der Anteil der Beschäftigten in der Agrarwirtschaft an der Gesamtbeschäftigung liegt meist unter einem Sechstel – nur in zwei großen Ländern, nämlich in Brasilien und Kolumbien, beträgt er gut 20 Prozent (Weltbank 2008, Tabelle A1, S. 374f). Hinzu kommt, dass der im Grunde seit der Kolonialzeit in fast allen Ländern zu beobachtende Prozess der Ausdehnung des Großgrundbesitzes auf Kosten der Kleinbauern und der indigenen Gemeinschaften bis heute anhält: »In Lateinamerika ... ist der ungleich verteilte Zugang zu Land durch gesellschaftliche Mechanismen zementiert, was bedeutet, dass viele Haushalte – oft ethnische Minderheiten oder indigene Bevölkerungsgruppen – entweder gar keinen Zugang zu Landbesitz haben oder Parzellen besitzen, die zu klein sind, um eine Existenzgrundlage zu bieten. Die größten Ländereien befinden sich im Besitz von Großfarmen; alle anderen Farmen sind meist äußerst klein.« (ebd., S. 100) Die Weltbank, die in ihrem Agrarbericht von 2008 drei Länderkategorien (Agrarländer, Transformationsländer, Urbanisierte Länder) unterscheidet, zählt die große Mehrheit der lateinamerikanischen Staaten zur Gruppe der urbanisierten Länder, in denen der Beitrag der Landwirtschaft zum BIP unter 5 Prozent liegt. Allerdings sind dort Agrar- und Lebensmittelindustrie und zugehörige Dienstleistungen bedeutsam: Sie erzeugen rund ein Drittel des BIP (ebd., S. 6)[152]. Anders als in den Agrar- und Transformationsländern ist die Armut dort überwiegend städtisch, auch wenn die Rate der ländlichen Armut (Armutsgrenze von 2,15 US-Dollar pro Tag/Person) mit 32 Prozent (2002) immer noch hoch ist (ebd., S. 57). Allerdings funktioniert der Austausch Subsistenzwirtschaft/Lohnarbeit in jenen Ländern Lateinamerikas, in denen die ländliche Bevölkerung noch ein gewisses Gewicht hat, offensichtlich besonders gut: In der im fünften Kapitel (Afrika) bereits erläuterten Typologie ländlicher Haushalte haben in den untersuchten lateinamerikanischen Ländern (Nicaragua, Guatemala, Panama, Ecuador), in denen die Landbevölkerung 40 Prozent und mehr der Bevölkerung ausmacht, die »arbeitsorientierten« Farmen (mehr als 75 Prozent der Einkommen stammen aus Lohnarbeit) einen Anteil von rund 50 Prozent (ebd., S. 88). Der hohe

---

152  In Brasilien belief sich der Anteil der Landwirtschaft Anfang der 2000er Jahre auf 7,5 Prozent, der des Agrobusiness auf 26,5 Prozent (Schmalz, S. 85)

Anteil der »Self-employed« in Lateinamerika hat aber wenig mit der Kleinbauernwirtschaft zu tun. Die von der OECD festgestellten hohen Anteile der informellen Beschäftigung im Zeitraum 2000–2007, die in den sieben größten Ländern zwischen 36 Prozent in Chile und 68 Prozent in Peru schwanken, betreffen die nicht-landwirtschaftliche Beschäftigung (OECD 2009, Tab. 1).

Zusammenfassend kann festgehalten werden, dass die lange Zeit funktionierende ›Artikulation‹ zwischen ländlicher Subsistenzwirtschaft einerseits und kapitalistischer Exportwirtschaft andererseits heute in den großen lateinamerikanischen Ländern ökonomisch nur noch eine geringe Bedeutung besitzt. Die Konzentration des Landbesitzes, die auch durch wirksame Landreformen in einigen Ländern (wie Mexiko) nicht aufgehalten werden konnte, hat diesem Modell letzten Endes den Boden entzogen. Die Enteignung / Privatisierung des indianischen Gemeinbesitzes in Mexiko und Guatemala nach der Unabhängigkeit führte zum Ausbau des Großgrundbesitzes: »Dies erlaubte der bis dahin einer starken Kontrolle unterworfenen Schicht von ländlichen Unternehmern den Zugriff auf indianischen Boden und Arbeitskraft.« (Wimmer 1994, S. 253) Allerdings scheint das ›Modell‹ politisch weiterhin insofern relevant zu sein, als die Landfrage auch in Ländern, in denen die Landbevölkerung nur noch eine Minderheit ausmacht, von erheblicher politischer Bedeutung ist, wie z. B. die Auseinandersetzungen in der mexikanischen Region Chiapas belegen (Tjaden-Steinhauer / Tjaden, S. 156 ff).

## Staaten- und Nationenbildung

Bis heute gelten die meisten lateinamerikanischen Staaten als in den Gesellschaften schwach verankert, korrupt und ineffizient: »Anarchie, Caudillismo, Rekolonialisierung, Bürgerkriege und Staatsstreiche, repressiver und zugleich schwacher Staat, Autoritarismus, konservatives Verharren, weder Citoyen noch Bourgeois, sondern Patron, erfolglose Entwicklungsstrategien, äußere Einmischung und fortdauernde Abhängigkeit – das sind die Meilensteine und Markenzeichen des Natio-

nalstaats in Lateinamerika«, fasst Gärtner die Geschichte der lateinamerikanischen Staaten im 19. und 20. Jahrhundert zusammen (S. 5).
Häufige Regierungswechsel und Militärdiktaturen einerseits und die
Herausbildung von politischen ›Erbhöfen‹ andererseits, die Dominanz klientelistischer Beziehungen, haben Lateinamerika bis vor kurzem zu Beispielen patrimonialer Herrschaftsstrukturen gemacht. Die
Schwäche staatlicher Strukturen gilt im entwicklungspolitischen Diskurs als eine Hauptursache von Unterentwicklung. Diese Schwäche
hängt nicht zuletzt mit der Geschichte der Herausbildung der Staaten
im Kontext der Überwindung des Kolonialismus und den Problemen
der Nationenbildung, verstanden als Prozess der Herausbildung »vor-
gestellter politischer Gemeinschaften«, zusammen: Die Betonung in
Benedict Andersons Definition liegt allerdings klar auf der »Gemeinschaft«: »das Nation-Sein ist … der am universellsten legitimierte Wert
im politischen Leben unserer Zeit.« (1996, S. 12 ff) Hier geht es also
vor allem um die Herausbildung eines Bewusstseins der Zugehörigkeit zu einer – im lateinamerikanischen Falle – territorialen Einheit,
die (mit einigen Ausnahmen) relativ willkürlich oder zufällig abge-
grenzt ist.

Waren die kolonialen Interessen bei der Herausbildung der wirtschaftlichen Strukturen dominierend, so gilt das nicht im gleichen
Maße für die räumlichen Konturen der Staaten und die Nationenbildung in Lateinamerika. Die Entstehung von Mexiko und Peru hängt
mit den entsprechenden indianischen Hochkulturen zusammen, denen
zwei spanische Vizekönigreiche nachfolgten. »Die Staaten, in denen
die Indigenen die Mehrheit stellen, sind diejenigen, die vor der spanischen Eroberung die Kernländer der großen amerikanischen Zivilisa-
tionen darstellten.« (Escarzarga, S. 199) Pietschmann betont die Rolle
der vorkolonialen politischen Strukturen, vor allem aber die koloniale
Eigendynamik, die kaum von Spanien aus gesteuert wurde. Zwar ist
die Staatenwelt nach der Unabhängigkeit (die mit einigen Ausnahmen
der heutigen lateinamerikanischen Staatenwelt entspricht) auf von der
Kolonialadministration geschaffene Verwaltungsstrukturen zurückzuführen, in denen sich aber (ähnlich wie in Afrika) quasi-staatliche
Eigeninteressen der Oberschicht herausbildeten. Man folgte keines-

wegs geradlinig den spanischen Vorgaben. Angesichts der zentralen Rolle funktionierender Staatlichkeit für die wirtschaftliche Entwicklung ist die Frage nach den historischen Grundlagen der lateinamerikanischen Staatenbildung von großer Bedeutung. Ohne dass hier auf diesen Aspekt näher eingegangen werden kann, sei auf die oben erwähnte Darstellung von Pietschmann verwiesen: Die Herausbildung der unabhängigen Staaten folgte zwar kolonialen Verwaltungsstrukturen, es waren aber unterschiedliche Ebenen der spanischen Territorialverwaltung, die zu selbständigen Staaten wurden: »… vergleicht man … die innere Gliederung der neuen Staaten mit den kolonialen Gliederungen, so wird in jedem Einzelfall klar, daß jeweils ganz spezifische historische Gründe dazu führten, daß solche Einheiten sich zu Bundesstaaten einer neuen Republik entwickeln konnten bzw. scheiterten.« (Bernecker, Bd. 1, S. 360)

Es stellte sich im Unabhängigkeitskampf Anfang des 19. Jahrhunderts rasch heraus, dass die Vorstellungen Bolívars von einem einigen Spanisch-Amerika, vom ›Patria Grande‹ nach dem Vorbild der USA, den regionalen Interessen der kreolischen Oberschichten, die den Befreiungskampf gegen das durch die napoleonischen Kriege geschwächte Spanien trugen, zuwider liefen. So brach das spanisch-amerikanische Reich 1825 in 18 Einzelstaaten auseinander (Gärtner, S. 2). Dies wurde durch fehlende wirtschaftliche Integration zwischen den Regionen erleichtert: »Die administrativen Grenzen innerhalb Spanisch-Amerikas und die fehlende wirtschaftliche Verflechtung untereinander, die durch das spanische Kolonialhandelsmonopol verhindert worden war, wirkten dabei als Zentrifugalkräfte (Gärtner, S. 4). Das spanische Handelsmonopol schloss selbst den direkten Handel innerhalb des Halbkontinents aus (Anderson 1996, S. 60). Wichtiger noch dürfte das provinzielle Bewusstsein der kreolischen Oberschicht gewesen sein, die, anders als die Kolonialfunktionäre Spaniens, die ›peninsulares‹, nur im Rahmen der lokalen kolonialen Verwaltungseinheit Karriere machen konnte. Der räumliche Bezugspunkt der kreolischen Oberschicht war die Hauptstadt ›ihrer‹ jeweiligen kolonialen Verwaltungseinheit. Eine Versetzung (= Aufstieg) z. B. von Peru nach Mexiko war ihr, anders als dem spanischen Kolonialfunktionär, verschlossen (Anderson 1996, S. 64). Bolívars Vorstellung von einem lateinamerikanischen ›Vaterland‹ musste der kreolischen Oberschicht daher fremd bleiben.[153]

Zum Beginn des Jahrhunderts der Unabhängigkeit zählte die Bevölkerung Spanisch-Amerikas 16,9 Millionen Menschen, davon 3,3 Millionen (19 %) Spanier europäischer und amerikanischer Herkunft (Kreolen), 7,5 Millionen (45 %) Indianer, 5,3 Millionen (32 %) Mestizen und 0,8 Millionen (4 %) Afrikaner (Bernecker, Bd. 2, S. 30).[154] Etwa zur gleichen Zeit (1798) wird die Bevölkerungszahl Brasiliens mit 3,25 Millionen angegeben, davon 31 Prozent Weiße, 42 Prozent afrikanische Sklaven, 19 Prozent freie Schwarze und Mulatten und 8 Prozent »befriedete« Indianer (ebd.). Die Zahlen für Brasilien sind sehr ungenau, weil die Kolonisierung große Teile des Landes noch nicht erfasst hatte – die Indianerbevölkerung des Hinterlandes wurde zu Beginn des 19. Jahrhunderts auf etwa 500.000 geschätzt (ebd.). In Brasilien überwog zur Zeit der Unabhängigkeit[155] das afrikanische Bevölkerungselement, um 1817 war die Mehrheit der Bevölkerung (2,5 Millionen) afrikanischer Herkunft, die meisten Sklaven.[156]

Das Projekt der Unabhängigkeit war eine Angelegenheit der kreolischen Oberschichten, die sich von der Bevormundung und Ausbeutung durch das Mutterland bzw. dessen Vertreter, die »peninsulares«, befreien wollten. »Überall dort, wo es Volksbewegungen gab, wandte sich die kreolische Oberschicht gegen diese. Einzige Aufstiegsmöglichkeit für Männer ›unklarer‹ Abstammung war das Militär« (Bernecker, Bd. 2, S. 413). Die Angst vor den Unterschichten überwog, vor al-

---

153  Das lokale Bewusstsein der Oberschicht wurde durch die Ausdehnung Spanisch-Amerikas gefördert – dagegen waren die 13 Kolonien, die sich 1776 zu den Vereinigten Staaten von Amerika erklärten, ein überschaubarer Raum.

154  Die Angaben basieren auf Schätzungen Alexander von Humboldts, die allgemein akzeptiert werden.

155  Der Prozess verlief in Brasilien anders als in Spanisch-Amerika: 1807 floh der portugiesische Hof – geschützt durch England – nach Brasilien, 1815 wurde das »vereinigte Königreich« Brasilien/Portugal gegründet. Das brasilianische Kaiserreich endete 1889.

156  Die Sklaverei wurde in Brasilien erst 1888 offiziell abgeschafft.

lem die Sklavenrevolution in Haiti wirkte abschreckend (Rinke 2010, S. 191). Für die Unterschichten, insbesondere für die indianischen Gemeinden, bedeutete die staatliche Unabhängigkeit in den meisten Fällen einen sozialen und politischen Rückschritt. Die landbesitzenden Eliten, die mit der Unabhängigkeit die politische Macht errungen hatten, bemühten sich, die schwachen Schutzbestimmungen, die den Indianergemeinden z.B. einen gewissen Bodenbesitz sicherten, zu beseitigen oder auszuhöhlen. John Fisher bilanziert die Ergebnisse der kreolischen Unabhängigkeitskriege so: »Im Verlauf dieser Machtübernahme (durch die Kreolen, JG) gewannen sie eine noch größere Kontrolle über die ihnen gesellschaftlich Unterlegenen, als sie zuvor schon gehabt hatten. In ganz Lateinamerika war die Gesellschaft im Jahr 1830 noch unausgewogener, als sie es im Jahr 1760 gewesen war« (Bernecker, Bd. 2, S. 63). Die kreolische Oberschicht nutzte eine einzigartige Möglichkeit, ein »historisches Fenster«, das ihnen das Machtvakuum im spanischen Mutterland und die damit verbundene Schwächung und Desorientierung des spanischen Kolonialadministration bot: sich von der Kolonialherrschaft zu befreien, ohne die Unterstützung der Bevölkerungsmehrheiten zu benötigen, d.h. den unterdrückten und ausgebeuteten Massen soziale und / oder politische Konzessionen machen zu müssen.[157] War das europäische Projekt der Nationalstaaten vom Gedanken der Volkssouveränität, also als vom »Volksnationalismus« von unten, getragen, so erfolgte die Nationenbildung in Lateinamerika »von oben«, als »Vaterland der kreolischen Elite« (Gärtner, S. 4). Im gewissen Sinne galt das in noch stärkerem Maße für Brasilien, das der von Frankreich und Spanien bedrohten portugiesischen Monarchie (mit Unterstützung Englands) als ›sichere‹ Heimstatt diente. Die brasilianische »Plantokratie«, die von der Plantagenwirtschaft lebte, war vor allem an der Erhaltung der Sklaverei

---

157   Bolívar wird die Bemerkung zugeschrieben, eine Negerrevolte sei »tausendmal schlimmer als eine spanische Invasion« – eine Position, die er später modifizierte. Als kurzzeitiger Präsident von Großkolumbien setzte er 1821 die Befreiung der Söhne von Sklaven durch. Von der Abschaffung der Sklaverei nahm er Abstand, weil er den Groll der Großgrundbesitzer fürchtete (Anderson 1996, S. 57 bzw. S. 226).

interessiert, die sie am besten im Rahmen der Monarchie gewahrt sah. Auch die Unabhängigkeit Brasiliens war eine »Bewegung von Eliten für Eliten«. (Rinke 2010, S. 287) Natürlich war die Oberschicht bemüht, eine nationale Identität auch ›nach unten‹ herzustellen, wobei die Indianer teilweise explizit ausgeklammert blieben. Die Indigenen wurden generell als Hemmnis auf dem Weg der Nationenbildung betrachtet (Escarzaga, S. 201). Argentinien betrieb eine Politik der Indianervernichtung, um Ländereien frei zu machen (Bernecker, Bd. 2, S. 693). Die mexikanischen ›Liberalen‹ vertraten im 19. Jahrhundert die Ansicht, »solange es Indianergemeinden mit dem gesetzlich verankerten Recht auf genossenschaftlichen Landbesitz gebe, könne es keine mexikanische Nation geben.« (ebd., S. 144)

Im Prozess der Nationenbildung wurden von der Oberschicht drei Elemente bemüht:

- Die gemeinsamen Interessen gegen die koloniale, später die US-amerikanische Dominanz.
- Das gemeinsame Band der ›Amerikanität‹, wobei ironischerweise auf indianische Wurzeln Bezug genommen wurde. Während man bemüht war, die Indianer zu marginalisieren oder (stellenweise) auszurotten, bezog man sich gleichzeitig auf die heroische indianische Vergangenheit im Kampf gegen die spanische Kolonisation. Der lange Kampf der aurokanischen Indianer gegen die spanisch-kreolische Landnahme in Chile wurde zum chilenischen Freiheitskampf uminterpretiert. Die Kreolen stellten ihren Kampf gegen die spanische Bevormundung »als Wiederherstellung der durch die Conquista verlorenen Freiheit und die Wiedereinsetzung in alte Rechte der alten indianischen Reiche dar.« (König, S. 350)
- Das Konzept der »mestizischen« Nation, ohne allerdings den Status der »weißen Kreolen« in Frage zu stellen. Die in der Kolonialzeit naturwüchsig ablaufende biologische Vermischung wurde zum staatlichen Projekt der »mestizaje«, womit teilweise erfolgreich versucht wurde, die indianischen Bevölkerungsteile zur Assimilierung, zur Ablegung ihrer indianischen Identität zugunsten des Mestizenstatus, zu veranlassen (Gärtner, S. 6).

Bei den Versuchen der Nationenbildung ›von oben‹ wurden verschiedene Wege mit unterschiedlichen Ergebnissen eingeschlagen – vor allem im ›Cono Sur‹ (Argentinien, Uruguay, aber auch Chile, teilweise Brasilien) dominiert der Mythos der »weißen Nation« (ebd.). Die jüngere Entwicklung zeigt, dass das Projekt ›Nationenbildung‹ vielfach nicht abgeschlossen werden konnte. In Staaten mit großen indianischen Bevölkerungsteilen (Ecuador, Bolivien, Peru, Paraguay, Kolumbien, Guatemala, Mexiko) hat der Aufschwung der indigenen Bewegungen zu teilweise in Verfassungen verankerten Uminterpretationen geführt. Vom Ziel der »Mestizierung« wird Abschied genommen zugunsten eines »pluri-nationalen« Staats, so in den Verfassungsprojekten Boliviens und Ecuadors.[158] Dabei geht es nicht nur um die Anerkennung kultureller Differenzen, sondern auch um die Akzeptanz institutioneller Unterschiede, z. B. kommunitärer, gemeinschaftlicher Strukturen, die zumindest der Form nach aus vorkolumbianischen Zeiten stammen (Boris 2014, S. 173). Die Bewegung der Indigenen Völker, etwa 50 Millionen Menschen, 8 bis 10 Prozent der Bevölkerung Lateinamerikas, die in vier Staaten (Bolivien, Peru, Ecuador, Guatemala) die Mehrheit bilden[159], ist insofern ein wichtiges, qualitativ neues Moment in den sozialen Auseinandersetzungen Lateinamerikas, als hier – unter explizitem Bezug auf (reale oder vorgestellte) vorkolumbianische Traditionen – Forderungen gestellt werden, die auf institutionelle Veränderungen der Gesellschaften hinauslaufen, bis hin zu eigenen Rechtssystemen: »Formen der gemeinschaftlichen Organisation wurden neu belebt und fungieren als Fundament der gesellschaftlichen Restrukturierung …« (Escarzaga, S. 216).

**Exkurs: Ethnizität und ethnische Konflikte**

Obwohl die Hautfarbe bzw. die (wirkliche oder zugeschriebene) ethnische Identität in fast allen Staaten Lateinamerikas eine große Rolle spielt, ist es – zumindest bis vor kurzem – herrschende Meinung ge-

---

158    Verfassungsrechtlichen Niederschlag findet das auch in anderen Ländern, so in Paraguay, Kolumbien und Mexiko.

159    Die größte Gruppe, ca. 9 Millionen, lebt in Mexiko.

wesen, dass der Halbkontinent, anders als z. B. Nordamerika, eine »erstaunlich geringe Anfälligkeit für ethnische Konflikte« aufweise (Gärtner, S. 2). Trotzdem spielt Rassismus eine große Rolle. So richtet sich z. B. die Polizeigewalt in Brasilien ähnlich wie in den USA vor allem gegen Dunkelhäutige: »Die brasilianische Polizei tötet ... doppelt so viele Schwarze wie Weiße.« (in den letzten 5 Jahren 11.200 Menschen, NZZ v. 29.11.2014) Für Amy Chua, die sich mit der Tatsache beschäftigt, dass die lateinamerikanischen Eliten fast ausschließlich ›weiß‹, also eine »market dominant minority« sind, während die subalternen Klassen durch ihre dunklere Hautfarbe gekennzeichnet werden, ist die Abwesenheit großer rassisch / ethnischer Konflikte ein Rätsel (Chua, S. 75). Sie verweist auf die in der jüngeren Vergangenheit in den sozialen Auseinandersetzungen auftauchende Frage der Indigenität, die sie als Beginn ethnisch gefärbter Auseinandersetzungen interpretiert. Gärtner erklärt die Abwesenheit ethnischer Konflikte – auch für ihn ein »Rätsel« – mit dem Konzept der Mestizität, durch welches die kreolischen (weißen) Oberschichten erfolgreich ihr Konzept der Nationenbildung legitimierten: »Bei der Bewältigung dieses »Rassenproblems« setzte die kreolische Elite primär auf das Konzept des mestizischen ›Nationbuilding‹, ohne allerdings ihren Status als »weiße Kreolen« infrage stellen zu lassen.« Gärtner zufolge boten die Oberschichten den indianischen Ureinwohnern die »mestizaje« als vermeintlichen Ausweg an: »Viele indigenas gaben dem Assimilierungsdruck nach und versuchten dem Rassismus dadurch zu entfliehen, daß sie ihre indianische Identität ablegten oder verleugneten.« (ebd., S. 6) Ob diese Erklärung stichhaltig ist, kann hier nicht untersucht werden. In der Literatur wird einerseits darauf verwiesen, dass sich die wenigsten »indigenas« als solche bzw. als »Indios« verstanden, dass dies – jedenfalls noch bis vor kurzem – eine Fremdbezeichnung war. Eine andere Erklärung scheint plausibler: Gerade weil sich in Lateinamerika sozialer Status und Ethnizität so stark vermischen, bestand in den sozialen Auseinandersetzungen nicht die Notwendigkeit, auf ethnische Kategorien zurückzugreifen.[160]

---

160  Der Rückgriff auf ethnische und religiöse Bezeichnungen verdeckt meist soziale und ökonomische Konflikte.

Da der Zusammenhalt leicht über gemeinsame soziale Forderungen und Ziele hergestellt werden kann, wäre der Bezug auf ethnische Kategorien (letztlich Kategorien der Hautfarbe) eher kontraproduktiv. Ob der seit einiger Zeit zunehmende Bezug auf die Indigenität als Aufleben des Rassendiskurses interpretiert werden kann, erscheint in diesem Kontext zumindest fraglich. Die »Indigenen« bilden in Lateinamerika eine vergleichsweise kleine Minderheit der Bevölkerung, die nur in einigen Staaten eine zahlenmäßig relevante Gruppe sind.

## Nationenbildung und indianische Gemeinschaften

Durch die lateinamerikanische Geschichte seit der spanischen Eroberung zieht sich die besondere Rolle der indianischen Gemeinschaften, mit denen gewisse aus der vorkolumbianischen Zeit (letztlich aus der Zeit vor den indianischen Hochkulturen) stammende institutionelle Strukturen scheinbar bis heute aufrecht erhalten wurden. Rolle und innere Verhältnisse der Indianergemeinden bezogen sich zwar der Form nach auf Elemente der vorkolumbianischen ayllu oder calpolli, sind aber in ihrer heutigen Gestalt im wesentlichen Ergebnis der iberischen Kolonialherrschaft. Ausgangspunkt waren Bestrebungen, die indianischen Gemeinschaften einerseits und die kreolischen Oberschichten andererseits und ihre jeweiligen Wohngebiete voneinander zu trennen, wobei von Seiten der Kirche und gelegentlich auch der spanischen Krone hierfür Schutzbedürfnisse der indianischen Bevölkerung vor übermäßiger Ausbeutung durch die kreolischen Grundherren und Minenbesitzer geltend gemacht wurden. Die »república de espanoles« war rechtlich und kulturell klar von der »república de indios« unterschieden. Der die Landwirtschaft prägende Gegensatz Latifundistas – Minifundistas erschien als Kluft zwischen Mehrheitsgesellschaft und Kleinbauern. Die indianischen Gemeinschaften – deren ökonomische Grundlage die Subsistenzlandwirtschaft sein sollte – wurden unter der Bezeichnung »pueblos de indios« zusammengefasst, wobei sich ethnische Identität und Zugehörigkeit zu einer bestimmten ökonomischen Gemeinschaft vermischten. Die indianischen Gemeinschaften, die teilweise erst durch koloniale Umsiedlungsprojekte entstanden waren und denen daher oft die verwandtschaftlichen

Grundlagen der vorkolumbianischen Produktionseinheiten fehlten, teilweise sogar die ethnische Homogenität im Selbstverständnis der Betroffenen, wurden zur Leistung von Tributen und zur Stellung von Arbeitskräften verpflichtet, wobei ein gewisser Grad der Selbstverwaltung, Gemeinbesitz an Grund und Boden und eigene Kirchen, dazu gehörten. Zugang und Ansiedlung in den pueblos de indios sollten allen anderen ›Rassen‹ verboten sein. Die Umsiedlungs- und Zusammenfassungsprojekte waren zunächst nur begrenzt erfolgreich, allerdings führte der starke Bevölkerungsrückgang später oft dazu, dass traditionelle Wohnorte verlassen werden mussten. Die Ämteraufteilung innerhalb der dörflichen Selbstverwaltung folgte spanischen Vorbildern, indianische Würdenträger, insbesondere die Kaziken, die bestimmten Familien angehörten, wurden aber in die Hierarchien integriert. Status und Privilegien des indigenen Adels wurden anerkannt, die von ihnen vor der Kolonisation kontrollierten Ländereien wurden oft als Privatbesitz zugestanden. Dadurch verloren die indianischen Würdenträger tendenziell den Kontakt und die Akzeptanz seitens der übrigen indianischen Bevölkerung (Bernecker, Bd. 1, S. 575 ff). Die Zusammenfassung und Segregation der indianischen Subsistenzökonomie hatten das Ziel, die indianische Arbeitskraft und die indianische Landwirtschaft der kolonialen Ökonomie – Produktion von landwirtschaftlichen und bergbaulichen Rohstoffen zum Zweck des Exports – in einigermaßen geordneten Bahnen dienstbar zu machen, nachdem die Krone schon 1500 die Versklavung der Indianer verboten hatte. Die Einbindung der indianischen Gemeinden in die Finanzierung der Kolonialherrschaft und die Mobilisierung der indianischen Arbeitskräfte waren ein Kernproblem der Kolonialadministration. ›Partner‹ der Spanier waren die indianischen Gemeinden bzw. deren Vertreter (Kaziken). Zunächst wurden Tribute in Form von Sach- und Arbeitsleistungen erbracht, später (ab 1555) wurden auch Geldleistungen gefordert. Die Spanier waren an der Stabilität der indianischen Selbstverwaltung interessiert, die sie durch spezielle gesetzliche Regelungen institutionalisierten. Kernpunkt bei der Finanzierung war die Landwirtschaft, d.h. das Gemeindeland, das entweder gemeinschaftlich bestellt oder aber Familien zur Bewirtschaftung zugeteilt wurde. Die indianischen Gemeinden unterhielten begrenzt auch gewerbliche Aktivitäten wie Mühlen oder Ziegeleien und kultivierten ›cash crops‹ wie Baumwolle oder Koschenille[161]. Da die Tributverpflichtungen nicht ausreichten, um die Indianer zur Erbringung von Arbeitsleistungen im Rahmen des encomienda-Systems zu veranlassen, wurde auf Formen der Zwangsarbeit zurückgegriffen. Diese »knüpften häufig an vorspanische Vorbilder an und wurden dann mit den entsprechenden indigenen Namen belegt.« (Bernecker, Bd. 1, S. 594) Später kam es zu Mischformen von Zwangs- und Lohnarbeit, vor allem in den Minen. Stern zeigt am Beispiel der Silberminen von Potosi, wie sich in der indianischen Arbeitspflicht (unter Nutzung der Inkabezeichnung »mita«) Formen von Zwangsarbeit, von Lohnarbeit und von Produktentlohnung mischten. Sowohl in Mexiko als auch in Peru breitete sich ab 1600 ein Beteiligungssystem aus, wobei die Arbeiter bestimmte Mengen von Silbererz behalten durften, selbst verhütteten und verkauften (Stern, S. 42 f). Damit wurde formal an vorkolumbianische Traditionen angeknüpft – so sollte die Arbeitsdisziplin der »notoriously unruly labor force« gesichert werden (S. 43). Andere Formen waren ein entfernt an das europäische Verlagssystem erinnernde »repartimiento«[162], wobei Händler oder spanische Beamte den indianischen Produzenten Warenkredite einräumten, welche diese dann mit Fertigwaren (z. B. Baumwollstoffe) ablösten. So kam es bei der Mobilisierung der indianischen Arbeitsleistung zur »Überlagerung autochthoner und europäischer Arbeits- und Wirtschaftskonzeptionen und (zur) Entstehung neuer kolonialer Organisationsformen … Den indianischen Gemeinden kam bei diesem Prozeß eine wichtige Funktion zu.« (Bernecker, Bd. 1, S. 596)

Im Sinne des Konzepts der ›Artikulation von Produktionsweisen‹ wurden indigene Subsistenzwirtschaft und einfache Warenproduktion

---

161 Eine Schildlaus, die auf bestimmten Kaktusarten lebt und deren Weibchen in getrockneter Form vor der Erfindung der Anilinfarben einen wichtigen Grundstoff zur Farbherstellung lieferten.

162 Der Begriff wird mit zwei Bedeutungen verwendet: Der Zuteilung von Arbeitskräften an die encomenderos (Großgrundbesitzer), aber auch den Zwangsverkauf von Waren an die Indios.

mit der kapitalistisch betriebenen Landwirtschaft und dem Bergbau
verbunden, wobei sich die inneren politischen und ideologischen
Strukturen teilweise anglichen bzw. gegenseitig beeinflussten. Hier-
archische und paternalistische innere Verhältnisse reproduzierten
sich bis zu einem gewissen Grade innerhalb der beiden miteinander
über ökonomische und politische Beziehungen verbundenen Sektoren (Wimmer 1992, S. 187). Im Kern sichern die »communidades de
indios« die Subsistenz und familiäre Reproduktion der indianischen
Arbeitskräfte und gewährleisten gleichzeitig eine gewisse politische
Stabilität (u. a. über Agenten der Vermittlung wie Kaziken). Sie dienten den Indigenen als gesellschaftliche Bezugspunkte in einer sich
rasch wandelnden kapitalistischen Ökonomie, während sie – motiviert
durch eine Mischung von politischem und ökonomischem Druck bzw.
Anreiz – der Exportökonomie, später dem Industrialisierungsprozess,
Arbeitskräfte zur Verfügung stellten. Die relative Stabilität der Indianergemeinschaften, die im Zuge der Ausdehnung des Großgrundbesitzes immer größere Teile des indianischen Gemeindelandes verloren – in einigen Ländern wurde der indianische Gemeinschaftsbesitz
per Gesetz sogar völlig beseitigt –, erklärt sich u. a. durch die mit der
ökonomischen Entwicklung gerade für die unteren Schichten verbundene Unsicherheit: »In einer … Situation der permanenten Unsicherheit musste Veränderung zunächst immer als Bedrohung empfunden
werden.« (Scheuzger / Fleer, S. 267) Die Indianergemeinschaften ver-
sprachen eine gewisse Sicherheit. Aber auch die kreolischen Oberschichten waren keineswegs durchweg daran interessiert, das Privateigentum an Grund und Boden überall durchzusetzen und freie
Arbeitsmärkte zu schaffen: Die Aufrechterhaltung der mit den Son-
derbestimmungen für die Indianergemeinschaften verbundenen Abhängigkeit war sowohl ökonomisch als auch politisch oft vorteilhafter.
Für die Indianer wiederum wäre eine völlige Aufgabe der kleinbäuerlichen Existenz im festen Rahmen der communidades nicht nur mit
großer Unsicherheit, sondern auch mit dem Verlust der Anrechte am
Kommunalland verbunden gewesen. So konnte sich »ein kleinbäuerlicher Sektor etablieren, der seine ungenügende Subsistenzgrundlage
in den Dorfgemeinschaften mit Einkünften aus Arbeit in der Export-

wirtschaft ergänzte. Dadurch entstand ein System von Produktion und Reproduktion, das sich trotz seines prekären Charakters als dauerhaft erwies.« (ebd., S. 290). Die Urbanisierung und die transnationale Migration, die auch die indianischen Gemeinschaften erfasste und einzelnen Mitgliedern einen sozialen Aufstieg ermöglichte, führte entgegen vielen Erwartungen nicht zu deren Schwächung oder Auflösung, weil die Migranten in Kontakt mit ihren Ursprungsgemeinschaften blieben und diese vielfach durch Geldüberweisungen unterstützten. Infolgedessen behalten die Gemeinschaften auch ökonomisch eine gewisse Bedeutung: Zumindest in der Nahrungsmittelproduktion, so meint Fleer, bliebe die kleinbäuerliche Landwirtschaft Lateinamerikas gegenüber der kapitalistischen Landwirtschaft konkurrenzfähig (ebd., S. 292). Auch gelang es den Gemeinschaften in einigen Fällen, so z. B. im Kaffeesektor, sich in die Marktökonomie zu integrieren. Trotzdem ist fraglich, ob die »communidades de indigenas« heute wirklich noch eine relevante ökonomische Bedeutung für das Funktionieren des kapitalistischen Sektors besitzen. Dies war bis zur Krise der 1980er Jahre noch der Fall – die communidades waren ein Rückzugs- und Überlebenssektor für in Informalität abgedrängte städtische und ländliche Lohnarbeiter. Am Beispiel der »communidades« der mexikanischen Region Chiapas und deren Auseinandersetzungen mit der Mexikanischen Mehrheitsgesellschaft, die mit der Besetzung einiger Hauptorte der Region durch eine Rebellenarmee im Jahre 1994 große Bedeutung erlangten, schildern Tjaden-Steinhauer / Tjaden exemplarisch die Probleme der »pueblos indigenas«: Ziel der Bewegung war und ist die Anerkennung der Autonomie der »pueblos« und der Schutz der Gemeineigentumsrechte, und zwar einschließlich der Bodenschätze. Tatsächlich waren und sind die existierenden »communidades« aber »von großer soziokultureller Diversität« (ebd., S. 170), was nicht selten zu inneren Spannungen führt. In den Bemühungen um die Herstellung eines »Wir-Bewußtseins« im Kampf um gemeinsame Interessen, so meinen die Autoren, »wirken kulturelle Traditionen aus den alten Maya-Gesellschaften auf vielfache Weise gebrochen nach, ohne daß i. d. R. von irgendeiner begründeten Identität dieser Communidades gesprochen werden könnte.« (S. 171) Ein anderes Problem dieses Kon-

zeptes ist die Tatsache, dass die beanspruchten Lebensräume stark
übernutzt und ökonomisch nicht ausreichend sind, um ein Überleben
der wachsenden Bevölkerung zu sichern (S. 170). Dies spricht für die
Annahme, dass die ökonomische Funktion der Gemeinschaften als
ökonomisches Rückzugsgebiet und Reproduktionsraum für in der kapitalistischen Ökonomie tätige Arbeitskräfte von nur noch beschränkter Bedeutung ist. Wichtiger scheint dagegen die politische Funktion
zu sein. Die indigenen Gemeinschaften – auch wenn sie in der Realität nur noch wenig mit den Einrichtungen der vorkolumbianischen
Zeit und der Periode des Kolonialismus zu tun haben sollten – sind
offensichtlich immer noch ein wirkungsmächtiger Faktor für die Stabilisierung von ethnischer Identität und ethnisch begründeten politischen
Strategien. Sie zeigen, dass sich heute als indigen definierende Teile der
Bevölkerung weder kulturell noch ökonomisch vollständig in die kapitalistisch dominierten Gesellschaften integriert haben. Die letzten Endes
aus der vorkolumbianischen Zeit (auch wenn diese nur ›vorgestellt‹
sein sollte) abgeleiteten Vorstellungen von Zusammenleben, Gemeineigentum und auf Reziprozität beruhendem Austausch sind bis heute
politisch wirkungsmächtig geblieben und beeinflussen in den Ländern
mit großen ›indigenen‹ Bevölkerungsteilen die politische Dynamik.

## Vorkapitalistische Produktionsweisen und lateinamerikanischer Kapitalismus

Dass Lateinamerika noch bis vor kurzem zur Peripherie des europäisch geprägten Westens gezählt wurde, an dem exemplarisch Theorien
von Entwicklung und Unterentwicklung demonstriert werden konnten, liegt nicht unbedingt auf der Hand. Ähnlich wie die »western
offshots« wurde es von Europa – von der iberischen Halbinsel aus
– kolonisiert und geprägt. Inwieweit die indianischen Ureinwohner
in der Lage waren, den Charakter des Halbkontinents zu beeinflussen oder ob sie – wie in Nordamerika – von den iberischen Kolo-
nialherren mehr oder weniger marginalisiert wurden, ist eine Frage,
die in der Forschungsgeschichte unterschiedlich beantwortet worden

ist. Zunächst war lateinamerikanische Geschichte Kolonialgeschichte (Bernecker, Bd. 1, S. 7); erst ab den 1970er Jahren wurde wahrgenommen, dass die amerikanische Urbevölkerung auch in der Kolonialperiode eine aktive Rolle gespielt und die koloniale Ordnung beeinflusst hat. Dafür sprechen schon, wie oben gezeigt, die Bevölkerungszahlen. Anders als in Nordamerika waren die spanischen und portugiesischen Kolonisatoren gekommen, um die Reichtümer auszubeuten, nicht um zu produzieren. Bértola weist darauf hin, dass der Anteil der Eigentümer-Produzenten unter der erwachsenen männlichen Landbevölkerung 1895 in Argentinien 19 Prozent, in Mexiko sogar nur 2,4 Prozent betragen habe. Diese Anteile waren in Kanada 87 Prozent und in den USA 75 Prozent (S. 70).[163] Ob das mit der »Verachtung für Handel und Industrie bei den spanischen Eliten« (Chua, S. 55) zusammenhängt, mit der Tatsache, dass Spanien und Portugal (anders als das kolonisierende Großbritannien) spätfeudale Gebilde waren, oder ob die Haltung der spanischen und portugiesischen Kolonisatoren eine Fortsetzung der Reconquista gegen die Muslime auf der iberischen Halbinsel darstellte, kann hier nicht diskutiert werden. Die weißen Kolonisatoren und ihre Abkommen waren die Oberschicht, die einheimische indianische und ›importierte‹ afrikanische Bevölkerung als Arbeitskräfte ausbeutete. Dies impliziert, dass die unterworfenen Völker in ihrer Eigenschaft als Arbeitskräfte die Entwicklung beeinflussen konnten, in gewissem Sinne wandelte sich der Konflikt zwischen Kolonisierern und Kolonisierten zu einem Klassenkonflikt. Eine selbständige indianische Oberschicht (später: ›nationale Bourgeoisie‹) – wie z. B. in Indien – wurde trotz der Einbindung von Teilen des indianischen ›Adels‹ nicht toleriert. Die Ausbeutung hatte von Anfang an auch eine ethnische Dimension. Der Kampf um die Unabhängigkeit hat die Spaltung der Gesellschaften noch akzentuiert: Statt die verschiedenen ethnisch-sozialen Gruppen im antikolonialen Kampf zu einen, war die Unabhängigkeit von Spanien ein fast überall von den ›weißen‹ kreolischen Oberschichten getragenes Projekt, bei dem die

---

163  Merkwürdigerweise vergisst der Autor, auf die ethnische Dimension dieser Tatsache hinzuweisen.

subalternen Klassen, zugleich als ethnisch minderwertig betrachtet, nur verlieren konnten. Im Ergebnis verschmolz eine im Kapitalismus zentrale regulierende Instanz, der Klassenkonflikt, mit Unterschieden zwischen ethnisch definierten Gruppen bzw. Hautfarben. Viele der oben aufgezählten Merkmale des lateinamerikanischen Kapitalismus hängen direkt oder indirekt mit dieser historischen Konstellation zusammen:

- Dazu gehört die oben erwähnte extrem ungleiche Einkommensverteilung – noch immer ist Lateinamerika weltweit die Region mit den schärfsten Einkommensgegensätzen.

- Die aus dem doppelten Gewicht von ethnischem Überlegenheitsanspruch und wirtschaftlicher Macht resultierende politische Dominanz der Oberschicht, was geringe Steuereinnahmen und daraus resultierende Finanzierungsschwierigkeiten und Schuldenproblemen nach sich zieht.

- Dies erklärt wiederum die besondere Art und Weise der Weltmarktintegration, bei der die Abhängigkeit von ausländischen Krediten und ausländischer Kapitalzufuhr im Mittelpunkt steht.

Vor diesem historischen Hintergrund erklärt sich auch eine weitere lateinamerikanische Besonderheit, die innere Struktur der Bourgeoisie. Die Dominanz der familienbasierten »grupos«, die enge Verknüpfung mit dem Großgrundbesitz und die Abhängigkeit vom Auslandskapital lässt ein Akkumulationsmodell sinnvoll erscheinen, in dem die Exportwirtschaft im Mittelpunkt steht. Der Anstieg der Rohstoffpreise und die zunehmende internationale Nachfrage nach mineralischen und agrarischen Rohstoffen seit der Jahrtausendwende bestätigen die Profitabilität dieses Modells. Es gab und gibt kaum relevante Teile der Oberschichten, für die ein anderes, weniger weltmarktzentriertes Akkumulationsmodell Sinn haben würde.[164] Es ist daher auch fraglich, ob die lateinamerikanische Entwicklung – im Sinne des Dependenzansatzes – als Ausdruck von Weltmarktzwän-

---

164   Dagegen unterscheidet Stefan Schmalz im Brasilien Lulas zwischen einer »neoliberalen« und einer »sozial-keynesianischen Achse«, wobei letztere auch von Teilen des Industriekapitals getragen werde (S. 116).

gen interpretiert werden kann. Boris weist mit Recht darauf hin, dass das Export-Import-System so unbestreitbar effizient und erfolgreich war, dass »nicht nur die unmittelbar und am meisten profitierenden Segmente der Exportoligarchie und ihre einheimischen und ausländischen Verbündeten das Export-Import-System priesen und vehement verteidigten, sondern dass auch die wachsenden Mittelschichten und sogar die urbanen Arbeiter (und ihre Organisationen) im Wesentlichen den hegemonialen Diskursen dieses Systems keine grundlegende Alternative entgegenzusetzen vermochten. Unter anderem aus diesem Grund fehlten in der wirtschaftlichen und gesellschaftlichen Entwicklung Lateinamerikas die typischen Konflikte zwischen einer Agrarelite und einem Industriebürgertum, wie sie für die englische, teilweise französische und deutsche Wirtschaftsgeschichte im 18. und 19. Jahrhundert charakteristisch waren«. (2009, S. 19) Vieles spricht dafür, dass das Export-Import-System zumindest seit dem Beginn der 2000er Jahre in dem Sinne wieder eine Renaissance erlebt, als Rohstoffexporte den gegenwärtigen Aufschwung in einem erheblichen Ausmaß prägen. Es sind aber gerade der Erfolg und die Profitabilität dieses ressourcenbasierten und landverbrauchenden Modells, die geeignet sind, die die lateinamerikanische Geschichte prägende Landfrage – und im Kontext damit auch die Frage der Indigenität – wieder in den Mittelpunkt vieler sozialer Auseinandersetzungen zu stellen. Damit erhält ein Aspekt wieder politisches Gewicht, der ökonomisch eigentlich an Bedeutung eingebüßt hat: das Zusammenspiel zwischen kleinbäuerlicher, zugleich indigener, Subsistenzlandwirtschaft einerseits und kapitalistischer Produktionsweise andererseits. Ob man aber die lateinamerikanische Ökonomie von heute noch immer durch ein »Nebeneinanderbestehen« von kleinbäuerlichem Sektor und »übergeordneter kapitalistischer Wirtschaft« charakterisieren kann (Fleer, S. 292), erscheint angesichts der geringen Reproduktionsfähigkeit der bäuerlichen Wirtschaften mehr als fraglich. Daran ändert auch nichts die von Fleer erwähnte Tatsache, dass die in die Städte abgewanderten Dorfbewohner ihre Herkunftsgemeinden finanziell unterstützen, dass sich sogar in der jüngeren Vergangenheit »dank moderner Transport- und Kommunikationsmittel die Intensität des Austausches zwischen

Migranten und Ursprungsgemeinde (erhöhte).« Die von Fleer ange-
führten Argumente für die anhaltende Bedeutung des Kleinbauerntums, darunter »das gestärkte Selbstverständnis der indianischen Bevölkerungsgruppen, deren intellektuelle Eliten nach übergreifenden
Identitäten jenseits der Dorfgemeinschaften suchen« (S. 292), sind
kein Beleg für das ökonomische Gewicht des Kleinbauerntums im
Rahmen des lateinamerikanischen Kapitalismus. Sie bestätigen aber
die politische Bedeutung der engen Beziehungen eines Teils der Lohn-
arbeiterschaft zu den dörflichen Ursprungsgemeinden. Denn politisch
wirksam scheint die Verknüpfung des Verhältnisses zwischen dörf-
licher Existenz und kapitalistischer Wirtschaft in Form der Debatte
über Indigenität und Dorfgemeinschaften weiterhin bzw. wieder zunehmend zu sein. Vor allem in jenen lateinamerikanischen Ländern,
in denen sich heute wieder große Bevölkerungsteile über Indigenität
definieren, gewinnen Fragen des gemeinschaftlichen Landbesitzes
und der kulturellen und institutionellen Identität in den sozialen und
politischen Auseinandersetzungen an Bedeutung. Vor diesem Hintergrund ist bedeutsam, dass es dem lateinamerikanischen Kapitalismus
mit seiner arbeitsextensiven Exportorientierung niemals gelungen ist,
die im Zuge des immer noch anhaltenden Drucks auf das Land[165] der
›Minifundien‹ überschüssig gewordenen kleinbäuerlichen Produzenten dauerhaft in kapitalistische Produktionsprozesse zu integrieren.
Dafür spricht der hohe Anteil des »informellen Proletariats« und der
»Selbstbeschäftigten«: »Vor allem die relative Konstanz des ›informellen Proletariats‹ über mehrere Dekaden hinweg verweist auf die z. B.
gegenüber den USA völlig andersartige Entwicklung in Lateinamerika, da eine rasche Absorption dieses Sektors auf dem Arbeitsmarkt
offenbar nicht erfolgte.« (Boris 2008, S. 30) Portes / Hoffmann (2003)

---

165  Produktion und Export von Soja vor allem nach Asien sind eine wichtige
     Einnahmequelle Brasiliens. Dabei stellen die Kleinbauern ein Hemmnis
     bei der Ausweitung der Anbauflächen dar. Während der Fußballweltmeis-
     terschaft 2014 haben deren Organisationen versucht, auf ihre lokal oftmals
     völlig rechtlose Situation (Großgrundbesitzer gehen nach wie vor ungestraft
     gewaltsam gegen Kleinbauern vor) aufmerksam zu machen (Le Monde, v.
     12.6.2014).

z. B. schätzen die »formelle Arbeiterklasse« für das Jahr 2000 auf etwa 35 Prozent der ökonomisch aktiven Bevölkerung Lateinamerikas, das »informelle Proletariat« dagegen auf 48 Prozent (zit. bei Boris 2008, S. 31). Anders als in Afrika gibt es für diese überwiegend städtischen Gruppen kaum noch eine reale Option der Rückkehr aufs Land – dieses ist überwiegend latifundistisch organisiert und produziert industriell für den Weltmarkt. Politisch kann diese Situation aber die wachsende Bedeutung der Landfrage und die Rolle von Gemeinschafts- / Gemeinde-Formen bei der Mobilisierung in sozialen Auseinandersetzungen (Boris 2008, S. 32) erklären.

Der aktuelle, landverbrauchende Wirtschaftsaufschwung scheint in Lateinamerika zumindest teilweise jene Besonderheiten wieder politisch relevant werden zu lassen, die auf das Erbe vorkolumbianischer und kolonialer Strukturen verweisen. Ein völlig neues Element ist die Tatsache, dass dies unter dem politischen Vorzeichen mehrheitlich linker Regierungen erfolgt. Diese sehen sich dabei einerseits einer extrem konservativen, eng mit dem Auslandskapital verbundenen und jede Art von Besteuerung verabscheuenden Bourgeoisie gegenüber, und haben es andererseits mit sozialen Bewegungen zu tun, in denen die Landfrage und die indigenen Elemente eine wachsende Rolle spielen. Für das links regierte Brasilien sieht Schmalz ein »Spannungsverhältnis zwischen den Forderungen des Agrobusiness und den (landlosen) Kleinbauern«, (S. 116), ein Konflikt, der sich mit der zunehmenden ökonomischen Bedeutung der Agrarexporte noch verschärfen dürfte. Die Einnahmen aus dem florierenden Exportmodell könnten von den Linksregierungen genutzt werden, um die dringenden und auch von Mittelschichten beklagten infrastrukturellen Rückstände zumindest teilweise aufzuholen und gleichzeitig minimale soziale Standards zu sichern, ohne die Konfrontation mit der Bourgeoisie auf die Spitze zu treiben. Es ist aber just dieses landverbrauchende Exportmodell, das auf den Widerstand eines Teils der subalternen Klassen stößt, die immer noch mit dem Land verbunden sind bzw. deren prekäre soziale Situation eine solche Perspektive attraktiv erscheinen lässt.

# TEIL III

# EINHEITLICHER WELTMARKT UND GESELLSCHAFTLICHE VIELFALT

Die im zweiten Teil des Buches behandelten aufstrebenden Länder und Regionen zeigen, dass sich die kapitalistische Produktionsweise trotz des im letzten Winkel des Planeten allgegenwärtigen, immer noch europäisch / nordamerikanisch geprägten Weltmarkts und seiner materiellen und ideellen Hervorbringungen, in ganz eigenen Formen (manchmal überhaupt nicht) durchgesetzt hat. Auch dort, wo die ökonomische Entwicklung in Tempo und Richtung von der Akkumulation des Kapitals und vom Klassenkampf, also von der spezifischen Dynamik der kapitalistischen Produktionsweise, bestimmt wird, wo sich kapitalistische Gesellschaftsformationen fest etabliert haben, zeigt sich trotzdem eine große Vielfalt von Formen, von unterschiedlichen gesellschaftlichen und politischen Institutionen. Diese Vielfalt wäre noch größer, würden wir andere Beispiele wie Indien, Indonesien oder die islamische Welt des Nahen Ostens in die Betrachtung einbeziehen. Institutionelle Formen, die wir im Gefolge von Karl Marx und Max Weber gewohnt sind als unabdingbare Elemente oder zumindest ›idealtypische‹ Merkmale[166] des modernen Kapitalismus zu

---

166  Für Max Weber stellen Idealtypen den »reinen Typus … einer häufigen Erscheinung« dar (1956, S. 7).

betrachten, existieren in den aufstrebenden kapitalistischen Gesellschaften des Südens oft nicht bzw. haben eine andere Bedeutung. Und es sieht gegenwärtig nicht so aus, als würden diese Unterschiede mehr oder weniger rasch verschwinden. Es scheint vielmehr, als würden die Differenzen zwischen den Ländern und Regionen größer werden, und zwar in dem Maße, wie die ›jungen‹ »neukapitalistischen Länder« (Fülberth, S. 287) sich von der europäisch / nordamerikanischen Dominanz emanzipieren und im Zuge der Ausbreitung der kapitalistischen Produktionsweise ihre eigenen, historisch gewachsenen Institutionen anpassen und integrieren.

Die Unterschiede werden größer, obwohl die globalen wirtschaftlichen Verflechtungen enger werden und der Weltmarkt in Form von globalisierten Waren, Dienstleistungen, Informationen und Kapitalien in allen Weltteilen präsent ist. Angetrieben wird die Internationalisierung von der Entwicklung der Produktivkräfte, die heute eine zentrale Steuerung und Koordinierung von globalen Produktionsketten möglich macht und die Bewegung von Waren, Dienstleistungen, Informationen, Arbeitskräften und Kapital erleichtert und beschleunigt. Dabei werden Unterschiede in den Lebensverhältnissen im Interesse der Kapitalverwertung genutzt und reproduziert, und zwar in einem Ausmaß, wie es erst im Zuge der Umwälzung der Kommunikationsmittel möglich geworden ist. Die globale Präsenz des Weltmarkts wird jedoch weiterhin vermittelt durch Territorialstaaten, deren kulturelle, soziale und politische Strukturen große Unterschiede aufweisen. Der Territorialstaat – oft in der bunten Verkleidung des ›Nationalstaats‹ – ist heute eine universal gültige Organisationsform, die überhaupt erst den Weltmarkt konstituiert: Dessen Strukturen, seine Institutionen und Organisationen, werden durch die ökonomischen und politischen Kräfteverhältnisse zwischen den maßgeblichen Territorialstaaten bestimmt; in gewissem Sinne sind der Weltmarkt und seine Institutionen und Organisationen ein verfestigter Ausdruck von internationalen Kräfteverhältnissen. Nach dem Hegemonieverlust des Westens sehen wir deutlicher als zuvor, in welchem Maße die jeweiligen Regeln und Organisationsformen des Weltmarkts von ›nationalen Interessen‹ geprägt, wie sie Gegenstand von hartnäckigen Konflikten und Aushandlungsprozessen sind. Umgekehrt wirkt die Dynamik des Weltmarkts zurück auf die innere Verfassung der Territorialstaaten, aber eben nicht in Richtung auf Vereinheitlichung der nationalen gesellschaftlichen Institutionen und Organisationen.

Hinzu kommt ein weiteres Moment, das zur Verstärkung von Ungleichzeitigkeiten und Unterschieden beiträgt: Der wirtschaftliche Aufholprozess im Süden ist mit der Übernahme fortgeschrittener Technologien und Organisationslösungen durch die ›Nachzügler‹ verbunden, mit dem Ergebnis, dass, wie Gerschenkron formuliert, »in verschiedenen sehr wichtigen Aspekten die Entwicklung eines rückständigen Landes, gerade wegen dieser Rückständigkeit, sich grundlegend von jener fortgeschrittener Länder unterscheiden kann.« (S. 7) Dies betrifft heute auch und vor allem die Stellung der Lohnarbeit: Die sich durchsetzende kapitalistische Produktionsweise benötigt auf dem erreichten technologischen Niveau immer weniger Arbeitskräfte; eine »ursprüngliche Akkumulation«, d. h. die Trennung der Produzenten von den Produktionsmitteln, ist nur noch eingeschränkt nötig. Damit gewinnt das überwunden geglaubte Phänomen der »Verbindung der kapitalistischen mit anderen Produktionsweisen«, deren ›Artikulation‹, wieder an Bedeutung, so dass Joachim Becker es als eine der »Achsen der Akkumulation« bezeichnet (Becker, S. 35). Diese präsentiert sich heute nicht mehr nur in nationalem Maßstab, sondern auch in Form globaler Produktionsketten: Ob man in den Luxusboutiquen der großen Städte (heute auch des Südens) oder in Discountläden und Dorfgeschäften einkauft, man wird Produkte erwerben, an deren Herstellung sowohl hochqualifizierte Lohnarbeiter wie Subsistenzbauern und urbane Arbeiter des informellen Sektors beteiligt gewesen sind.

## Kapitel 7

# Kapitalistische Produktionsweise und die Gesellschaften des Südens

Die Tatsache, dass sich die kapitalistische Produktionsweise unter ganz unterschiedlichen gesellschaftlichen Bedingungen entfalten und dabei – gemessen am wirtschaftlichen Wachstum und an der Entwicklung der Produktivkräfte – offensichtlich Ergebnisse hervorbringen kann, die denen des europäischen Kapitalismus nicht nachstehen, ist sowohl für die konservativen Anhänger der ›Neuen Institutionenökonomik‹, für die dauerhafte wirtschaftliche Dynamik nur bei Übernahme der Institutionen der europäischen ›Moderne‹ möglich ist, als auch für jene Marxisten eine gewisse Überraschung, die sich an der Formulierung des Kommunistischen Manifests orientieren, der zufolge der Kapitalismus der große Vereinheitlicher ist, der bewirkt, dass »alles Stehende und Ständische verdampft, alles Heilige entweiht wird ...«. (MEW 4, S. 465) Dass es sich bei den konstatierten gesellschaftlichen Unterschieden zwischen Ländern und Regionen bloß um historische Überbleibsel, traditionelle Reste untergehender Gesellschaftsformationen handelt, die früher oder später den Institutionen der europäischen ›Moderne‹ Platz machen werden, ist wenig wahrscheinlich: Zu unseren ›Fallbeispielen‹ zählt der größte industrielle Produzent der Welt (China), zählen Länder (wie in Lateinamerika), in denen der Kapitalismus älter ist als in Teilen der europäischen ›Peripherie‹. In vielen Fällen beobachten wir, dass als ›traditionell‹ betrachtete Elemente wie die Verbindung zwischen Lohnarbeit und Kleinbauerntum, die Rolle familiärer Netzwerke, die Integration von Ökonomie und Politik, nicht etwa verschwinden, sondern sich im Gegenteil hartnäckig halten bzw. an Bedeutung zunehmen. Es führt kein Weg an der Erkenntnis vorbei: Zumindest einige der neuen Wirtschaftsmächte müssen als entwickelte, moderne kapitalistische Länder gesehen werden, entwickelt und modern allerdings auf ihre eigene Art. Die Messlatte der europäischen ›Moderne‹, an der wir gewohnt sind, den Entwicklungsstand anderer Weltteile zu messen, ist ungeeignet. Schlimmer: Diese Gewohnheit verleitet dazu, die Durchsetzung ökonomischer und politischer Interessen westlicher Länder mit dem Verweis auf vermeintlich vormoderne, rückständige Verhältnisse in anderen Weltteilen zu legitimieren. Die Vorstellung von Europa / Nordamerika als Maßstab menschlicher Entwicklung fördert ein quasi koloniales Sendungsbewusstsein des Westens: Die viel zitierte »internationale Gemeinschaft«, die in Wirklichkeit nur aus den sich in die US-amerikanische Hegemonialstruktur einfügenden westlichen Ländern besteht, versucht immer noch, heute immer mehr unter Berufung auf Menschenrechte, ihre gesellschaftlichen Institutionen mit dem Einsatz ideologischer, politischer, ökonomischer und militärischer Gewalt weltweit durchzusetzen. Das kann nur zu Katastrophen führen, wie wir sie seit Jahren in zunehmendem Maße überall auf der Welt beobachten. Die Annahme, die westliche ›Moderne‹ sei das Kriterium für menschlichen Fortschritt hat zur offenen oder versteckten Missachtung aller nichteuropäischen Gesellschaften und Kulturen geführt, deren gesellschaftliche Einrichtungen dadurch als rückständig, starr, unveränderbar, als Entwicklungshemmnis denunziert werden. Die Rede von den ›westlichen Werten‹, die zuletzt wieder im Kontext der Anschläge vom Januar 2015 in Paris reichlich bemüht wurden, verbirgt schlecht die Missachtung der Werte anderer Gesellschaften: Als ob diese solche Massaker nicht ebenso verdammen würden wie ›Europa‹. Diese Werte-Arroganz macht selbst vor dem Papst nicht halt, jedenfalls wenn er nicht aus Europa stammt: In einem Kommentar zur päpstlichen Kritik an europäischer Wegwerfkultur und am »hemmungslosen Konsumismus« formulierte die Frankfurter Allgemeine Sonntagszeitung in umwerfender Offenheit: »Mit Franziskus steht zum ersten Mal seit mehr als tausend Jahren ein Mann an der Spitze der katholischen Kirche,

der nicht in Europa aufgewachsen ist. ... Nach und nach zeigt sich ...,
welche Beschränkung darin liegt: Dem Papst fehlt das Verständnis für
Europa – für jenen Teil der Welt also, in dem das Christentum eine
menschenwürdige Ordnung gestiftet hat.« (FAS v. 30.11.14) Ganz abgesehen von der unglaublich dummen Behauptung, nur in Europa
gäbe es eine menschenwürdige Ordnung (ein Kontinent, der in der
Geschichte der Menschheit einzigartige Kriege und Unterdrückung
hervorgebracht hat, auf dem der Holocaust erfunden wurde), wird
hier schlicht behauptet, ein wahres Verständnis des Christentums könne nur ein Europäer haben.

Dass eine solche Arroganz in den betroffenen, wirtschaftlich (und
militärisch) stärker werdenden Ländern entsprechend beantwortet
wird – nämlich durch eine aggressive Ablehnung des arroganten Westens –, kann nicht überraschen. Ein Ausdruck dieser Entwicklung ist
die zunehmende Bedeutung von ethnischen, religiösen und nationalen Faktoren in den globalen Auseinandersetzungen. Pankaj Mishra
schildert am Beispiel intellektueller Entwicklungen in der islamischen
Welt, in Indien und in China, wie die Demütigung durch einen sich
überlegen dünkenden Westen sich in dem Moment in Form antiwest-
licher Bewegungen Bahn bricht, in dem dieser seine wirtschaftliche
Überlegenheit verloren hat: »Es ist durchaus nicht übertrieben, wenn
man behauptet, dass Millionen von Menschen, wahrscheinlich sogar
Hunderte Millionen von Menschen, die mit einer Geschichte der
Unterjochung durch Europa und Amerika aufgewachsen sind – der
chinesische Softwareentwickler und der türkische Tycoon ebenso wie
der arbeitslose ägyptische Hochschulabsolvent –, tiefe Befriedigung
aus der Aussicht beziehen, ihre früheren Lehrer und Herren demüti-
gen zu können, die kompromisslos an ihrem Recht festhalten möchten, das Geschehen auf dem ganzen Erdball zu bestimmen. Die Bilder
aus Guantanamo und Abu Ghraib, die tiefe Finanzkrise des Westens
und die brutalen, aber unsinnigen Militäraktionen in Afghanistan
und Pakistan – all das nährt ein überaus starkes Gefühl von westlicher Scheinheiligkeit und Erfolglosigkeit und den Eindruck, dass der
Westen sich auf dem Rückzug befindet.« (Mishra, S. 360) Mit diesen
Bemerkungen soll nicht davon abgelenkt werden, dass viele Gesell-

schaften des Südens repressive und ausbeuterische Züge haben, dass oft brutale Formen der Unterdrückung, der Herrschaft von Menschen über Menschen existieren und dass antiwestliche Bewegungen einen zutiefst menschenfeindlichen Charakter annehmen können. Der Kapitalismus des Südens ist nicht sympathischer als der des Westens und umgekehrt. Wenn wir als Ausgangspunkt die Marxsche Forderung aus der ›Kritik der Hegelschen Rechtsphilosophie‹ ernst nehmen, »alle Verhältnisse umzuwerfen, in denen der Mensch ein erniedrigtes, ein geknechtetes, ein verlassenes Wesen ist ...«. (MEW 1, S. 385), dann muss gleichzeitig eingeräumt werden, dass viele Wege zur Erreichung dieses Ziels führen, Wege, die in den jeweiligen Ländern selbst gefunden werden müssen und die sich aus ihrer Geschichte ergeben. ›Humanitäre Interventionen‹ des Westens, der Versuch, europäische Lösungen zu exportieren, führen notwendig in die Katastrophe. Der eurozentrische Blick auf die Länder des Südens ist nicht bloß eine wissenschaftliche Sünde, er führt auch praktisch-politisch in die Irre, was angesichts der engen Integration der Welt heute ungleich schwerere Folgen hat als noch vor hundert Jahren. Die Respektierung gesellschaftlicher Vielfalt allein löst keine Probleme, sie ist aber eine unabdingbare Voraussetzung für die Verwirklichung der Marxschen Zielsetzung.

Um deutlich zu machen, dass die Durchsetzung der kapitalistischen Produktionsweise in unterschiedlichen gesellschaftlichen Formen erfolgen kann, dass zwischen Kapitalismus und westlicher Moderne kein Gleichheitszeichen gesetzt werden darf, seien im Folgenden zusammenfassend einige jener zentralen Institutionen diskutiert, die gemeinhin als Grundelemente der kapitalistischen Produktionsweise gelten, in Wirklichkeit aber nur Ausprägungen ihrer westeuropäischen Variante sind.

Welches diese Institutionen sind, ist trotz unterschiedlicher Formulierungen im Grunde Konsens. Hansgeorg Conert hat in seiner umfassenden und auch heute noch lesenswerten Aktualisierung von Analyse und Kritik des Kapitalismus vier »Kernmerkmale«, d. h. konstitutive Elemente der kapitalistischen Produktionsweise aufgezählt: das private (gesellschaftlich exklusive) Eigentum an den gesamtwirtschaftlich

relevanten Produktionsmitteln, den Lohnarbeiterstatus, die marktförmige Regulation der Produktion und die Konkurrenz (Conert, S. 175).
Aufgehoben in diesen Bestimmungen ist die »Trennung der Sphären
von ›Politik‹ (Staat) und ›Ökonomie‹ (Prozesse der materiellen gesellschaftlichen Produktion und Reproduktion) ... Dieser institutionellen
etc. ›Besonderung‹ folgt die ›Spaltung‹ der Individuen in Privat- und
Staatsbürger.« (S. 96) Conert war der Auffassung, dass »bürgerlich geprägte Denkweisen« sich – wenn auch zeitverzögert – durchsetzen,
»Normen und Traditionen vorbürgerlicher, nichtkapitalistischer Provenienz« früher oder später überall verschwinden würden (S. 177).
Das ist ein Irrtum. Vor dem Hintergrund der Entwicklung eigenstän-
diger kapitalistischer Gesellschaftsformationen in vielen Teilen der
Welt fällt es heute nicht schwer, einige der oben genannten Bestimmungen nicht als ›logische‹, sondern als ›historische‹ Erscheinungen
zu erkennen, die nur der europäischen Form des Kapitalismus eigen-
tümlich sind. Dies soll am Beispiel einiger wichtiger Kategorien dargestellt werden.

## Privateigentum

Das ›Privateigentum an den Produktionsmitteln‹ gilt mit gutem Grund
als Hauptmerkmal der kapitalistischen Produktionsweise. Es wurde
oben gezeigt, dass auch die Anhänger des Kapitalismus dieses Privateigentum – das die Eigentumslosigkeit der Masse der Produzenten
einschließt – als Kern der Angelegenheit betrachten. Ohne Privateigentum kein Kapitalismus. Mit Blick auf die Herausbildung des
Kapitalismus im Süden ist dies aber genauer zu betrachten. In den
»Grundrissen« bezeichnet Marx die Herausbildung kapitalistischen
Eigentums als Vollendung eines historischen Prozesses, »der die ver-
schiednen Formen auflöst, in denen der Arbeiter Eigentümer ist oder
der Eigentümer arbeitet.« (S. 396). So gesehen ist der Kern des Privateigentums unter kapitalistischen Verhältnissen die Trennung des
Arbeiters von den Produktionsmitteln. Das Privateigentum an den
(entscheidenden) Produktionsmitteln ist die Voraussetzung dafür,
dass diese zu Kapital werden. Die Kategorie ›Privateigentum an den
Produktionsmitteln‹ ist also im Begriff des Kapitals aufgehoben. Das

Privateigentum an den Produktionsmitteln existiert als unabhängige Einrichtung, d. h. losgelöst vom konkreten Eigentümer, es ist ein gesellschaftliches Verhältnis, als dessen entwickeltste Form das Eigentum von juristischen Personen betrachtet werden kann. Nicht von ungefähr zählt Max Weber die Trennung zwischen Haushalt und Betrieb und die wertpapierförmige Handelbarkeit von Unternehmensanteilen zu den Grundmerkmalen des modernen Kapitalismus (1923/2005, S. 320).

Die allgemeine Rechtsform des Privateigentums ist also begrifflich scharf vom Privateigentum an den Produktionsmitteln als gesellschaftlichem Verhältnis (dem Verhältnis der Arbeiter zu den Produktionsmitteln) zu trennen. Diese Unterscheidung wird aber im westlichen Eigentumsbegriff nicht gemacht, die Rechtsform des Eigentums wird mit dem gesellschaftlichen Verhältnis gleichgesetzt, jede Beschränkung der Eigentumsrechte selbst bei lebenswichtigen Gütern gilt zunächst als Rechtsverstoß. Untrennbarer Bestandteil unseres Eigentumsbegriffs ist die Sicherheit der Eigentumsrechte[167] – nur derjenige, dessen Eigentum vor Zugriffen, Einschränkungen und Verpflichtungen dauerhaft und verlässlich geschützt ist, wird bestrebt sein, dieses auch zu vermehren, d. h. zu akkumulieren. In dieser Fassung ist das Privateigentum die Voraussetzung für eines der zentralen regulierenden Gesetze des Kapitalismus, der Akkumulation des Kapitals. Es war Fernand Braudel, der darauf hinwies, dass erst die Sicherung des Privateigentums durch eine entsprechende soziale Ordnung es den großen Familien ermöglichte, über Generationen hinweg Reichtümer anzuhäufen – Bedingungen, die seiner Ansicht nach nur in Europa

---

167  Max Weber bringt folgendes Beispiel: »In China kann es geschehen, daß ein Mann, der einem anderen ein Haus verkauft hat, nach einiger Zeit zu ihm kommt und ihn um Aufnahme bittet, weil er inzwischen verarmt sei. Läßt der Käufer das altchinesische Gebot der Bruderhilfe außer acht, so geraten die Geister in Unruhe; deshalb geschieht es, daß der verarmte Verkäufer als Zwangsmieter ohne Miete wieder in das Haus einzieht. Mit einem so gearteten Recht kann der Kapitalismus nicht wirtschaften; was er braucht, ist ein Recht, das sich ähnlich berechnen läßt wie eine Maschine; rituell-religiöse und magische Gesichtspunkte dürfen keine Rolle spielen.« (1923/2005, S. 373)

und Japan gegeben waren (Braudel 1986, S. 65). Pomeranz, der diese Darstellung zwar relativiert, aber doch letztes Endes akzeptiert, macht darauf aufmerksam, dass die Trennung zwischen Eigentümer und Eigentum als entwickeltste Form des Privateigentums in Europa erst dauerhaft durch die ›chartered companies‹ etabliert wurde, deren Aufgabe die Ausbeutung der Kolonien war. »Es war weitgehend zum Zweck des Fernhandels und der Kolonisierung, dass die Europäer neue Formen von Partnerschaft und, letztlich, Aktiengesellschaften (joint stock companies) schufen ... welche einen höheren Grad der Trennung zwischen dem Kapital und ihren Eigentümern« institutionalisierten (Pomeranz 2000, S. 171).

Diese scheinbar in Stein gemeißelte Wahrheit wird durch die Entwicklung der neuen Wirtschaftsmächte des Südens relativiert: Wir sehen hier – ausgehend von historisch differenzierten Verhältnissen im Bodenrecht – eine Vielzahl von Eigentumsformen, von Gemeineigentum über Gruppeneigentum, Eigentum von Großfamilien, Staatseigentum usw., welche durch die verschiedenen politischen Ordnungen zudem nicht gesichert sind. Die Trennung der Arbeiter von den Produktionsbedingungen kann sich in ganz unterschiedlichen Rechtsformen vollziehen. Es sind dies keineswegs bloß verschwindende Formen bzw. Formen, die auf bestimmte Sektoren der Wirtschaft beschränkt sind. Selbst die ›Globalisierung‹ funktioniert bestens, ohne dass es eine global gültige, einheitliche Eigentumsordnung gibt. Zwar bemühen sich die westlichen kapitalistischen Länder, eine solche auf dem Umweg über Handelsvereinbarungen und Vereinbarungen zum »Investorenschutz«[168] zu institutionalisieren: In Gestalt eines internationalen »Investitionsrechts« soll jede als Einschränkung von »Eigentumstiteln« interpretierbare politische Maßnahme einer Regierung auf dem Klageweg verhindert werden. Bislang scheinen aber die Chancen vor dem Hintergrund veränderter internationaler Kräftever-

---

168  Es gibt mehr als 3.000 bilaterale »Investitionsschutzabkommen«, die ausländische Investoren vor »willkürlichen« Maßnahmen von Regierungen schützen sollen. Hinzu kommen multilaterale Abkommen in bestimmten Sektoren wie z. B. die »Energiecharta«, der 48 Länder angehören und die ebenfalls Schiedsgerichte vorsieht (NZZ v. 13.8.2014).

hältnisse nicht schlecht zu stehen, dass dieser ›Export‹ einer europäischen Institution nicht gelingt (Eberhardt, S. 39).

Am Beispiel der Beschwörung des Privateigentums als Kernpunkt der europäischen ›Moderne‹ wird deutlich, wie ökonomische Grundstrukturen und deren jeweiliger institutioneller (rechtlicher) Ausdruck vermischt werden. Eigentum drückt zum einen bestimmte gesellschaftliche Beziehungen aus: »Eigentum meint also ursprünglich nichts als das Verhalten des Menschen zu seinen natürlichen Produktionsbedingungen als ihm gehörigen, als den seinen, als mit seinem eignen Dasein vorausgesetzten«, meint Marx (Grundrisse, S. 391). In diesem Sinne beschreibt die Kategorie des Privateigentums an den Produktionsmitteln als Kern der kapitalistischen Produktionsverhältnisse das Verhältnis zwischen Produzenten und Besitzern der Produktionsmittel, also ein soziales Verhältnis, welches darüber entscheidet »wer sich die Produkte und den Mehrwert aneignet.« (Wagner, S. 633). Welche spezifische Rechtsform aber dieses gesellschaftliche Verhältnis annimmt, hängt vom jeweiligen historischen Milieu ab. In Europa hat sich das Eigentumsrecht – in teilweiser Übernahme von Vorstellungen des Römischen Rechts – als »Vollrecht mit Ausschließlichkeitscharakter« (ebd., S. 635) entwickelt und mit dem Persönlichkeitsrecht verbunden. Eigentum darf – wie das von Weber angeführte Beispiel deutlich macht – nicht durch soziale oder andere Verpflichtungen beeinträchtigt werden. Diese Form des unbedingten Eigentums hat sich aber nur in Europa aus dem feudalen Bodenrecht heraus entwickelt. Perry Anderson hat gezeigt, wie sich im Spätfeudalismus, im Zuge der Herausbildung des absolutistischen Staats, das ursprünglich an Bedingungen geknüpfte feudale Grundeigentum zum »alleinigen und uneingeschränkten Landeigentum« wandelte. Um das »unabhängige private Landeigentum« juristisch abzusichern, wurde auf bestimmte Elemente des Römischen Rechts zurückgegriffen (Anderson 1979, S. 30). Die spezifisch europäische Form des Privateigentums ist ein Produkt des europäischen Feudalismus und nicht Ergebnis bürgerlicher Revolutionen bzw. des Kapitalismus, wenn es sich auch mit diesem verband. Bedingungsloses Privateigentum wird in diesem Kontext zur Voraussetzung der Persönlichkeitsentwicklung: »Der Mensch bedürfe zu seiner Persönlichkeitsentfaltung und zu seiner Freiheit eines privaten, von keinem fremden Willen abhängigen Lebensraumes, der durch das Privateigentum gesichert werde.« (Wagner, S. 636) Nur der Eigentümer ist wirklich frei. Wenn – wie oben gezeigt – der Westen über Verhandlungen im Rahmen der WTO oder im Rahmen von bilateralen Vereinbarungen versucht, jeden gesellschaftlichen, politisch vermittelten Einfluss auf die Profitabilität des Kapitals auszuschalten, so liegt dem eine ganz bestimmte Eigentumsvorstellung zugrunde. Privateigentum ist in diesem Verständnis individuelles Eigentum, das durch die Loslösung von der natürlichen Person in Form der juristischen Person der Kapitalgesellschaft diese sogar ersetzen kann, somit selbst Persönlichkeitscharakter erhält. Die Beispiele in Teil II des Buches haben deutlich gemacht, dass diese spezifische Form des unbedingten, individuellen Privateigentums in vielen außereuropäischen Kulturen historisch unbekannt war. Wie Chauduri für die Region des indischen Ozeans gezeigt hat, waren sowohl Eigentum an Grund und Boden wie kommerzielles Eigentum immer politisch bedingt, »das Gespenst (specter) willkürlicher Enteignung war niemals fern.« (Chaudhuri, S. 213) Wie auch im europäischen Feudalismus hat sich der Eigentumsbegriff dort aus dem Bodenrecht heraus entwickelt.

Im Rahmen der internationalen Mainstream-Ökonomie gibt es immerhin eine ›anerkannte‹ Wissenschaftlerin, die das Lob des unbedingten Privateigentums zumindest in einigen Bereichen mit einem Fragezeichen versehen hat: Elinor Ostrom, die für ihre Arbeiten über die »Allmende« 2009 den Alfred-Nobel-Gedächtnispreis für Wirtschaft bekommen hat – bislang die einzige Frau, die das geschafft hat. Sie setzt sich mit der »Tragik der Allmende« auseinander, die besagt, »daß wenn mehrere Nutzer frei über eine gemeinsame Ressource verfügen, die Summe der aus ihr entnommenen Ressourceneinheiten größer ist als das optimale ökonomische Entnahmeniveau«. (Ostrom, S. 3) Traditionell wird diese »Tragik«, Ostrom zufolge, auf zwei Wegen ›gelöst‹: der Verstaatlichung oder der Privatisierung. Beide ›Lösungen‹ hält Ostrom für suboptimal. Als erklärte »Neue Institutionenökonomin« (S. 37) bemüht sie sich vor allem, den Weg in die Verstaatlichung (weil zentralistisch und bürokratisch) als ungeeignet zu kritisieren.

Gleichzeitig wendet sie sich aber auch gegen die These, der einzige Weg sei die »Privatisierung der Allmende« (S. 16), heute als Königsweg beim Umgang mit knappen natürlichen Ressourcen empfohlen. Sie plädiert stattdessen für ein pragmatisches Vorgehen, bei dem institutionelle Lösungen gewählt werden, die weder »öffentlich« noch »privat« sind, bei denen die unmittelbaren Nutzer sich abstimmen. An konkreten Beispielen zeigt sie, dass dies nicht nur möglich, sondern oft auch die optimale Lösung ist. Sie behandelt das Problem aber nur bezogen auf wenige Fälle; die Tatsache, dass Wirtschaften immer mit der Nutzung natürlicher Ressourcen verbunden ist, die angesichts der Endlichkeit des Planeten per Definition knapp sind, berücksichtigt sie ebenso wenig wie das Problem, dass die die Nutzung von Ressourcen regelnden Institutionen historisch gewachsen sind, zu einem kulturellen Milieu gehören, das mehr regelt als nur den Zugriff auf bestimmte Ressourcen. Institutionen können nicht einfach »beschafft« oder »transformiert« werden, um im Einzelfall bessere Ergebnisse zu erreichen (S. 179). Immerhin hat Ostrom deutlich gemacht, dass Privateigentum nicht immer der beste Weg zur Nutzung knapper Ressourcen ist. Angesichts zunehmender ökologischer Probleme, knapper werdender Bodenreserven und einer absehbaren Erschöpfung bestimmter Rohstoffe wäre es nicht nur Zeit, das Dogma der Überlegenheit des uneingeschränkten Privateigentums in seiner westlichen Form in Frage zu stellen, sondern auch zur Kenntnis zu nehmen, dass kapitalistische Entwicklung offensichtlich auch ohne diese Institution möglich ist.

**Vertragsfreiheit und Rechtssicherheit**
Privateigentum und Rechtssicherheit sind im westlichen Verständnis Zwillingsbrüder. Neben der Trennung zwischen Ökonomie und Politik und dem individuellen Eigentum gelten Vertragsfreiheit und Rechtssicherheit als Grundlage interpersoneller Beziehungen in der Wirtschaft und als Bausteine der kapitalistischen Moderne. Douglass C. North zufolge ist die »Unfähigkeit von Gesellschaften, wirksam und mit geringen Kosten die Erfüllung von Verträgen zu sichern, die wichtigste Ursache sowohl historischer Stagnation wie auch der Unterentwicklung der Dritten Welt der Gegenwart.« (S. 65) Das sei

aber nur bei staatlicher Überwachung von Eigentumsrechten und Vertragstreue möglich (ebd., S. 71). Es erstaunt daher, dass sich in einer Ökonomie wie z. B. der Chinas, die durch familienbasierte und andere Netzwerke gekennzeichnet ist (»Guanxi-Kapitalismus«), in denen formelle Verträge eine geringe Rolle spielen, eine derartige wirtschaftliche Dynamik entfalten kann. Basis von Geschäftsbeziehungen sind in solchen Gesellschaften persönliche Verhältnisse, die auf Vertrauen und Reziprozität beruhen. Reziprozität im Geschäftsleben stellt – wie beim Geben und Nehmen von Geschenken – »persönliche Beziehungen zwischen den Individuen und zwischen den Gruppen« her, konstituiert ein Netz gegenseitiger Verpflichtungen: »Die Hypothese ist, daß das, was zum Geben verpflichtet, eben die Tatsache ist, daß Geben verpflichtet.« (Godelier 1999, S. 21 ff) Der neoliberale Mainstream begreift formelle Verträge auf der Grundlage von »Anonymität und formaler Gleichheit« (May, S. 97) und staatlich garantierte Vertragssicherheit als Beitrag zur Senkung der Transaktionskosten im Geschäftsleben. Das ist fragwürdig, weil es ›dritte‹ Organisationen erfordert, um die Einhaltung der Verpflichtungen zu kontrollieren und deren Nichteinhaltung zu sanktionieren. Transaktionen dagegen, welche auf persönlichen Bindungen beruhen, können flexibler und billiger sein[169]; es ist einfacher, Konflikte ohne die kostspielige Einschaltung Dritter (Anwälte und Gerichte) zu lösen (Rühle, S. 134 ff). Ein Indikator für Formen der Konfliktaustragung und deren Kosten ist die Anwaltsdichte: Diese ist, wenig überraschend, in den USA (1 Anwalt je 270 Einwohner) am höchsten (Deutschland: 1:596); in Asien werden Streitfälle dagegen meist ohne Einschaltung von Anwälten und Gerichten geregelt. Die Anwaltsdichte ist in Japan 1:6.373, in China 1:9.386, und in Indien, trotz 200 Jahren britischen Kolonialismus, 1:10.954. Kulturell andersartige Formen der Streitschlichtung überwiegen: Die angelsächsische Neigung zu Gerichtskonflikten hat sich nicht auf Indien übertragen; selbst im hochkapitalistischen Japan gibt es kaum mehr Anwälte je Einwohner als im ›sozialistischen‹ China

---

169  Rechtsdienstleister kosten in den USA und in Großbritannien rund zwei
     Prozent des BIP.

(Heussen, S. 396). Die oft beklagte Rechtsunsicherheit muss im Geschäftsleben kein Nachteil sein, wenn »es für ökonomische Akteure ...
erfolgversprechender ist, sich zur Durchsetzung ihrer Interessen auf
interpersonale Beziehungen statt auf abstrakte und anonyme Gesetze
zu verlassen.« In den BIC-Ländern (Brasilien, Indien, China) müssen
weniger formale Institutionen ausgebildet werden (May, S. 97), was
ein beträchtlicher Vorteil sein kann. Auch Ferguson verweist auf die
extrem hohen Kosten der US-amerikanischen Rechtspraxis: »2003
summierten sich die direkten Kosten, die durch die atemberaubende
Zahl von 7800 neuen Klagen pro Tag entstanden, auf 2,2 Prozent des
amerikanischen BIP« (S. 113), was doppelt so viel sei als in den europäischen Ländern. Er führt das aber nicht auf das US-amerikanische
Rechtssystem zurück, wie z.B. Joseph Stiglitz es tut, sondern auf auf-
geblähte Gesetze und Missbrauch (S. 114 f).

**Lohnarbeit**

Die Lohnarbeit ist begrifflich in der Kategorie des Kapitals aufgehoben, ihre Ausbeutung ist die Quelle von Mehrwert und damit von
Profit. Ohne Lohnarbeit kein Kapitalismus. Marx erzählt im 24. Kapitel des ersten Bandes des ›Kapital‹ die Geschichte der Trennung
zwischen Produktionsmitteln und Produzenten als Voraussetzung der
kapitalistischen Produktionsweise: »Das Kapitalverhältnis setzt die
Scheidung zwischen den Arbeitern und dem Eigentum an den Ver-
wirklichungsbedingungen der Arbeit voraus.« (MEW 23, S. 742) Die
eine »Sorte von Warenbesitzern« (Geld, Produktions- und Lebensmittel) muss »freie Arbeiter« vorfinden: »Freie Arbeiter in dem Doppelsinn, daß weder sie selbst unmittelbar zu den Produktionsmitteln
gehören, wie Sklaven, Leibeigene usw., noch auch die Produktionsmittel ihnen gehören, wie beim selbstwirtschaftenden Bauern usw.,
sie davon vielmehr frei, los und ledig sind.« (ebd.) Marx schildert,
wie die »ökonomische Struktur der kapitalistischen Gesellschaft ...
hervorgegangen (ist) aus der ökonomischen Struktur der feudalen Gesellschaft.« (S. 743). »Die Expropriation des ländlichen Produzenten,
des Bauern, von Grund und Boden bildet die Grundlage des ganzen
Prozesses. Ihre Geschichte nimmt in verschiedenen Ländern ver-

schiedene Färbung an und durchläuft die verschiedenen Phasen in
verschiedener Reihenfolge und in verschiedenen Geschichtsepochen.
Nur in England, das wir daher als Beispiel nehmen, besitzt sie die
klassische Form.« (S. 744) Marx selbst hat später, wie oben erwähnt,
betont, dass er sich nur auf Westeuropa bezieht. Allerdings dürften er
und andere marxistische Klassiker sich kaum vorgestellt haben, dass
die Trennung der ländlichen Produzenten von Grund und Boden historisch eher die Ausnahme als die Regel sein würde. Tatsächlich setzt
diese Trennung die Verwandlung von Grund und Boden in frei ver-
fügbares Privateigentum voraus – was historisch eher selten der Fall
gewesen ist, sondern eine Folge des europäischen Feudalismus darstellt. Heute zeigt sich, dass der moderne Kapitalismus unter bestimmten Bedingungen mit »Bauernarbeitern« (die chinesische Bezeichnung
für Wanderarbeiter) viel besser leben kann als mit besitzlosen Proleta-
riern. Allerdings nicht immer: Wo – wie z. B. in weiten Teilen Afrikas
– ausreichend Land zur Verfügung stand, um selbständige Bauern und
ihre Familien zu ernähren, erwies sich diese fehlende Proletarisierung
als Faktor, der die Lohnkosten hochtrieb und die Ausbreitung des
Kapitalismus behinderte. Wo dies nicht (mehr) der Fall ist, wo der
Boden nicht mehr ausreicht, da ist Subsistenzwirtschaft der Garant für
niedrigere Lohnkosten. Zudem kann die Verbindung der Lohnarbeiter zum Land auch dort noch politische Konsequenzen haben, wie in
Lateinamerika besichtigt werden kann, wo das Kleinbauerntum ökonomisch marginalisiert wurde. Der ›doppelt freie‹ industrielle Lohnarbeiter ohne Beziehung zum ›Dorf‹ ist offensichtlich nicht nur keine
grundlegende Existenzbedingung der kapitalistischen Produktionsweise, sondern eine historische Ausnahme. Dies beeinflusst neben
der kapitalistischen Akkumulation auch die Austragung von sozialen
Konflikten, dem zweiten regulierende Prinzip des Kapitalismus.

## Trennung von Ökonomie und Politik

Dieses ebenfalls zu den Grundmerkmalen der kapitalistischen Produktionsweise gezählte Verhältnis führt oft zu Missverständnissen.
Einmal wird vergessen, dass die angebliche Verselbständigung der
ökonomischen und politischen Sphäre einen legitimatorischen Cha-

rakter hat: Indem sich der Marxismus als Kritik der politischen Ökonomie versteht, zeigt er, dass die vorgebliche Trennung zwischen Ökonomie und Politik ideologischen Charakter hat. Es ist daher wenig
durchdacht, wenn z. B. Joachim Becker (mit vielen anderen) »die relative Autonomie von wirtschaftlicher und politischer Sphäre« zu den
»strukturellen Spezifika« der kapitalistischen Entwicklung zählt (S. 7),
im gleichen Aufsatz aber China als »staatskapitalistisches Modell« bezeichnet (S. 31), was impliziert, dass es diese »relative Autonomie«[170]
dort nicht gibt. Die Rede von der Autonomie der ökonomischen Sphäre als Grundmerkmal der kapitalistischen Produktionsweise vermischt
sich unglücklicherweise mit der naiven neoliberalen Forderung, der
Staat solle sich aus der Wirtschaft heraushalten. Demnach ist die Trennung von Ökonomie und Politik ein Kennzeichen der kapitalistischen
Moderne (verstanden als Idealtyp), das der kapitalistischen Dynamik am förderlichsten sei. Die eingangs erwähnten ›Doing-Business‹-
Indikatoren‹ der Weltbank, die die Wirtschaftsfreundlichkeit von Staaten beurteilen und in eine Rangskala setzen, messen im Wesentlichen
die Abwesenheit von staatlichen Interventionen in die Wirtschaft, die
über die Sicherung günstiger Rahmenbedingungen hinausgehen.

Es ist an dieser Stelle weder möglich noch notwendig, die ausgedehnte marxistische Debatte über das Verhältnis von Ökonomie und
Politik darzustellen, wobei es wesentlich auf die Erkenntnis ankommt,
dass Herrschaftsverhältnisse ebenso wie soziale, rechtliche und politische Formen Bestandteil der Produktionsverhältnisse sind.[171]

In unserem Kontext ist es interessanter, auf die historische Genese
dieser Trennung im europäischen Kapitalismus einzugehen: Nur so
kann verstanden werden, dass das Verhältnis von Ökonomie und Politik, von Wirtschaft und Staat, wie wir es kennen und als untrennbaren
Bestandteil der kapitalistischen Produktionsweise betrachten, in Wirklichkeit nur Ausdruck des europäischen Entwicklungswegs ist. Die

---

170  Die Benutzung des Wörtchens »relativ« verdeckt das Problem eher als es zu
       klären.

171  Es sei hier auf die glänzende Darstellung der Problematik bei Meiksins
       Wood (S. 29 ff) verwiesen.

Abtrennung der direkten politischen Macht vom Eigentum ist, wie Perry Anderson (1979) gezeigt hat, auf Machtverschiebungen im westeuropäischen Feudalismus zurückzuführen, als das politische Gewicht der Zentralmacht auf dem Weg zum Absolutismus auf Kosten der vorher mit dem Grundeigentum verbundenen politischen Funktionen gestärkt wurde. Vereinfacht ausgedrückt: Die feudalen Grundeigentümer verzichteten zugunsten der Zentralgewalt auf unmittelbare politische Macht, während diese, im Austausch, die das Grundeigentum beschränkenden Bedingungen aufhob. Der Grundeigentümer wurde der an das Grundeigentum gebundenen Einschränkungen und Verpflichtungen ledig, und verzichtete dafür auf direkte politische Macht.

Dies ist ein spezifisch westeuropäischer Prozess gewesen. Wie die Darstellung der chinesischen Entwicklung deutlich gemacht hat, hat es die feudale Machtvielfalt Europas in Asien nie gegeben. Dort war der Staat schon immer »das direkte und vorherrschende Instrument der Surplus-Aneignung … In diesem Sinne verkörpert der ›asiatische‹ Typus den diametralen Gegensatz zum kapitalistischen Fall, bei dem Ökonomisches und Außerökonomisches, Klassenmacht und Staatsmacht, Eigentumsverhältnisse und politische Verhältnisse unterschieden werden.« (Wood, S. 43). Marx' Ansicht, die Entfesselung der kapitalistischen Dynamik erfordere die Befreiung vom staatlichen Übergewicht, ist nur vor dem Hintergrund des europäischen Entwicklungswegs zu verstehen: »Da es Marx hauptsächlich darum geht, die singuläre Entwicklung des Kapitalismus im Westen zu erklären, und nicht um die Frage, warum dieser nicht ›von selbst‹ auch anderswo entstand, beinhaltet sein Ansatz – trotz einiger offenbar ethnozentristischer Annahmen – die Erklärung seines Erfolgs und nicht seines ›Misserfolgs‹. Jedenfalls könnte die besondere Dynamik der ›asiatischen‹ Form, wie Marxens Gedankengang impliziert, normaler sein als die Entwicklung, die durch die antike griechisch-römische Form in Gang gesetzt wurde. War der Staat ursprünglich der Kontrolleur ökonomischer Ressourcen, Hauptaneigner und Verteiler des Mehrproduktes, verkörpert der fortgeschrittene ›asiatische‹ Staat möglicherweise eine mehr oder weniger natürliche Entwicklung dieser ursprünglichen Form … So betrachtet ist es weniger die ›Hypertrophie‹ des asiatischen Staates, die erklärt werden muss. Was eine Erklärung verlangt, ist die davon abweichende, eigen- und einzigartig ›autonome‹ Entwicklung der schließlich in den Kapitalismus auslaufenden ökonomischen Sphäre.« (ebd., S. 44 f) Dem ist nichts hinzuzufügen als der Hinweis, dass erst die historische Analyse deutlich macht, wie die Trennung von Staat und Wirtschaft der spezifischen Form des europäischen Kapitalismus, also seinem ›traditionellen‹ Hintergrund, geschuldet und nicht Bestandteil der Grundstrukturen der Produktionsweise ist. Damit werden auch jene Versuche hinfällig, diese spezifisch europäische Form unter dem Vorwand von »Reformen« auf historisch völlig anders gelagerte Entwicklungswege übertragen zu wollen.[172] Gerade das andere Verhältnis von Politik und Ökonomie macht deutlich, dass es sich bei den in Ländern des Süden entstehenden kapitalistischen Gesellschaftsformationen nicht um irgendwelche ›Abweichungen‹ vom europäischen Modell handelt, sondern um eigene Entwicklungswege – von Asien aus gesehen könnte man heute durchaus zur Ansicht gelangen, die westeuropäisch / nordamerikanischen Ausprägungen des Kapitalismus seien »privatkapitalistische« Abweichungen von der Regel und zudem den Erfordernissen der Gegenwart weniger angepasst. Viele Beobachter neigen heute dazu, in der Integration von Ökonomie und Politik das Erfolgsgeheimnis asiatischer Ökonomien zu sehen. Diese Integration ist ein ›Erbe‹ der Geschichte in Ostasien und möglicherweise etwas, von dem der Westen heute lernen könnte. Dieser Gedanke ist nicht so fern liegend, wie es die mediale Kritik an China glauben machen möchte: Andrea Komlosy macht darauf aufmerksam, dass heute selbst im Westen bestimmte Aspekte der chinesischen Institutionen – so »die Durchgriffsrechte des Staates bei der infrastrukturellen Modernisierung« »Bewunderung (auslösen)«. »Wenn es der chinesischen Regierung gelingen würde, ökologisches Wachstum mit sozialem Ausgleich zu verbinden, könnte sich das chinesische Modell als Alternative zur westlichen Form von Demokratie und individuellen Freiheitsrechten herausstellen (2013, S. 6).

---

172 So empfiehlt die bereits erwähnte Studie ›China 2030‹, »die Rolle der Regierung neu zu definieren, staatliche Unternehmen zu reformieren, den privaten Sektor zu entwickeln, den Wettbewerb zu fördern, die Märkte für Land, Arbeit und Kapital zu reformieren.« (World Bank 2012, S. xv)

## Markt und Konkurrenz

Neben dem Privateigentum gilt die freie Konkurrenz als conditio sine
qua non des Kapitalismus oder, wie oft euphemistisch formuliert wird,
der freien Marktwirtschaft. Marx stimmte dem im Prinzip zu: »Die
freie Konkurrenz ist die reelle Entwicklung des Kapitals. Durch sie
wird als äußerliche Notwendigkeit für das einzelne Kapital gesetzt,
was der Natur des Kapitals entspricht, (der) auf das Kapital gegrün-
deten Produktionsweise, was dem Begriff des Kapitals entspricht.«
(Grundrisse, S. 544). Die Einzelkapitale üben einen »wechselseitigen
Zwang« aufeinander aus, und erst diese Wechselwirkung setzt die inneren Gesetze des Kapitals als allgemeine Zwangsgesetze (S. 543).
Zwar wusste Marx, dass es auch Kapitalismus (in seiner Frühform
bzw. in seiner Spätform) ohne freie Konkurrenz gibt, wo diese »ge-
zügelt« ist – dies war für ihn aber bereits die Ankündigung seiner Auflösung (S. 545). Auch die marxistischen Imperialismustheorien gingen
bekanntlich davon aus, dass Beschränkungen der freien Konkurrenz
durch Monopole bzw. staatliche Eingriffe Ausdruck des Niedergangs
des Kapitalismus sind. Dass dem nicht so ist, zeigen inzwischen auch
die Erfahrungen der entwickelten kapitalistischen Länder, in denen
durch oligopolistische Marktstrukturen und / oder durch staatliche
Interventionen eingeschränkte Wettbewerbsformen die Regel sind.
Auch in den aufstrebenden Ökonomien des Südens sehen wir, dass
die Konkurrenz dauerhaft Formen annehmen kann, die keineswegs
›frei‹ sind, sondern, wie z. B. in China, bewusst eingesetzte staatliche
Steuerungselemente sein können. Auf der Grundlage einer anderen
Eigentumsordnung ist es möglich, diese immer wieder zu verändern,
so dass der Wettbewerb ein Bestandteil staatlicher Regulierungssyste-
me werden kann. So gehört zwar das Aufeinanderwirken der Einzelkapitale, ihre Wechselwirkung, zu den unveränderlichen Grundstrukturen der kapitalistischen Produktionsweise, nicht aber die Form, in
der dies geschieht. Dies ist ein wesentlicher Unterschied: Die Konkurrenz gilt in den meisten bürgerlichen Beschreibungen des Kapitalismus – daher wird dieser oft als Marktwirtschaft bezeichnet – als
zentrales Steuerungselement. Conert hat, wie oben gezeigt, bei seiner
Aufzählung der Grundmerkmale der kapitalistischen Produktions-

weise zwischen marktförmiger Regulierung und Konkurrenz unterschieden, was vom Standpunkt der bürgerlichen Wirtschaftswissenschaft inkonsequent ist: Aus der Herrschaft der Konkurrenz in einem Wirtschaftssystem folgt, dass der Markt die wichtigste Koordinationsinstanz ist. Die vielen dezentralen Entscheidungen der Wirtschaftssubjekte, von denen jedes Einzelne seine eigenen egoistischen Interessen ohne jede Rücksicht auf gesamtwirtschaftliche Wirkungen verfolgt, sorgen für die notwendige Koordination[173] – dies ist die berühmte ›unsichtbare Hand‹. Wenn aber die ›sichtbare‹ Hand des Staates jeweils steuernd und korrigierend eingreift, sofern die Marktkoordination nicht die gewünschten Ergebnisse erzeugt, dann gibt es natürlich weiterhin Konkurrenz, es kann aber nicht mehr von einer marktförmigen Regulierung die Rede sein. Insofern ist Conerts Unterscheidung hier nützlich. Es zeigt sich aber, dass marktförmige Regulierung – anders als die Konkurrenz im Sinne der Wechselwirkung zwischen Einzelkapitalen – kein Grundmerkmal des Kapitalismus ist. Darauf hat zuletzt auch Christian May aufmerksam gemacht, der betont, dass »die Gleichsetzung von ›Kapitalismus‹ und ›Marktwirtschaft‹ … für große Schwellenländer wie Brasilien, Indien oder China problematisch« ist, weil »in diesen Ländern die Wirtschaft nicht durch das Marktprinzip dominiert wird.« (May, S. 85)

**Verwandtschaft, Familie und Individuum**
Derek Sayer überschreibt in seinem »Exkurs über Marx und Weber« das vierte Kapitel: »Without regard for persons« (ohne Ansehen der Person) (S. 134). Der darunter gefasste Prozess der Trennung des Privaten vom Beruflichen, des Haushalts vom Unternehmen, ist zwar vor allem von Max Weber als Kennzeichen des modernen »rationalen« Kapitalismus entwickelt worden, findet sich aber auch bei Marx. Im Ergebnis der geschichtlichen Entwicklung löst sich das Individuum

---

173   Die Legende besagt, dass in Debatten zwischen dem französischen Merkantilisten Colbert und freihändlerisch gesonnenen Physiokraten Mitte des 18. Jahrhunderts von letzteren der Spruch geprägt wurde: »Laissez faire et laissez passer, le monde va de lui même.« (Lasst nur machen, lasst nur geschehen, die Welt dreht sich von alleine.)

scheinbar von den verschiedenen Formen der Gemeinschaft: »Erst in dem 18. Jahrhundert, in der ›bürgerlichen Gesellschaft‹, treten die verschiedenen Formen des gesellschaftlichen Zusammenhangs dem Einzelnen als bloßes Mittel für seine Privatzwecke entgegen, als äußerliche Notwendigkeit. Aber die Epoche, die diesen Standpunkt erzeugt, den des vereinzelten Einzelnen, ist gerade die der bisher entwickelsten gesellschaftlichen ... Verhältnisse.« (Grundrisse, S. 6) Die Familie, eine ursprünglich auf Abstammung und Heirat beruhende und mit den Produktionsverhältnissen verbundene Einrichtung, schrumpft in diesem Kontext auf die gattenzentrierte Kernfamilie, die vom gesellschaftlichen Standpunkt aus nur noch die Funktion der Reproduktion (durch Konsumtion und die Erzeugung von Nachkommen) ausübt.

Verwandtschaftssysteme verlieren entsprechend ihre vergemeinschaftlichenden Funktionen, lösen sich letzten Endes auf. Engels erklärt, in Aufnahme der ethnologischen Arbeiten von Marx und in der weitgehenden Übernahme der Thesen von Morgan in »Der Ursprung der Familie ...« (MEW 21), die Auflösung der Verwandtschaftssysteme als Teil der Produktionsverhältnisse evolutionistisch, d. h. als Übergang von primitiven in entwickeltere Formen der Gesellschaft. In diesem Sinne sind wir es gewohnt, die Auflösung der Verwandtschaftssysteme als Teil der Produktionsverhältnisse und die ›Privatisierung‹ der Familie als Kernfamilie als Folge der Entfaltung der kapitalistischen Produktionsweise zu begreifen. Die Tatsache, dass – wie auch Engels zeigte – Verwandtschaftsverhältnisse in vielen Teilen der Welt als Teil der Produktionsweise fortbestehen, wurde mit der Rückständigkeit dieser Regionen erklärt: Es handele sich hierbei um Restbestände, die mit der Entfaltung des modernen Kapitalismus mehr oder weniger rasch verschwinden würden. Diese Auffassung überwiegt bis heute, auch in der marxistischen Diskussion. Das historisch-kritische Wörterbuch des Marxismus formuliert: »Unter Familie wird in modernen Industriegesellschaften (!, JG) gewöhnlich die ... Lebensgemeinschaft eines Ehepaars und ggf. seiner Kinder verstanden ...«. (Haug, S. 100). Damit wird ein Gleichheitszeichen zwischen »modern« und Kernfamilie gesetzt. Ein Sammelband, der Beiträge einer wissenschaftlichen Tagung 1984 aus Anlass des hundertjährigen

Erscheinens von Engels »Ursprung« versammelt, übernimmt fraglos das evolutionistische Modell der Unvereinbarkeit von Abstammungsfamilie und Kapitalismus und befasst sich fast ausschließlich mit der Kernfamilie. Nur in ganz wenigen ethnologischen Beiträgen schimmert eine Ahnung durch, dass die Abstammungsfamilie (als Clan bezeichnet) möglicherweise doch kein bloßes Relikt ist (Icke-Schwalbe, S. 270). Eric Wolf kennt (neben der »tributären« und der »kapitalistischen«) auch eine »verwandtschaftlich strukturierte Produktionsweise«, bei der »die gesellschaftliche Arbeit ... durch Verwandtschaftsverhältnisse in persönliche zwischenmenschliche Beziehungen ›gebannt‹ bzw. ›eingebettet‹« ist. (Wolf, S. 137) Er distanziert sich zwar von einer evolutionistischen Interpretation der Abfolge von Produktionsweisen, unterstellt aber implizit, dass Kapitalismus und Verwandtschaft als Teil der Produktionsverhältnisse miteinander unvereinbar seien.

Dies betrifft aber in Wirklichkeit nur den europäischen Kapitalismus. In den ›Fallbeispielen‹ des zweiten Teils wurde gezeigt, dass Verwandtschaftsverhältnisse, d. h. durch (wirkliche oder vorgestellte) Abstammung konstituierte soziale Beziehungen, in vielen neuen Wirtschaftsmächten des Südens weiterhin – teilweise sogar zunehmend – bedeutsam sind. »In den BICs ... stellen Familien zentrale Organisationseinheiten der Wirtschaft dar, was sich in der volkswirtschaftlichen Ordnung widerspiegelt.« (May, S. 96) In den herrschenden Gruppen fungiert Verwandtschaft als Grundlage von Kooperation, Konfliktregulierung und Eigentumsverhältnissen, bei den subalternen Klassen zusätzlich noch als soziales Sicherungsnetz. Personelle Beziehungen, durch wirkliche oder angenommene Verwandtschaftsverhältnisse untermauert bzw. durch reziproke Verpflichtungen neu hergestellt, sind die Grundlage von Kooperations- und Austauschbeziehungen und des sozialen Zusammenhalts. Dies macht deutlich, dass der Prozess der Individualisierung, der ›Vereinzelung des Einzelnen‹, bei dem Gesellschaftlichkeit nur durch anonyme vertragliche Vereinbarungen hergestellt wird, nicht notwendig mit dem Kapitalismus verbunden ist. Es handelt sich vielmehr um eine spezifisch westeuropäische Besonderheit. So »haben jüngere Forschungen bewiesen, dass die ›Kernfamilie‹ zweifelsohne nicht (wie Soziologen früher annahmen) die Fol-

ge von Kapitalismus oder Industrialisierung war, sondern diesen in
Nord-Westeuropa – und soweit wir wissen nur dort – lange vorausging«.
(Sayer, S. 139) »Die zu den Gemeinplätzen der familiensoziologischen
Tradition gehörende These von der vorindustriellen Großfamilie ist
für Mittel- und Westeuropa nicht haltbar; Großfamilien, die drei Generationen unter einem Dach zusammenfassen, sind – von regionalen Ausnahmen und kurzen Phasen des Familienzyklus abgesehen
– vor der Industrialisierung, …, nur in einer schmalen Oberschicht
zu finden« (Mies, S. 42 f). Mitterauer zeigt, dass die Auflösung der
Verwandtschaftssysteme als Teil der Produktionsverhältnisse schon im
westeuropäischen Feudalismus erfolgte, wobei die Familienfeindlich-
keit des Christentums hinzukam. Dieses akzeptiert nur die Kernfamilie als Reproduktionseinrichtung. »Das wichtigste Charakteristikum der
›Western family‹ ist zweifellos, dass sie nicht durch Abstammung konstituiert wird, sondern eine von Verwandtschaftsbindungen weitgehend
unabhängige Haus- bzw. Haushaltsgemeinschaft darstellt.« Er führt die
vielfach belegbare geringe Relevanz von Abstammungs- und Verwandtschaftsbeziehungen in Westeuropa vor allem auf die Arbeitsorganisation des europäischen Feudalismus zurück: »Grundherr-
schaftliche Strukturen und Abstammungsordnungen stehen in der
Regel zueinander in einem antagonistischen Verhältnis.« (Mitterauer,
S. 78 f). Die Arbeitsorganisation der »zweigeteilten Gutsherrschaft« be-
ruhte auf dem gattenzentrierten Haushalt, der auch nicht-verwandte
Arbeitskräfte einbezieht. Diese »familia« steht in einem persönlichen
Verhältnis zum Feudalherren, schließt also abstammungsbedingte
Unterordnungsverhältnisse aus: »Die Zugehörigkeit zu einem solchen
Hof ist gesellschaftlich maßgeblich, nicht die zu einem Verwandtschafts-
verband.« (ebd., S. 69) Die Tatsache, dass sich in Europa – im Gegen-
satz zu vielen außereuropäischen Kulturen – in den Sprachen nur ganz
wenige Verwandtschaftsverhältnisse bezeichnende Begriffe gehalten
haben, zeigt, dass Abstammungsverhältnisse schon sehr lange ihre
Bedeutung verloren haben müssen.

Damit ist aber auch die verbreitete Meinung in Frage gestellt,
derzufolge Verwandtschaftsverhältnisse nur in ›primitiven‹ oder zumindest vorkapitalistischen Gesellschaften »als Elemente der Pro-

duktionsverhältnisse, also als Elemente der Basis« zu betrachten seien (Godelier 1973, S. 97). Zeitweilig wurde die Analyse von Verwandtschaftssystemen mit der Ethnologie als Wissenschaft von den ›primitiven‹ Gesellschaften gleichgesetzt. Nun stellen wir fest, dass in vielen der aufstrebenden Wirtschaftsmächte Verwandtschaftsverhältnisse weiterhin einen wichtigen, wenn auch veränderten, Stellenwert besitzen und Teil der Produktionsverhältnisse bleiben. Meillassoux formuliert als Element der durch Verwandtschaftsbeziehungen geprägten Produktionsweise: »Sie schaffen organische lebenslängliche Beziehungen zwischen den Mitgliedern der Gemeinschaft; sie führen zu einer auf Anteriorität (oder dem »Alter«) gründenden hierarchischen Struktur; sie tragen zur Herausbildung von kohärenten, funktionalen ökonomischen und sozialen Zellen bei, die in der Zeit organisch miteinander verbunden sind; sie definieren eine Zugehörigkeit, eine Struktur und eine Verwaltungsmacht, die dem Ältesten im Produktionszyklus zufällt.« (Meillassoux, S. 56) Solche Elemente sind unschwer auch in modernen kapitalistischen Produktionsverhältnissen in Ländern des Südens auszumachen. Das trifft auf alle drei hier behandelten Regionen zu, scheint also eher die Regel als die Ausnahme zu sein. In einem anderen Zusammenhang formuliert Marshall Sahlins: »Money is to the West what kinship is to the rest.«[174] (S. 216) Die Ausblendung dieses Tatbestands hat eine fatale Bedeutung z. B. in der globalen Debatte über Korruption, die eine weltweite Gültigkeit des europäischen Modells von Individualität und Vertragsherrschaft unterstellt. Damit soll das Problem der weltweiten Korruption nicht klein geredet werden. Aber natürlich sind in Gesellschaften, in denen personalisierte Beziehungen Teil der Produktionsverhältnisse sind, in

---

174  S. 303 in der deutschen Fassung: »Aber was die Verwandtschaft für die anderen, das ist für den Westen das Geld.« Sahlins meint mit »Westen« aber den Kapitalismus schlechthin, die »anderen« sind »Stammesgesellschaften«. Entwickelte Gesellschaften außerhalb des »Westens« diskutiert er an dieser Stelle nicht, so dass der Kontext, in dem Pomeranz das Sahlin-Zitat verwendet, nämlich um die Bedeutung der Verwandtschaft im kaiserlichen China gegenüber einem Europa zu betonen, in dem man die »great extended family« schon ab dem 16. Jahrhundert »die Flügel gestutzt hatte«, Sahlins untergeschoben ist (Pomeranz 2000, S. 156).

denen die Webersche Trennung zwischen Haushalt und Betrieb nicht
existiert, die Grenzen zwischen ›normalen‹ Geschäftsbeziehungen
und Korruption anders zu ziehen als in Europa.

Marx und Engels waren in ihrem Versuch, Logisches und Historisches zu trennen, begrifflich klar »grundlegende Tiefenstrukturen des
Kapitalismus ..., die sich deutlich jenseits der Frage nach regionalen
oder epochengebundenen Formen seiner Ausprägung« zu identifizieren (Kößler 2013, S. 150), auf europäische ›Fälle‹ beschränkt. Welches
diese »Tiefenstrukturen« bzw. »Grundstrukturen« genau sind und in
welchem Verhältnis sie zu den historisch / regional unterschiedlichen
Ausprägungen stehen, konnte nur auf der Grundlage der existierenden kapitalistischen Gesellschaftsformationen unterschieden werden.
Wenn Engels in der bereits erwähnten Rezension von Marx' »Kritik
der Politischen Ökonomie« darauf verweist, dass die politische Ökonomie als »theoretische Analyse der modernen bürgerlichen Gesellschaft« zu verstehen ist, dass diese also »entwickelte bürgerliche Zustände« voraussetzt (MEW 13, S. 468), so wird klar, dass es sich dabei
nicht um begriffliche Abstraktionen handelt: Grundlage bleibt der Bezug auf eine konkrete historische Gesellschaft (die englische), das »Logische« wird aus dem »Historischen« abgeleitet. Als das geschrieben
wurde (1859), nahmen beide noch an, dass die »lokalen Besonderheiten« verschwinden würden, dass sich der Kapitalismus global in mehr
oder weniger ›reinen‹ (englischen) Formen durchsetzen würde. Dies
hat sich so nicht bewahrheitet, was m. E. nicht ohne Folgen für die
Interpretation jener Merkmale des Kapitalismus bleiben kann, die wir
als seine universalen »Grundstrukturen« zu betrachten gewohnt sind.
Um dies zu verdeutlichen möge man sich versuchsweise vorstellen,
wie eine »theoretische Analyse der modernen bürgerlichen Gesellschaft« ausfallen würde, die zur »Hauptillustration (der) theoretischen
Entwicklung« (Marx) China oder Brasilien auswählen würde – Länder, die heute sicherlich nicht weniger ›kapitalistisch‹ sind als England
Mitte des 19. Jahrhunderts. Daher kann heute bei der Analyse der
Grundstrukturen der kapitalistischen Produktionsweise das Marxsche
›Kapital‹ nicht als der Weisheit letzter Schluss betrachtet werden. Es ist
wenig wahrscheinlich, dass die Wahl der »Hauptillustration« keinen

Einfluss auf die Ergebnisse der »theoretischen Entwicklung« haben würde. Die von Marx und Engels dargestellten und kritisierten Bewegungsgesetze der kapitalistischen Produktionsweise, die Akkumulationsgesetze und der Klassenkampf, wirken heute (fast) weltweit und treiben Wachstum und Ressourcenverbrauch im Rahmen von Krisen und sich verschärfenden Verteilungskämpfen voran. Sie tun dies aber auf institutionellen Grundlagen, welche sich von denen des britischen bzw. westeuropäischen Kapitalismus erheblich unterscheiden. Um dies als Grundlage von antikapitalistischen Transformationsstrategien herauszuarbeiten, sind eigenständige Analysen der kapitalistischen Gesellschaften des Südens notwendig. Der Kapitalismus im Süden bewegt sich auf der Grundlage eigener gesellschaftlicher Gesetze, die andere Strategien von Reform und Revolution erfordern als im europäisch / nordamerikanischen Westen.

## Kapitel 8

# Der Aufstieg des Südens und die Krisen des Kapitalismus

Die Widersprüchlichkeit und Ungleichzeitigkeit bei der Ausbreitung der kapitalistischen Produktionsweise im Süden macht Voraussagen über die weitere Entwicklung nach dem Muster: China »wird 2030 die USA als die weltweit größte Wirtschaft ersetzt haben« (World Bank 2012, S. 6), fragwürdig. Diese Kritik trifft auch jene Anhänger der Weltsystem-Analyse, die »historische Muster und Zentrenbildung, Peripherisierung und hegemonialen Wandel im Weltsystem« (Komlosy 2013) aus der Vergangenheit in die Zukunft verlagern wollen.[175] Trotzdem sind solche Projektionen Legion, wobei diese in der Regel nicht viel mehr tun, als aktuell sichtbare Trends linear in die Zukunft zu verlängern. Krisen und Umbrüche wie die nach 2008 fallen dabei als singuläre, unvorhersehbare Ereignisse unter den Tisch. Für die Folgen der aktuellen Krise formuliert z. B. die 50-Jahre-Prognose der OECD von 2012 die »Arbeitshypothese«, dass diese Krise das Wachstum nur kurzfristig (»aktuell und für die nächsten paar Jahre«) beeinflussen werde und »keinen dauerhaften Einfluss auf den langfristigen Wachstumstrend« habe. (OECD 2012, S. 1) Diese Annahme ist heute, sieben Jahre nach Ausbruch der Krise und drei Jahre nach Aufstellung der Projektion, hinfällig. Vielleicht wären die OECD-Autoren etwas vorsichtiger gewesen, wenn sie die Analyse von Ho und Mauro ge-

---

175 Andrea Komlosy lässt offen, ob sich heute ein solcher Hegemoniewechsel erneut abzeichnet.

kannt hätten, die nach Durchsicht einer Reihe von Langfristprognosen zu dem Ergebnis kommen, »dass die Prognostiker dazu tendieren,
die Dauerhaftigkeit von hohen Wachstumsraten zu überschätzen ...«.
(Ho / Mauro, S. 23) Die Annahme, Wachstumstrends könnten über
50 Jahre hinweg auch nur ungefähr vorhergesehen werden, geht an
der Wirklichkeit der kapitalistischen Produktionsweise völlig vorbei.
Dass ganze Regionen, die sich über einen längeren Zeitraum rasch
entwickelt haben, auch wieder drastische Rückschläge erleiden können, machen die oben dargestellten Beispiele aus Lateinamerika und
Afrika deutlich. Man sollte im Gegenteil davon ausgehen, dass die li-
neare Fortsetzung aktueller Trends die am wenigsten wahrscheinliche
Entwicklungsvariante ist.

*Tab. 20: Globale Wachstumstrends bis 2060*
*(jahresdurchschnittlicher Zuwachs des BIP in %)*

|  | 1995 – 2011 | 2011 – 2030 | 2030 – 2060 | 2011 – 2060 |
|---|---|---|---|---|
| USA | 2,5 | 2,3 | 2,0 | 2,1 |
| Deutschland | 1,4 | 1,3 | 1,0 | 1,1 |
| Frankreich | 1,7 | 2,0 | 1,4 | 1,6 |
| China | 10,0 | 6,6 | 2,3 | 4,0 |
| Indien | 7,5 | 6,7 | 4,0 | 5,1 |
| Brasilien | 3,3 | 4,1 | 2,0 | 2,8 |
| Russland | 5,1 | 3,0 | 1,3 | 1,9 |
| Südafrika | 3,4 | 3,9 | 2,5 | 3,0 |
| OECD* | 2,2 | 2,2 | 1,8 | 2,0 |
| Nicht-OECD* | 6,7 | 5,9 | 2,8 | 3,9 |
| Welt* | 3,5 | 3,7 | 2,3 | 2,9 |

* Als »Welt« gilt die Summe aus 34 entwickelten OECD-Ländern und den
8 Nicht-OECD-Ländern, die Mitglied der G 20 sind; Quelle: OECD 2012, S. 11

Die Prognose der OECD weist einige Auffälligkeiten auf: So liegt das
erwartete Wachstum Frankreichs deutlich über dem Deutschlands, das
Indiens über dem Chinas, obwohl die Situation zur Zeit der Prognose
dafür keine Grundlage bot: Der Grund ist das große Gewicht des Be-

völkerungsfaktors (Zunahme und Altersstruktur) im Prognosemodell
der OECD. Insgesamt aber ergibt sich das erwartete Bild: Schon 2030
wird das BIP Chinas (zu Kaufkraftparitäten) um mehr als die Hälfte
über dem der USA liegen, die EU wird nur noch marginal mehr produzieren als Indien. Das globale BIP wird sich bis 2060 mehr als ver-
vierfacht haben, das wirtschaftliche Gewicht des Südens wird schon
2030 das des Westens um mehr als das Doppelte übersteigen (OECD
2012, S. 8).

Bei diesen Prognosen werden die Krisenhaftigkeit der kapitalistischen Produktionsweise ebenso außer Acht gelassen wie wirtschaftliche und politische Konflikte, die mit den erwarteten Machtverschiebungen sowohl im Inneren wie im Äußeren notwendig verbunden
sind: »Tatsächlich werden eine Reihe von Faktoren vernachlässigt,
darunter die Gefahr von Schuldenkrisen, Handelskonflikten und
möglichen Engpässen als Folge eines nicht nachhaltigen Verbrauchs
von natürlichen Ressourcen und Umweltleistungen.« (ebd., S. 1) Vernachlässigt wird ebenfalls – und hier kommt das Hauptthema dieses
Buches, die gesellschaftliche Vielfalt, ins Spiel – die unterschiedlich
ausgeprägte Fähigkeit der Gesellschaften, mit diesen Krisen umzugehen bzw. sie zu steuern, wie zuletzt die Krise von 2008 ff. belegt:
Obwohl es sich zweifellos um eine weltweite Krise handelt, sind doch
Verlauf, Folgen und Wirkungen so unterschiedlich, dass man an der
einheitlichen Wirkungsmacht des Weltmarkts zweifeln könnte. Die
Auswirkungen der weltwirtschaftlichen Krisen werden in den jeweiligen Ländern und Regionen entscheidend durch die innere Verfasstheit der Ökonomien und Gesellschaften bestimmt.

### Wirtschaftskrisen und globale Finanzmärkte

Zu den kurz- und mittelfristigen Risikofaktoren der künftigen Entwicklung gehören zunächst die Wirkungen der ungelösten Finanzmarktkrise im Westen. Diese ist, wie vielfach gezeigt, Folge der
Hypertrophie der Finanzmärkte, d. h. des Widerspruchs zwischen Fi-
nanzakkumulation und Realakkumulation. Der Trend zur Finanziali-
sierung der Wirtschaft hat seine Grundlage in den Ländern des
Westens. Dass dieser Widerspruch nicht gelöst wurde, sondern seit

mittlerweile (2015) mehr als sieben Jahren die globale wirtschaftliche Entwicklung bestimmt, spiegelt sich in der Politik der Notenbanken wider, die versuchen, jeder Erschütterung und Dysfunktionalität der Finanzmärkte durch die Schaffung von Liquidität und durch extrem niedrige Zinsen zu begegnen. Trotzdem bleibt die reale Investitionstätigkeit in den Ländern des Westens auf einem historisch extrem niedrigen Niveau.[176] Die Länder des Südens haben diese Krise u. a. deshalb besser überstanden, weil sie institutionell anders ausgestattet waren und sich von den Fernwirkungen der Finanzmarktkrise teilweise schützen konnten. Außerdem verzeichnen einige der großen Schwellenländer hohe Leistungsbilanzüberschüsse und verfügen über große Devisenreserven, was sie gegenüber den Bewegungen der internationalen Finanzmärkte teilweise abschirmt. Das gilt aber nicht für alle Länder des Südens, einige, wie z. B. Indien oder Brasilien, haben Leistungsbilanzdefizite und sind auf den Zustrom von Auslandskapital angewiesen. Dieser ist aber volatil, d. h. Wirtschafts- und Geldpolitik dieser Länder müssen auf die Bewegungen der internationalen Kapitalmärkte Rücksicht nehmen. Es ist nicht ausgemacht, dass sie sich auch in Zukunft den Auswirkungen der labilen internationalen Finanzmärkte entziehen können.

Zudem müssen die aufstrebenden Staaten, in dem Maße, wie sie sich in den Weltmarkt integrieren und diesen aktiv beeinflussen wollen, bestimmte Liberalisierungsmaßnahmen durchführen, was zu einem Kontrollverlust durch die nationale Wirtschaftspolitik führen kann. Ein Beispiel ist die Frage der Konvertibilität der chinesischen Währung: Wenn China sich unabhängiger machen will von der Dominanz der Leitwährung US-Dollar, dann führt mittelfristig kaum ein Weg an der Konvertibilität der Renminbi vorbei. Damit wird die chinesische Währung aber bis zu einem gewissen Grade abhängig von spekulativen Bewegungen an den Devisenmärkten. Auch die nationalen Finanzsysteme werden sich tendenziell in die globalen Strukturen

---

176  Die Investitionsquote der G 7-Länder lag 2013/14 mit knapp 20 Prozent nur geringfügig über dem Krisentiefpunkt von 2009/2010. Im Euroraum war sie mit unter 18 Prozent sogar niedriger (IMF, WEO Database, October 2014).

integrieren müssen. Es kann nicht davon ausgegangen werden, dass die Länder des Südens sich – nur weil es 2008 ff. geklappt hat – auch weiterhin vor der Labilität der von den westlichen Staaten und Finanzinstitutionen beherrschten Finanzmärkte schützen können. Die ungelöste Krise der Finanzmärkte bedroht mittelfristig auch die Länder des Südens.

Dass der Aufschwung des Südens kein allgemeiner und unaufhaltsamer Prozess ist, zeigen die Schwierigkeiten, in die drei von den fünf ›Buchstaben‹ der Abkürzung ›BRICS‹ 2014 geraten sind: In Brasilien haben sich im Zeichen eines deutlich verlangsamten Wachstums soziale Konflikte zugespitzt, Russland befindet sich in einem Handelskrieg mit der westlichen Welt, und Südafrika sieht sich – zusammen mit ebenfalls zugespitzten sozialen Konflikten – der Gefahr einer zunehmenden Deindustrialisierung mit entsprechenden Arbeitsplatzverlusten ausgesetzt.

Ein zweiter krisenbedingter Risikofaktor hängt mit der Konjunktur Chinas zusammen. Es wurde oben gezeigt, dass das chinesische Wachstumsmodell investitionsgetrieben ist. Dies beinhaltet mittelfristig die Möglichkeit einer klassischen Überproduktionskrise – es ist bislang nicht gelungen, die niedrige Konsumquote nachhaltig zu steigern. Die hohen Investitions- und Sparquoten gehen einher mit einer hohen inländischen Verschuldung der Unternehmen. Partielle Erscheinungen von Überproduktion und Überkapazitäten in einzelnen Sektoren können bislang durch entsprechende Eingriffe der Notenbank überdeckt werden – eine allgemeine Überproduktionskrise aber wäre schwieriger zu beherrschen. Auch wenn richtig ist, dass die Ökonomie Chinas nicht marktgesteuert ist, bleiben jene grundlegenden Widersprüche bestimmend, die mit dem Zwang zur Akkumulation und sozialen Konflikten verbunden sind. Abgesehen von den sozialen Auseinandersetzungen, die bei einer deutlichen Abschwächung des immer noch hohen Wachstums befürchtet werden – von einem Produktionseinbruch ganz zu schweigen –, wären auch die globalen Folgen einschneidend. Die UN wiesen 2013 darauf hin, dass schon eine Verlangsamung des chinesischen Wachstums auf jährlich fünf Prozent dasjenige in den übrigen Entwicklungsländern um drei Prozent reduzieren würde. In Afrika und Lateinamerika wäre dies mit einer Stagnation der Pro-Kopf-Einkommen verbunden. Die vom Rohstoffexport abhängigen Schwellen- und Entwicklungsländer – und das ist die Mehrheit – würden wieder zurückfallen. Die Risiken eines scharfen Einbruchs der Konjunktur in Ostasien mit dauerhaften Rückwirkungen auf den ganzen Süden erscheinen gegenwärtig noch nicht allzu groß. Denn der Nachholbedarf an Infrastrukturen, an produktiven Investitionen, beim Massenkonsum und bei den Sozialsystemen ist so groß, dass eine Erschöpfung der Wachstumsspielräume vorerst nicht in Sicht ist. Die insgesamt hohe politische Steuerungsfähigkeit der meisten Ökonomien des Südens spricht dafür, dass diese auch ausgeschöpft werden können, auch wenn mit der weiteren kapitalistischen Durchdringung dieser Länder eine Zunahme von Krisen und Ungleichgewichten zu erwarten ist.

Auf einen weiteren Krisenfaktor macht Thomas Piketty aufmerksam: Bei unveränderten politischen Kräftekonstellationen würde sich die Ungleichheit der Vermögensverhältnisse und damit auch der Einkommen tendenziell vergrößern, wenn das wirtschaftliche Wachstum langfristig niedriger ist als die Kapitalrenditen: »Wird sich die Welt der Jahre um 2050 oder 2100 in den Händen vor Börsenhändlern, Top-Managern und Besitzern großer Vermögen befinden, werden Ölländer, die Bank of China oder gar Steuerparadiese, die auf die eine oder andere Weise all diese Akteure schützen, das Sagen haben? Es wäre abwegig, sich diese Frage nicht zu stellen und prinzipiell ein langfristiges ›ausgeglichenes‹ Wachstum anzunehmen.« (Piketty, S. 32)

## Ressourcenknappheit, ökologische Krisen und globale Konflikte

Die größte Schwäche der linearen Wachstumsprognosen ist die Ausklammerung bzw. Unterschätzung der ökologischen Dimension. Denn dass bei einer Vervierfachung der Produktion auch die ökologischen Spielräume – und das ist weit mehr als die Klimaproblematik – überbeansprucht werden, liegt auf der Hand, selbst wenn Einsparpotentiale mobilisiert werden können. Schon heute macht sich die Überbeanspruchung des Planeten in Form von vermehrten Naturkatastrophen, einem Anstieg des Meeresspiegels und der Knappheit

von Ackerland und Wasser Luft. Meinhard Miegel weist darauf hin,
dass die Menschheit für ihre wirtschaftlichen Aktivitäten schon jetzt
»anderthalb Globen« benötigt. Auf der Grundlage der OECD-Prognose würden 2030 drei und 2060 sechs Erdbälle erforderlich sein:
»Wir leben in einer wirtschaftlichen und gesellschaftlichen Ordnung,
genannt Kapitalismus, die ihre Fundamente aktiv untergräbt!«[177] Es
ist kaum vorstellbar, dass diese Fundamente bei einer Vervierfachung
der Produktion bis 2060 halten werden. Allein die Land- und Was-
serfrage dürfte sich – bei zunehmendem Anspruch an Agrarflächen
und wachsender Urbanisierung – als ökologischer und ökonomischer
(Bodenpreise) Engpass erweisen, was die Frage der Eigentumsrechte
an Grund und Boden aufwirft. Da Grund und Boden nicht beliebig
vermehrbar sind, müsste zumindest hier das Eigentumsrecht eingeschränkt werden. Trotzdem scheint die Steigerung der Produktion
(der Titel der erwähnten Wachstumsstudie lautet: »Wachstum: Jetzt
und für immer?«, Ho / Mauro 2014) die einzige ökonomische Option
der Zukunft zu sein. Selbst die hoch entwickelten Länder sollen der
OECD-Prognose zufolge bis 2040 ihre jährliche Produktion annähernd verdoppeln. Dies ist ohne ökologische »Engpässe«, die ja in
einigen Teilen der Welt bereits heute sichtbar sind, nicht möglich. Davon zu abstrahieren, ist nicht nur unseriös, sondern gibt der Politik
auch falsche Signale.

Ähnlich blauäugig erscheint die Vernachlässigung von globalen
oder regionalen Konflikten. Eine Verschiebung der globalen Machtverhältnisse, wie sie die OECD-Prognose unterstellt, dürfte in einer
Welt der Territorialstaaten kaum ohne machtpolitische Konflikte ab-
laufen. Dass die alten Wirtschaftsmächte des Westens, insbesondere
die ehemalige Hegemonialmacht USA, ihrer ökonomischen ›Marginalisierung‹ tatenlos zusehen werden, ist nicht zu erwarten, »wie die
aktuelle Vorwärtsverteidigung der absteigenden Hegemonialmacht
mit ihren multiplen Interventions- und Kriegsschauplätzen deutlich
vor Augen führt.« Dass dies ohne größere militärische Konflikte ab-

---

177  Meinhard Miegel, Die unerwiderte Liebe der Menschen zum Kapitalismus,
     FAZ v. 18.8.2014.

laufen wird, ist eine sehr optimistische Annahme (Komlosy 2013, S. 6f) Ebenso unwahrscheinlich ist, dass der Aufstieg der großen Schwellenländer und der damit verbundene jeweilige regionale Führungsanspruch bei den kleineren Nachbarländern einfach hingenommen werden wird. Dies ist umso unwahrscheinlicher, als bei globalen Interessenskonflikten in zunehmendem Maße auf nationale, ethnische und religiöse Identitäten zurückgegriffen wird. Obwohl die Ursachen in der Regel ökonomischer und sozialer Natur sind, so beinhalten national, ethnisch und religiös gefärbte Auseinandersetzungen immer eine Tendenz zur Verselbständigung: Wirtschaftliche, politische und soziale Konflikte können zumindest zeitweise durch Kompromisse befriedet werden, nicht aber ethnisch-religiös gefärbte. Die Mobilisierung nationaler und religiöser Vorurteile zur Durchsetzung von Interessen erschwert die Konfliktregulierung. Unter solchen Bedingungen wird es schwer, Konflikte unter Verweis auf zunehmende gegenseitige ökonomisch-ökologische Abhängigkeiten zu begrenzen bzw. Kompromisse zu finden: Wenn es um grundlegende ›Werte‹ geht – dieses Muster ist bei der Agitation für diverse ›humanitäre‹ Interventionen auch hierzulande bekannt –, dürfen wirtschaftliche oder politische Rücksichten keine Rolle spielen. Das Bedürfnis, sich seiner Identität durch Abgrenzung gegen andere zu versichern, wächst in dem Maße, wie die Gruppen sich näher rücken (müssen). Das gilt im Kampf für ›Freiheit und Demokratie‹ ebenso wie beim Schutz des ›wahren Glaubens‹ oder bei der Verteidigung der ›richtigen‹ Lebensweise.

**Eine neue Weltwirtschaftsordnung?**

Im ersten Kapitel wurde gezeigt, dass die mit dem Aufstieg des Südens verbundenen Veränderungen in den globalen Kräfteverhältnissen die nach 1945 entstandene Weltwirtschaftsordnung bis jetzt nicht grundlegend verändert haben. Wade schrieb 2008/2009 am Ende einer Übersicht über globale Strategien der Entwicklungsländer: »… wenn China die technologische, ja sogar militärische Kapazität erwirbt, um zum Konkurrenten des Westens zu werden, werden die Veränderungen der internationalen Agenda wirklich interessant.« (Wade, S. 267) Angetrieben durch die Folgen der Krise 2008ff., die

Wade noch nicht berücksichtigen konnte, ist dieser Zeitpunkt schnel-
ler gekommen als erwartet. Die globale Agenda hat sich aber nur insofern verändert, als die Durchsetzung allgemeingültiger, multilateraler Regeln immer schwerer geworden ist. Während sich die Struktur
der globalen Institutionen und Organisationen darstellt wie vor 70
Jahren, funktioniert sie nur noch eingeschränkt. Den Schwellen- und
Entwicklungsländern gelingt es, die Vorhaben der immer noch westlich dominierten globalen Agenda zu blockieren bzw. die Spielregeln
dort zu modifizieren, wo die Interessen der großen Akteure des Südens auf dem Spiel stehen. Die Folge ist, wie in Kapitel 1 gezeigt,
eine Krise des Multilateralismus, nicht aber neue globale Regeln. Die
Hoffnung der UN, dass »eine stärkere Beteiligung des Südens, der
umfangreiche finanzielle, technologische und personelle Ressourcen
sowie wertvolle Lösungen kritischer weltweiter Probleme beisteuern
kann, … alle zwischenstaatlichen Prozesse mit neuem Leben erfüllen
(könnte)« (UNDP 2013, S. 9), hat sich bislang nicht erfüllt. Die großen neuen Wirtschaftsmächte, argumentiert Andreas Nölke, haben
teilweise »von den bestehenden Institutionen der Weltwirtschaft erheblich profitiert«, bzw. konnten sich jene Elemente heraussuchen,
die für sie nützlich waren, während sie sich jenen entziehen konnten,
die ihren Spielraum beschränkten. Daher gab es bisher nie ernsthafte
Versuche, die Funktionsweise der globalen Ordnung grundlegend zu
verändern, im Sinne jener Forderungen nach einer neuen, gerechte-
ren »Neuen Weltwirtschaftsordnung« (NWWO), die die Gemeinschaft
der südlichen Länder in den 1970er Jahre aufgestellt hatte, wegen
ihrer Schwäche bzw. der Stärke des Westens aber nicht durchsetzen
konnten.[178] Diese Asymmetrie in den internationalen Kräfteverhältnissen ist heute nicht mehr gegeben, die großen Länder des Südens
sind selbst zu mächtigen globalen ›playern‹ geworden. »Vor diesem
Hintergrund ist es umso erstaunlicher«, meint Nölke, »dass die großen

---

[178]  Die UN-Generalversammlung hatte 1974 eine »Erklärung über die Errichtung einer neuen Weltwirtschaftsordnung« verabschiedet, mit den Eckpunk-
ten Rohstoffpolitik, internationaler Handel, Industrialisierung, Schuldenent-
lastung, Erneuerung des Weltwährungssystems und Entwicklungshilfe. Im
Mittelpunkt stand die Stabilisierung der Rohstoffpreise.

Schwellenländer, welche nun mit erheblich mehr Verhandlungsmacht ausgestattet sind, zwar wieder Forderungen nach einer neuen Weltwirtschaftsordnung artikulieren, jedoch praktisch auf pragmatische Kooperation in bestehenden Regulierungsinstitutionen (wie die G 8 bzw. G 20) hinarbeiten.« (S. 418). Das ist aber in Wirklichkeit – wie auch Nölke sieht – nicht so erstaunlich: Die kapitalistischer Logik folgenden neuen Wirtschaftsmächte verfügen über ausreichende Ressourcen, um ihre Interessen international durchsetzen zu können bzw. über Spielräume, sich dem globalen Druck dort zu entziehen, wo sie ihn als hinderlich ansehen. Dies ist der Hintergrund für die Schwächung bzw. Blockierung multilateraler Regeln, wobei Nölke der Ansicht ist, dass auch in Zukunft »eine weitere Stärkung der globalen liberalen Institutionen (nicht zu erwarten ist), da eine solche Stärkung potenziell problematische Auswirkungen für Unternehmen in großen Schwellenländern haben können.« (2014, S. 428)

Die bisher sichtbaren Veränderungen in der Architektur des Weltmarkts und von ›global governance‹ sind daher bislang begrenzt bzw. punktuell geblieben. Die G 7 der westlichen Länder wurde durch die G 20 abgelöst, die die großen Schwellen- und Entwicklungsländer einbezieht. Diese Gruppe definiert sich selbst als »das führende Forum für unsere internationale wirtschaftliche Zusammenarbeit.« (Adams / Luchsinger, S. 1). Trotz neuer Mitglieder bleiben aber die Starken unter sich. Auf der sechsten Tagung der BRICS-Länder 2014 (genau 70 Jahre nach der Gründung des Systems von Bretton Woods 1944) wurde die Errichtung einer Entwicklungsbank und eines Währungsfonds beschlossen, die das Gegenstück zu den reformunfähigen, US-dominierten Einrichtungen Weltbank und Internationaler Währungsfonds bilden sollen – zunächst mit bescheidener Finanzausstattung. Ob das, wie Elmar Altvater hofft »die Geburtsstunde einer autonomen politischen Formierung des globalen Südens gegen den globalen Norden« ist, bleibt abzuwarten (Altvater 2014).

Derzeit sieht es jedenfalls nicht so aus, als ob der Aufbau alternativer Regelungsansätze eine Priorität der großen Länder des Südens wäre. Denn auch wenn das bestehende globale Regelungssystem die Muttermale des Westens trägt, so können die großen Länder des Südens damit ganz gut leben, weil sie westliche Auflagen – wenn nötig – umgehen können. Daher, so meint Nölke, bestünde seitens der großen Länder des Südens kein wirkliches Interesse an neuen global gültigen Regeln.

Dies ist eine sehr pessimistische Sichtweise, da sie in der Konsequenz auf den Abbau globaler Regeln hinausläuft, auf »ein neues Zeitalter der Großmächtekonkurrenz«, auf »Renationalisierungstendenzen und … neue Nationalismen mit zunehmendem Protektionismus, Balkanisierung und Xenophobie« (Adams / Luchsinger). Dies wäre mittelfristig eine katastrophische Perspektive. Die aktuellen Krisen in Ökonomie, Ökologie und Politik zeigen, dass viele Probleme nur im Rahmen von globalen Vereinbarungen geregelt werden können, die so transparent und partizipativ zustande kommen, dass sie von allen Akteuren akzeptiert werden können. Auch wenn derzeit einiges für Nölkes pessimistische Variante, die Blockade multilateraler Regelungen, spricht, so beruht diese Annahme auf der einfachen Fortschreibung bisheriger Entwicklungen.

Dies aber ignoriert die Tatsache, dass die Wirtschaftsmächte des Südens in dem Maße, wie sie (als Regierungen und als transnationalen Unternehmen) zu eigenständigen globalen Akteuren werden, ihrerseits in verstärkte wirtschaftliche Abhängigkeit von globalen Entwicklungen geraten. Eine international handelbare chinesische Währung, global tätige indische Banken, global agierende brasilianische Unternehmen können sich nicht mehr darauf beschränken, sich aus der bestehenden internationalen Wirtschaftsordnung die ›Rosinen‹ zu picken und sich überall dort, wo sie keine Vorteile sehen, den oft noch freiwilligen Regeln zu entziehen. Konzerne, die selbst Auslandsinvestitionen tätigen, die technologische Innovationen generieren, die in internationalen Produktionsketten nicht mehr nur untergeordnete Funktionen ausüben, werden gezwungen sein, sich aktiv um die Gestaltung globaler Regeln zu kümmern. Wenn die Qualifikation der eigenen Arbeitskräfte zunimmt, die Löhne und sozialen Standards steigen, werden aktive Beiträge auch der Schwellenländer in den Auseinandersetzungen um globale Arbeitsstandards unabdingbar werden.

In dem Maße, wie Länder des Südens sich aktiv in die Weltwirtschaft integrieren und anfangen, diese zu beeinflussen, werden sie selbst eigene Vorstellungen zur Gestaltung der globalen Ordnung entwickeln und umsetzen müssen. Keine der neuen Wirtschaftsmächte ist stark genug, um ihre Vorstellungen der Welt – nach dem Muster der USA – aufzwingen zu können. Eine neue Hegemonialmacht ist nicht in Sicht, auch China allein kann diese Rolle nicht spielen.[179] Dazu müssen neue Bündnisse und Koalitionen eingegangen werden. Dies eröffnet auch kleineren Ländern des Südens gewisse Möglichkeiten, da sie ggf. als Bündnispartner eine Rolle spielen könnten, die über ihr jeweiliges wirtschaftliches Gewicht hinausgeht. Ob diese erneuerte, die bisherige Hegemonialmacht USA auf ihren Platz verweisende globale Ordnung wirklich »eine neue Ära der Partnerschaft« (UNDP 2013, Vorwort) im Rahmen einer besseren globalen Ordnung einleiten wird, ist derzeit nicht absehbar. Die Interessen der aufstrebenden Wirtschaftsmächte sind zu unterschiedlich. Daher spricht einiges für die Position von Schmalz / Ebenau: »Insgesamt zeichnet sich eine Epoche ab, die von äußerst unterschiedlichen nationalen und regionalen Akkumulationsstrategien und Machtblöcken mit stark variierenden Regulierungsvorstellungen gekennzeichnet ist. Diese fügen sich zu keiner kohärenten Weltordnung zusammen.« (S. 178)

Trotzdem sind die Aussichten nicht schlecht, dass der wirtschaftliche Aufstieg des Südens im Zeichen vielfältiger, kulturell angepasster Systeme auch auf der Ebene der Weltwirtschaftsordnung Fortschritte auf zumindest drei Ebenen bringen könnte:

- Die Ablösung der Dominanz der USA und ihrer marktradikalen Grundzüge.

---

179 Komlosy dagegen meint, dass China dazu in der Lage wäre, u. a. »weil die frühere imperiale bzw. hegemoniale Position in der Struktur der Gesellschaft und der Mentalität der Bevölkerung nachwirkt und in der Situation eines hegemonialen Wandels im Weltsystem neu belebt werden kann.« (2013, S. 5) Sie räumt allerdings ein, dass China wegen einer »selbst gewählten Abschottung« seine »führende« Position wohl nicht genutzt hat – demnach war es ein Hegemon, den man »im Westen … nur wenig wahrgenommen hat.« (ebd.)

- Die Vergrößerung der wirtschafts- und gesellschaftspolitischen Spielräume, welche mehr Raum lässt für angepasste wirtschaftliche und politische Lösungen, möglicherweise auch für grundlegende gesellschaftliche Transformationen. Es geht um eine internationale Ordnung, die Spielräume lässt für die Vielfalt von Institutionen und Kulturen.

- Die Durchsetzung globaler Regeln, bei denen nicht die ökonomische Effizienz und die Interessen privater Konzerne im Vordergrund stehen, sondern die sich an den Prinzipien von sozialer und ökologischer Nachhaltigkeit und der Sicherung von Menschenrechten orientieren.

Es ist nicht zu erwarten, dass die neuen kapitalistischen Weltmarktakteure aus dem Süden grundlegend anders agieren werden als die bisher dominierenden Regierungen und Konzerne des Westens. Immerhin aber wissen sie um die Vielfalt der Institutionen und Kulturen und werden kaum ihrerseits den Versuch unternehmen, die Welt mit irgendeiner Version der ›Moderne‹ oder einem ›Consensus‹ zu beglücken. Außerdem sind Politik und Wirtschaft im Süden enger verflochten, was demokratischen Einflüssen auf ökonomische Prozesse prinzipiell größeren Spielraum lässt. Dies ist kein Garant dafür, dass neue, stärker vom Süden geprägte globale Regeln sich eher an Prinzipien wie Nachhaltigkeit und Menschenrechten statt an ökonomischer Effizienz und Privateigentum orientieren werden. Es kann aber immerhin damit gerechnet werden, dass ökonomische Entscheidungen wieder stärker zum Gegenstand von politischen Prozessen gemacht werden.

# Literatur

Abelshauser, Werner (2007): Deutsche Wirtschaftsgeschichte – Von 1945 bis zur Gegenwart, Bonn

Acemoglu, Daron/Robinson, James A. (2013): Warum Nationen scheitern. Die Ursprünge von Macht, Wohlstand und Armut, Frankfurt a. M.

Adam, Michel (2010): Des Indiens des comptoirs aux Indo-Africains, in: Adam, Michel (Hg.), L'Afrique indienne. Les minorités d'origine indo-pakistanaise en Afrique orientale, Paris

Adams, Barbara/Luchsinger, Gretchen (2014): Den Multilateralismus neu einfordern, in: Informationsbrief Weltwirtschaft & Entwicklung, W&E-Hintergrund, Juni

Aglietta/Bai (2013): China's Development – Capitalism and Empire, New York

Albert, Michel (1992): Kapitalismus contra Kapitalismus, Frankfurt a. M./New York

Altvater, Elmar (2006): Das Ende des Kapitalismus wie wir ihn kennen. Eine radikale Kapitalismuskritik, Münster

Altvater, Elmar (2014): BRICS-Konkurrenz für IWF und Weltbank, in: Informationsbrief Weltwirtschaft & Entwicklung, W&E-Hintergrund, August

Anderson, Benedict (1996): Die Erfindung der Nation. Zur Karriere eines folgenreichen Konzepts, Frankfurt a. M.

Anderson, Perry (1978): Von der Antike zum Feudalismus. Spuren der Übergangsgesellschaften, Frankfurt a. M.

Anderson, Perry (1979): Die Entstehung des absolutistischen Staates, Frankfurt a. M.

Ansu, Yaw (2012): African Centre for Economic Transformation. Financing Economic Transformation in Africa, Third Debt Management Facility Stakeholder's Forum, World Bank, Accra

Arrighi, Giovanni (2008): Adam Smith in Beijing. Die Genealogie des 21. Jahrhunderts, Hamburg

Asche, Helmut (2010): Die Wirtschaft Afrikas seit 1960, in: Bierschenk/Spies 2010, S. 370-410

Asche, Helmut/Schüller, Margot (2006): Chinas Engagement in Afrika – Chancen und Risiken für Entwicklung, GTZ, Bereich Afrika, Eschborn

Ashforth, Adam (2005): Witchcraft, Violence, and Democracy in South Africa, Chicago/London

Austen, Ralph A. (2013): Sahara. Tausend Jahre Austausch von Ideen und Waren, Bonn

Bayart, Jean-Francois (1989): L'état en Afrique. La politique du ventre, Paris

Becker, Joachim, et. al. (2007): Einleitung: Variationen kapitalistischer Entwicklung, in: J. Becker/K. Imhof/J. Jäger/C. Staritz, Kapitalistische Entwicklung in Nord und Süd. Handel-Geld-Arbeit-Staat, Wien

Bernecker, Walter L. (1992/1994/1996): Handbuch der Geschichte Lateinamerikas, 3 Bde., Stuttgart

Bértola, Luis (2007): Lateinamerika in Zeiten der Globalisierung, in: Becker, Joachim et al. (2007), S. 63-90

Bierschenk, Thomas/Spies, Eva (Hg.) (2012): 50 Jahre Unabhängigkeit in Afrika. Kontinuitäten, Brüche, Perspektiven, Mainzer Beiträge zur Afrikaforschung 29, Köln

Blanchard, Olivier et al. (2010): Rethinking Macroeconomic Policy, IMF Staff Position Note, February 2010, Washington D.C.

Bonhomme, Julien (2009): Les Voleurs de Sexe. Anthropologie d'une Rumeur Africaine, Paris

Boris, Dieter (2009): Lateinamerikas Politische Ökonomie. Aufbruch aus historischen Abhängigkeiten im 21. Jahrhundert?, Hamburg

Boris, Dieter (2013): LatAm-China: Handelsgewinne oder neue Asymmetrie?, in: Informationsbrief Weltwirtschaft & Entwicklung, Oktober

Boris, Dieter (2013b): Neue Tendenzen in den Sozialstrukturen Lateinamerikas, in: PROKLA 170, S. 137-152

Boris, Dieter (2014): Bolívars Erben. Linksregierungen in Lateinamerika, Köln

Braakmann, Albert (2009): Indikatoren für Wirtschaft, Lebensqualität und Nachhaltigkeit. Der Stiglitz-Bericht als Herausforderung für die Statistik, in: Wirtschaftsdienst 12, S. 783-787

Brand, Ulrich/Dietz, Christina (2013): Dialektik der Ausbeutung. Der neue Rohstoffboom in Lateinamerika, in: Blätter für deutsche und internationale Politik, 11/2013, Berlin

Braudel, Fernand (1949/2001): Das Mittelmeer und die mediterrane Welt in der Epoche Phillips II., Bd. 2, Frankfurt a.M.

Braudel, Fernand (1986): Die Dynamik des Kapitalismus, Stuttgart

Braudel, Fernand (1969/1992): Geschichte und Sozialwissenschaften. Die lange Dauer, in: Schriften zur Geschichte 1, Gesellschaften und Zeitstrukturen, Stuttgart, S. 49ff

ten Brink, Tobias (2013): Chinas Kapitalismus. Entstehung, Verlauf, Paradoxien, Frankfurt/New York

Broadman, Harry G. (2006): Afrika's silk road.: China and India's new economic frontier, The World Bank, Washington D.C.

Brook, Timothy (1989): The Asiatic Mode of Production in China, New York/London

Cardoso, Fernando Henrique/Faletto, Enzo (1979): Dependency and development in Latin America, London

Chabal, Patrick/Daloz, Jean-Pascal (1999): Africa works. Disorder as Political Instrument, Oxford/Bloomington

Chaudhuri, K.N. (1985): Trade and Civilization in the Indian Ocean: An Economic History from the Rise of Islam to 1750, Cambridge

Chibber, Vivek (2013): Postcolonial Theory and the Specter of Capital, London

Chua, Amy (2013): World on fire. How Exporting Free-Market Democracy Breeds Ethnic Hatred & Global Instability, London

Chun Lin (1993): China today: ›Money dissolves the Commune‹, in: New Left Review, 201/1993, S. 34-45

Conert, Hansgeorg (1998): Vom Handelskapital zur Globalisierung. Entwicklung und Kritik der kapitalistischen Ökonomie, Münster

Cooper, Frederick (1993): Africa and the world economy, in: Cooper, Frederick u.a., Confronting Historical Paradigms. Peasants, Labor, and the Capitalist World System in Africa and Latin America, London, S. 84-201

Cooper, Frederic (2009): Afrika in der kapitalistischen Welt, in: Randeria, Shalini/Eckert, Andreas: Vom Imperialismus zum Empire, Frankfurt a.M.

Coquery-Vidrovitch, Catherine (1992): Afrique noire. Permanences et ruptures, Paris

Deppe, Frank (2013): Autoritärer Kapitalismus, Hamburg

Dieckmann, Sophie (2012): Die Renaissance des Klansystems im ländlichen China, in: Schönes Neues China, Das Argument Buch, Berlin, S. 145-153

Dörre, Klaus (2013): Landnahme. Triebkräfte, Wirkungen und Grenzen kapitalistischer Wachstumsdynamik, in: Backhouse, Maria/Gerlach, Olaf/Kalmring, Stefan/Nowak, Andreas (Hg.), Die globale Einhegung – Krise, ursprüngliche Akkumulation und Landnahme im Kapitalismus, Münster, S. 112-140

Eberhardt, Pia (2014): EU-Investitionspolitik am Scheideweg: Riss oder Kitt im globalen Parallelrecht für Konzerne?, in: Z. Zeitschrift Marxistische Erneuerung, Heft 98, Frankfurt a.M.

Economic Commission for Africa/African Union (ERA 2012): Economic Report on Africa: Unleashing Africa's Potential as a Pole of Growth, Addis Ababa

Economic Commission for Africa/African Union (ERA 2014): Economic Report on Africa: Dynamic Industrial Policy in Africa, Addis Ababa

Eich, Dieter (1983): Ayllú und Staat der Inka, Frankfurt a.M.

Elvin, Mark (1973): The Pattern of the Chinese Past, Stanford

Elvin, Mark (2011): China's multiple revolutions, in: New Left Review. Second series, 70/2011, S. 83-101, London

Engelberg, Ernst/Küttler, Wolfgang (1978): Formationstheorie und Geschichte, Vaduz

Escàrzaga, Fabiola (2008): Unterschiedliche Protestformen indigener Sektoren: Ein Vergleich, in: Boris, Dieter (2008): Sozialstrukturen in Lateinamerika. Ein Überblick, Wiesbaden

Ernest & Young (EY 2014): EY's Africa Attractiveness Survey: Foreign Direct Investment in Sub Saharan Africa on the Rise, Johannesburg

Ferguson, Niall (2013): Der Niedergang des Westens. Wie Institutionen verfallen und Ökonomien sterben, Berlin

Fischer, Karin/Reiner, Christian (2012): Globale Warenketten: Analysen zur Geographie der Wertschöpfung, in: Z. Zeitschrift Marxistische Erneuerung, Heft 89, Frankfurt a.M.

Fishwick, Adam (2013): Zur Kritik der »hierarchischen Marktökonomie«. Globale Produktion und Arbeiterklassenkonflikte in Argentiniens Automobilindustrie, in: Peripherie, Nr. 130/131, S. 287-302

Fleer, Peter (2009): Kleinbauern in Lateinamerika – Die moderne Herausforderung oder die Moderne herausfordern? in: Scheuzger / Fleer 2009, S. 261-299

Frank, André Gunder (1998): ReORIENT. Global Economy in the Asian Age, London

Frank, A. G. / Gills, B. K. (1993): The World System: Five Hundred Years or Five Thousand? London / New York

Frankfurt School of Finance and Management (2010), Africa business, Frankfurt a. M.

Freyre, Gilberto (1933/1982): Herrenhaus und Sklavenhütte. Ein Bild der brasilianischen Gesellschaft, Stuttgart

Fuentes, Carlos (1992): Der vergrabene Spiegel. Die Geschichte der hispanischen Welt, Hamburg

Fülberth, Georg (2008): G Strich. Kleine Geschichte des Kapitalismus, Köln

Fukuyama, Francis (1992): Das Ende der Geschichte. Wo stehen wir? München

Gärtner, Peter (1998): Vorbilder und Nachzügler – Ungleichzeitigkeiten der Nationenbildung in beiden Amerika und Europa, Leipzig

Gerschenkron, Alexander (1962): Economic Backwardness in Historical Perspective. A Book of Essays, Cambridge / Massachusetts

Godelier, Maurice (1973): Ökonomische Anthropologie. Untersuchungen zum Begriff der sozialen Struktur primitiver Gesellschaften, Hamburg

Godelier, Maurice (1999): Das Rätsel der Gabe. Geld, Geschenke, heilige Objekte, München

Goldberg, Jörg (2008): Überleben im Goldland. Afrika im globalen Kapitalismus, Köln

Goldberg, Jörg (2010): Afrika und die neuen asiatischen Wirtschaftsmächte: Entwicklungspartnerschaft oder Balgerei um Rohstoffe?, in: PROKLA, Nr. 161

Goldberg, Jörg (2012): Imperialismus – Wegbereiter des Kapitalismus?, in: Z. Zeitschrift Marxistische Erneuerung, Heft 89, Frankfurt a. M.

Goldberg, Jörg / Leisewitz, André / Reusch, Jürgen (2014): Was bringt die Große Koalition?, in: Z. Zeitschrift Marxistische Erneuerung, Heft 97, Frankfurt a. M.

Goldberg, Jörg (2014): Der Wirtschaftsboom in Afrika und die Perspektiven des Kapitalismus, Pankower Vorträge Heft 188, Berlin

Grätz, Jonas (2013): The De-Westernisation of Globalisation, in: Centre for Security Studies, ETH Zürich, Strategic Trends 2013. Key Developments in Global Affairs

Greffrath, Matthias (Hg.) (1989): Die Zerstörung einer Zukunft. Gespräche mit emigrierten Sozialwissenschaftlern, Frankfurt a. M.

Grimm, Michael u. a. (2012): Constrained Gazelles. High potentials in West Africa's informal economy. International Institute of Social Studies, Working Paper No. 537, The Hague

Haug, Wolfgang Fritz / Petrioli, Alexis (1999): Stichwort »Familie«, in: Haug, Wolfgang Fritz (Hg.), Historisch-Kritisches Wörterbuch des Marxismus, Bd. 4, Hamburg

Hegel, Georg Wilhelm Friedrich (1832/1970): Vorlesungen über die Philosophie der Geschichte, in: Werke in zwanzig Bänden, Bd. 12, Frankfurt a. M.

Herr, Hansjörg (2000): Das chinesische Akkumulationsmodell und die Hilflosigkeit der traditionellen Entwicklungstheorien, in: PROKLA, Nr. 119, Berlin

Heussen, Benno (2006): Die Anwaltsdichte in der Schweiz, Österreich und Deutschland im Verhältnis zu anderen Staaten – ein internationaler Vergleich, in: Anwaltspraxis, Bern, 10/2006

Himbara, David (1994): Kenyan Capitalists, the State and Development, Nairobi

Ho, Giang / Mauro, Paolo (2014): Growth: Now and Forever? IMF Working Paper 14/117, July

Hobsbawm, Eric (1964): Karl Marx. Precapitalist Economic Formations. Introduction, London

Hobsbawm, Eric (1975): The Age of Capital 1848–1875, London

Hobsbawm, Eric (1984): Marx and History, in: New Left Review, 143/1984, S. 39-50

Hobsbawm, Eric (2010): World Distempers. Interview, in: New Left Review, second series, 61/2010, S. 133-150

Hoffmann, Karl-Dieter (2010): Steuern, Subventionen und soziale Ungleichheit in Lateinamerika, GIGA-Focus 07/2010, Hamburg

Hoffmann, Rainer / Qiuhua, Hu (2007): China. Seine Geschichte von den Anfängen bis zum Ende der Kaiserzeit, Freiburg

Hou Xiaoshuo (2014): Community Capitalism in China. The State, the Market, and Collectivism, Cambridge

HWWI (2010): Afrika: Strategie 2030. Vermögen und Leben in der nächsten Generation. Eine Initiative des Hamburgischen WeltWirtschaftsInstituts und der Berenberg Bank, Hamburg

Icke-Schwalbe, Lydia (1988): Familienwirtschaft und Clan in bäuerlichen Stammesgesellschaften Indiens, in: Herrmann, Joachim (Hg.), Familie, Staat und Gesellschaftsformation, Berlin, S. 271-275

Iliffe, John (1983): The Emergence of African Capitalism, Minneapolis

Iljenkow, E. W. (1979): Die Dialektik des Abstrakten und Konkreten im »Kapital« von Karl Marx, Berlin

ILO (1999): Messaoud Hammouya. Statistics on Public Sector Employment: Methodology, Structure and Trends, Working Paper, Geneva

IMF (2013): Commodity Market Review from World Economic Outlook, October 2013, Washington D. C.

IMF (2013a): Regional Economic Outlook: Sub-Saharan Africa. Keeping the Pace, October 2013, Washington D. C.

IMSF (Hg.) (1981): Ökonomische Gesellschaftsformation, Theorie und Methode V, Frankfurt a. M.

Jaques, Martin (2012): When China rules the world, London

Jerven, Morten (2010): African Growth Recurring: An Economic History Perspective on African Growth Episodes 1690–2010, Simon Papers in Security and Development, 4/2010, June, Vancouver

Jerven, Morten (2013): Poor Numbers. How we are misled by African Development Statistics and what to do about it, New York

Kalmring, Stefan / Nowak, Andreas (2011): Marx über den Kolonialismus, in: Z. Zeitschrift Marxistische Erneuerung, Heft 85, Frankfurt a. M.

Kannakulam, John / Wissel, Jens (1994): Stichwort »innere Bourgeoisie« in: Haug, Wolfgang Fritz (Hg.), Kritisches Wörterbuch des Marxismus, Bd. 5, Hamburg

Kappel, Robert (2013): Afrika: Weder hoffnungsloser Fall noch Aufstiegswunder, GIGA-Focus 09/2013, Hamburg

Kappel, Robert (2013a): Südafrika – die Krisensymptome verstärken sich, GIGA-Focus 07/2013, Hamburg

Knöbl, Wolfgang (2007): Die Kontingenz der Moderne. Wege in Europa, Asien und Amerika, Frankfurt a. M.

Komlosy, Andrea u. a. (1997): Ungeregelt und Unterbezahlt. Der informelle Sektor in der Weltwirtschaft, Historische Sozialkunde 11, Frankfurt a. M.

Komlosy, Andrea (2013): Hegemonialer Wandel im Weltsystem: der Aufstieg Chinas, GIGA Focus 04/2013, Hamburg

König, Hans-Joachim (2006): Kleine Geschichte Lateinamerikas, Bonn

Korhonen, Pekka: Entwicklungstheorie in Ostasien: Das Gänseflug-Modell, in: Entwicklung und Zusammenarbeit, Heft 6/1999

Kößler, Reinhart (1982): Dritte Internationale und Bauernrevolution. Die Herausbildung des sowjetischen Marxismus in der Debatte um die ›asiatische‹ Produktionsweise, Frankfurt a.M. / New York

Kößler, Reinhart (2013): Kapitalismus und Moderne, in: Peripherie Nr. 130/131

Krader, Lawrence (Hg.) (1976): Karl Marx. Die ethnologischen Exzerpthefte, Frankfurt a. M.

Landes, David S. (2002): Wohlstand und Armut der Nationen, Berlin

Lay, Jann / Schotte, Simone (2013): Lateinamerikas neue Mittelschicht: nachhaltiger Aufstieg?, GIGA-Focus 08/2013, Hamburg

Lehrbuch Politische Ökonomie (1972): Vorsozialistische Produktionsweisen, Frankfurt a. M.

Li Da-zhao (1969): Im Kampf für ein sozialistisches China, Berlin

Lotter, Konrad / Meiners, Reinhard / Treptow, Elmar (2006): Das Marx-Engels-Lexikon. Begriffe von Abstraktion bis Zirkulation, Köln

Lutz, Burkart (1989): Der kurze Traum der immerwährenden Prosperität, Frankfurt a. M. / New York

Luxemburg, Rosa (1913/1975): Die Akkumulation des Kapitals. Ein Beitrag zur ökonomischen Erklärung des Imperialismus, in: Gesammelte Werke, Berlin, Bd. 5

Maddison, Angus (2006): The World Economy: Volume I: A Millennial Perspective, 2001; Volume II: Historical Statistics, 2003; Reprint OECD, Paris

Mahajan, Vijay (2009): Africa Rising. How 900 Million African Consumers Offer More than you Think, New Jersey

Makura, Moky (2008): Africa's greatest entrepreneurs, Rosebank

Marco Polo (1972): Von Venedig nach China 1271 – 1292, neu herausgegeben und kommentiert von Theodor A. Knust, Tübingen

Marx, Karl / Engels, Friedrich: Werke (MEW), Berlin 1962 ff

Marx, Karl (1858/1953): Grundrisse der Kritik der Politischen Ökonomie, Berlin

Marx, Karl/Engels, Friedrich Gesamtausgabe (MEGA 1985) I/25, Karl Marx, Lettre à Vera Ivanovna Zassoulitch, Entstehung und Überlieferung, S. 825

Matthes, Sebastian (2012): Eine quantitative Analyse des Extraktivismus in Lateinamerika, Hans Böckler Stiftung

Matthies, Klaus (2008): Rohstoffpreise 2008, HWWI Policy Report Nr. 8, Wirtschaftliche Trends, Hamburg

May, Christian (2014): Die Kultur des Kapitalismus in Brasilien, Indien und China, in: Nölke, Andreas/May, Christian/Claar, Simone (Hg.), Die großen Schwellenländer. Ursachen und Folgen ihres Aufstiegs in der Weltwirtschaft, Wiesbaden

McKinsey Global Institute (2010): Lions on the move. The progress and potential of African Economies, London

Meillassoux, Claude (1983): Die wilden Früchte der Frau, Frankfurt a. M.

Melotti, Umberto (1972): Marx and the Third World, Milano

Menzel, Ulrich (1978): Theorie und Praxis des chinesischen Entwicklungsmodells, Opladen

Menzel, Ulrich (1992): Das Ende der Dritten Welt und das Scheitern der großen Theorie, Frankfurt a. M.

Menzel, Ulrich (2013): Die Theorie der hydraulischen Gesellschaft. Wasser aus entwicklungspolitischer Perspektive, Technische Universität Braunschweig (www.ulrich-menzel.de/lehre/31.10.13_Praesentation.pdf)

Menzies, Gavin (2002): 1421. The year China discovered the world, London

Mies, Thomas (1990): Stichwort »Familie«, in: Sandkühler, Hans Jörg (Hg.), Europäische Enzyklopädie zu Philosophie und Wissenschaften, Bd. 2, Hamburg

Mishra, Pankaj (2013): Aus den Ruinen des Empire. Die Revolte gegen den Westen und der Wiederaufstieg Asiens, Frankfurt a. M.

Mitterauer, Michael (2004): Warum Europa? Mittelalterliche Grundlagen eines Sonderwegs, München

Mkandawire, Thandika (2001): Thinking about Development States in Africa, in: Cambridge Journal of Economics, Special Issue on African Economic Development in a Comparative Perspective, Vol. 25, No. 3, May, Oxford

Mottek, Hans (1964): Wirtschaftsgeschichte Deutschlands. Ein Grundriss. Zwei Bände, Berlin

Murra, John Victor (1980); The Economic Organization of the Inka State, Research in Economic Anthropology, Supplement 1, Greenwich/Connecticut

Niess, Frank (1991): Am Anfang war Kolumbus. Geschichte einer Unterentwicklung – Lateinamerika 1492 bis heute, München

Nölke, Andreas (2014): Brasilien, Indien, China und die Institutionen der globalen Wirtschaftsregulierung, in: Nölke, Andreas/May, Christian/Claar, Simone (2014)

North, Douglass C. (1992): Institutionen, institutioneller Wandel und Wirtschaftsleistungen, Tübingen

OECD (2009), Is Informal Normal? Towards More and Better Jobs in Developing Countries, Paris

OECD (2012): Looking to 2060: A Global Vision of Long-Term Growth, Economics Department Policy Note, No. 15, November

OECD (2014): Shifting Gear: Policy Challenges for the Next 50 Years, Economics Department Policy Notes, No. 24, July

Oonk, Gijsbert (2013): Settled Strangers. Asian business elites in East Africa (1800–2000), New Delhi

Osterhammel, Jürgen (1989): China und die Weltgesellschaft. Vom 18. Jahrhundert bis in unsere Zeit, München

Ostrom, Elinor (1999): Die Verfassung der Allmende, Tübingen

Park, Yoon Jung (2010): Résidents temporaires ou Permanents? Migration chinoise contemporaine en Afrique, in: Les Temps Modernes, Janvier–Mars 2010, Paris

Pearce, Fred (2012): Land Grabbing. Der globale Kampf um Grund und Boden, München

Peripherie. Zeitschrift für Politik und Ökonomie der Dritten Welt (1996): Informeller Sektor?, Heft 62

Peripherie. Zeitschrift für Politik und Ökonomie der Dritten Welt (2013) Die Welt des Kapitals, Heft 130/131

Peters, Helmut (2008): Auf der Suche nach der Furt. Die VR China – Aus dem Mittelalter zum Sozialismus, Essen

Peters, Helmut (2013): Volksrepublik China heute, in: Marxistische Blätter, Heft 5, Essen

Pigou, A. C. (1962): The Economics of Welfare, London

Piketty, Thomas (2014): Das Kapital im 21. Jahrhundert, München

Polanyi, Karl (1944/1978): The Great Transformation, Baden-Baden

Pomeranz, Kenneth / Topik, Steven (2006): The World that Trade Created. Society, Culture, and the World Economy, 1400 to the present, New York / London

Pomeranz, Kenneth (2000): The Great Divergence. China, Europe and the Making of the Modern World Economy, Princeton / Oxford

Pomeranz, Kenneth (2012): Handel, in: Rublack, Ulinka (Hg.), Die Neue Geschichte, Eine Einführung in 16 Kapiteln, Frankfurt a. M.

Powell, Simon G. (1992): Agricultural Reform in China: From Communes to Commodity Economy 1978–1990, Manchester / New York

Ptak, Roderich: Die maritime Seidenstraße, München 2007

Rauch, Theo (2012): Transformation mit Kontinuität: Afrikas Kleinbauern im fortwährenden Spagat zwischen Subsistenz und Märkten, in: Bierschenk, Thomas / Spies, Eva (Hg.): 50 Jahre Unabhängigkeit in Afrika. Kontinuitäten, Brüche, Perspektiven, Mainzer Beiträge zur Afrikaforschung 29, Köln

Rinke, Stefan (2010): Revolutionen in Lateinamerika. Wege in die Unabhängigkeit 1760–1830, München

Rinke, Stefan (2012): Lateinamerika und die USA, Darmstadt

Robinson, Joan (1962): Economic Philosophy, London

Roth, Karl-Heinz (2012): Das Multiversum, in: Z. Zeitschrift Marxistische Erneuerung, Heft 89, Frankfurt a. M.

Rühle, Susanne (2012): Ein neuer »traditioneller« Kapitalismus?, in: Abelshauser, Werner u. a. (Hg.) (2012), Kulturen der Weltwirtschaft, Göttingen

Sahlins, Marshall (1976): Culture and Practical Reason, Chicago (deutsch: Kultur und praktische Vernunft, Frankfurt a. M. 1981)

Said, Edward W. (2009): Orientalismus, Frankfurt a. M.

Sayer, Derek (1991): Capitalism and modernity: an excursus on Marx and Weber, New York

Scheuzger, Stephan / Fleer, Peter (2009): Die Moderne in Lateinamerika. Zentren und Peripherie des Wandels, Frankfurt a. M.

Schlesinger, Rudolf (1970): Die Kolonialfrage in der Kommunistischen Internationale, Frankfurt a. M.

Schmalz, Stefan (2008): Brasilien in der Weltwirtschaft. Die Regierung Lula und die neue Süd-Süd-Kooperation, Münster

Schmalz, Stefan / Ebenau, Matthias (2011): Auf dem Sprung – Brasilien, Indien und China, Berlin

Schmid, Fred (2010): China. Krise als Chance? Aufstieg zur ökonomischen Weltmacht, isw-Report Nr. 83/84, München

Schmidt, Ingo (Hg.) (2013): Rosa Luxemburgs »Akkumulation des Kapitals«. Die Aktualität von ökonomischer Theorie, Imperialismuserklärung und Klassenanalyse, Hamburg

Schneider, Ben Ross (2013): Hierarchical Capitalism in Latin America, New York

Schumpeter, Joseph (1911/1987): Theorie der wirtschaftlichen Entwicklung, Berlin

Sereni, Emilio (1970): Von Marx zu Lenin: Die Kategorie »Ökonomische Gesellschaftsformation«, in: IMSF (1981)

Signer, David (2004): Die Ökonomie der Hexerei, oder: Warum es in Afrika keine Wolkenkratzer gibt, Wuppertal

Smith, Adam (1776/1999): Der Wohlstand der Nationen, München

Sonderegger, Arno (2008): Die Dämonisierung Afrikas. Zum Despotiebegriff und zur Geschichte der afrikanischen Despotie, Saarbrücken

Speich Chassé, Daniel (2013): Die Erfindung des Bruttosozialprodukts. Globale Ungleichheit in der Wissensgeschichte der Ökonomie, Göttingen

Spence, Jonathan D. (1995): Chinas Weg in die Moderne, München

Sperling, Urte / Tjaden-Steinhauer, Margarete (2004): Gesellschaft von Tikal bis irgendwo, Kassel

Stern, Steve J. (1993): Africa, Latin America, and the Splintering of Historical Knowledge: From Fragmentation to Reverbation, in: Cooper, Frederick u. a. (Hg.), Confronting Historical Paradigms. Peasants, Labor, and the Capitalist World System in Africa and Latin America, Madison

Streeck, Wolfgang (2005): Vom »kurzen Traum« zum langen Alptraum? Vortrag anlässlich des 80. Geburtstags von Burkhard Lutz, MPIfG Working Paper 05/5

Streeck, Wolfgang (2012): E Pluribus Unum. Varieties and Commonalities of Capitalism, Max-Planck-Institut für Gesellschaftsforschung, Discussion Paper 10/12, Berlin

Taylor, Scott D. (2012): Globalization and the Cultures of Business in Africa. From Patrimonialism to Profit, Bloomington

Tekülve, Maria (2014): Mitteleinkommensland Ghana: Realitäten hinter der Statistik, GIGA Focus 02/2014, Hamburg

Thorp, Rosemary (1984): Latin America in the 1930s. The Role of the Periphery in World Crisis, Oxford

Tjaden-Steinhauer, Margarete / Tjaden, Karl Hermann (2004): Maya, Inka und Azteken – altamerikanische Kulturen und europäische Gewaltherrschaft: Unterwerfung, Anpassung und Widerstand, in: Sperling / Tjaden-Steinhauer (2004)

Tökei, Ferenc (1969): Zur Frage der asiatischen Produktionsweise, Neuwied / Berlin

UNCTAD (2005): Evolution in the Terms of Trade and its impact on developing countries, in: UNCTAD, Trade and Development Report 2005, Geneva

UNCTAD (2013): World Investment Report 2013. Global Value-Chains: Investment and Trade for Development, Geneva

UNCTAD (2013a): South-South-Trade Monitor, No. 2 (July)

UNCTAD (2014): World Investment Report 2014. Investing in the SDGs: An Action Plan, Geneva

UNDP (2013): Bericht über die menschliche Entwicklung 2013. Der Aufstieg des Südens: Menschlicher Fortschritt in einer ungleichen Welt, Berlin

Varga, Eugen (1982): Über die asiatische Produktionsweise, in: E. S. Varga, Ausgewählte Schriften, Bd. 3, Berlin

Vogl, Joseph (2010): Das Gespenst des Kapitals, Zürich

Wade, Robert Hunter (2009): Welche Strategien bleiben den Entwicklungsländern heute? Die Welthandelsorganisation und der schrumpfende ›Entwicklungsraum‹, in: Randeria, Shalini / Eckert, Andreas (Hg.), Vom Imperialismus zum Empire, Frankfurt a. M.

Wagner, Heinz (1990): Stichwort »Eigentum« in: Sandkühler, Hans Jörg (Hg.), Europäische Enzyklopädie zu Philosophie und Wissenschaften, Bd. 1, Hamburg

Wahl, Peter (2014): Der kranke Mann des Multilateralismus, in: Z. Zeitschrift Marxistische Erneuerung, Heft 98, Frankfurt a. M.

Wairire, Gidraph G. (2010): Commercants et Industriels d'origine indo-pakistanaise au Kenya. Regards sociologiques, in: Adam, Michel (2010)

Waldmann, Peter (2009): Der konservative Impuls: Eliten und Modernisierung in Lateinamerika, in: Scheuzger / Fleer 2009)

Weber, Max (1956): Wirtschaft und Gesellschaft, Tübingen

Weber, Max (2005): Die protestantische Ethik und der Geist der Kapitalismus, Erftstadt

Weber, Max (1919/2006): Wissenschaft als Beruf, in: Politik und Gesellschaft, S. 1016-1040, Frankfurt a. M.

Weber, Max (1923/2011): Wirtschaftsgeschichte. Abriss der universalen Sozial- und Wirtschaftsgeschichte. Aus den nachgelassenen Vorlesungen, herausgegeben von S. Hellmann und Dr. M. Palyi, München / Leipzig, in: Max Weber Gesamtausgabe, Abteilung III, Bd. 6, Tübingen

Weltbank (2008): Weltentwicklungsbericht 2008. Agrarwirtschaft für Entwicklung, Washington D. C.

Werz, Nikolaus (2013): Lateinamerika. Eine politische Landeskunde, Baden-Baden

Wimmer, Andreas (1994): Die ethnische Dynamik in Mexiko und Guatemala, in: Müller, Hans-Peter (Hg.), Ethnische Dynamik in der außereuropäischen Welt, Zürich

Wirtschaftskammer Österreich / WKÖ (2014): Länderreport China, Oktober 2014, Wien

Wittfogel, K. A. (1931): Wirtschaft und Gesellschaft Chinas. Erster Teil: Produktivkräfte, Produktions- und Zirkulationsprozess, Leipzig

Wolf, Eric R. (1991): Die Völker ohne Geschichte, Frankfurt / New York

Wood, Ellen Meiksins (2010): Demokratie contra Kapitalismus. Beiträge zur Erneuerung des historischen Materialismus, Köln

World Bank (2012): China 2030. Building a Modern, Harmonius, and Creative High-Income Society, Washington D. C.

World Bank (2013): Global Economic Prospects and the Developing Countries, Washington D. C., January

WTO (2014): Annual Report. Trade and Development: Recent Trends and the Role of the WTO, Geneva

Wu Dakun (1989): Some Questions Concerning Research on the Asiatic Mode of Production, in: Brook, Timothy (1989)

Yuan, Zhijie (2012): Wege zum landwirtschaftlichen Privateigentum. Versuche zur Überwindung des Sozialismus in Russland, Polen, Litauen und China, Hamburg

Zhao Lisheng (1989): The Well-Field System in Relation to the Asiatic Mode of Production, in: Brook, Timothy (1989)

Ziltener, Patrick (2002): Ostasiatische oder Pazifische Handelsdynamik?, Max-Planck-Institut für Gesellschaftsforschung, Köln, Working Paper 02/9

# Tabellenverzeichnis

Tab. 1: Langfristvergleich China / Westeuropa 17

Tab. 2: Verteilung des Weltinlandsprodukts nach Regionen 22

Tab. 3: Weltweites Wachstum (jahresdurchschnittliche Veränderung) 23

Tab. 4: Jahresdurchschnittliche Veränderung des BIP bzw. BIP pro Kopf 23

Tab. 5: Globales Bruttoinlandsprodukt zu Kaufkraftparitäten 27

Tab. 6: Wachstum der Weltwirtschaft (BIP) 28

Tab. 7: Wachstum in den Regionen der Südens
(BIP, jahresdurchschnittliche Veränderung) 29

Tab. 8: Außenhandelskennziffern
ausgewählter Schwellen- und Entwicklungsländer 32

Tab. 9: Warenexporte nach Regionen 36

Tab. 10: Investitions- und Sparquoten Chinas 1980–2015 152

Tab. 11: Wachstum des BIP in ASS 2004/2014 nach Ländergruppen 160

Tab. 12: Beitrag der Sektoren zum BIP 170

Tab. 13: Investitions- und Sparquoten in Subsahara-Afrika 180

Tab. 14: Arbeitskräfte nach Sektoren und Beschäftigungsstatus 195

Tab. 15: Erwerbstätige nach sozialem Status in Subsahara-Afrika 200

Tab. 16: Ländliche Haushalte nach Einkommensquellen 203

Tab. 17: Wirtschaftliche Entwicklung Lateinamerikas
(Pro-Kopf-Einkommen) 219

Tab. 18: Zunahme des realen Inlandsprodukts
in Lateinamerika und den USA 219

Tab. 19: Intraregionaler Außenhandel 2012 (Anteil am Außenhandel) 238

Tab. 20: Globale Wachstumstrends bis 2060 303